W0189418

Edward Klein

Jack & Jackie

Die Kennedys – Traumpaar
im Zentrum der Macht

Aus dem Amerikanischen
von Chris Hirte

Rütten & Loening
Berlin

Die Originalausgabe
»All Too Human. The Love Story of Jack and Jackie Kennedy«
erschien 1996 bei Pocket Books, New York.

ISBN 3-352-00615-6

1. Auflage 1997
© Rütten & Loening, Berlin GmbH 1997
Copyright © 1996 by Edward Klein
Einbandgestaltung Henkel/Lemme
unter Verwendung eines Fotos von Dave Powers
Druck und Binden Franz Spiegel Buch GmbH, Ulm
Printed in Germany

Sometimes I love you. Sometimes I hate you.
But when I hate you, It's 'cause I love you ...

»Sometimes I'm Happy«
Text: Leo Rubin und Clifford Grey
Musik: Vincent Youmans

1

Die Frau des Jahrhunderts
Weihnachten 1981

Jackie und ich

Seit dem Sommer 1981 hatte ich Jackie des öfteren getroffen.

Zu jener Zeit war ich Herausgeber des *New York Times Magazine* und veröffentlichte gerade einen neuen Roman, einen Spionage-Thriller mit den Titel *The Parachutists*. Jackie war Lektorin bei Double-day, meinem Verlag, und sie fand meinen Roman gut genug, um bei der Buchpremiere öffentlich in Erscheinung zu treten, was sie sonst nur selten tat.

»Ich habe schon hundert Seiten gelesen und kann gar nicht auf-hören«, schrieb sie mir kurz nach der Party. »Ich komme heute abend zu spät zum Dinner, morgen früh zu spät zur Arbeit, und das ist alles Ihre Schuld ... Sie müssen unbedingt den Alexander [den Helden des Buches] spielen, wenn der Roman verfilmt wird.«

Ein paar Tage später griff ich zum Hörer und rief sie an.

Wir gingen zweimal zusammen essen, irgendwann im Spätherbst und um die Weihnachtszeit, dann lud sie mich zu einer Party in ihr Apartment in der Fifth Avenue ein. Ich war einer der ersten Gäste, und als ich aus dem Lift in ihr Foyer trat, war ich mir sicher, die Stimme von Präsident Kennedy zu hören – der damals schon achtzehn Jahre tot war.

Im Wohnzimmer entdeckte ich den Urheber meiner Verwirrung. Da stand, einen Drink in der Hand, den Ellbogen auf den Kaminsims gestützt, Senator Edward Kennedy. Er plauderte lautstark mit Maurice Templesman, dem neuen Mann in Jackies Leben.

Der große Raum füllte sich bald mit anderen vertrauten Stimmen und Gesichtern – mit Kennedys, Shrivers, Smiths, Bouviers, Auchin-closses, Radziwills, politischen Mitstreitern und alten New Yorker Freunden. Es waren sogar ein paar Schriftsteller erschienen, unter ihnen auch John Phillips Marquand jr., Jackies erste große Liebe, wie ich später erfuhr.

In antiken Silberrahmen auf dem Flügel standen die Fotos von Jackies Familie, doch fehlte, wie ich mit Verwunderung feststellte, das berühmteste Mitglied dieser Familie, John Fitzgerald Kennedy.

Bevor ich sie kennenlernte, hatte ich Jackie schon als eine Gestalt aus der Epoche des Schwarzweiß-Fernsehens vor Augen: die selbst-sichere junge Frau auf einer Führung durch das Weiße Haus, die First Lady im blutbesudelten Kostüm an Bord der Airforce One, die ver-schleierte Witwe hinter dem Sarg ihres Mannes auf der Pennsylvania Avenue. Als Jackie plötzlich in mein Leben trat, war sie 52, und ich war nicht darauf gefaßt, auf eine unabhängige New Yorker Karrierefrau zu treffen, leibhaftig und in Farbe.

Irgendwann während der Party, inmitten der Menge, stand ich Jackie allein gegenüber.

»Oh, Ed«, sagte sie, »ich bin so froh, daß Sie gekommen sind. Jour-nalisten sind die aufregendsten Menschen überhaupt!«

Und schon hatte sie mich erobert.

Das Spannendste an ihr waren die Augen. Sie waren von einem dunk-len, doch strahlenden Braun, lagen tief in den Höhlen, das eine etwas größer als das andere. Unter dem großen, leuchtenden rechten Auge sah man einen Pigmentfleck, aber abgesehen von diesem winzigen Makel hatten die Jahre ihrer Schönheit kaum Abbruch getan. Sie sah schlank aus wie ein junges Mädchen, war etwa 1,70 Meter groß und 57 Kilo schwer, vielleicht ein Pfund mehr oder weniger. Jacqueline Kennedy Onassis hatte etwa die Figur von Greta Garbo, ihrer einzigen wirklichen Rivalin um den Titel der berühmtesten Frau des 20. Jahr-hunderts.

Zu unseren Verabredungen zum Essen erschien sie immer sehr schlicht gekleidet: Kaschmirpullover, Hosen mit breitem Gürtel. Sie trug nur einen Hauch Mascara und ein wenig Lipgloss, aber es gelang ihr immer, wie eine Frau auszusehen, die sich eine extravagante Pflege angedeihen läßt. Zwei Kosmetiktermine pro Woche beim Nardi Salon in der East 57th Street unterstützten diesen Eindruck. Sie hatte gerade ein Facelift hinter sich, das ein Chirurg aus der Park Avenue, Dr. Michael Hogan, vorgenommen hatte. Dennoch fiel mir auf, als Jackie in den Spiegel sah, daß es bei ihr nicht anders war als bei anderen Frauen ihres Alters: Sie war unzufrieden mit ihrem Aussehen. Um sie zu trösten, hatte ein Freund zu ihr gesagt, ein alter Baum sähe schöner aus als ein junger.

»Ich verstehe, was du meinst«, war ihre Antwort, »trotzdem ist es sehr schwer, das zu akzeptieren.«

Ich konnte mich immer ihrer uneingeschränkten Zuwendung erfreuen. Sie fixierte mich mit ihren weit auseinanderliegenden und zudem asymmetrischen braunen Augen und schenkte mir einen Blick, den man nur als bewundernd bezeichnen konnte. Ihre Erzählungen würzte sie mit jungmädchenhaften Ausdrücken wie *gosh*, *golly* und *gee* – manchmal alle drei in einem Satz. Aber hinter ihrer allbekannten Fassade verbarg sich eine komplizierte Persönlichkeit. Bis ins reife Alter kaute sie an den Nägeln. Sie rauchte eine Zigarette nach der anderen, wenn sie sich unbeobachtet glaubte. Und gelegentlich, wenn sie spürte, daß ihr die Zustimmung versagt blieb, verlor ihre Stimme den Klang und verwandelte sich in das Flüstern eines kleinen Mädchens. Fast war mir dann so, als könnte ich den Anflug eines kindlichen Stammelns heraushören.

Einmal nach dem Essen bot ich ihr an, sie zum Taxi zu begleiten. Sie trug einen Trenchcoat mit geknotetem Gürtel, einen Schal, den sie wie ein weit vorgezogenes Kopftuch umgebunden hatte, um sich vor neugierigen Blicken zu schützen, dazu ihre Jackie-O.-Sonnenbrille.

Als wir durch die belebte Straße liefen, fragte ich sie nach ihren Kindern. Sie erzählte mir, daß Caroline im Metropolitan Museum of Art arbeitete und sich auf der West Side mit zwei anderen jungen Frauen eine Wohnung teilte. John, den sie nie John-John nannte, hatte vor kurzem sein Studium an der Brown University begonnen. Wir näherten uns gerade der Kreuzung, als sie sich plötzlich zu mir umdrehte und sagte: »Ich kann mir nicht helfen, aber manchmal mache ich mir ziemliche Sorgen um sie.«

Ich war nicht sicher, ob ich richtig gehört hatte.

»Um wen?« fragte ich.

»Um die Kinder«, erklärte sie.

Das sah ihr gar nicht ähnlich, solche privaten Dinge auszuplaudern. Ich wußte nicht, was ich darauf erwidern sollte. Einen Moment standen wir da und schwiegen. Dann erklärte sie mir, sie mache sich Sorgen, daß die Kinder in ihren Meinungen von Leuten beeinflußt würden, die verzerrende Darstellungen über JFKs Jahre im Weißen Haus und ihr Verhältnis zu ihm verbreiteten.

Seit ich zurückdenken konnte, war ich brennend an der Frage interessiert, worin die Bindungen zwischen Jack und Jackie bestanden. War es das Geld, waren es politische Rücksichten, oder waren es die Bande der Liebe?

Wie so viele andere las ich alles über Jack und Jackie, was ich in die Hände bekam. Praktisch jedes Jahr erschien eine neue Jackie-Biographie, und Jackie-Porträts gehörten zum täglichen Brot der Hochglanzmagazine. In der amerikanischen Zeitschriftenbibliographie waren mehr Artikel über Jacqueline Lee Bouvier Kennedy Onassis verzeichnet als über jede andere lebende Amerikanerin. Die Bücher über John Fitzgerald Kennedy und sein Martyrium gingen in die Tausende.

Seltsamerweise aber fand ich kein einziges Buch, das sich mit dem Zusammenleben von Jack und Jackie, mit ihrer Beziehung, mit ihren Ehejahren beschäftigte.

»Was erzählen Sie denn Ihren Kindern über Ihre Beziehung zu Präsident Kennedy?« fragte ich sie.

»Ich ziehe es vor, nicht an die Vergangenheit zu denken«, sagte sie. Ihr Stimmung war plötzlich umgeschlagen, das Fenster zu ihrer Seele hatte sich wieder fest geschlossen.

»Bitte, reden wir nicht über die Vergangenheit«, fuhr sie fort. »Ich muß weiterleben als die, die ich bin. Ich will nicht das Vergangene aufwühlen.«

10

Ich stammelte eine Entschuldigung, aber ich war noch nicht damit zu Ende, da hatte sie schon ein Taxi herangewinkt. Sie stieg ein, nahm den Schal ab und winkte mir zum Abschied zu.

Blitzlichtgewitter

In den frühen achtziger Jahren öffnete Jackie mehrere Male ihr Apartment in der Fifth Avenue einem großen Kreis von Freunden, um zusammen mit ihnen die Christmas-Party zu feiern. Kurz nach Thanksgiving begann sie mit der Aufstellung der Gästeliste und der Versendung von nicht weniger als fünfzig Tiffany-Einladungskarten im Prägedruck.

Wie sie gelegentlich durchblicken ließ, sah sie dem jährlichen Ereignis mit gemischten Gefühlen entgegen. Auf die Frage, warum sie die Party nicht einfach absagte und das Ganze auf sich beruhen ließ, erwiderte Jackie, daß sie ihre Freunde und Verwandten nicht kränken wolle, die inzwischen einen solchen Abend von ihr erwarteten. Obwohl sie es nicht aussprach, wußte sie doch, daß diese Party für viele ihrer Gäste der gesellschaftliche Höhepunkt der Wintersaison war.

Aber das war nicht der einzige Grund. Als Tochter eines alkoholkranken Vaters und einer launischen Mutter, die häufig im Streit miteinander gelegen hatten, blieben Jackie nur wenig schöne Erinnerungen an die Weihnachtsfeste ihrer Kindheit in New York. Später in Merrywood, wo sie als Teenager lebte, war das Fest eine schwierige Angelegenheit für die sieben Kinder der Familie, die von drei verschiedenen Müttern stammten. Damals verfaßte sie ein Krippenspiel, in dem ihr Stiefbruder Yusha den Josef darstellte, ihre Schwester Lee einen Weisen aus dem Morgenland, ihr Halbbruder Jamie das Christkind, und Jackie selbst spielte die Maria.

Dann war da natürlich das trostlose Weihnachtsfest von 1963, als Jackie, gerade mal vierunddreißig, die Feiertage mit ihren beiden kleinen Kindern allein verbrachte, einen Monat nach der Ermordung von JFK.

»Kann sich überhaupt jemand vorstellen«, sagte sie zu einem

11

Freund, »wie das ist, wenn man im Weißen Haus gewohnt hat und dann plötzlich allein ist?«

Dennoch hatte sie sich damals vorgenommen, Weihnachten für Caroline und John zu einem Fest der Freude zu machen. Besonders wichtig wurde ihr dies im Jahr 1981, das voll war von beunruhigenden Nachrichten über Attentäter und Mordanschläge. In Dallas wurde Lee Harvey Oswalds Leiche exhumiert, wie es seine Witwe und die Anhänger der Verschwörungstheorie gefordert hatten, weil sie bezweifelten, daß der Kennedy-Mord das Werk eines Einzeltäters gewesen sein konnte. Sowohl Präsident Reagan als auch Papst Johannes Paul II. wurden von Schüssen getroffen und entgingen nur knapp dem Tod; Anwar Sadat wurde von islamischen Fundamentalisten ermordet. Alles sah danach aus, als würde der blutige Irrsinn der sechziger Jahre erneut ausbrechen.

Bis dahin war Jackie offenbar das Unmögliche gelungen: sich und ihre Kinder aus dem Blickfeld und dem Bewußtsein der Öffentlichkeit herauszuhalten. Doch 1981 begann das gefürchtete Blitzlichtgewitter von neuem und brachte den Frieden und die Sicherheit der Familie in Gefahr. Ein geistesgestörter Jura-Absolvent aus Kalifornien namens Kevin King wurde verhaftet, weil er Caroline nachspioniert hatte und ihr bis zum Wohnhaus auf der West Side gefolgt war. Noch beunruhigender war, was ihr der Bezirksanwalt von Manhattan eröffnete: Jackies Name stand auf der »Hitliste« von Mark David Chapman, der wenige Monate zuvor John Lennon niedergeschossen hatte.

Zudem begann 1981 der Mythos John F. Kennedys in einem Sumpf von Klatsch und übler Nachrede zu versinken. Einst eine heroische Gestalt, wurde Kennedy nun als ungehobelter, oberflächlicher, moralisch fragwürdiger und machtgieriger Charakter hingestellt. Seine Erfolge führte man auf das strahlende Lächeln und die schwungvolle Frisur zurück, die Mißerfolge auf seine Charakterschwächen.

Die Entheiligung Kennedys überstieg die Grenzen einer historischen Neubewertung. Sie ließ ernsthafte Fragen nach der Integrität seiner Person und nach dem Wert seiner tausendtägigen Amtszeit aufkommen. Mit davon betroffen wurden alle, die um ihn waren, in

besonderem Maße aber seine Witwe, die in Büchern und Boulevard-
blättern gern als die hochnäsige, arrogante, gierige, quengelnde Jackie
vorgeführt wurde: das typische verwöhnte Mädchen.

So war es vermutlich kein bloßer Zufall, daß sie beim Zusammen-
stellen der Gästeliste für die Christmas-Party auf den Namen Abraham Ribicoffs stieß, eines alten und vertrauten Freundes der Familie.
Der ehemalige US-Senator und Gouverneur von Connecticut hatte
JFK bereits aus dessen frühen Zeiten im Kongreß gekannt und zu den
ersten gehört, die seine Präsidentschaftskandidatur befürworteten.
Jackie nahm den Hörer ab und wählte die Nummer von Ribicoff und
seiner Frau Casey in Connecticut.

»Hallo Gouverneur, hier ist Jackie«, sagte sie Ribicoffs Erinnerungen zufolge.

»Wie geht's dir, Jackie?«

»Du und Casey, ihr werdet eine Einladung zu meiner Christmas-
Party bekommen, doch deshalb rufe ich nicht an. Meine Kinder kommen in der Woche zwischen Weihnachten und Neujahr nach Hause,
und ich würde dich und Casey sehr gern zum Lunch bei mir haben.
Ich kann dir auch sagen, warum. Meine Kinder haben ihren Vater nie
gekannt, und du bist der Mensch, der Jack am nächsten stand. Ich
möchte, daß du dich mit ihnen unterhältst, damit sie etwas über ihren
Vater erfahren und hören, was für ein Mensch er war.«

»Ich bin tief bewegt«, erwiderte Ribicoff. »Nenne mir den Tag, und
wir werden dasein.«

Die wahrhaft Großen

Am Dienstagmittag, dem 29. Dezember 1981, betraten Abe und Casey Ribicoff die stille Lobby der Fifth Avenue 1040. Das Haus gehörte
zu den Art-déco-Wohntürmen, die in den zwanziger und frühen
dreißiger Jahren an der Park Avenue und der Fifth Avenue emporge-
schossen waren. Entworfen hatte es Rosario Candela, der damals
führende Wohnhausarchitekt für reiche Klienten, und seinem Entwurf entstammte auch das Haus Park Avenue 740, in dem Jackie als

Kind gewohnt hatte. Jackie hatte ihr 14-Zimmer-Apartment im Frühjahr 1964 für 200 000 Dollar gekauft, nur vier Monate nach der Blut-
tat von Dallas.

Die Ribicoffs waren schon einmal dort gewesen und kannten sich
aus. Auf der 15. Etage stiegen sie aus dem Lift, der direkt in Jackies
kleinem Vestibül hielt. Schwarz-weißer Marmorfußboden ging in
einen langen, geräumigen Korridor über, der mit einer Konsole und
einem antiken, goldgerahmten Spiegel verziert war. Neben dem Spiegel standen chinesische Bodenvasen, in denen blühende Quitten-
zweige steckten. Das Wohnzimmer war mit grauer Seide tapeziert, an
den Wänden hingen alte Stiche mit Hundedarstellungen, eine graue
Kordel verband die kostbaren Rahmen miteinander.

Während die Ribicoffs auf Jackie warteten, warf Casey einen Blick
aus einem der hohen, bis an den Boden reichenden Fenster. Von hier
oben eröffnete sich ein imposanter Blick nach Norden, Süden und
Westen, auf den Central Park mit dem großen See und dem Metropolitan Museum of Art. An der Decke über den Fenstern blätterte die
Farbe, die grauen Gardinen waren zu lang und stießen auf dem dunklen, polierten Parkett auf.

Jackie trat ein. Sie trug eine Seidenbluse und eine weite Hose, und
mit ihr kamen John und Caroline. Die Kennedy-Kinder hatten kürzlich Geburtstag gefeiert – John war am 25. November einundzwanzig
geworden, Caroline zwei Tage später vierundzwanzig. Zuletzt gesehen hatten sie die Ribicoffs vor zwei Jahren bei der Einweihung der
John-F.-Kennedy-Bibliothek in Boston, wo John einige tausend Leute
mit einem Gedicht von Stephen Spender beeindruckt hatte.

> Ich denke ständig an die wahrhaft Großen,
> Die aus dem Mutterleib der Seele Lied gewahrten
> Durch Flure aus Licht, wo Stunden Sonnen sind,
> Endlos und singend. Die den süßen Drang verspürten
> Der Lippen, angerührt vom Feuer noch,
> Vom Geist zu künden, gekleidet Kopf bis Fuß in Sang,
> und sammelten von Frühlingszweigen
> die Sehnsüchte, die Leiber übersäen wie Blütenblätter.

Martha, Jackies italienische Haushälterin, servierte Tomatensaft-Cocktails. Dann begab man sich in die Bibliothek, die rot tapeziert war. Das prasselnde Kaminfeuer ließ das Tafelsilber des schön gedeckten runden Tisches aufschimmern.

»Wir alle werden jetzt eine wunderbare Mahlzeit genießen«, sagte Jackie zu Abe Ribicoff. »Nur du, du wirst kaum zum Essen kommen.«

Tatsächlich begannen die Kinder schon bei den Lammkoteletts mit ihren Fragen.

»Wie sind Sie mit meinem Vater zurechtgekommen, als er noch Senator war?« fragte Caroline.

»Jedesmal, wenn ich nach Washington kam, habe ich euren Vater im Büro besucht, und eure Mutter war auch dort. Sie brachte ihm täglich das Mittagessen. Er mochte sehr gern Muscheltopf, und sie brachte ihm immer eine gute Portion davon. Er hatte eine Menge gesundheitliche Probleme, daher mußte er auf seine Ernährung achten. Sie gehörte zu den Frauen, die sich nicht scheuten, mit dem Picknick-Korb in sein Büro zu kommen, und was sie mitbrachte, reichte immer auch für mich. Einmal, als wir beim Essen waren, sagte sie zu ihm: ›Hast du ein Glück, Jack! Wenn Abe nicht Jude wäre, hätte *er* sich an *deiner* Stelle für die Präsidentschaft beworben!‹«

Das Frage-und-Antwortspiel ging noch drei Stunden weiter. Das Feuer erlosch. Jackie schwieg fast die ganze Zeit.

»Glauben Sie, daß mein Vater beliebt war?«

»Glauben Sie, daß mein Vater mit seiner Politik etwas bewirkt hat?«

»Haben ihn seine Kollegen gemocht?«

»Hatte er viel mit seinen Schmerzen zu kämpfen?«

Ribicoff schilderte die Dinge so, wie er sie sah. Für ihn wurde diese Begegnung zu einem seiner bewegendsten Erlebnisse, und besonders rührte ihn der Anblick der Mutter, die ihm dort mit ihren zwei Kindern gegenübersaß. Nur wenige Jahre zuvor hatte Judith Campbell Exner die Nation mit Enthüllungen über ihre Schäferstündchen bei Präsident Kennedy im Weißen Haus und ihre gleichzeitige Affäre mit dem Mafiaboß Sam Giancana aus Chicago in helle Aufregung versetzt. Doch ihren Namen erwähnten die Kinder nicht, und auch Ribicoff hielt sich von diesem Thema fern.

»Ihr müßt wissen«, sagte er zu den jungen Kennedys, »daß euer Vater sehr viele verschiedene Seiten hatte. Welche er hervorkehrte, hing von den Leuten ab, mit denen er es zu tun bekam. Mir hat er oft die privatesten Dinge anvertraut. Aber habe ich ihn wirklich gekannt? Den ganzen Menschen? Nein. Niemand hat ihn von Grund auf gekannt – mit Ausnahme eurer Mutter.«

Dann sagte er zu Jackie gewandt: »Nur Jack und Jackie haben einander wirklich gekannt.«

2

Das Rehkitz im Walde

Mai 1951

Bongo, Bongo, Bongo

Auf ihrem Sprungpferd Sagebrush jagte Jacqueline Bouvier über das Feld, das übersät war von blühenden Veilchen, Hartriegel und Rhododendron. Der Frühling hatte 1951 verspätet in Virginia Einzug gehalten; obwohl es schon Mitte Mai war, fingen die Wiesen und Wegränder von Merrywood erst jetzt zu blühen an. Bei vollem Galopp schien Jackie aufrecht in den Steigbügeln zu stehen, nach vorn gebeugt und reglos wie eine Statue.

Von der Stalltür her schaute Herman Butler, der Stallmeister, zu, wie Jackie ihrer großen, grauen englischen Araberstute das Zeichen gab und eine Mauer übersprang. Pferd und Reiterin schienen für einen atemberaubenden Augenblick in der Luft zu verharren, bevor sie auf der anderen Seite aufsetzten, ohne aus dem Tritt zu kommen. Sagebrush schnaubte, ihre Flanken bebten vor Erregung. Jackie gab ihr die Sporen, und sie schossen in einem halsbrecherischen Schlußgalopp über die weite grüne Wiese.

Jackie sprang ab und übergab Butler die schweißglänzende Stute. Während sie mit ihm den morgendlichen Ausritt besprach, streichelte sie Butlers Collie, der den Namen Fuddy II. trug. Seit ihrer Kindheit war Jackie im Dressurreiten ausgebildet – in der Kunst, ein Pferd mit kaum wahrnehmbarem Einsatz der Hände, der Füße oder des Körpers zu dirigieren, und für ein Gespräch über Pferde war ihr nie die Zeit zu schade. Das Reiten liebte sie, weil es Disziplin und Mut erforderte und, vielleicht in erster Linie, weil es ihr eine tiefe ästhetische

17

Befriedigung verschaffte. In perfekter Haltung auf einem guten Pferd sah eine Frau immer am besten aus.

Sie ging hinüber zum Wohnhaus, dem Landsitz der Familie Auchincloss, und hinauf in ihr Zimmer im zweiten Stock. Die Decke folgte der Schräge des Walmdaches und verlieh dem Raum eine höhlenartige Atmosphäre. Die Einrichtung war schlicht: ein paar bemalte Möbel, ein Doppelbett und eine Lilientapete, mit der auch die niedrige Decke beklebt war. Auf der Kommode lagen Alben, die aufgebläht waren von Hunderten von Zeitungsausschnitten, Klatschkolumnen und Fotos von Jackie.

Sie ließ sich gern in verschiedenen Aufmachungen und Umgebungen fotografieren, und sie sah immer gut aus. Sie hatte den Gesichtsschnitt ihres Vaters – fleischig, sinnlich, mediterran –, doch neben den dunklen Augen und vollen Lippen der Bouviers behaupteten sich die scharfe Nase und die aristokratisch geschwungenen Brauen der mütterlichen Linie.

»Ich bin ziemlich groß, 1,70 Meter«, schrieb Jackie in ihr unveröffentlichtes Selbstporträt, das in jenem Frühjahr entstand, »mit dunklem Haar, einem eckigen Gesicht und Augen, die so schrecklich weit auseinanderstehen, daß es drei Wochen dauert, bis ich eine Brille mit extrabreitem Steg bekomme, die über meine Nase paßt. Ich habe keine sensationelle Figur, aber wenn ich das Richtige anziehe, kann ich schlank aussehen.«

Im Schlafzimmerspiegel wirkte sie in den Reithosen, den Stiefeln und dem Herrenhemd ausgesprochen elegant. Als sie die Reitkappe abnahm, blieben Strähnen ihres kräftigen, welligen Haars an den Schläfen haften und unterstrichen ihre zarte, exotische Ausstrahlung. Sie hatte sich noch nicht zu der großen Schönheit entwickelt, die sie später werden sollte. Doch mit ihren einundzwanzig Jahren sah sie schon erstaunlich gut aus. Oft waren Bekannte um Worte verlegen, wenn sie sie beschreiben sollten, und manche gingen so weit, sie mit einem Geschöpf des Waldes zu vergleichen, mit einem jungen Reh.

Sie zündete sich eine Pall Mall an und streifte mit dem Stiefelknecht die Reitstiefel ab. Beim Auskleiden legte sie eine Single auf den tragbaren Plattenspieler, der wie eine Keksschachtel mit Tragegriff geformt war. Er war ein Geschenk des adligen Exilrussen Arkadi Gerney, den sie während ihres Auslandsjahrs in Paris kennengelernt hatte. Sie sang den Schlager mit: »*Bongo, Bongo, Bongo, I don't want to leave the Congo. Oh, no, no, no, no, no!* ...«

Sie legte zwei verschiedene Garderoben auf dem Bett aus – eine für den Lunch, die andere für die Party, die am Abend bei Charles Bartlett in Georgetown stattfinden sollte, einem talentierten jungen Korrespondenten der *Chattanooga-Times* mit guten Kontakten zur Washingtoner Gesellschaft und Politik. Charlie und seine Frau Martha hatten diese Sonntagsparty angesetzt, um Jackie mit John Kennedy bekannt zu machen.

Sie war Jack Kennedy vor Jahren schon einmal flüchtig bei einem Hochzeitsempfang auf Long Island begegnet und kannte wie jeder andere seinen Ruf als Kriegsheld, Playboy und aufstrebender Politiker, denn die Kennedy-Familie aus Massachusetts war berühmt. Fotos der Kennedy-Kinder zusammen mit ihrem Vater, dem Vorkriegsbotschafter in London, waren praktisch in jeder amerikanischen Sonntagsbeilage erschienen. Bis in die frühen vierziger Jahre wurde Joseph P. Kennedy als einer der aussichtsreichsten demokratischen Präsidentschaftsanwärter gehandelt, doch anständige Leute wollten nichts mit ihm zu tun haben, weil es hieß, daß er seinen Reichtum durch Alkoholschmuggel und Börsenmanipulationen angehäuft hatte. Die meisten Leute in Jackies Umgebung bezeichneten die Kennedys als ungehobelte, lärmende irische Banausen.

Anfangs hatte Jackie versucht, die Teilnahme an der Party bei den Bartletts abzusagen, und erklärt, sie hätte an diesem Abend bereits eine andere Verabredung. Doch die Bartletts ließen das nicht gelten.

»Du *mußt* einfach kommen«, sagte Martha zu Jackie. »Du kannst ja früher gehen und dann immer noch deine Verabredung einhalten.« Jackie verstand nicht, was die ganze Aufregung bedeuten sollte. Die Sonntagabendpartys waren schließlich in den regierungsnahen Washingtoner Kreisen zur festen Institution geworden, eine Gelegenheit für aufstrebende Jungpolitiker, die Themen des Tages zu diskutieren, vor allem die wachsende Gefahr des Sowjetkommunismus. Sie würde

19

noch oft genug die Chance bekommen, John Kennedy auf einer Party kennenzulernen.

Doch Charlie Bartlett blieb hartnäckig.

»Bitte komm, Jackie«, bettelte er. *»Bitte!«*

Allmählich wurde ihr das zuviel. Doch am Ende versprach sie, auf einen Sprung vorbeizukommen, einen Happen zu essen, ein paar Worte mit John Kennedy zu wechseln und dann zu ihrer Verabredung zu gehen.

»... Bingle, Bangle, Bungle, I'm so happy in the jungle. I refuse to go...«

Sie spielte die Platte noch einmal von vorn und wandte sich ihrer Garderobe zu.

Jackie war weder an Jack Kennedy noch an anderen Bekanntschaften sonderlich interessiert, denn ihre heimliche Leidenschaft galt einem ganz bestimmten Mann.

Im vergangenen Jahr, während ihres Auslandsjahres, hatte sie zu »Bongo, Bongo, Bongo« im L'Elephant Blanc getanzt, einem schicken Pariser Nachtclub, der von der eleganten Nachkriegsjugend gern besucht wurde. Für Amerikaner in Paris war das eine wunderschöne Zeit. Die Stadt war voll von prominenten jungen Männern aus den Staaten – George Plimpton, Cass Canfield jr., John Phillips Marquand jr. –, und Jackie kannte sie alle. Sie war froh, ihren zerstrittenen Eltern entflohen zu sein, und sprach ein Französisch, das eine unverklemmte Seite ihres Wesens zur Geltung kommen ließ. Und sie verliebte sich zum ersten Mal – in John Marquand.

Marquand war hochgewachsen, schlank und ein wenig gebeugt, er hatte sandfarbenes Haar und strahlend blaue Augen. Er kleidete sich mit lässiger Eleganz und trug Tweed-Jackets von J. Press zu Oxford-Hemden von Brooks Brothers. Seine Familie stammte aus Boston, und er hatte eine enge, aber gestörte Bindung zu seinem despotischen Vater, dessen erfolgreiche Romane *The Late George Apley* und *H. M. Pulham, Esquire*, den Lebensstil der aristokratischen WASPs schilderten.★

★ *WASP – White Anglo-Saxon Protestant – Bezeichnung für die amerikanische Bevölkerungsschicht angelsächsisch-protestantischer Herkunft, die bis heute in den USA die informelle Führungsschicht bildet.*

Der junge Marquand ging nach Harvard, und am Ende des Zweiten Weltkriegs war er mit von der Partie, als die zweite amerikanische Angriffswelle Paris befreite. Das machte aus ihm so etwas wie einen Kriegshelden. Er besaß einen wunderbar trockenen Humor, und nach ein paar Drinks konnte er die Freunde mit seiner Imitationskunst zum Lachen bringen.

Alle nannten ihn Jack.

Jackie verliebte sich Hals über Kopf in Jack Marquand. Eine Andeutung dessen, was in ihr vorging, findet sich in einem Brief an ihren Stiefbruder Yusha.

»Irgendwie spüre ich, daß du unglücklich verliebt bist«, schrieb sie, »und ich kann dir nachfühlen, wie dir zumute sein muß.«

Jackie und Jack Marquand wurden unzertrennlich. Sie aßen im Chez Allard und im La Grenouille, zwei kleinen Bistros am linken Seine-Ufer. Sie verbrachten ihre Abende im L'Elephant Blanc, wo Jackie eine französische Zigarette nach der anderen rauchte, Grasshoppers trank – einen Cocktail aus Pfefferminzlikör, Kakaolikör und Sahne – und Jack zuhörte, der von seinem Roman *The Second Happiest Day* erzählte, an dem er unter dem Pseudonym John Phillips schrieb. Alle waren sehr betrunken. Arkadi Gerney, der 1,88 Meter groß war und ein halbes Dutzend Sprachen beherrschte, zog das Hemd aus und tanzte mit nacktem Oberkörper zum Schlager des Tages: »Bongo, Bongo, Bongo«.

Bis zum Morgengrauen bummelten Jackie und Jack Marquand am Seine-Ufer entlang, vorbei an jungen Pärchen, die sich in den dunklen Ecken liebten. Oft strandeten sie in Marquands Apartment am linken Seine-Ufer.

Sie liebten sich auf die damals übliche Art – mit Grabschen und Fummeln und immer kurz davor. Marquand bekam davon, wie die Amerikaner sagen, »*blue balls*«, und Jackie wäre aus der Beziehung als *demi-vierge* hervorgegangen, als Halbjungfrau, wie die Franzosen etwas zartfühlender formulierten, wenn sie nicht eines Nachts, nach ein paar Grasshoppers zuviel, im zuckelnden, quietschenden Fahrstuhl zu Marquands Apartment die Beherrschung verloren hätte. Marquand hielt sie in den Armen, ihr Rock war hochgerutscht, ihr Hinterteil gegen das dekorative Ziergitter gepreßt. Als der Fahrstuhl mit einem Ruck zum Stehen kam, war sie keine *demi-vierge* mehr.

Die unverzeihliche Sünde

Von ihrem Fenster in Merrywood schaute Jackie auf den weiten Wiesenhang, der sich steil zum Ufer des Potomac absenkte. Ein paar kleine Flußinseln teilten den Strom. Auf ihrer Seite, die zum Staat Virginia gehörte, befanden sich die Stromschnellen. Am anderen Ufer, hinter dem der alte C&O-Kanal die Grenze nach Washington D. C. bildete, war das Wasser schlammig und still.

Oft verglich sie sich mit dem Fluß, der draußen vor ihrem Fenster vorbeiströmte. »Eine Hälfte von mir ist Wildwasser, die andere ist stilles Wasser«, sagte sie. »Aber irgendwann treffen die zwei Strömungen aufeinander, wie es auch in mir passiert. Dann geht es mal turbulent zu, aber es kommen auch wieder ruhige Phasen.«

Merrywood gehörte zu den ruhigen Phasen in Jackies Leben. Das Haus stand auf dem Steilufer des Potomac auf einem Landstück, das George Washington einst überschaut hatte. Die Besucher kamen von der Chain Bridge Road, wo sie in einen langen Kiesweg einbiegen mußten, der an einem Tennisplatz, dem Gewächshaus und der Koppel vorbeiführte, auf der Jackie ihr Reitpferd trainierte. Ein Swimmingpool von olympischen Dimensionen – der einzige Privatpool in der ganzen Umgebung – dehnte sich vor dem Badehaus, das im Stil einer verwunschenen Hütte aus einem Märchen errichtet war. Am Fuß des Hügels schlug die Auffahrt einen eleganten Bogen und endete vor dem großen, eindrucksvollen Herrenhaus.

Es war 1919 von Newbold Noyes, dem damaligen Herausgeber des *Washington Star*, gebaut worden und stellte die Kopie eines klassizistischen Herrenhauses aus dem 18. Jahrhundert dar. Noyes hatte das Anwesen in den frühen dreißiger Jahren an Hugh Dudley Auchincloss jr. verkauft, einen Erben von Standard Oil, Jackies späteren Stiefvater. Im Laufe der Jahre hatten die ehemals roten Ziegel ein kreidig weißes Aussehen bekommen, so daß es schien, als würde das Haus schon seit Jahrhunderten zwischen den uralten Buchen, Eichen und Kastanien stehen.

Jackie war nach der Heirat ihrer Mutter mit »Hughdie« Auchincloss nach Merrywood gezogen, und das war fast zehn Jahre her. In dem großen Haushalt, wo sieben Kinder wohnten, die von drei verschiedenen Müttern stammten, wurde Jackie auf Schritt und Tritt von einer ganzen Dienerschar umsorgt. Obwohl sie die katholische Taufe und die Erstkommunion empfangen hatte, wuchs sie nun in Merrywood, einer Hochburg des alten protestantischen Geldadels, auf.

Die meisten Amerikaner besaßen nur vage Vorstellungen von der Herrenkaste der WASPs, die mitten unter ihnen lebte, dabei hatte sie sich über drei Jahrhunderte amerikanischer Geschichte an der Macht gehalten. Die WASPs – das waren ein paar hundert wohlhabende Familien, die ihre Söhne auf exklusive Privatschulen wie St. Mark's und Groton schickten, dann nach Yale, Princeton oder Harvard, um sie in Spitzenpositionen an der Wall Street unterzubringen: bei den großen Banken, den einflußreichen Anwaltskanzleien und, nach Ausbruch des Kalten Krieges, in den Chefetagen der CIA.

Untereinander erkannten sie sich am Akzent und an der Wortwahl. Jackie wuchs in einer Familie auf, wo das Wort *tomato* mit einem langen dunklen a – *tomaahto* – gesprochen wurde und ein *girl* immer nur ein *gale* war. An den Fenstern hingen natürlich keine *Gardinen*, sondern ausschließlich *Vorhänge*, und man wohnte nicht in einem *Haus*, sondern auf einem *Anwesen*.

In den Kreisen der Auchinclosses galt eine ungeschriebene Kleiderordnung: Die Frauen waren gehalten, den ererbten Familienschmuck, riesige Brillant-Verlobungsringe und Broschen zu tragen, und die Kleider, die sie bei Bergdorf Goodman kauften, mußten möglichst unelegant und farblos wirken. Die Männer trugen Maßanzüge aus der Londoner Savile Row oder von Charvet und Sulka in Paris, doch dazu gehörten bekleckerte Krawatten und rutschende Socken.

Man trank bis zum Exzeß und ergötzte sich an alkoholgeschwängerten Anekdoten über exzentrische Cousins oder schrullige Tanten. Man wohnte nahe beieinander, mochten es nun die nach Bienenwachs duftenden Landhäuser von Fairfax County in Virginia sein oder

Wohungen auf der East Side von Manhattan, am Nob Hill in Boston oder an der nördlichen Küste von Long Island, und man beeindruckte sich gegenseitig mit seinem Reichtum. Zur Jahrhundertwende hatte William K. Vanderbilt den Gegenwert von heutigen 365 Millionen Dollar ausgegeben, um Marble House zu bauen, seinen »Sommersitz« in Newport. Wer nur annähernd so viel Geld hatte wie die Vanderbilts, besaß ebenfalls ein Herrenhaus in den besten Lagen von Newport: in der Bellevue Avenue, am Ochre Point oder am Ocean Drive.

Vor allem aber waren es die selbstgefälligen Manieren – »die schiere Behäbigkeit der gehobenen Herkunft«, wie es einer von ihnen formuliert hatte –, an denen man die Auchinclosses und ihresgleichen erkannte. Das unterschied sie vom Rest der Welt und erlaubte ihnen, die aristokratischen Nasen über die Neureichen zu rümpfen, diese widerwärtigen, verschwitzten Nicht-Angelsachsen, die immer reicher wurden und die WASPs allmählich in den Schatten stellten.

In den frühen fünfziger Jahren erlebten die Vereinigten Staaten den größten Wirtschaftsaufschwung ihrer Geschichte. Zugleich erreichten sie damit den Gipfelpunkt ihrer weltweiten Macht. Aus alter Gewohnheit hielten die WASPs am tröstlichen Aberglauben fest, daß sie dazu ausersehen waren, die zivilisatorische Sendung der USA zu verkörpern. Schließlich, so argumentierten sie, waren es ihre angeborenen Tugenden – Höflichkeit, Charme, sportliche Fairness und Pflichtgefühl – und nicht etwa das Geld, was sie zu etwas Besserem machte.

In Jackies Jugend waren die WASPs noch so sehr auf Exklusivität bedacht, daß sie sich sogar untereinander diskriminierten. Jackies Mutter, die dritte Mrs. Hugh Dudley Auchincloss jr., war die Tochter eines kleinen, dicken, zigarrenkauenden Mannes, der sich James T. Lee nannte und sein Vermögen als Grundstücksmakler und Bankier gemacht hatte. Es wurde gemunkelt, daß Janet ihren illustren Südstaatenhintergrund lediglich erfunden hatte und ihre Vorfahren in Wirklichkeit nicht Lee, sondern Levy hießen. Niemand lieferte auch nur die Spur eines Beweises, daß sie Jüdin war, aber in WASP-Kreisen wurde sie nie ganz für voll genommen.

Ihre Freundinnen flüsterten sich zu, daß Janet als Neureiche mit ihrem Geld und ihrer gesellschaftlichen Stellung nicht locker umgehen könne und, schlimmer noch, daß sie sich abstrampelte, um eine gute Figur zu machen.

»Ich kann mir schmeicheln, daß ich manchmal fähig bin, in einer Aufmachung aus dem Haus zu gehen, als wäre ich die Billigkopie einer Pariserin«, bemerkte Jackie einmal. »Aber dann kommt mir meine Mutter nachgelaufen, um mich darüber zu unterrichten, daß meine linke Strumpfnaht verrutscht oder mein rechter oberer Mantelknopf lose ist. Das ist für sie eine unverzeihliche Sünde.«

Die Auchincloses konnten, auch darin ihrer Klasse treu, die schlimmsten Snobs und Spießer sein. Der Schriftsteller Gore Vidal, der, mit Jackie entfernt verwandt, einen Teil seiner Kindheit in Merrywood verbracht hatte, zeichnete ein zutreffendes Bild von den Auchincloses, als er feststellte: »Man kann sich nicht vorstellen, welch verquere Ansichten die amerikanischen Aristokraten damals hegten, welch bösartigen Antisemitismus, welchen Haß auf die Unterschichten und welche finstere Entschlossenheit, ihr Eigentum gegen jeden Übergriff zu verteidigen.«

Mit vielen Mitteln versuchte Jackie, über all diese Dinge hinauszuwachsen. Aber sosehr es sie danach verlangte, sich von den Auchincloses und ihren Engstirnigkeiten zu emanzipieren, so heftig sehnte sie sich auch nach Merrywood zurück, wann immer sie unterwegs war. Einmal, bei einer Sommerferientour durch Italien, schrieb sie ihrem Stiefvater: »Ich habe beim Fahren ein schreckliches Heimweh bekommen. Plötzlich und wie im Traum habe ich an Sachen gedacht wie den Weg zum Stall, wo die Steine wackeln, wenn man drüberrennt, ... an all die Orte und die Gefühle und das Glück, das einen mit der Familie verbindet, die man liebt – etwas, was man immer mit sich nimmt, egal, wie weit man reist.«

Während ihres Auslandsjahres in Paris, als sie sich gerade in Jack Marquand verliebte, hörte sie von ihrem Stiefbruder Yusha, daß die Familie an den Verkauf von Merrywood dachte. Das Anwesen wurde zu einer untragbaren finanziellen Belastung, und für Jackie war dies ein erster Fingerzeig, daß die Auchincloses über ihre Verhältnisse lebten. Wie vielen anderen WASPs ging auch ihnen das Geld aus, und sie standen vor dem Niedergang ihres Einflusses und ihrer Macht.

Die Nachricht verstörte sie zutiefst. In einem der nachfolgenden Briefe jedenfalls beruhigte Yusha sie mit der Versicherung, daß die Absicht, den Familiensitz zu verkaufen, bis auf weiteres vertagt worden sei.

»Ich bin ganz aufgekratzt, weil Merrywood nun doch nicht verkauft wird«, ließ sie ihn wissen.

Aber der Gedanke, Merrywood eines Tages zu verlieren, verfolgte sie weiter. Für Jackie war Merrywood mehr als nur ein Grundstück an einem Fluß. Für sie war es ein Hort der Schönheit, des Friedens und der Erleuchtung – das Traumschloß ihrer Jugend.

Die Dame des Hauses

Als Jackie die breite, teppichbelegte Treppe herunterkam, schlug die große Standuhr gerade halb eins. Auf dem Treppenabsatz zum ersten Stock hing ein fast lebensgroßes Porträt von Hughdie Auchincloss als Knabe in Knickerbockern. Durchs Haus zog der Duft von Roastbeef und Yorkshire-Pudding. Aus dem Speisezimmer, wo Jake Owen, der Butler, mit seiner Frau Marie die Tafel für elf Personen eindeckte, hörte man das Klappern von Porzellan und das Klingen von Gläsern. Die Köchin Nellie Curtin erteilte in der Küche Befehle.

Es war Muttertag, der 13. Mai 1951, aber davon abgesehen war es ein Sonntag wie jeder andere in Merrywood, eine Gelegenheit für den großen Auchincloss-Clan, sich zum Mittagessen mit den reichen und mächtigen Washingtoner Freunden zu treffen. Oben von der Scheune her, wo Hughdie mit seinen Mittagsgästen Tontauben schoß, hörte Jackie das Knallen der Gewehre.

Unten angekommen, vernahm sie ein ganz anderes Geräusch – ein schrilles Aufkreischen. Einen Moment lang unterbrachen die Bediensteten ihre Tätigkeit, und das ganze Haus war still. Dann gab es ein weiteres Geräusch, diesmal ein dumpfes Krachen, dem sogleich ein Schwall von Schimpfworten und Schreien folgte.

Jackie rannte von der Halle durch das Wohnzimmer in den angrenzenden Salon. Gleichzeitig kam ihr Stiefbruder Yusha aus einem anderen Winkel des Hauses.

Sie fanden Jackies Mutter Janet und die elfjährige Stiefschwester Nini, die sich gegenseitig in geduckter Ringkampfhaltung belauerten. Auf der linken Wange des jungen Mädchens war der leuchtendrote Abdruck der Ohrfeige zu sehen, die sie von der Stiefmutter empfangen hatte.

»Du kriegst einen Tritt!« schrie Janet und zielte mit dem Fuß auf Ninis Schienbein.

»Nein, *du* kriegst einen!« schrie Nini zurück und stieß mit dem Fuß nach Janet.

Jackie ging dazwischen, und der Kampf war beendet. Nini brach in Tränen aus und rannte aus dem Zimmer. Jackie wandte sich Janet zu, die mit ausdruckslosem Gesicht vor dem Ölgemälde stand, das sie auf Danseuse, ihrem alten Reitpferd, zeigte.

»Mummy!« sagte Jackie. *»Also wirklich ...!«*

Die Dame des Hauses Merrywood, Janet Norton Lee Bouvier Auchincloss, war eine Macht, mit der man rechnen mußte. Selbst dann, wenn sie sich nicht in stürmischen Temperamentsausbrüchen erging, beherrschte sie ihre Umgebung. Sie hatte einen zartrosa Teint und dunkle Augen, die von fülligem Haar umrahmt waren. Die Männer fanden sie sexy. Sie waren fasziniert von ihrer Art, die Zähne bedeckt zu halten und die Lippen nur andeutungsweise zu öffnen, als hätte sie ein häßliches Geheimnis im Mund, das sie nicht zu enthüllen wagte. Nie konnten die Männer genug davon bekommen.

Bei den Frauen lief es anders. Sie glaubten, daß Janet einfach nur verrückt nach Geld war. Damit hatten sie auch recht, aber nur bis zu einem gewissen Grad. In Wirklichkeit waren es nicht die Pelze, die teuren Kleider und der Schmuck, wonach sie sich verzehrte, sondern eine gewisse Art der Perfektion. Ihr war an der Oberfläche der Dinge gelegen – an der Stickborte ihrer Porthault-Bettücher, am pünktlichen Aufwarten zu den Mahlzeiten, am Faltenwurf ihrer Ballkleider. Sie liebte das Geld, weil es Perfektion ermöglichte.

Praktisch jeden Abend ging sie auf Empfänge, trotzdem fand sie die Zeit, freiwillig als Hilfsschwester in einem Washingtoner Krankenhaus zu arbeiten und die Kleidung, die Französischstunden und den Umgang ihrer sieben Kinder und Stiefkinder im Blick zu behalten. Neben Merrywood unterhielt sie noch einen großen Sommersitz in Newport. Er hieß Hammersmith Farm, und mit den weitläufigen Gärten, den Treibhäusern, Viehställen und sechzehn Bediensteten (einschließlich drei Kindermädchen und eine Hauslehrerin) bildete die Farm von Juni bis September den Rahmen für eine endlose Abfolge von Sommerpartys.

All das erforderte ein hohes Maß an Disziplin und Organisiertheit, und wehe dem, der Janet in die Quere kam, wenn sie gerade in Fahrt war. Das galt auch für ihren Gatten. Hughdie war ein sanftmütiger Bär von einem Mann, das genaue Gegenteil von Janets erstem Gatten, John Vernou Bouvier III. Während Jack Bouvier ein zwanghafter Schürzenjäger war und es fertigbrachte, in einer Nacht mit zwei oder drei Frauen zu schlafen, litt Hughdie unter chronischer Impotenz. Auch nach Jahren psychiatrischer Unterstützung bekam er nur halbe Erektionen zustande und selbst das nur mit Hilfe pornographischer Bücher und Fotos, die er in großen Mengen sammelte.

Immer, wenn Janet einmal wieder einen ihrer Temperamentsausbrüche hinlegte, schaltete Hughdie einfach das Hörgerät ab und sagte: »Die Menopause eurer Mutter dauert zu lange. Das macht sie streitlustig.«

Die Kinder waren nicht so geduldig. Der Älteste, Hugh Dudley III., genannt Yusha, war der Sohn von Hughdies erster Frau, einer explosiven Russin mit Namen Maria Chrapovitsky, die bei einem Flugzeugunfall von einem Propeller teilweise skalpiert worden war. Nina (»Nini«) und Thomas stammten aus Hughdies zweiter Ehe mit einer sadistischen Alkoholikerin namens Nina Gore (es handelte sich um die Mutter des Romanschriftstellers Gore Vidal in früherer Ehe). Als nächste in der Hackordnung folgten Jackie und ihre kleine Schwester Caroline Lee Bouvier. Und am Ende kamen die zwei Kleinen – Janet jr. und James –, die Janet und Hughdie nach ihrer Heirat 1942 bekommen hatten, im Jahr, als Hughdie sein volles Erbe antrat.

Keins der Kinder blieb von Janets Ausbrüchen verschont, nicht einmal Jackie.

»Ich hab' gesehen, wie Jackie von Janet rechts und links geohrfeigt wurde«, sagte ein Mitglied der Familie.

Jackie verkörperte die Tugenden, die Janet Auchincloss am höchsten schätzte. Wie ihre Mutter, die sich bei Reitunfällen dreimal das Nasenbein gebrochen hatte, war Jackie eine furchtlose Pferdenärrin. Nach einem Sturz von Sagebrush verblieb sie für drei Tage in einem halb bewußtlosen Dämmerzustand. Mutter und Tochter teilten die Liebe zur Kunst, und erst kurz zuvor hatte ihnen John Walker, der Direktor der National Gallery, eine Sonderführung durch die Gulbenkian-Sammlung gewidmet. Während Janet gebannt die Gemälde betrachtete, plauderten Jackie und Walter über das Intimleben der berühmten europäischen Maler, deren Bilder dort zu sehen waren.

Von allen Kindern war Jackie das begabteste. Sie war keine Intellektuelle, aber eine begierige Leserin, die sich wunderschön ausdrücken konnte und literarischen Witz besaß. Das Briefeschreiben war eine Kunst, die Janet Auchincloss sehr hoch bewertete, und Jackie schrieb die eindrucksvollsten Briefe der ganzen Familie. Oft wurden sie zur Cocktail-Stunde laut vorgelesen – auch der Brief, in dem Jackie 1950 eine Tour nach Südfrankreich schilderte:

Ich kann euch gar nicht beschreiben, wie es ist, wenn man von den Bergen bei Grenoble in die flache, glühende Ebene hinunterkommt, wo sieben Achtel des Blickfelds von dem heißen blauen Himmel ausgefüllt werden – dort stehen die Pappeln reihenweise an den Feldrändern, um die Saat vor dem Mistral zu schützen, und zu ihren Füßen wachsen stachlige kleine Palmen mit knallroten Blüten.

Jackie zeichnete lustige Bilder, die zu Weihnachten verschenkt wurden. Sie sprach ein gutes Schulfranzösisch, und das war die einzige Sprache, die in der Woche bei Tisch erlaubt war. Sie verfaßte auch witzige Verse wie die nachfolgenden, die aus Anlaß der Verlobung ihrer

Klassengefährtin in Vassar, Ellen Gates, genannt Puffin, mit Russell »Derry« D'Oench entstanden:

> Ist Puffin mit Derry in trauter Ehe erst vereint,
> wird ihr Abschied von Vassar und auch von uns beweint.
> Doch, meine Gute, hüte dich, wenn du auf Rosen wandelst,
> daß du mit Dornen dir die Füßchen nicht verschandelst ...

> Puffin hält inne und bedenkt ihrer Freundinnen Los.
> Welch ein todtrauriges Ende nahmen sie bloß?
> Jackie, abgemagert, unterbezahlt und geplagt
> schlägt sich so durch als französische Magd ...

Wie die meisten Frauen der Gesellschaft war Janet Auchincloss eine begnadete Schauspielerin. Sie erweckte den Anschein, als würde sie aus besseren Kreisen stammen, während sie in Wirklichkeit ganz gewöhnlicher irischer Abkunft war. Jackie brachte sie alles bei, was sie über das Leben der High-Society wußte.

»Darling«, sagte sie zu ihrer Tochter, »die beste Methode, anziehend auf Jungen zu wirken, ist es, wenn du ihnen beim Tanzen deine Aufmerksamkeit schenkst. Ganz egal, ob du an einen Zwerg geraten bist, einen Fettkloß oder eine Bohnenstange – du mußt immer so aussehen, als würdest du dich köstlich mit ihm amüsieren, du mußt über seine Witze lachen, egal wie dumm sie sind, und ehe du dich versiehst, hängt er schon an deinen Lippen. Aber du wirst auch die Blicke der anderen Jungen auf dich ziehen, die dich beobachten.«

Als sie erwachsener wurde, machte sich Jackie über ihre Mutter lustig. Aber sie empfand eine Art Haßliebe für sie und war sehr von ihr abhängig. Auch war sie ihr ähnlicher, als sie jemals zugegeben hätte. Wie Janet hatte auch Jackie ein stürmisches Temperament – einmal trat sie die Tür zum Zimmer ihrer Schwester Lee ein.

»Tante Janet ging es wie uns allen«, sagte Yusha. »Sie hatte eine gewisse Ehrfurcht vor Jackie.«

Ihre Mutter war der Auffassung, daß für Jackie, wenn überhaupt, nur eine Geldheirat in Frage kam. Fünf der sieben Kinder in Merrywood waren direkte Abkömmlinge von Hughdie Auchincloss. Doch Jackie und Lee stammten aus der mittellosen Bouvier-Sippe. Ihre einzige Erbschaft waren 3000 Dollar gewesen, die sie 1948 nach dem Tod ihres Großvaters väterlicherseits erhalten hatten. Jackie nannte nicht einmal ein halbwegs wertvolles Schmuckstück ihr eigen.

Der Gedanke an das Geld – und meist nicht nur als bloßes Wort – begleitete alle Gespräche, die Janet mit Jackie führte. Jeder, der in Janets Nähe kam, ob Mann, Frau oder Kind, wurde nach der Größe seines Reichtums bemessen. »Er ist nicht *wirklich* reich«, war der vernichtendste Urteilsspruch, den man von ihr zu hören bekam.

Doch Jackie wollte nicht enden wie ihre Mutter – als umtriebige Dame der Gesellschaft, verheiratet mit einem reichen, aber langweiligen Mann. Im Jahrbuch ihrer Klasse an der Miss Porter's School, einem Mädcheninternat, das sie als Kind besucht hatte, verzeichnete Jackie unter der Rubrik »Lebensziele«: »Keine Hausfrau werden.«

»Ich wußte, daß ich keinen von den jungen Männern, mit denen ich aufgewachsen bin, heiraten wollte«, sagte sie bei anderer Gelegenheit. »Das lag nicht daran, wie sie waren, sondern wie sie lebten.«

Für ein Mädchen, das in ihrem Elternhaus jeden Tag erneut die demütigende Erfahrung machte, als mittellose Verwandte zu gelten, war es nur natürlich, sich nach einem Leben zu sehnen, das ausreichend mit Geldscheinen gepolstert war. Aber für Jackie wie für ihre Mutter war Geld nur ein Mittel zum Erreichen weiter gesteckter Ziele.

Die ganze Kindheit hindurch konnte Jackie sich stundenlang in ihre Bücher vergraben und romantische Geschichten ersinnen, in denen sie die Heldin war. Ein gewöhnliches Leben kam für sie nicht in Frage. Sie wollte etwas *tun* – etwas Tolles, Stilvolles, Aufregendes. Sie wollte ihr eigenes Leben leben. Sie wollte Ballett, Kunstgalerien, Konzerte und Theaterstücke. Sie wollte mit Sagebrush durch die Gegend jagen. Sie wollte ausgehen und die ganze Nacht mit Jack Marquand tanzen, wie sie es in Paris getan hatte. Sie wollte ...

»Ich wußte nicht, was ich wollte«, bekannte sie. »Ich tappte noch im dunkeln.«

3

Die Dinge des Lebens
Mai 1951

Intime Vertraute

Kurz vor dem Mittagessen ging Jackie an einen Nebenapparat, wählte das Fernamt und ließ sich mit der Nummer Rhinelander 6-0744 in New York verbinden.

»Aber bitte ein R-Gespräch«, sagte sie zur Vermittlung.

»Wen soll ich anmelden?«

»Seine Tochter.«

Es war fast ein Uhr mittags, aber Jackie merkte sofort, wenn ihr Vater sich meldete, ob sie ihn aus dem Bett geholt hatte. Seine Stimme, normalerweise volltönend und angenehm, war dann noch stockend und heiser, doch stets begrüßte er sie mit seinem Lieblingskosenamen: »Hello, Jacks!«

Für Jackie war das ein vertrauter Klang – die kratzige, verkaterte Stimme eines Mannes, der nach durchzechter Nacht aus dem Schlaf gerissen wird. Und es tat ihr in der Seele weh.

Ihr Vater war erst kürzlich aus dem Sanatorium Silver Hill entlassen worden, einer exklusiven Einrichtung in New Canaan, Connecticut, wo gutbetuchte Alkoholiker sich gern behandeln ließen. Das war nicht sein erster Anlauf gewesen, den Hang zum Trinken zu überwinden. Er hatte es schon mit verschiedenen Entzugseinrichtungen versucht. Inzwischen aber hatten sich die Dinge zugespitzt. Er stand kurz vor dem sechzigsten Geburtstag und war beherrscht von der Angst, daß es ihm ergehen würde wie seinem älteren Bruder William Sergeant Bouvier, der am Alkoholismus gestorben war.

Während seines sechswöchigen Aufenthalts in Silver Hill hatte ihm der Klinikdirektor William B. Terhune geraten, reichlich Wasser zu trinken, für regelmäßigen Stuhlgang zu sorgen und sich durch lange Spaziergänge auf dem Gelände des Sanatoriums, das eher einem Country-Club glich, von seiner Abhängigkeit zu befreien. In den frühen fünfziger Jahren war der Alkoholismus noch ein Tabuthema, und die Behandlungsmethoden in Silver Hill, geprägt von den Dogmen der Christian Science, bauten darauf, daß man die Macht der Krankheit über Körper und Geist brechen konnte, indem man sie schlicht leugnete. Bei seiner Entlassung bekam Jack Bouvier von Terhune den Rat mit auf den Weg, nie über seine Trunksucht zu sprechen, nicht einmal im engsten Familienkreis. Das, so warnte er, würde nur die Aufmerksamkeit auf sein Problem lenken.

Kaum aus dem Sanatorium zurück, hing Jack Bouvier wieder an der Flasche.

Jackie hatte stets versucht, den Alkoholismus ihres Vater zu ignorieren. Als Kind sah sie ihn oft betrunken auf dem Sofa liegen. Bekleidet nur mit Unterwäsche, Socken und Schuhen, zog er lautstark über die »Jidden«, die »Paddys« und die »Itaker« her und verfluchte die Welt, die ihm so übel mitgespielt hatte. Jackie und ihre Mutter schleppten ihn dann ins Schlafzimmer, zogen ihn aus und wischten Urin und Erbrochenes auf. Am nächsten Tag wurden sie dann Zeugen seiner tränenreichen Auftritte, wenn er Frau und Tochter um Vergebung bat und sie anflehte, ihm noch einmal eine letzte Chance zu geben.

Als Jackies Mutter im Jahr 1928 John Vernou Bouvier III. heiratete, schien sie eine Partie gemacht zu haben, in der sich Reichtum, Macht und gehobene Herkunft miteinander vereinten. Der 37jährige Junggeselle war mindestens fünfzehn Jahre älter als Janet, obwohl man sich da nicht sicher sein konnte, weil sie ihr Geburtsjahr stets geheimhielt. Der hochgewachsene Mann mit den eisblauen Augen übte eine magische Anziehungskraft aus, die ihn für Frauen unwiderstehlich machte. Er hatte die Ausstrahlung eines Clark Gable – schwarzhaarig und dank regelmäßiger Höhensonne dunkelhäutig wie der Scheich von Arabien, worauf auch seine verschiedenen Spitznamen anspielten: »Jack der Scheich«, »Die schwarze Orchidee« oder »Black Jack«.

Aber hinter der smarten Fassade verbarg sich nur wenig Substanz. Jack Bouvier war nur das blasse Imitat seines imposanten Vaters, eines schnurrbärtigen, viktorianischen Gentlemans, den man »The Major« nannte. Statt seinem erfolgreichen Vater nachzueifern, begnügte sich Black Jack mit der Rolle des verwöhnten, lasterhaften und schuldgeplagten Sohnes.

Seine Smokings mit breitem Revers kamen von Bell, seine Hemden und Paisley-Krawatten von Tripler. Er fuhr mit einem schwarzen Mercury-Kabriolett in New York City herum und transportierte seine jeweils jüngste weibliche Eroberung vom Dinner im Twenty-One zum Boxkampf im Madison Square Garden und von dort zum nächtlichen Cocktail im Racquet Club.

Sein untadeliger Ruf schien Janet die Gewähr für ihren sozialen Aufstieg zu bieten. Schließlich war Jack Bouvier Mitglied der *Sons of the American Revolution* und der *Society of the Cincinnati*; er war im Prominentenlexikon verzeichnet und zählte zu den oberen Zehntausend der amerikanischen Gesellschaft.

Bald nach der Heirat mußte Janet jedoch erkennen, daß nicht nur ihre eigene, sondern auch seine hohe Herkunft lediglich ein Phantasieprodukt war. Es stellte sich heraus, daß die Bouviers keinesfalls, wie er gern behauptete, aus dem französischen Adel stammten. Und wenn sie einmal sagenhaft reich gewesen waren, dann war von diesem Reichtum nichts geblieben.

Schlimmer noch, Black Jack entpuppte sich als gewalttätiger Trinker. Häufig schlug er Janet im Beisein der Kinder. Janet wehrte sich, indem sie ihm Teller und Beschimpfungen an den Kopf warf.

Frühzeitig schon suchte sich Jackie verschiedenartige Fluchtwege aus den häuslichen Streitereien. »Als ich klein war, habe ich viel gelesen«, erklärte sie, »häufig Bücher, die nicht für Kinder gedacht waren. In dem Zimmer, wo ich Mittagschlaf halten sollte, standen Tschechow und Shaw. Geschlafen habe ich dort nie, sondern ich saß auf dem Fensterbrett und las. Dann schrubbte ich mir die Füße, damit das Kindermädchen nicht merkte, daß ich aus dem Bett gestiegen war. Meine

Helden waren Byron, Mowgli, Robin Hood, der Großvater von Little Lord Fauntleroy und Scarlett O'Hara.«

Nachdem Jack Bouvier fast sein ganzes Vermögen in der Weltwirtschaftskrise verloren hatte, ließ Janets Vater die Familie mietfrei in einem zweistöckigen Apartment in der Park Avenue 740 wohnen, einem Gebäude des Architekten Rosario Candela, das ihm gehörte. »Vergiß nicht, daß du in meinem Haus wohnst!« fuhr er einmal seinen Schwiegersohn an und demütigte ihn damit vor aller Öffentlichkeit. Doch auch Big Jim Lee konnte die Ehe seiner Tochter nicht retten. Sie wurde geschieden, als Jackie elf Jahre alt war.

Danach war es zwischen ihnen nur noch schlimmer geworden. Obwohl Janet das angenehme Leben mit Hughdie in Merrywood genoß, hörte sie nicht auf, Black Jack für ihre Enttäuschungen und für ihr Unglück verantwortlich zu machen. Ihr Haß auf ihn kannte keine Grenzen. Jackie konnte sich nicht erinnern, je ein freundliches Wort über ihren Vater aus dem Mund ihrer Mutter gehört zu haben. Noch zehn Jahre nach der Scheidung nannte sie ihn einen »besoffenen Tunichtgut«.

Er erwiderte ihre Gefühle auf seine Weise.

»Diese Krähe hat mir mein ganzes Leben vermiest«, sagte Black Jack. »Ich hätte mich von Anfang an gegen sie wehren müssen.«

Jackie durfte zu einem Treffen der Spitzenkandidaten für den Prix de Paris des Modejournals *Vogue* nach New York fahren. Sie gehörte zu den zwölf Teilnehmern der Endrunde, die im Cosmopolitan Club zum Dinner geladen waren. Und sie hatte es so eingerichtet, daß sie bei ihrem Vater wohnen konnte.

Sein Apartment in 125 East 74th Street war eine helle, luftige Junggesellenwohnung. Im Wohnzimmer befand sich ein Marmorkamin mit Nußbaumeinfassung. Eine große Flügeltür aus Glas führte in einen kleineren Raum, der als Speisezimmer diente. Im Gästezimmer standen zwei Sofas für Jackie und Lee.

Immer, wenn sie bei ihrem Vater war, bekam Jackie seine trostlose finanzielle Situation zu spüren. Daß sie Zeugin seines wirtschaftlichen Ruins wurde, hatte in ihr eine permanente Panik in Gelddingen ausgelöst. Vergeblich versuchte er, die bedrückenden Tatsachen vor seiner Tochter zu verbergen. Er hatte die Limousine mit Chauffeur aufgeben müssen, und er tat so, als wäre das ohne Belang, da er ja noch sein Kabrio hatte. »Für einen sündhaften Preis ließ er Porträts seiner Töchter bei einem New Yorker Spitzenfotografen anfertigen«, erinnerte sich eine Verwandte, »doch dann sparte er Geld, indem er die Zahl der bestellten Fotos reduzierte und statt dessen die Probeabzüge an die Wand hängte.«

Jackies Besuch benutzte er als Gelegenheit, sie in die Dinge des Lebens einzuführen, er erteilte ihr Lektionen in Mode, Antiquitäten und Inneneinrichtung. Aber sein Lieblingsthema waren Mann und Frau, das ewige Thema Nummer eins. »Achte auf jedes Wort, das dir ein Mann sagt«, erklärte er ihr, »behalte ihn im Auge, als würdest du in die Sonne starren.« Als Frau sollte sie unzugänglich, unberührbar, geheimnisvoll sein. Wenn ein Mann sie erst einmal besessen hätte, würde er automatisch das Interesse an ihr verlieren.

In mancher Hinsicht waren sie nicht so sehr Vater und Tochter als vielmehr intime Vertraute. Kaum war Jackie alt genug, um den Unterschied zwischen Mann und Frau zu begreifen, verwickelte ihr Vater sie in erotisch aufreizende Gespräche. Eine von Jackies Lieblingsgeschichten, die sie aus erster Hand von ihrem Vater erfahren hatte, war die Geschichte seines Seitensprungs auf der Hochzeitsreise. Während der Überfahrt auf der *Aquitania* nach England war er Janet untreu geworden und hatte mit der Tabak-Erbin Doris Duke geschlafen.

Als Jackie im Backfischalter war, besuchte ihr Vater sie häufig in ihrer Internatsschule in Farmington, Connecticut. Wenn er mit dem Kabrio vor ihrem Schlafsaal hielt, kündigte er sich mit einem speziellen Hupsignal an. Jackie kam dann aus der Tür gestürzt, flog ihm in die Arme und küßte ihn auf den Mund.

»Mein Gott«, äußerte einmal eine der neuen Schülerinnen, »Wie kommt dieses Mädchen dazu, einen Neger zu küssen?«

In Farmington spielte Jackie mit ihrem Vater ein Spiel, bei dem sie auf die Mütter ihrer Mitschülerinnen zeigte: »Und die, Daddy?«

Wenn Jack Bouvier noch nicht mit der fraglichen Frau geschlafen hatte, sagte er nur: »Noch nicht.«

Jackie zeigte dann auf die nächste und fragte weiter: »Und die, Daddy?«

»O ja«, erwiderte er dann, »die hatte ich schon.«

»Und die, Daddy?«

»Die auch.«

»Und die, Daddy?«

»Die auch.«

Einmal, ein paar Jahre später, als Jackie frisch am Vassar-College war, rief sie in seinem Büro in der Wall Street an und erzählte seiner Sekretärin, daß sie sich beim Friseur einen Pudelschnitt machen lassen würde.

»Die Nachricht wurde Jack mitten im Trubel der Börse überbracht«, erinnerte sich Kathleen Bouvier, eine angeheiratete Nichte. »Gegen ein Uhr mittags war er schon ganz aufgeregt. Bei Börsenschluß war er nur noch ein Nervenbündel. Er versuchte sich mit ein paar Cocktails im Yale Club zu beruhigen, aber er war so außer sich, daß es keinen Zweck hatte. Er gab es auf und raste heimwärts.«

»Er konnte es einfach nicht mehr abwarten«, fuhr Kathleen fort. »Er mußte sehen, wie der Haarschnitt geworden war. Genauer gesagt, er machte sich furchtbare Sorgen, daß die neue Frisur ihr nicht stand ...«

»Schließlich mußte ich ihn allen Ernstes besänftigen und bemuttern wie ein Huhn – bis mir klar wurde, wie lächerlich seine übertriebenen Befürchtungen eigentlich waren. Wenn der Pudelschnitt Jackie nicht stand, dann war das ja auch nicht das Ende der Welt. Aber Jack konnte das nicht so sehen. Er war besessen von Jackies Pudelschnitt, wie er es immer war, wenn er hinter einer Frau her war ...«

»Für das junge Mädchen muß das eine seltsame Szene gewesen sein, als sie hereingestürzt kam und wir alle miteinander aufatmeten. Natürlich blieb der Skandal aus. Der Pudelschnitt sah entzückend aus, und Jackie strahlte. Köstlich war auch das Grinsen in Jacks Gesicht.«

Als Gast im Apartment ihres Vaters mußte Jackie auch dessen morgendliche Katerstimmungen in Kauf nehmen.

»Jack quälte sich aus dem Bett – in aller Regel völlig verkatert und nicht gerade bester Stimmung«, berichtete Kathleen Bouvier. »In weiser Voraussicht servierte ihm Esther Lindström, sein Hausmädchen, das Frühstück in der Küche, denn sie konnte sich denken, daß ein übellauniger Mann seinen Kaffee am liebsten allein trank. Kaum aber hatte er sich den ersten Schluck genehmigt, verschwand er im Badezimmer, nahm ein heißes Bad und rasierte sich in der Wanne.«

Wenn Jackie zum Frühstück ins Speisezimmer kam, hörte sie den Vater planschen, knurren und stöhnen wie einen Seelöwen. Unfehlbar richtete er im Badezimmer eine Überschwemmung an, so daß Esther immer mit dem Wischlappen hinterhersein mußte.

Wenn er sich ein Hemd (Marke Brooks Brothers) und eine passende Klubkrawatte ausgesucht hatte, leistete er Jackie beim Frühstück Gesellschaft, in Hemdsärmeln und Krawatte, unter der Gürtellinie nichts als babyblaue Boxershorts, Socken und Sockenhalter.

»In majestätischer Haltung und kavaliersmäßiger Mißachtung der Kleiderordnung las Jack dann den Nachrichtenteil der *New York Herald Tribune*, den Sportteil der *Daily News* und sein unerläßliches *Wall Street Journal*«, berichtete Kathleen Bouvier. »Aber nie hat Jack die *New York Times* auch nur eines Blickes gewürdigt.«

Ständig klingelte das Telefon, weil Frauen mit Jack sprechen wollten. Obwohl er zu jener Zeit eine mehr oder weniger feste Freundin hatte – eine kanadische Schönheit namens Pam Vanderhurst, die nicht viel älter als Jackie war –, machte er vor keiner ein Geheimnis aus seinen vielen Liebschaften, und er behandelte sie alle wie seine Haremsdamen.

Dennoch fühlte sich Jackie nie von den Geliebten ihres Vaters zur Seite gedrängt. Sie alle kamen und gingen, aber Jackie blieb. Sie war die Konstante in seinem Leben, »meine Allerliebste«, wie er gern sagte.

Jackie störte es nicht, daß ihr Vater ein solcher Frauenheld war. Sie bewunderte ihn, himmelte ihn an, hatte Mitleid mit ihm. Und sie stand auf seiner Seite, wenn er sich beklagte, daß ihre Mutter schuld sei an seiner Geldmisere, seinem gesellschaftlichen Abstieg und der Ächtung durch die Bouvier-Familie, insbesondere durch seinen Vater. Wäre Jackie die Mätresse eines solchen Mannes gewesen, hätte sie es sicher geschafft, ihn vor sich selbst zu retten.

Jackies vielschichtige Beziehung zu ihrem Vater war die Quelle ihrer größten Lebensfreude, doch sie wurde nie das Gefühl los, daß sie etwas zu verbergen hatte. Im Sommer 1950, während ihres Auslandsjahrs, fuhr Jackie in den Weihnachtsferien nach England und besuchte eine Frau, die ihrem Vater sehr nahe gewesen war, als sie noch in Amerika gelebt hatte.

»Jackie wußte, daß die Frau kurz nach ihrer Rückkehr Zwillinge bekommen hatte, aber es wurde ihr nie gesagt, wer der Vater der Kinder war«, erinnerte sich John H. Davis, ein Bouvier-Verwandter. »Nun, bei ihrem Weihnachtsausflug nach England, stand Jackie plötzlich den Zwillingen gegenüber und stellte zu ihrer größten Verblüffung fest, daß sie ihr beinahe wie aus dem Gesicht geschnitten waren. Sie hatten ihr breites Gesicht, ihre weit auseinanderliegenden Augen, ihr kräftiges Kinn, das gleiche dunkle Haar, den gleichen Teint. Sie waren Bouviers, ohne Zweifel. Vor ihr standen Bruder und Schwester.«

Der Allgemeine künstlerische Leiter
des 20. Jahrhunderts

Als sie kurz nach sieben Uhr am Abend das Apartment ihres Vaters verließ, hatte Jackie schon eine halbe Stunde Verspätung. Sie lief südwärts die Lexington Avenue hinab, Richtung Cosmopolitan Club, wo die *Vogue* das Dinner für die Kandidatinnen des Prix de Paris veranstaltete. Sie rauchte eine Pall Mall, während sie kräftig ausschritt. Bei ihrer Ankunft fand sie im Foyer an die hundert Frauen vor, fast alle schon ein wenig beschwipst.

Menschenansammlungen machten Jackie immer nervös. Bevor sie zu einer Party aufbrach, hockte sie stundenlang vor dem Spiegel, verkünstelte sich an ihrer Frisur und ihrem Make-up und veränderte ständig ihr Outfit, um ihr wackliges Selbstbewußtsein zu stabilisieren. Das Ergebnis war stets dasselbe: Sie kam immer zu spät, und das steigerte ihre Nervosität.

Am Eingang heftete ihr eine *Vogue*-Sekretärin ein Ansteckbukett ans linke Revers, ein Kellner bot ihr das Tablett dar, auf dem halbgefüllte Aperitifgläser mit Dubonnet standen. Sie wurde von Carol Phillips, einer hochgewachsenen blonden *Vogue*-Autorin, durch den vollen Raum geleitet und der Verlegerin Iva Patcevitch, dann auch Mary Jessica Davis, der Chefredakteurin, vorgestellt. Sie blieben stehen, um mit Redakteuren von *House and Garden*, *Glamour* und *Vogue Pattern Book* zu plaudern.

Irgendwann beugte sich Carol Phillips zu Jackie und flüsterte ihr ins Ohr: »Sind Sie aufgeregt?«

»Sehen Sie nur«, erwiderte Jackie und hielt ihr die zitternden Hände entgegen.

»Dieses Mädchen war so nervös«, erzählte sie später einer Bekannten, »daß sie den Nagellack über sämtliche Finger geschmiert hatte.«

Jackie war nicht die selbstsichere junge Frau, als die sie vielen erschien. Gerade in jenen Jahren brauchte sie den Rückhalt ihrer Eltern. Aber wie gewöhnlich konnten sie sich auf nichts einigen, und schon gar nicht darauf, was aus ihr werden sollte, wenn sie ihr letztes College-Jahr an der George Washington University abgeschlossen hatte.

In jenem Frühjahr erschien in der *Vogue* eine ganze Seite mit den »Misses Bouvier«. Lee posierte in gelbem und weißem Tüll, Jackie führte ein weißes Gibson-Girl-Ballkleid aus Seide und feiner Baumwolle mit einer glänzenden Schärpe aus roter Ripsseide vor. Die - Modemagazine machten keinen großen Unterschied zwischen hübschen Mädchen aus der High-Society und professionellen Models, und Jackie war so begeistert von ihrem Hochglanzfoto im Magazin, daß sie für kurze Zeit mit dem Gedanken spielte, Mannequin zu werden.

Problematisch war, daß weiblichen College-Absolventen nur begrenzte Möglichkeiten offenstanden. Karrierefrauen wurden schief angesehen. Man hielt sie für unweiblich und aggressiv, und sie wurden behandelt wie gesellschaftlicher Abschaum. Frauen, die Arbeit suchten, waren gut beraten, sich einen Job ohne soziales Prestige zu suchen – als Krankenschwester, Lehrerin, Sekretärin –, in dem sie nicht mit Männern konkurrieren konnten.

Jackie war entschlossen, dieses Prinzip zu durchbrechen, und dank ihren Verbindungen erhielt sie ein interessantes Angebot. Ein Freund ihres Stiefvaters, Allen Dulles, Vizedirektor des CIA-Planungsstabs, hatte ihr einen Einsteigerjob bei der CIA besorgt. Außerdem war sie eine von zwölf Kandidatinnen für den Prix de Paris bei der *Vogue*.

Jackies Mutter hatte die Wettbewerbsausschreibung entdeckt und ihre Tochter zu Teilnahme gedrängt. »Ich glaube, ich saß gerade unter der Trockenhaube im Schönheitssalon«, erklärte Janet Auchincloss auf die Frage, wie sie auf die Anzeige in einer zerlesenen *Vogue*-Ausgabe gestoßen war. Nachdem Jackie sich angemeldet hatte, kamen ihrer Mutter allerdings Bedenken.

»Sie ist so schrecklich entschlossen, mich ›zu Hause‹ zu behalten«, vertraute Jackie einem Brief aus jener Zeit an. »Ein bißchen verstehe ich sie auch – wo ich so lange im Internat und im Ausland war und abwechselnd hier und in New York, ohne ein wirkliches Zuhause, an dem Mummy offenbar so viel liegt!«

Ihr Vater hingegen sah in ihrem College-Abschluß eine Chance, seine Tochter von den verhaßten Auchincloss loszueisen – von »diesem versnobten sogenannten Newport-Adel«, wie er sie nannte. Er hätte seine »Allerliebste« während ihrer sechs Monate in der New Yorker *Vogue*-Redaktion nur zu gern bei sich gehabt.

Jackie war zwischen beiden Eltern hin- und hergerissen. Sie wußte nicht, wie sie sich entscheiden sollte.

Ihr strenger, vernünftiger irischer Erbteil hielt es mit der Mutter und riet ihr, lieber zu Hause zu bleiben und sich mit der wichtigsten Aufgabe zu befassen – einen reichen Bräutigam zu finden. Doch ihre romantische französische Seite neigte dem Vater zu: Viel schöner war es, wieder in die Lichterstadt Paris zu kommen, mit der sich für sie Unabhängigkeit, Liebesabenteuer und Jack Marquand verbanden.

Sie war ernstlich gewillt, den Preis anzunehmen, wenn sie ihn denn gewann. »Lieber tue ich etwas, was mich selbst interessiert, als zu Hause herumzusitzen«, sagte sie.

Manchmal wurde der Druck von seiten der Eltern so unerträglich, daß sie meinte, innerlich zu zerreißen. Am liebsten wäre sie dann einfach weggelaufen. Damals kehrte auch ein Traum aus ihrer Kindheit wieder. In diesem Traum saß sie im Zug, unterwegs zu einem unbekannten Ziel. Und bei ihrer Ankunft wurde sie zur Königin eines Wanderzirkus gekrönt.

Nach dem Dinner mit Chicken-Tetrazzini, das für den Cosmopolitan Club typisch war, erhob sich Mary Jessica Davis zu einer kurzen Ansprache. Sie verglich das Leben mit einem Schiff auf hoher See: Es käme nicht auf die Windrichtung an, nur darauf, wie man die Segel setzte. »Die *Vogue*«, sagte sie, »verfolgt die Linie, sich junge Frauen mit besten Voraussetzungen zu suchen und sie auf die Spitzenjobs im Magazinjournalismus vorzubereiten. Sie, die Teilnehmerinnen der Endrunde des Prix de Paris, gehören zu den glücklichen Auserwählten. Aber was Sie aus Ihrer Chance machen, liegt ganz allein bei Ihnen. Wenn Sie die Segel richtig setzen, ist Ihre Karriere gesichert.«

Es war kaum nötig, die zwölf Teilnehmerinnen an der Endrunde daran zu erinnern, welches Glück sie hatten, daß ausgerechnet sie aus einer Zahl von 1280 College-Studentinnen ausgewählt worden waren, die sich in jenem Jahr für den Prix de Paris beworben hatten. In einer Zeit, als College-Absolventinnen froh sein durften, wenn sie einen Job als Sekretärin fanden, mußten sich die zwölf wie wahre Glückspilze vorkommen.

Der Hauptpreis war ein Probejahr als Nachwuchsredakteurin zur einen Hälfte in der Pariser, zur anderen in der New Yorker Redaktion der *Vogue* und dann eine Festanstellung, wenn alles gut lief. Der zweite Preis war ein halbes Probejahr und ebenfalls eine mögliche Festanstellung, die restlichen zehn Mädchen wurden für eine Anstellung in einer anderen Zeitschrift der Condé-Nast-Gruppe ausersehen.

Mademoiselle, ein Magazin, das nicht zu dieser Gruppe gehörte, aber das meistgelesene unter den amerikanischen College-Studenten war, veranstaltete einen ähnlichen Wettbewerb für College-Absolventen. Lord & Taylor und B. Altman boten Kurse an, die College-Absolventinnen auf eine Laufbahn in der Modebranche vorbereiten sollten. Aber der *Vogue*-Preis war das bedeutendste Sprungbrett für eine Karriere im Modejournalismus, und Jackie war überzeugt, daß sie es schaffen konnte.

»Von zu Hause wegzugehen gab mir die Chance, mich auch mit

nüchternen Augen zu sehen«, stellte sie einmal fest. »Ich lernte, mich
nicht mehr für meinen Wissenshunger zu schämen, etwas, was ich
immer versuchte zu verbergen ... Eine Karriere bei einer Zeitschrift
hatte ich mir immer gewünscht, und dieser Anlaß [der Prix de Paris]
schien mir die besten Startbedingungen zu bieten.«

Wie die anderen Kandidatinnen der Endrunde hatte sie sich von
Richard Rutledge, dem bekannten Modefotografen der *Vogue*, porträ-
tieren lassen. Rutledge fotografierte ihr Gesicht von vorn, das dunkle
Haar in der Mitte gescheitelt und aus der Stirn gekämmt. Das war eine
Kopie der Frisur ihres Vaters, und sie sah Jack Bouvier auf dem Foto
so sehr ähnlich, daß es beinahe den Anschein einer bewußten Imitation erweckt.

An diesem kritischen Punkt ihres Lebens, als sie bemüht war, sich
von ihrem Zuhause zu lösen und ihre eigene Identität zu finden,
fühlte sich Jackie stärker mit ihrem Vater verbunden als mit ihrer Mutter. Für die Allgemeinheit mochte Jack Bouvier nichts anderes sein als
ein alternder Dandy, der von Alkohol und Schulden niedergedrückt
wurde, aber für seine Tochter war er noch immer ein stilvoller, kulti-
vierter Gentleman. Außerdem sah sie in ihm die feinfühlige, mißver-
standene Seele.

Die Identifikation mit ihrem Vater zeigte sich auch in ihrer Bewerbung für den Prix de Paris. Sie war aufgefordert worden, einen Aufsatz mit dem Titel »Persönlichkeiten, denen ich gern begegnet wäre«
zu schreiben. Andere Bewerberinnen mochten Madame Curie, Eleanor Roosevelt oder Sarah Bernhardt gewählt haben, aber Jackie ver-
achtete die Konvention. Sie entschied sich für drei dekadente Künstler: den französischen Dichter Charles Baudelaire, den irischen Autor
Oscar Wilde und den russischen Ballettmeister Sergej Diaghilew. Alle
drei waren als Ächter bürgerlicher Konventionen berühmt geworden:
Diaghilew und Wilde waren homosexuell, und Baudelaire schrieb
erotische Gedichte über die lesbische Liebe.

Jackie beschrieb sie in Worten, die genausogut auf ihren Vater
paßten. Der hatte ihr vielfach erklärt, daß man das Leben zur Kunst-
form erheben müsse. »Baudelaire und Wilde«, so schrieb sie, »waren
beide Dichter und Idealisten, die das Sündhafte unbeschönigt darstel-

len konnten und dennoch den Glauben an das Höhere nicht aufgaben.« Was Diaghilew betraf, »besaß er, obwohl selbst kein Künstler, eine Gabe, die noch viel seltener ist als das künstlerische Genie,
egal in welcher Form: er besaß das Feingefühl, aus jedem das Beste
herauszuholen und es zu einem Meisterwerk zusammenzufügen, das
um so kostbarer ist, weil es nur im Gedächtnis derer fortlebt, die es
gesehen haben, und weil es zerfällt, sobald er ihm den Rücken zu-
kehrt.«

Und was hoffte sie von diesen Männern zu lernen?

»Wenn ich so etwas wie der Allgemeine künstlerische Leiter des
20. Jahrhunderts wäre und alles von meinem Platz im Weltraum beobachten könnte«, schrieb sie, »dann wären sie es [die Ansichten von
Baudelaire, Wilde und Diaghilew], die ich auf meine Epoche anwen-
den würde, ihre Gedichte, zu denen ich Musik, Gemälde und Ballette
entstehen ließe.«

»Ich fand es toll, wie sie schreiben konnte«, sagte Carol Phillips. »Ich
wollte sie unbedingt für mein Autorenteam haben. Besonders beeindruckt war ich von dem Text, den sie für den Prix de Paris geschrieben hatte – über den Tod ihres Großvaters.«

Ihr ganzes Leben lang empfand Jackie eine morbide Faszination für
den Tod, und sie hatte eine autobiographische Geschichte über das
Begräbnis ihres Großvaters John Vernou Bouvier jr. geschrieben,
einen Mann, den sie ebenso bewunderte wie ihren Vater, wenn nicht
gar mehr. Der Major trug elegant geschneiderte Zweireiher und hohe,
gestärkte Kragen. Er hatte geschmackvolle Wohnsitze in der Park Avenue und in East Hampton, er zitierte Platon, Shakespeare und den britischen Historiker Thomas Babington Macaulay und hielt sich noch
eine Mätresse, als er schon weit über siebzig war. Er und Jackie waren
verwandte Geister, was ihre Liebe zur Literatur und zum Luxus betraf,
und es einte sie auch der Stolz auf die Familiengeschichte der Bouviers.

Jackies Kurzgeschichte begann mit einer Szene, in der sie am offenen Sarg ihres Großvaters sitzt.

Eine Weihnachtsgeschichte
Die Veilchen

Die Haustür im Korridor wurde geöffnet und wieder geschlossen, ich hörte meine Tante mit jemandem sprechen, mit einem weiteren Kondolenten, wie ich vermutete. »Nein, ich werde allein gehen«, sagte eine Stimme an der Tür. Dann hörte ich Schritte hinter mir auf dem Teppich. Sie führten an meinem Stuhl vorbei, und ich sah einen kleinen Mann mit weißem Haar, der sich an den Sarg stellte. In der Hand hielt er einen Veilchenstrauß.

Er stand drei Minuten schweigend da, dann beugte er sich vor und steckte die Veilchen zwischen die Hände meines Großvaters. Als er zurücktrat, warf er mir einen Blick zu ... »Ich konnte keine Blumen bekommen. Die Geschäfte sind alle geschlossen. Aber diese habe ich von einer Frau an der Ecke. Dick hatte Veilchen sehr gern, wie ich mich erinnere.« Er verstummte befangen, dann verließ er den Raum.

Ich hörte, wie meine Tante ihn zur Haustür brachte. Sie kam zurück und ging an den Sarg. »Was soll das hier?« Sie griff nach den Veilchen. »Dieser Mann hat sie hiergelassen«, sagte ich zu ihr. »Da gehören sie nicht hin«, erwiderte sie und legte sie neben einen Gladiolenstrauß auf den Fußboden.

Dann, in einer Szene, die auf unheimliche Weise ihr Verhalten zwölf Jahre später bei der Beisetzung von Präsident Kennedy vorwegnahm, beschrieb Jackie, wie sie das Andenken in den Sarg schmuggelte.

Ich las die Veilchen auf und hielt sie an mein Gesicht. Sie dufteten kühl und waren noch feucht vom Regen. Sie waren ein Weihnachtsgeschenk für meinen Großvater von einem Mann, dem er wirklich etwas bedeutet hatte. Ich lauschte auf das Geräusch der Autoreifen im Regen und spürte den Luftzug durch das Fenster ...

Ich kniete mich auf die Bank neben dem Sarg und legte die Veilchen hinein, unter den Ellbogen meines Großvaters, wo die Leute, die den Sarg verschließen würden, sie nicht sehen konnten.

»Bei allem, was sie sagte und schrieb, spürte ich doch, tief drinnen, daß Jackie noch schwankte, was den Prix de Paris betraf«, sagte Carol Phillips. »Ich sah ihr an, daß sie sich noch nicht im klaren war. Weder über sich selbst noch über ihre Zukunftsabsichten.«

Carol Phillips richtete es so ein, daß sie Jackie zwei Tage später zum Essen bei Schrafft's einlud, das im Erdgeschoß des Chrysler-Gebäudes gelegen war. Der Raum war im Art-déco-Stil mit Spiegeln ausgestattet, die vom Boden bis zur Decke reichten, mit gußeisernen Kristallüstern und einem roten Teppich.

Am Tisch saß Jackie der respektgebietenden Personalchefin von Condé Nast gegenüber: Mary E. Campbell. Sie war eine große, korpulente Frau mit dunklem Haar, dunklen Augen und bleicher Haut, und sie war Sportlehrerin im Barnard College gewesen, bevor sie zu Condé Montrose Nast überwechselte, dem Gründer des Verlagskonzerns. Als abtrünniger Katholik hatte er scherzhaft verkündet, daß er auf Mary Campbell rechnete, wenn er eine Empfehlung beim lieben Gott brauchte. Kurz nach seinem Tod 1946 wurde sie mit der Betreuung des Prix de Paris betraut – und hatte somit bei der Auswahl der Preisträger das letzte Wort.

Auf Jacqueline Bouvier hatte sie schon ein Auge geworfen, als Jackie drei Jahre zuvor von Igor Cassini zur Debütantin des Jahres ernannt worden war, einem Mann, der unter dem Pseudonym Cholly Knickerbocker eine vielgelesene Klatschkolumne verfaßte.

Amerika ist ein Land der Traditionen [schrieb Cassini]. Alle vier Jahre wählen wir einen Präsidenten, alle zwei Jahre unsere Kongreßabgeordneten, und jedes Jahr wird eine neue Königin der Debütanten gekrönt ... Die Siegerin des Jahres 1947 heißt Jacqueline Bouvier, eine beeindruckende Brünette mit klassischen Zügen und zierlich wie eine Porzellanfigur. Sie hat ein sicheres Auftreten und Haltung, einen sanften Ton und dazu noch Intelligenz, somit alles, was man braucht, um eine preisgekrönte Debütantin zu werden. Ihre Herkunft? Natürlich aus bester Familie.

Zum Essen bei Schrafft's erschien Jackie im schwarz-weißen Tweedrock, in Plateausohlen-Pumps von Beth Levine und einer Bluse aus Seidenkrepp. An einem Samtband, das unter dem Kragen hervor diagonal bis zur Taille verlief, war ein Stück Modeschmuck befestigt. Sie

47

entsprach Mary Campbells Definition einer perfekten *Vogue*-Angestellten: *très chic* – ausgesprochen wurde dieses Kompliment mit dickstem amerikanischem Akzent, damit es nicht affektiert französisch klang.

»Das war, bevor Jackie [ihren Friseur] Kenneth entdeckt hatte, daher hatte sie krauses Haar«, berichtete Carol Phillips. »Ihre weit auseinanderstehenden Augen waren schon etwas Besonderes. Und sie war sich dessen sehr bewußt. Es war die angenehme Eigenschaft einer gewissen Schüchternheit, die sie gekonnt einsetzte. Ihr Selbstvertrauen war nicht gerade überragend. Sie war nicht vernarrt in sich selbst. Ihre Manieren waren so exquisit, daß man nicht erraten konnte, was sie dachte. Ihre Präsenz war hervorragend, aber sie kannte ihre Schwächen und litt unter ihnen.«

Eine Kellnerin im schwarzen Kleid mit weißen Strümpfen und Schuhen trat an den Tisch und fragte, ob sie bereit wären für die Bestellung. Jackie studierte die Karte und bestellte einen Geflügelsalat. Carol Phillips und Mary Campbell bestellten Sandwiches ohne Rinde.

»Zum Dessert müssen Sie den Eisbecher mit heißer Schikoladensauce, Mandeln und Keksröllchen probieren« sagte Carol Phillips. »Dafür sind sie hier berühmt.«

Jackie war vertraut mit der Speisekarte von Schrafft's, einer Kette von vierzig Restaurants, die in New York einen gewissen Kultcharakter hatte und sich durch Seriosität und schlichte Eleganz auszeichnete. Ihr Vater hatte hier oft nach dem Einkaufsbummel mit ihr und Lee gesessen.

Beim Lunch erklärte Jackie, wie ihr Vater ihr geholfen hatte, Stilgefühl und eine persönliche Note zu entwickeln. Als Frauenkenner hegte er ein kultiviertes Interesse an der Damenmode. Er ging gern mit Jackie und Lee zum Shopping bei Saks Fifth Avenue, bei Bonwit Teller, Bergdorf Goodman und DePinna, wobei sie von seinem Gespür für Mode profitierten. Die Mädchen wetteiferten um seine Aufmerksamkeit, setzten ihm gnadenlos zu und verführten ihn mit den schamlosesten Schmeicheleien.

»Oh, Daddy«, konnte Jackie zu ihrem künstlich gebräunten Vater sagen, »du bist so *café au lait*!«

Lee hatte einen fülligeren Busen als Jackie, und sie probierte gern Kleider an, die ihre üppige Figur betonten. Jackie konnte ihre Eifersucht nicht verhehlen, aber sie war sich immer sicher, daß sie und nicht ihre Schwester der wahre Liebling des Vaters war.

Er hatte sehr festgelegte Ansichten darüber, wie eine Frau auszusehen hatte.

»Ein scheußliches Kleid«, konnte er den Anblick einer Schaufensterpuppe in der Fifth Avenue kommentieren. »Mit einem Gürtel wäre es besser.« Oder: »Wirklich ein schönes Outfit. Es müßte nur von der richtigen Frau getragen werden.«

Als Jackie den Monolog über die Einkaufsexpeditionen mit ihrem Vater beendet hatte, beugte Mary Campbell ihren wuchtigen Oberbau vor und lächelte. Der Prix de Paris gehörte Jackie. Sie mußte nur zugreifen.

4

»So wundervolle Menschen!«
Mai-Juni 1951

Nicht wirklich reich

Am Abend des 12. Mai, es war ein Samstag, kehrte Jackie aus New York nach Merrywood zurück. Sie ging in die Suite ihrer Mutter, die einen ganzen Flügel des Obergeschosses einnahm. Dort fand sie Janet Auchincloss im Ankleidezimmer, wo sie sich gerade für ein Gala-Dinner zurechtmachte.

Der gemütliche kleine Raum neben dem großen Schlafzimmer war in Pastellfarben gehalten und gehörte zu Janets Lieblingsräumlichkeiten. An der Wand hing eine große gerahmte Korktafel an einer Goldkordel. Auf ihr waren Dutzende von Familienfotos angepinnt, Bilder von Ausritten in East Hampton, vom Picknick am Strand von Newport und von Gartenpartys in Georgetown.

»Mummy«, sagte Jackie, »ich werde Mr. Dulles bitten, mich aus dem CIA-Job herauszulassen, damit ich den Prix de Paris annehmen kann.«

Janet hatte das schon kommen sehen, und sie teilte Jackie mit, daß sie und Hughdie beschlossen hatten, sie für den Sommer nach Europa zu schicken, zusammen mit ihrer 17jährigen Schwester Lee. Es handele sich um ein Doppelgeschenk von Onkel Hughdie, erklärte sie, zur Belohnung für Jackies Abschluß an der George Washington University und für Lees Abgang von der Miss Porter's School in Farmington. Im Herbst würde Lee am College Sarah Lawrence in Bronxville studieren, und Jackie würde den netten kleinen Job bei Mr. Dulles von der CIA antreten und zu Hause bei ihrer Mutter und ihrem Stiefvater wohnen.

51

Alles war schon geregelt.

Jackie wußte nicht, was sie sagen sollte. Sie hing sehr an ihrer Mutter und lehnte sich kaum je gegen ihre Wünsche auf. Wenn es denn einmal vorkam, daß sie etwas anderes wollte, verschwieg sie ihre wahren Absichten, bis es für die Mutter zu spät zum Eingreifen war.

Diese Taktik versuchte sie jetzt wieder. Sie sagte zu ihrer Mutter, sie müsse erst noch über Onkel Hughdies Angebot nachdenken.

Aber so leicht war Janet nicht zu überrumpeln. »Ich weiß, was du im Sinn hast«, sagte sie. »Jack Marquand. Aber Jack Marquand ist ein Schriftsteller, und Schriftsteller sind niemals *wirklich* reich. Muß ich dich erst daran erinnern, Jack-*leen*?«

Die Beziehungen des Herrn Krock

»Ist das nicht wundervoll?« rief Janet Auchincloss am nächsten Tag, als sie ihre Lunchgäste ins Wohnzimmer führte. »Jackie und Lee fahren im Sommer zusammen nach Europa!«

Der Raum mit der hohen Decke roch nach Möbelpolitur, alten Büchern und Kaminfeuern aus Kiefernholz. Hughdie, der seine Schützenjacke mit dem abgewetzten Lederflicken auf der rechten Schulter anhatte, nahm seinen Lieblingsplatz mit dem Rücken zum heruntergebrannten Kaminfeuer ein. Ein verbindliches, aber gehaltloses Lächeln schien sich fest in seine Züge eingegraben zu haben.

Lee flatterte in einem Kleid durch das Zimmer, das ihre Figur zur Geltung brachte, und demonstrierte damit ihre Vorfreude auf den ersten Europa-Trip. Aber Jackie brütete im Sessel vor sich hin. Sie wollte nicht als Aufpasserin ihrer Schwester durch Hunderte verstaubte Kirchen und Museen ziehen.

»Was darf ich heute als Drink anbieten?« fragte Yusha. »Ich könnte ein paar Daiquiris hinzaubern, wenn es recht ist.«

Man einigte sich schnell, daß Daiquiris genau das Richtige waren. Ein großer, süffiger Cocktail vor dem Sonntagsmahl gehörte bei den Auchinclosses zum Ritual.

»Man nehme drei Sorten Rum«, sagte Yusha, als er mit seiner Giftmischerei begann, »einen dunklen Bacardi, einen rötlichen Mount Gay und einen weißen Bacardi, dazu einen Schuß Myers's, frischen Zitronensaft, frischen Limettensaft sowie Zucker, mixe alles gut durch und füge einen Spritzer frischen Orangensaft hinzu ...«

Während Yusha fortfuhr, sein Daiquiri-Rezept zu erläutern, kamen die anderen Auchincloss-Kinder herein, alle gekleidet in die neue Frühlingsgarnitur, die von Janet zusammengestellt worden war. Nur Nini machte eine Ausnahme. Sie trug einen schlichten Rock von der Stange, Wollsocken und schwere Schuhe.

Die Kinder kannten die Gäste schon, aber Janet bestand auf einer förmlichen Vorstellung. Eins nach dem anderen wurden sie Arthur Krock vorgeführt, dem Washingtoner Chefkorrespondenten der *New York Times*. Krock war ein kleiner, korpulenter Mann Anfang Sechzig, der großen Wert auf Formen legte und immer mit zurückgeworfenem Kopf umherging, die unvermeidliche Zigarre im Mund. Als Janet ihm Jackie vorstellte, hielt er ihre Hand länger als sonst. Er hatte einen Blick für schöne junge Frauen und sah sich schon als eine Art Heiratsvermittler zwischen ihr und irgendeinem einflußreichen Washingtoner Junggesellen.

Krock war ein Außenseiter in dieser WASP-Umgebung. Als armer jüdischer Student aus Kentucky hatte er die Princeton University besucht, aber wegen seiner Religionszugehörigkeit war er nie in einen guten Club aufgenommen worden. Sein größter Wunsch war es, eines Tages Herausgeber der *New York Times* zu werden, aber der jüdische Eigentümer Adolph Ochs und sein Schwiegersohn Arthur Hays Sulzberger fürchteten antisemitische Auswirkungen auf die Zeitung. Sie legten fest, daß als Chefredakteure grundsätzlich keine Juden beschäftigt werden durften.

Krock kam 1932 nach Washington, im Jahr der Wahl Franklin D. Roosevelts zum Präsidenten, und bald war er der einflußreichste Journalist seiner Zeit. In all den Jahren in Washington ließ er nie ein Wort über seine jüdische Herkunft fallen. Tatsächlich war er der einzige Jude, der eine Einladung zur Dancing Class erhielt, einer Serie exklusiver Gala-Abende, zu denen man sich lange vorher anmelden mußte. Und er war eines der zwei jüdischen Mitglieder des Metropolitan

Club (das andere war der Kolumnist Walter Lippmann), wo er jeden Mittag zusammen mit Hughdie Auchincloss am Tisch für Mitglieder speiste.

»Wenn ein junger Mann eintrat«, erinnerte sich ein Freund aus dem Metropolitan Club, »dann sagte Arthur zum Beispiel: ›Er hat es in den Ivy-Club in Princeton geschafft‹, und das war natürlich *der* Club. Wenn ich dann fragte: ›Aber Arthur, woher zum Teufel weißt du das? Dieser Mann ist vierzig Jahre jünger als du‹, dann sagte er: ›Oh, ich führe Buch über jeden.‹ Und das Lustige daran war, daß er aufgrund seines wachen Verstandes tatsächlich mit allen Washingtoner Playboys befreundet war.«

Just an diesem Tag hatte Krock in einem seiner großen Artikel auf der Titelseite über Präsident Trumans Entscheidung geschrieben, General Douglas MacArthur als Befehlshaber der UN-Truppen im Koreakrieg zu entlassen. Amerika hatte in diesem Krieg schon mehr als 60 000 Opfer zu beklagen, und Truman versuchte den Konflikt einzudämmen, um eine Ausweitung des Krieges gegen die Kommunisten zu vermeiden. MacArthur hingegen verfolgte den Plan, zivile und militärische Ziele im Inneren des feindlichen Rotchina zu bombardieren. Die erregten Debatten darüber, welche Form der Kriegführung die richtige sei, drohten Amerika zu spalten, und bei seiner Rückkehr nach Amerika wurde MacArthur in New York mit einer Konfettiparade zu Ehren der Kriegshelden empfangen und eingeladen, auf einer Sondersitzung des amerikanischen Kongresses über diese Frage zu sprechen.

»Der Streit zwischen der Regierung und General MacArthur über den Kurs der nationalen Sicherheitspolitik ist so alt wie die Menschheit selbst«, sagte Krock und zitierte damit fast wörtlich seinen Artikel. »Der römische Senat eröffnete die Debatte, und Fabius Maximus, der Zauderer, widersprach vergeblich der Forderung von Scipio ...«

Krocks Frau Martha war ebenfalls eine Art Journalistin. Sie bestritt die Klatschkolumne »So wundervolle Menschen!« im *Washington Times-Herald*, der Lokalzeitung von Hearst. Die geborene Martha Granger stammte aus Lake Forest, einem reichen Vorort von Chicago, und war eine gutaussehende Frau, die es regelmäßig schaffte, in

Mr. Blackwells jährlicher Liste der bestgekleideten Frauen Amerikas aufzutauchen.

Yusha reichte Martha einen Daiquiri.

»Wir sind gerade von der Farm in Berryville zurück«, sagte Martha und meinte damit das Wochenendhaus der Krocks im Shenandoah-Tal in Virginia.

An ihrem leicht schleppenden Tonfall war zu erkennen, daß Martha bereits beschwipst war. Zu ihren festen Gewohnheiten gehörte ein erster Drink zum Frühstück und hin und wieder ein Schluck aus der Flasche, die sie in ihrer Handtasche bei sich führte. Krock war so stolz auf seine Trophäe, eine echte WASP-Frau, daß er niemals Marthas Trinkerei kritisiert hätte, nicht einmal dann, wenn sie unausstehlich wurde.

»Sie werden es nicht für möglich halten, wie diese Vögel in Berryville am frühen Morgen kreischen«, sagte Martha. »Arthur ist immer ganz verunsichert. Er denkt, sie schreien ›Jude! Jude! Jude!‹«

Beim Lunch, während Hughdie mit dem umständlichen Ritual beschäftigt war, eine Flasche seines Lieblingsburgunders zu dekantieren, lauschte Jackie der Diskussion zwischen ihrer Mutter und Martha Krock über die neue Raoul-Dufy-Ausstellung, die an diesem Morgen von einem Kritiker in der *Washington Post* sehr gelobt worden war. Der neben Jackie sitzende Arthur Krock kommentierte ein erstaunliches Foto in derselben Ausgabe, das General MacArthur zum ersten Mal seit dem Zweiten Weltkrieg in Zivil zeigte. Krock war ein entschlossener Anhänger von Dwight Eisenhower, und er war alarmiert von den Anzeichen, daß die kriegsbegeisterten MacArthur-Leute im rechten Flügel der Republikanischen Partei vorhatten, die Präsidentschaftskandidatur von Eisenhower für das Jahr 1952 zu blockieren.

»Wird Truman für eine zweite Amtsperiode kandidieren?« fragte Hughdie bei Krock an, der für sein Interview mit dem demokratischen Präsidenten eine Pulitzer-Auszeichnung erhalten hatte.

»Joe Kennedy vermutet, daß Truman verzichten wird und daß die Demokraten entweder Kefauver oder Stevenson nominieren«, sagte Krock.

Joseph P. Kennedy war der zwölftreichste Mann Amerikas – das Finanzblatt *Fortune* schätzte sein Vermögen auf 400 Millionen Dollar, was einem heutigen Gegenwert von etlichen Milliarden entspricht –, und mit Krock telefonierte er praktisch jeden Tag. Ihre Beziehung ging auf die frühen dreißiger Jahre zurück, als Joe Kennedy davon zu träumen begann, Präsident der Vereinigten Staaten zu werden und Krock ihn als einen kommenden Mann entdeckte.

»Ich wollte die Macht«, sagte Joseph Kennedy auf seine typisch direkte Art zu Krock. »Ich hatte geglaubt, Geld würde mir Macht bringen, also habe ich Geld gemacht, bis ich merkte, daß es die Politik ist und nicht das Geld, die einem Mann Macht verleiht. Also ging ich in die Politik.«

Als ehemaliger Hollywood-Produzent wußte er, wie wichtig Publicity war, und in der Politik sah er nur eine andere Form des Showbusiness. Er hofierte einflußreiche Zeitungsleute, darunter Henry Luce, einen der Gründer des *Time*-Magazins, William Randolph Hearst jr. und auch Arthur Krock, den angesehensten Journalisten seiner Zeit.

In Joseph Kennedys zynischer Weltordnung hatte jeder Mann seinen Preis. Er überschüttete Arthur Krock mit üppigen Geschenken und Geldbeträgen, er bewirtete ihn in seinem Haus in Palm Beach, Florida, und zahlte sogar seine Überfahrten nach Europa als Erster-Klasse-Passagier auf diversen Luxusdampfern. Vor dem Ausbruch des Zweiten Weltkriegs, als Kennedy den Botschafterposten der Vereinigten Staaten in Großbritannien innehatte, war Krock ein häufiger Gast in der Londoner Residenz Court of St. James's.

Als Gegenleistung hatte Krock seinem Freund Kennedy so viele Gefälligkeiten erwiesen, daß er sich den Spottnamen »Honorar-Kennedy« zuzog. Mitte der dreißiger Jahre hatte er die Ernennung des notorischen Börsenschwindlers Kennedy zum Vorsitzenden der Börsenaufsichtsbehörde betrieben. Als Joes Sohn John im ersten College-Jahr krank wurde, arrangierte Krock einen Genesungsaufenthalt auf einer Ranch in Arizona, die einem seiner Freunde gehörte. Als Joe Botschafter in London geworden war, half ihm Krock dabei, einen Reporter der *New York Times* namens Harold Hinton als Pressesekretär und Redenschreiber einzukaufen.

Aber das war längst nicht alles. Krock bearbeitete John F. Kennedys Harvard-Diplomarbeit und schrieb große Teile völlig um, suchte für ihn einen Buchagenten und erfand einen Titel für das Buch, das auf diese Weise zustandegekommen war: *Why England Slept.* Für Joe Kennedys Wahlkampfmanifest von 1936 mit dem Titel »Ich bin für Roosevelt« diente er als Ghostwriter. Seinen schwarzen Hausdiener George Thomas lieh er Jack Kennedy aus. Und als Joe Kennedy beinahe seine politische Karriere zerstörte, weil er die Verständigung mit Nazideutschland vorgeschlagen hatte, war es Krock, der Versuchsballons in der *Times* startete, um Kennedys Chancen für eine demokratische Präsidentschaftskandidatur zu sondieren.

»Joe Kennedy war ein exzellenter Menschenkenner«, erklärte Krock, »er kannte die Schwächen und Stärken, die Lügen und die Heucheleien und ließ sich nichts vormachen. Er kam immer direkt zur Sache. Er wäre ein verdammt guter Präsident geworden.«

Als Jude begrüßte Krock Kennedys Anliegen, die Vorurteile gegen seine ethnische Herkunft zu bekämpfen. Vielleicht aus diesem Grund schien sich Krock nie an der zwielichtigen Moral von Joe Kennedy zu stören.

»Ich war nicht im geringsten geschockt«, sagte Krock. »Ich bin immer davon ausgegangen und das bis heute, daß Politiker und große Geschäftsmänner keine Moral haben.«

Als Roastbeef und Yorkshire-Pudding serviert wurden, war Krock schon mitten in seinem Monolog über die Bedeutung der modernen Medien für die amerikanische Politik.

Die jüngste Senatserhebung über das organisierte Verbrechen unter Leitung von Senator Estes Kefauver aus Tennessee hatte den Anlaß für die erste landesweite Übertragung einer Regierungsdebatte im Fernsehen geboten. Gangster wie Joe Adonis, Frank Erickson und Frank Costello (der nur seine nervösen Hände für die Kamera freigab) erschienen auf dem Bildschirm und lösten eine Sensation aus. Fast über Nacht war Kefauver zur nationalen Berühmtheit aufgestiegen.

»Mehr als fünfzig Prozent aller New Yorker Haushalte sind schon

mit einem Fernsehgerät ausgestattet«, sagte Krock. »Das ist ein sicheres Zeichen, daß die politische Zukunft Männern gehört, die dieses
machtvolle neue Medium beherrschen lernen. Aus diesem Grund
glaube ich, daß eines der spannendsten Wettrennen des nächsten Jahres in Massachusetts stattfinden wird, und ich meine damit den Kampf
um den Senatssitz zwischen Henry Cabot Lodge und entweder Gouverneur Paul Dever oder Kongreßmitglied John Kennedy.«

Jackie, die sich bei Gesprächen über Politik stets langweilte, wurde
hellwach, als sie den Namen John Kennedy hörte, des Mannes, den sie
am Abend im Haus von Charlie und Martha Bartlett treffen sollte.

»Oh, Sie kennen Jack Kennedy?« flötete sie kokett und wandte sich
Krock zu. »Erzählen Sie uns doch von ihm!«

Der junge Kennedy sei offensichtlich auf ein höheres Amt aus, und
er habe viele Vorteile auf seiner Seite, meinte Krock. Von den weiblichen Washingtoner Korrespondenten sei er zum »bestaussehenden
Mann des Repräsentantenhauses« gewählt worden, und er habe
diesen jungenhaften Charme, der für das Fernsehen wie geschaffen
sei. Im Gegensatz dazu habe Cabot Lodge, obwohl von blenden-
dem Aussehen und hohem Bekanntheitsgrad, die steife Aura eines
Aristokraten, die sich im Fernsehen überhaupt nicht gut mache. Ein
weiterer Pluspunkt Kennedys war das Geld. Die Kennedys mochten zwar als Neureiche gelten, meinte Krock, aber dafür war ihr
neuer Reichtum bei weitem größer als der alte Reichtum von Cabot
Lodge.

»Joe Kennedy hat eine Redensart«, sagte Krock. »Man braucht drei
Dinge, um in der Politik Erfolg zu haben: erstens Geld, zweitens Geld,
drittens Geld.«

Krock verschwieg jedoch die Ansicht Joe Kennedys, daß Jack eine
Frau und Familie brauchte, wenn er aus dem Repräsentantenhaus in
den Senat aufsteigen und nationale Bekanntheit erringen wollte –
wenn er den Traum der Kennedys, eines Tages ins Weiße Haus einzu-
ziehen, wahrmachen wollte.

Krock, der »Honorar-Kennedy«, hatte sich erboten, bei der Suche
nach einer passenden Partie für Jack behilflich zu sein, und auch seine
Frau in diese Unternehmung einbezogen. Dank ihrer Klatschko-

lumne »So wundervolle Menschen!« besaß Martha Krock spezielle Kenntnisse über die Töchter der besten Washingtoner Familien. Alle waren sich einig, daß die für diesen Zweck geeignetste junge Frau Jacqueline Bouvier war, die Tochter von Marthas guter Freundin Janet Auchincloss.

Als Martha jedoch dieses Thema angeschnitten hatte, war ihr Janet mit ernsthaften Einwänden gegen »diese vulgären Kennedys« gekommen. Janet hatte nicht deshalb viele Jahre lang um ihren Platz in der WASP-Welt gekämpft, um nun tatenlos zuzusehen, wie ihre Tochter den nächstbesten irischen Banausen heiratete. Sie wollte Jackie mit einem Sozialprestige ausstatten, das sie nur durch Einheirat in die besten Kreise erwerben konnte.

Martha konnte die Ambitionen verstehen, die Janet mit ihrer Tochter verband. Aber die Gesellschaft, der Janet zustrebte, die Oberschicht aus Newport, Bar Harbor, Southampton und an der Fifth und Park Avenue, befand sich in den letzten Stadien der Auflösung. Ob sie wollten oder nicht, die Vertreter der alten WASP-Ordnung wurden mit ihren Begriffen von Ehre und Pflicht, Recht und Unrecht, guten und schlechten Manieren ins Abseits gedrängt, und an ihre Stelle traten die neuen Männer: jung, vital, von Grund auf modern und – nach den Worten des Historikers Arthur Schlesinger jr. – »befreit von allen Bindungen an Klasse und Rasse, Religion und Region«. John Kennedy war ein solcher Mann.

Währenddessen ließ Krock in seinen täglichen Telefongesprächen mit Joe Kennedy immer mal wieder den Namen Jackie Bouvier fallen. Die junge Frau war katholisch, sie war schön, sie war intelligent, sie hatte eine absolut standesgemäße Erziehung genossen. Damit verkörperte sie genau das Bild, das sich Joe, der alte Hollywood-Experte, von der zukünftigen Braut seines Sohnes John machte. Die Sache gefiel Joe Kennedy, und er gab Krock grünes Licht.

Der findige Krock und seine Frau brauchten nicht lange zu suchen, um den idealen Komplizen für ihr Heiratskomplott zu finden. Sein Name war Charles Bartlett. Die reiche Familie dieses jungen Mannes kannte Martha schon aus Lake Forest, und er war einer der von Krock protegierten journalistischen Nachwuchstalente in Washington. Bartlett hatte sich einverstanden erklärt, an diesem Abend eine Party in seinem Haus in Georgetown zu geben, um Jackie Bouvier mit Jack Kennedy zusammenzuführen.

Die Ehestifter

Gegen Abend fiel die Temperatur auf unter zehn Grad, und Jackie schloß das Faltdach ihres schwarzen 47er Mercury-Kabrioletts, bevor sie von Merrywood losfuhr. Sie überquerte die Chain Bridge und bog in die Reservoir Road ein. Ein paar Minuten später parkte sie vor dem Haus 3419 Q Street im Herzen von Georgetown, dem ältesten Viertel von Washington D.C.

Es war ein typisches Reihenhaus und keine sechs Meter breit. Der schmale Aufgang aus drei Stufen war flankiert von schmiedeeisernen Geländern. Jackie betätigte den Messingtürklopfer, und gleich darauf zeigte sich in der Haustür das freudestrahlende Gesicht ihres Freundes Charles Bartlett.

»Komm rein«, sagte er, »du bist die erste.«

Das kleine Haus hatte keinen Korridor, und Jackie trat direkt in das Wohnzimmer ein, dessen Zierde zwei alte Sheraton-Lehnstühle waren, die übrige Einrichtung war wesentlich schlichter. An den Wänden hingen Landschaftsdrucke. Ein grüner Läufer bedeckte den Boden. Jackie hörte, wie Martha Bartlett in der Küche einer schwarzen Servierhilfe Anweisungen erteilte, die den üblichen Satz von sechs Dollar für einen ganzen Abend Arbeit einschließlich Kochen, Servieren und Aufräumen erhielt.

Charlie legte eine Tommy-Dorsey-Platte auf und bot Jackie einen Drink an. Sie bat um einen Whisky Soda, dann setzten sie sich in den Sheraton-Stühlen einander gegenüber und plauderten. Mit seinem Zottelhaar und dem derben Gesicht sah Charlie eher wie ein Farmer aus dem Mittelwesten aus und nicht wie ein Yale-Absolvent aus einer einflußreichen Bankiersfamilie. Aber Jackie wußte sehr gut, daß sich hinter seiner hausbackenen Erscheinung ein brillanter Geist verbarg.

Zweieinhalb Jahre zuvor hatte der Siebenundzwanzigjährige die

Aufgabe erhalten, das erste Washingtoner Büro der *Chattanooga Times* zu eröffnen, einer Zeitung, die zum Familienbesitz der *New York Times* gehörte. Mit Hilfe seiner Mentoren Arthur und Martha Krock wurde Charles den richtigen Leuten vorgestellt und war bald gut eingeführt in die Washingtoner Machtzirkel.

»Im Krieg war Washington wirklich quicklebendig, und als ich im Januar 1949 hierher kam, war immer noch eine Menge los«, sagte er. »Eigentlich war es eine Kleinstadt, und wenn man ein paar Beziehungen hatte, war man sehr schnell überall bekannt. Es gab ständig Dinnerpartys, eine Menge kluge Leute, viel Austausch zwischen Kongreßangestellten, Künstlern, Musikern und Journalisten. Vorher war es für Leute meiner Herkunft – man kann es ruhig den Geldadel nennen – eher abwegig, sich mit Journalismus zu befassen. Aber nach dem Krieg hat sich alles geändert, und der Journalismus war nicht mehr an Klassen gebunden – er wurde gewissermaßen klassenübergreifend – und wurde eine akzeptable, sogar erstrebenswerte Beschäftigung.«

Kurz nach seiner Ankunft in Washington hatten die Krocks für Charlie eine Einladung zur Party bei den Auchinclosses arrangiert, und dort hatte er auch Jackie Bouvier zum ersten Mal getroffen.

»Sie sah einfach wundervoll aus«, sagte Charlie. »Sie war enorm unterhaltsam und voller Phantasie. Ihre Stellung im Haus war ziemlich prekär, glaube ich. Sie hat nie darüber gesprochen, aber ich hatte den Eindruck, daß es da alle Arten von Auchincloss-Kindern gab, und ich weiß nicht, welchen Rang Jackie unter ihnen einnahm.«

Jackie war eine unsichere junge Frau von neunzehn Jahren, aber sie übte sich schon in ihren Fähigkeiten als Femme fatale. Mit ihrem staunenden Blick und den gehauchten Ausrufen der Bewunderung gab sie Charlie das Gefühl, er wäre der bedeutendste junge Journalist Washingtons. Anfangs war er geschmeichelt, aber mit der Zeit wurde ihm bei ihren Lobeshymnen immer unbehaglicher zumute.

»Ich war ein einfacher Junge aus dem Mittelwesten und nicht dafür geschaffen, Jackie das glanzvolle Leben zu bieten, das sie sich wünschte«, sagte er. »Ich hatte nie das Gefühl, daß Jackie und ich füreinander bestimmt waren.«

Charlies Problem reichte jedoch ein bißchen tiefer. Er war ein strenger Katholik und wurde wegen seines heimlichen Verlangens nach Jackie von Gewissensbissen geplagt. Er war so sehr von Schuldgefühlen verfolgt, daß er es nicht einmal über sich brachte, Jackie einen Abschiedskuß zu geben, wenn sie sich, wie so häufig, getroffen hatten. Er quälte sich mit der Frage herum, was er tun sollte, und entschied schließlich, daß es am klügsten wäre, sie einem passenderen Verehrer zuzuführen.

In jenem Sommer brachte Black Jack Bouvier, der finanziell mal wieder am Ende war, Jackie und Lee nach East Hampton, wo auch Charlie mit Freunden die Ferien verbrachte. Charlie nahm Jackie in den Maidstone Club mit; sie fuhren mit dem Auto an den Strand und aßen dort Brot und Spaghetti. Er lud Jackie auch zur Hochzeit seines Bruders David mit Gladys Peggy Pulitzer ein, der Tochter von »One-Eyed« Pulitzer, eines Mannes, der sich rühmten konnte, die meisten Atlantiküberquerungen per Dampfer hinter sich zu haben.

Als Charlie und Jackie zusammen zur Puddle Duck Farm in Syosset an der Nordküste von Long Island fuhren, machte er sich nicht die Mühe zu erwähnen, daß auch sein Freund Jack Kennedy an der Hochzeit teilnehmen würde.

Charlie und Jack hatten beide bei der Navy gedient und sich kurz nach dem Krieg kennengelernt, als Charlie von einem Mädchen namens Dodo Potter in das El Patio mitgenommen wurde, einen einschlägigen Nachtklub in Palm Beach. Charlie hatte wüste Geschichten über die lärmenden und unausstehlichen Kennedy-Kinder gehört, doch nach einigen Drinks in der lauen Tropennacht von Florida entdeckte er einen verwandten Geist in Jack Kennedy.

Beide waren sie schüchterne junge Männer, die dazu neigten, sich nach außen abzuschirmen und ihre Gefühle für sich zu behalten. Beide waren sie zudem junge, reiche Katholiken auf dem Weg in die oberen Ränge der WASP-Hierarchie. Sie verstanden sich sofort.

Jack hatte als Korrespondent für die Hearst-Zeitungen gearbeitet, aber gerade den Entschluß gefaßt, den Journalismus aufzugeben und statt dessen für den Kongreß zu kandidieren.

»Das Zeitungsgeschäft macht wirklich Spaß«, sagte Jack in dieser

Nacht zu Charlie, »aber ich fürchte, ich habe nicht allzuviel Einfluß als Journalist. Ich gehe lieber in die Politik, wo ich etwas bewirken kann.«

Ihre Freundschaft florierte in den späten vierziger Jahren, als Charlie in Washington das Handwerk des politischen Journalisten lernte, während Jack als Abgeordneter des 11. Kongreßdistrikts von Massachusetts im Repräsentantenhaus saß. Sie sahen sich auch häufig an den Wochenenden in Florida, wo Charlie hartnäckig, aber ohne großen Erfolg versuchte, mit Jack um die Gunst der Frauen zu wetteifern.

»Im Winter '49 war ich mit Charlie Bartletts Familie in Hobe Sound«, erinnerte sich Taylor Chewning, der Sproß einer reichen Familie aus Newport, »wir fuhren nach Palm Beach hinunter und gingen mit den Kennedys essen. Zusammen waren wir damals ein ziemlich munterer Haufen, doch Charles blieb immer so ernst und so treuherzig, er hatte wirklich nicht viel Glück bei den Frauen. Ich glaube, seine Religion hat ihn behindert.«

»Da begleitete uns einmal eine sehr, sehr gut aussehende Frau zum Angeln«, fuhr Chewning fort, »und Jack kam auch mit. Meine Frau war dabei, Charlie und dieses sehr hübsche Mädchen. Also gaben wir Charlie einen Tip, wie er an das Mädchen rankommen konnte. Er sollte ihr ein paar Martinis mixen, sie ein bißchen betrunken machen, damit sie ihre Hemmungen fallenließ, und dann sollte er sie zur Strecke bringen. Natürlich kam es, wie es kommen mußte. Charlie wurde stockbetrunken, und Jack schleppte das Mädchen ab.«

Jack gab sich ganz dem Vergnügen hin, und sein Hunger auf Mädchen, sein »Girling«, wie er es nannte, war ein offenes Geheimnis in Washington. Aber Charlie war prüde – viel zu gehemmt, um an den nächtlichen Abenteuern seines Freundes teilzunehmen.

»Bei diesen Dingen war ich nicht dabei«, sagte Charlie, »ich wurde nicht eingeladen.«

Wenn die beiden zusammenkamen, sprachen sie meistens über Politik.

»Jack saß am liebsten da, ließ sich über Sam Rayburn aus [den Sprecher des Repräsentantenhauses] und machte sich über die alten Herren im Kongreß lustig«, sagte Charlie. »Er selbst war nicht übermäßig arbeitsam. Im Winter flog er am Wochenende nach Florida, und zwar jedes Wochenende. Am Freitag stieg er eben ins Flugzeug und genoß sein Leben. Zum Reisen hatte er keine große Lust. Ich habe nie bemerkt, daß er sich von dem Drang leiten ließ, etwas darzustellen, was er nicht war.«

Charlie machte sich nicht die geringsten Illusionen über den Mann, den er an diesem Abend mit Jackie zusammenbringen wollte.

»Jack war sehr verwöhnt«, sagte Charlie. »Das heißt, als Ehemann würde er nicht gerade einfach sein. Er war verwöhnt, und er lag immer auf der Lauer. Wenn ihm danach war, dies oder das zu tun, dann tat er es einfach. Und er war schnell gelangweilt. Wenn man mit ihm über etwas sprach, was ihn nicht wirklich packte, schob sich eine Art Schleier vor seine Augen. Er war kein leichter Umgang. Man hatte immer das Gefühl, daß man ihm etwas bieten mußte – ihn unterhalten, ihn interessieren, seine Aufmerksamkeit fesseln.«

Jacks Desinteresse am parlamentarischen Tagesgeschäft führte dazu, daß er auf der Anwesenheitsliste des Repräsentantenhauses ganz unten rangierte und damit beinahe alle Rekorde in der Geschichte des Hauses schlug. Keiner seiner Kollegen nahm ihn sonderlich ernst. Als er auf der Hochzeit in Syosset auftauchte, also bei der Hochzeit von Charlies Bruder und der Pulitzer-Tochter, war er nicht als Politiker, sondern vor allem als Playboy bekannt.

»Auf der Hochzeit wimmelte es von Leuten«, sagte Charlie, »und es war schwer, Jack mit Jackie zusammenzubringen, weil Jack wie eine Forelle im Bach war, Jackie dagegen immer umrundet von Leuten. Ich stellte sie Gene Tunney vor, einem ehemaligen Schwergewichts-Champion, der eng mit meinem Vater befreundet war. Irgendwie redete sie sich mit ihm fest, und ich konnte sie nicht loseisen. Vielleicht haben sich Jack und Jackie auf dieser Hochzeit kurz gesehen, aber die Chance einer Begegnung haben sie dort verpaßt.«

In den nächsten zwei Jahren war Charlie damit beschäftigt, seine Karriere aufzubauen und um Martha Buck zu werben, die Tochter eines Stahlmagnaten. Als er dann Martha im Dezember 1950 heiratete, hatte er seine Rolle als Ehestifter zwischen Jack und Jackie längst vergessen. Und dabei hätte es bleiben können, wenn nicht sein alter Gönner Arthur Krock gewesen wäre.

»Als ich nach Washington kam«, erklärte Charlie, »hatte ich nur ein winziges Büro für mich, und Mr. Krock war so nett, mir die Benutzung seiner Büroräume anzubieten, wann immer ich wollte. Ich sagte: ›Ich kann Ihnen aber nicht sehr viel als Gegenleistung bieten.‹«

Im Frühjahr 1951 jedoch ließ Krock die Bemerkung fallen, daß er es gern sähe, wenn die Bartletts auf einer Dinner-Party Jack und Jackie miteinander bekannt machen würden. Martha Bartlett wußte sehr wohl, daß ihr Mann in Krocks Schuld stand, und sie hatte auch ihre eigenen Gründe, die Kupplerin zu spielen.

»Jackie hat kein Hehl aus ihrer Enttäuschung gemacht, als Charlie und Martha heirateten«, berichtete Jackies Stiefschwester Nini. »Obwohl Jackie und Charlie nicht wirklich zusammenpaßten, hatte sie auf ihn spekuliert und daran gedacht, ihn zu heiraten. Als Charlie statt dessen Martha heiratete, sagte Jackie zu mir: ›Wenn der Priester bei der Trauung fragt, ob jemand Einwände hat, daß die beiden Mann und Frau werden, möchte ich am liebsten ganz hinten in der Kirche aufstehen und schreien: Ja, ich!‹«

»Martha war diejenige, die Jack und Jackie schließlich zusammenbrachte«, sagte Lewis Buck, Marthas Onkel und Kompagnon ihres Vaters. »Sie hat es getan, weil Charlie noch immer an Jackie interessiert war. Er ist am Tage mit ihr ausgegangen und hat sie dann abends zum Essen mit nach Hause gebracht. Charlie und Jackie saßen im Wohnzimmer und haben einen getrunken, während Martha, schwanger wie sie war, in der Küche stand und das Essen machte. Martha hatte diese Geschichte schließlich satt, sie rief ihren Vater an und fragte: ›Was soll ich tun?‹ Ihr Vater sagte: ›Lad jemanden für Jackie ein. Mach sie mit irgendeinem passenden Mann bekannt.‹ Und so ist es gekommen. Es war John F. Kennedy. Sie arrangierte die Dinnerparty, die inzwischen in die Geschichte eingegangen ist, sie lud Jack und Jackie ein und dazu noch ein paar andere Pärchen, damit es nicht so auffiel.«

Um halb acht klopfte eine ganze Gruppe von Gästen an die Haustür der Bartletts, und Martha kam aus der Küche, um sie zu begrüßen. Sie war hübsch und rothaarig, etwa im fünften Monat schwanger, in der einen Hand hielt sie eine Zigarette, in der anderen einen Drink.

Jeder der Gäste war mit einem bestimmten Hintergedanken eingeladen worden.

Da war Patricia Murray Roche, eine forsche Blondine, die zum Kreis der zweiundfünfzig Geschwisterkinder des Murray-McDonald-Clans gehörte und damit zur Crème de la crème der katholischen Aristokratie. Ihr Vater war schon gestorben, als sie noch ein Kind war, und ihre Erziehung wurde durch einen Treuhänderfonds ihres Großvaters Murray finanziert, dessen Ruhm sich vor allem auf den Umstand gründete, daß er einmal der Kompagnon von Thomas Alva Edison gewesen war und das Patent an den Elektroheizungen des Empire State Building besaß. Als Kinder in East Hampton waren Pat und ihre Schwester Jean im Paarreiten gegen Jackie und Lee Bouvier angetreten, und Pat war heute eingeladen worden, um mit Jackie über Pferde zu fachsimpeln.

Pats Ehemann Jeffrey Roche hatte St. George's und Princeton besucht und war als Kind viel mit den Kennedy-Kindern in Palm Beach zusammen gewesen. Er war eingeladen worden, um mit Jack den Gesellschaftsklatsch von Palm Beach auszutauschen.

Dann war da Loretta Sumers, eine schlanke, hübsche Frau mit hellbraunem Haar. »Hickey«, wie sie genannt wurde, war mit Martha Buck an der Nordküste von Long Island zusammen auf einer Privatschule gewesen und hatte dann in New York ihre Karriere begonnen. Ihr Vater war der Vorsitzende der Freiverkehrsbörse und brachte seine Familie jeden Winter nach Palm Beach, wo sie mit den Kennedys verkehrte. Hickey arbeitete gelegentlich als Redakteurin für das *Glamour*-Magazin, und sie war als »Reservefrau« eingeladen worden, für den Fall, daß Jack Kennedy, der soeben zur Haustür hereinkam, nicht auf Jackie abfuhr.

Das Ratespiel

1,80 Meter groß und 68 Kilo schwer, hatte John Fitzgerald Kennedy die Statur eines Jungen, der noch nicht ganz erwachsen war. Sein zerzaustes, rötlichbraunes Haar, die abstehenden Ohren und die blendendweißen Zähne bestärkten den Eindruck der Unreife wie auch seine Kluft, die an diesem Abend aus einem zerbeulten Sportjackett und Hosen bestand, deren Aufschläge etliche Zentimeter über den Füßen in der Luft baumelten. Es war kaum zu glauben, daß er seit drei Wahlperioden Kongreßabgeordneter war und in sechzehn Tagen seinen vierunddreißigsten Geburtstag feiern würde.

Bei der Begrüßung seiner Freunde warf er einen Seitenblick in den Spiegel an der Wand. Er achtete sehr auf seine Erscheinung und tastete ständig an sich herum – an der Frisur, an der Krawatte, an den Taschenklappen seiner Jacke. Ihm war bewußt, daß sein Aussehen mit seinem Gesundheitszustand wechselte, an einem Tag wirkte er bleich, am nächsten hatte er einen kränklichen gelben Teint. Er hatte gerade erst in Palm Beach seine Bräune aufgefrischt, und heute abend strahlte er vor Gesundheit und guter Laune.

»Es ist nicht nur so, daß ich besser aussehen will«, vertraute Jack einem Freund an, der ihn wegen seiner narzißtischen Jagd nach der ewigen Bräune geneckt hatte, »ich fühle mich dann auch besser. Das gibt mir Selbstvertrauen, und ich fühle mich gesund. Stark, gesund und attraktiv.«

Kurioserweise aber hatte seine Anziehungskraft kaum etwas mit seinem Aussehen zu tun.

»Es war seine Nonchalance«, sagte Gloria Emerson, eine Freundin. »Er wirkte völlig desinteressiert. Und wenn man in die Nähe eines sehr attraktiven Mannes gerät, der so gleichgültig erscheint, dann verstärkt das natürlich noch seine Anziehungskraft. Daher war es nicht einfach die Schönheit des Gesichts oder die Farbe der Augen, was an ihm so beeindruckte. Es war seine Reserviertheit, die Distanz, die wundervolle Unbekümmertheit, die er an den Tag legte. Und dazu muß man noch sein Gespür für den eigenen Wert rechnen, das man gerade bei den Reichen und Schönen ausgeprägt findet. Er erwartete einfach, daß man ihm alles nachräumte, daß man seine Wünsche notierte, für ihn die Tischbestellung erledigte, dafür sorgte, daß er ein frisches Handtuch hatte, und immer für ihn da war. An einem Mann sind das sehr verführerische Qualitäten.«

»Ich habe mit Absicht versucht, ihm keine besondere Beachtung zu schenken«, erinnerte sich Patricia Roche. »Der Anlaß für die Party war mir bekannt, und ich wollte ihn nicht spüren lassen, daß alles ein arrangiertes Spiel war.«

»Wie geht es deinem Onkel Tom?« wandte sich Jack unvermittelt an Pat, und er meinte damit Thomas E. Murray, der ein Mitglied der Atomenergie-Kommission war. »Was treibt er so? Hat er sich den Atombombentest in New Mexico angesehen?«

Jack wußte, wie man eine Party in Schwung brachte. Er erinnerte sich an die Namen von Verwandten und hatte stets kleine Anekdoten über gemeinsame Freunde parat. Im Handumdrehen hatte er alle Gäste bezaubert, die sich über seine sarkastischen Witze ausschütten wollten.

»Jack war so wunderbar wißbegierig«, sagte Pat Roche. »Er hatte immer Fragen auf Lager. Und alles faszinierte ihn, besonders die Leute in der Politik. Er war unglaublich konktaktfreudig und hatte auf Partys keinerlei Berührungsängste. Er war unterhaltsam und für einen guten Witz immer zu haben.«

Jack nahm einen Drink von Charlie entgegen und setzte sich demonstrativ zu Jackie aufs Sofa. So dicht aus der Nähe wurde das Graublau seiner Augen von der frischen Gesichtsbräune betont. Er hatte feingliedrige Hände, seine Gesten waren sparsam, fast katzenhaft, er verbreitete eine Aura von Geld, Herkunft und Macht.

Jackie maß ihn mit ihren weit auseinanderstehenden Augen und ließ sich, wie es aussah, kein Wort von ihm entgehen. Sie war anders als die Frauen, die er gewöhnt war. Sie war nicht ungestüm und lärmend wie seine Schwestern oder vordergründig sexy wie seine Freundinnen. Sie war von einem fremdartigen Hauch umgeben. Sie hatte große, kräftige Hände und eine knabenhafte Figur. Aber ihr Gesicht besaß eine exotische Schönheit.

»So eine Frau hatte ich noch nie erlebt«, erzählte Jack später einem Freund. »Sie ist anders als alle, die ich kenne.«

Sie waren ein perfektes Paar: zwei Meister der Verführung.

Die Köchin trug große weiße Porzellanschalen mit Hühnerfrikassee, Erbsen und Reis auf und stellte sie auf einem Tischchen im Wohnzimmer ab. Martha führte jeden Gast an seinen Platz an der Tafel, die mit einfachem Porzellan und unechtem Kristallglas gedeckt war.

»Also, Charlie«, sagte Jack, als der sich gerade mit dem Korken einer Weißweinflasche abmühte, »was gibt's Neues bei Joe McCarthy?«

»Oh, Charlie, *du* kennst Joe McCarthy?« flötete Jackie kokett.

»Joe ist ein alter Freund *unserer* Familie«, setzte Jack dagegen, um Jackie von Charlie abzulenken.

Zwei von Jacks Schwestern, Pat und Eunice, waren eine Weile mit Joseph McCarthy, dem republikanischen Senator aus Wisconsin, ausgegangen, der die USA angesichts der kommunistischen Gefahr in einen hysterischen Verfolgungswahn hineintrieb. McCarthy war ein gerngesehener Gast in Jacks Haus in Georgetown, und er hatte auch Jacks Vater oft auf Cape Cod und in Palm Beach besucht. Über den Kommunismus war Jack von einem Pater Edward Duffy aus Maryknoll aufgeklärt worden, der, wie so viele Katholiken, die Kommunisten nicht nur aus politischen, sondern auch aus religiösen Gründen verteufelte. Für Jack war in dieser Lebensphase der Kalte Krieg so etwas wie der Heilige Kreuzzug, und Joe McCarthy verfolgte bei all seinen Exzessen ein gottgefälliges Werk.

»Joe McCarthy hat ein für allemal bewiesen, daß die Kommunistenjägerei ein politisch lohnendes Geschäft ist«, sagte Charlie. »Und nun haben die Demokraten nachgezogen, um ihren Anteil am Ruhm abzusahnen. Wie man hört, soll der Ausschuß für Unamerikanische Umtriebe bald nach Hollywood verlegt werden, weil das billiger ist, als alle Vorgeladenen zum Verhör nach Washington zu holen.«

»Da wir gerade bei Verhören sind, was für eine Sorte Mensch ist dieser Kefauver?« fragte Jack.

»Freundlich, ehrgeizig, vertrauenswürdig«, sagte Charlie, der gerade einen Artikel über den Senator Estes Kefauver aus Tennessee für die *Chattanooga Times* geschrieben hatte. »Aber er ist gehemmt und schüchtern, eher höflich ausweichend als flexibel. Außerdem ist er ein großer Selbstdarsteller.«

»Ich sehe mir seine Ausschußsitzungen zur Verbrechensbekämpfung im Fernsehen an«, sagte Jack. »Und ich fand es toll, als Kefauver Willie Moretti fragte, inwiefern er sich politisch betätigte, und Moretti sagte« – hier versuchte Jack die Sprache des Gangsters zu imitieren –, »»Senator, ich nix pollitisch. Leider, ich mußte in Knast.

Wenn nicht Knast gewesen wär, ich wär jetzt da an Fleck, wo Sie stehen!«

Sein Humor und der Humor meines Vaters sind sich ähnlich, dachte Jackie, wie sie sich später erinnerte.

Nach dem Essen spielten sie *The Game*, eine Art Ratespiel, und Martha richtete es so ein, daß Jack und Jackie als Gegner aufeinandertrafen.

Jack liebte alle Arten von Wettkämpfen, und als Jackie an der Reihe war, kritzelte er etwas auf ein Stück Papier und reichte es ihr mit einem boshaften Glitzern in den Augen. Zu der Zeit las er gerade *The Raven*, die von Marquis James verfaßte und mit dem Pulitzerpreis ausgezeichnete Biographie Sam Houstons, und als Jackie den Zettel entfaltete, las sie den Namen Sam Houston.

»Oh Goooott!« stöhnte sie.

Sie dachte einen Moment nach, dann hatte sie eine Idee. Sie stand auf und deutete den Umriß einer Sanduhr an. Ein Teilnehmer ihres Teams schrie »Sand!«, worauf Jackie eine abschneidende Geste machte und ein anderer »San – Sam – *Sam!*« rief.

Jackie nickte eifrig.

Dann führte sie eine Pantomime des Holzhackens vor, und einer aus ihrem Team brüllte: »Hacken ... Hauen ... Spalten!« Beim Stichwort »Hacken« – »Hew« nickte Jackie wieder.

»Sam Hew – *Sam Houston!*«

Und Jackie schrie: »Jawohl, das war's!«

Jack schaute sie an und schenkte ihr einen anerkennenden Blick.

Als es Zeit für Jackie war, zu ihrer späten Verabredung weiterzufahren, bot ihr Charlie an, sie zum Auto hinauszubringen. Sie machte ihre Runde, um allen auf Wiedersehen zu sagen, blieb vor Jack stehen und schüttelte ihm die Hand. Er schien überrascht – und enttäuscht, daß sie schon so früh ging. Sie trat mit Charlie auf die Straße hinaus, und Josie, der Foxterrier der Bartletts, rannte ihnen nach.

»Jackie hatte schon den Wagenschlag geöffnet, und wir standen mitten auf der Q-Street, um uns auf die übliche Art zu verabschieden«, erinnerte sich Charlie, »als plötzlich Jack neben uns auftauchte und ihr so etwas wie ›Sag mal, Jackie, kann ich dich noch irgendwo auf einen Drink einladen?‹ zuraunte. Genau in diesem Moment sprang unser Hund in den offenen Wagen und fing an zu kläffen. Ein gutaussehender junger Mann, der sich auf dem Rücksitz des Kabrios versteckt hatte, setzte sich ruckartig auf. Es war zu dunkel, um zu sehen, wer es war.«

Es war der Mann, mit dem Jackie verabredet war.

»Vielleicht ein andermal«, sagte sie zu Jack.

Der Anblick des Mannes auf dem Rücksitz versetzte Jack einen Stich, und für einen Moment war er sprachlos, was bei ihm nicht oft vorkam.

»Na klar«, brummte er, »ein andermal.«

Wo die jungen Männer sind

Am nächsten Tag rief Jack bei Jackie an. Er hätte nicht liebenswürdiger sein können. Alle Teilnehmer auf Bartletts Party bedachte er mit witzig-boshaften Bemerkungen, er bewertete ihr Benehmen bei Tisch und ihre Geschicklichkeit im Rätselraten. Er erkundigte sich nach den Prüfungen, die Jackie gerade hinter sich gebracht hatte, und schob ein wenig Klatsch über gemeinsame Bekannte nach.

Aber er bat sie nicht um ein Treffen.

Jackie, neugierig geworden, rief bei Charlie Bartlett an.

»Jack fand dich sehr interessant«, versicherte ihr Charlie.

»Woher weißt du das?« fragte sie.

»Jack und ich, wir haben denselben Geschmack, was Frauen betrifft.«

»Er hat nicht noch einmal angerufen«, sagte sie.

»Er hat mit dem Wahlkampf in Massachusetts zu tun«, erklärte Charlie.

»Nun, wenn er Lust hat, kann er mich in New York erreichen.«

Ein paar Tage später stieg Jackie in der Pennsylvania Station aus dem Zug *The Congressional*. Sie schleppte sich mit einem schweren Koffer ab, rief ein Taxi und ließ sich zum Apartment ihres Vaters in der East 74th Street bringen. Als sie ausstieg, zitterte sie vor Aufregung. Trotz der heftigen Vorhaltungen ihrer Mutter hatte sie ihren ganzen Mut zusammengerafft und war nach New York gefahren, um den Prix de Paris der *Vogue* entgegenzunehmen.

Ihr Vater empfing sie an der Tür, die Tränen liefen ihm über die Wangen. Anfangs dachte Jackie, er wäre betrunken. Aber bald erkannte sie, daß es echte Freudentränen waren. Er war völlig außer sich, daß sie sich aus den Klauen der verhaßten Auchinclosses befreite, indem sie sechs Monate als *Vogue*-Volontärin in New York und weitere sechs Monate in der Pariser Redaktion arbeitete. Damit ging einer seiner sehnlichsten Wünsche in Erfüllung – auf der Schwelle des Alters seine »Allerliebste« bei sich zu haben.

Am folgenden Morgen, es war der 21. Mai, ging Jackie zum Gray-bar Gebäude auf der Lexington Avenue. Die Redaktionen von *Vogue* und *Glamour* befanden sich beide in der 19. Etage. Der breite Empfangsbereich erstreckte sich über zwei Ebenen, und Jackie stieg hinauf in einen Raum, der mit seinen weißen Korbstühlen und den großen Grünpflanzen wie ein gemütlicher Wintergarten eingerichtet war. Die riesigen Fenster gingen nach Norden und tauchten den Raum in ein sanftes Licht. Eine elegante junge Frau saß an der Rezeption. Makellos gekleidete Redakteurinnen eilten vorbei und hinterließen duftende Parfümwolken. Jackie ließ sich auf dem großen Sofa nieder und füllte das Bewerbungsformular aus. Sie blickte kurz zu Boden und bemerkte die glitzernden goldenen Sternchen, die in den schwarzen Boden eingelassen waren.

»Sind Sie Kommunist?« fragte der Fragebogen.

»Nein«, schrieb Jackie.

»Sind Sie Mitglied in Organisationen, die für den gewaltsamen Sturz unserer Regierung oder für verfassungsfeindliche Praktiken eintreten?«

»Nein.«

Das Feld unter »Sozialversicherungsnummer« ließ sie frei. Sie besaß keine solche Nummer, weil sie noch nie in ihrem Leben gearbeitet hatte.

Als sie mit dem Ausfüllen fertig war, geleitete sie eine Sekretärin zum Büro von Carol Phillips, der leitenden Redakteurin.

»Ich werde Sie ein wenig herumführen«, sagte Carol Phillips.

Sie begrüßten Mary Campbell, die Personalchefin, die den Prix de Paris betreute, dann wurde Jackie dem künstlerischen Leiter Alexander Liberman vorgestellt, der gerade die jährliche College-Beilage für die Ausgabe am 15. August vorbereitete. Liberman bastelte am Layout eines neunseitigen Photo-Essays von Irving Penn, der sich mit 73 prominenten Washingtoner Persönlichkeiten befaßte, zu denen auch Senator Henry Cabot Lodge, Arthur Krock und Senator Estes Kefauver gehörten. An einem Pinnbord über dem Schreibtisch hingen verschiedene Entwürfe der Titel für den 1. und den 15. August (*Vogue* erschien zweimal monatlich), und auf einem war ein Model zu sehen, das ein Vera-Maxwell-Kostüm aus schwerem Tweed mit einem sehr weiten Rock trug. Das Cover-Girl war brünett, und der galante Liberman machte die Bemerkung, daß Jackie eine verblüffende Ähnlichkeit mit dem Mädchen auf dem Cover habe.

Beim Mittagessen wurde Jackie von Carol Phillips nach ihren ersten Eindrücken gefragt.

»Wo sind denn hier die Männer?« fragte Jackie.

»Jackie war entsetzt«, berichtete Kate Rand Lloyd, eine *Vogue*-Autorin, die den Prix de Paris 1945 gewonnen hatte. »Außer Alex Liberman und ein paar anderen Männern gab es nur Frauen in der Redaktion. Heiratsfähige junge Männer wurden von der *Vogue* nicht beschäftigt.«

Am selben Tag rief Janet Auchincloss ihre Tochter an. »Wie sind die jungen Männer bei der *Vogue*?« fragte sie.

»Es gibt keine«, antwortete Jackie.

»Hör zu, du machst den größten Fehler deines Lebens«, sagte Janet. »Im Juli wirst du zweiundzwanzig, und du bist noch nicht verlobt. Du kannst es dir nicht leisten, deine Zeit in einem Weiberstall zu verschwenden.«

Am nächsten Tag rief Lee an. Sie hatte ihren Paß für die Reise nach Europa mit Jackie bekommen. Nun sollte die Reise ins Wasser fallen, Lee war verzweifelt.

»Ich war siebzehn«, erinnerte sich Lee, »und mein sehnlichster

Wunsch war es, gleich nach Abschluß der Schule ins Ausland zu fahren. Hauptsächlich deshalb, weil Jackie ihr erstes College-Jahr in Vassar dazu benutzt hatte, an der Sorbonne zu studieren, und bei einer Familie in Paris gewohnt hatte. Ihre Briefe an mich, von denen sie mir so viele geschrieben hatte, waren voll von ausführlichen Schilderungen, wo sie gewesen war, was sie getan hatte, von anderen Ländern, die sie besucht hatte, wie sehr sie die Geschichte dieser Orte faszinierte, so daß ich furchtbar neugierig war und drauf brannte, alles zu sehen, worüber sie mir berichtet hatte.«

Jackie gefiel es sehr bei der *Vogue*. Das Licht in der Redaktion, wenn sie aus dem Fahrstuhl trat, der Parfümduft in den Fluren, die Glitzersternchen auf dem Fußboden – all das fand sie spannend. Und das Beste daran war, daß sie in ein paar Monaten auf einem Ozeandampfer über den Atlantik fahren würde – direkt in die Arme von John Marquand jr. Aber während die ersten Tage verstrichen, hörte das telefonische Störfeuer aus Merrywood nicht auf. Ihre Mutter wollte, daß sie zurück nach Hause kam. Als Jackie ihr entgegenhielt, sie würde ihren Traum, Journalistin zu werden, nicht aufgeben, holte Janet Jackies Stiefvater ans Telefon.

»Hallo, hier ist dein Onkel«, sagte der stets freundliche Hughdie.

»Hallo, Onkel«, erwiderte Jackie.

»Ich habe mit Arthur Krock gesprochen«, sagte er, »und er hat dir einen Termin bei Frank Waldrop besorgt, dem Chefredakteur von *The Times-Herald*. Sie haben ein paar freie Stellen. Mr. Krock denkt, daß er dir dort einen Job beschaffen kann.«

Jackie erzählte ihrem Vater von dem Angebot, das Krock für sie in Washington bereithielt, und Black Jack konterte mit einem Gegenangebot. Sie könne für ihn in der Wall Street arbeiten. Und da gäbe es junge Männer zuhauf.

Die Woche war noch nicht um, und Jackie war schon in einem Zustand tiefster Bedrängnis.

»Wenn du jetzt nach Hause kommst«, sagte Janet bei einem anderen Anruf, »kannst du mit Lee Anfang nächsten Monats nach Frankreich abreisen. Du mußt keine sechs Monate warten. Du kannst schon in zwei Wochen in Paris sein.«

Jackie vertraute ihr Problem Carol Phillips an.

»Sie brachte Washington zur Sprache«, erinnerte sich Carol Phillips, »und ich sagte zu ihr: ›Gehen Sie nach Washington. Dort sind die jungen Männer.‹«

Am Freitag beschloß Jackie, nach Merrywood zurückzufahren, um den Familienrat einzuberufen. Ihr Vater brachte sie zur Pennsylvania Station, wo sie einen Platz im Salonwagen des Zuges *The Senator* fand. Als der Schaffner die Abfahrt nach Washington ankündigte, öffnete sie hastig das Fenster und hielt Ausschau nach ihrem Vater.

Er stand einsam am Ende des Bahnsteigs, gekleidet in den vornehmen, taillierten Anzug, den er sich vor Jahren bei Bell hatte schneidern lassen. Er war ihm zu eng geworden. Ihr Vater sah aus wie ein ruinierter alter Mann. Der Zug fuhr los, und seine Gestalt wurde mit der wachsenden Entfernung kleiner und kleiner.

Den ganzen Samstag war Jackie in Tränen aufgelöst. Am Sonntag ging sie in ihr Zimmer hinauf und setzte sich vor Blatt blaßblaues Briefpapier.

Liebe Miss Campbell,
es ist mir nicht möglich, meine Arbeit bei Ihnen fortzusetzen ...

Ich werde hier [in Merrywood] bleiben ... und wenn ich im Januar noch für die *Vogue* arbeiten möchte, kann ich nach New York ziehen. ... Meine Mutter scheint das nicht zu verstehen. Ich muß nun auf den glücklichen Zufall setzen, daß dann eine Stelle für mich frei ist, und ich hoffe sehr, daß das der Fall sein wird.

Mit großer Hochachtung
Jackie Bouvier

Ein Blick auf Burt Lancaster

Es war kurz vor acht Uhr am Abend des 7. Juni, als Jackie und Lee mit dem Taxi am Pier 90 des New Yorker Hafens ankamen. Der größte Passagierdampfer der Welt ragte in strahlender Beleuchtung in den Abendhimmel, die weißen Buchstaben des Schiffsnamens zogen sich

75

23 Meter lang über den Bug – QUEEN ELIZABETH. Am oberen Ende der Gangway erwartete sie ein Schiffsjunge in knapper roter Uniform und führte sie zu ihrer Kabine in der Touristenklasse, für die Hughdie Auchincloss 336,56 Dollar für Hin- und Rückfahrt pro Mädchen hingeblättert hatte.

In der Kabine umfing sie ein markanter Geruch aus Tee, Blumen, Bohnerwachs und einem strengen Desinfektionsmittel, das die Briten während der Zweckentfremdung des Schiffes als Truppentransporter im Zweiten Weltkrieg benutzt haben mochten. Jackie gab dem Hafenarbeiter, der ihr Gepäck an Bord gebracht hatte, vier Dollar Trinkgeld, dann spürte sie den Steward auf und reservierte zwei Liegestühle auf der Steuerbordseite. Diese Seite bekam die meiste Sonne und den geringsten Wind während der fünftägigen Fahrt des Dampfers nach Southampton.

Sie gingen hinaus aufs belebte Deck. Viele Passagiere waren schon in Abendkleidern und schlürften Cocktails mit Freunden, die zum Abschied an Bord gekommen waren. In einem der Salons spielte eine Band. Alle schienen fasziniert von den gewaltigen Dimensionen des Ozeandampfers und dem imposanten Blick auf die Skyline von Manhattan.

Als die Abfahrtszeit herankam, lief ein Schiffsjunge mit dem Gong umher und rief »Alles von Bord!« Aber die meisten Leute ignorierten den Gong und warteten auf das untrügliche Abfahrtsignal, das dröhnende Tuten des Schiffes.

Als die *Queen Elizabeth* in See stach, entdeckten Jackie und Lee, daß sie unerwartet eine Kabinengefährtin bekommen hatten, eine exzentrische Jungfer namens Miss Coones.

»Schon ihn ihren Kleidern sah sie furchterregend aus«, erinnerte sich Lee, »aber als sie das Licht ausmachte ... schlug ich den Bettvorhang zur Seite, und ich sah zu meinem Entsetzen die spindeldürre Miss Coones splitternackt dastehen. Danach war ich nicht mehr neugierig, was in der Kabine vor sich ging. Zwischen sechs und sieben Uhr morgens kamen für uns Telegramme an, und Miss Coones stand in der Tür und schrie: ›Für Jaclyn – für Lee!‹«

Schließlich gelang es den Schwestern, in eine andere Kabine überzusiedeln. Befreit von ihrer Bewacherin, begannen sie mit der Erkundung des Ozeanriesen. Jackie spürte das Beben der gewaltigen Maschinen und hörte das Schiff ächzen, während es sich durch die Dünung des Atlantik arbeitete. Sie hatte gehört, daß die jungen Herrschaften der ersten Klasse in die Touristenklasse »absteigen« durften, um ihre Neugier zu befriedigen, daß aber den Passagieren der Touristenklasse, zu denen sie gehörten, der »Aufstieg« in die Erste Klasse untersagt war. Natürlich mißachteten die beiden Schwestern diese Vorschrift.

»Wir schlenderten über das Touristendeck«, erinnerte sich Lee, »dann kletterten wir über einen hohen Zaun, huschten eine Treppe hinab, sprangen über einen anderen Zaun – und schon waren wir da.«

Sie fanden sich auf der Empore einer Turnhalle an der Steuerbordseite des Sonnendecks. Am Geländer hatten sich schon Zuschauer gesammelt, die das Treiben in der Turnhalle verfolgten. Unter den Schaulustigen entdeckte Jackie zwei Freundinnen – Sharman Douglas, die Tochter des ehemaligen US-Botschafters in London, und Minnie Farrell Cassat, die mit Jackie in die Chapin School in New York City gegangen war.

Sie begrüßten sich mit Freudenschreien.

»Was macht ihr denn hier?«

»Und was macht *ihr* hier?«

Sharman kehrte nach London zurück, wo sie eine Vorsitzende des Jungmädchenverbands war, der als »Princess Margaret Set« bezeichnet wurde, und wo sie häufig mit dem smarten englischen Schauspieler Peter Lawford zu tun hatte.

»Und Minnie, was treibst dich hierher?« fragte Jackie.

Minnie zeigte nach unten. »Ich beobachte Burt Lancaster.«

Jackie beugte sich über das Geländer und entdeckte den berühmten Filmschauspieler. Er trug einen einteiligen Gymnastikanzug und machte akrobatische Übungen mit Nick Cravat, dem etwas klein geratenen Gefährten, der sein Zirkuspartner bei Ringling Brothers und Barnum & Bailey gewesen war, bevor sie zusammen ins Filmgeschäft gingen. Sie hatten gerade *Der Rebell* abgedreht und waren unterwegs nach Europa zu den Dreharbeiten von *Der rote Korsar*. Zur Begleitmusik von Les Paul und Mary Fords »How High the Moon« turnten die beiden Athleten am Barren.

Lancaster war auf dem Höhepunkt seiner körperlichen Verfassung, ein großer, breitschultriger Adonis mit blauen Augen, blitzenden Zähnen und einer üppigen Mähne. Graziös vollführte er auf dem Barren seine Drehungen, Flanken und Überschläge. Er landete leichtfüßig auf der Matte, breitete die Arme aus und sandte sein legendäres Lächeln in Jackies Richtung.

So viele Male schon hatte Jackie geträumt, daß sie von zu Hause fortlief und sich einem Wanderzirkus anschloß. Im Traum war sie eine Zirkuskünstlerin, die nie sprach, sondern sich ohne Worte verständlich machte. Sie trat aus dem Schatten des großen Zirkuszelts mitten in die Manege in einem perlenbesetzten Trikot, das im Licht der Scheinwerfer schimmerte und glitzerte. Und dort stand sie dann, die Arme dem Publikum entgegengestreckt, im Mittelpunkt atemloser Bewunderung, die Königin der Zirkuskuppel ...

5

Rendezvous mit dem Tod

Juni 1951 – Februar 1952

Alles oder nichts

»Ich will kein Mädchen heiraten, das eine erfahrene Reisende ist«, sagte Jack Kennedy. »Und damit meine ich keine Reisen zu Land oder zur See, sondern: Ich will kein Mädchen heiraten, das sexuell gereist ist – das sexuelle Erfahrungen hat.«

Jack saß in der Wanne, goß sich heißes Wasser über den Rücken und sprach mit einem Freund über seine Pläne. Jack war immer eine Leseratte gewesen, und der *erfahrene Reisende*, eine frivole Metapher von Lord Byron, tauchte in seinen Unterhaltungen fast genausooft auf wie die gängigen Kraftausdrücke und Tabuwörter.

Wenn es nach ihm gegangen wäre und nicht nach seinem Vater, wäre Jack liebend gern ein ewiger Junggeselle geblieben. Aber Joseph Kennedy ermahnte ihn ständig, daß ein Politiker, der auf ein hohes Amt spekulierte, eine Frau haben mußte und ein katholischer Politiker natürlich eine katholische Frau. Das war der Grund, weshalb Jack im Sommer 1951 so oft über den heiligen Stand der Ehe nachgrübelte.

»Mädchen, die erfahrene Reisende sind, machen einfach zu viel Ärger«, sagte er und plätscherte mit dem Badewasser. »Sie vergleichen dich mit anderen Männern. Ich will eine, die jung und unverbraucht ist. Ich will eine Jungfrau heiraten.«

Sein Freund Langdon Marvin saß schon eine halbe Stunde auf dem Klosettdeckel und ließ sich von Jack die Qualitäten erläutern, die er von seiner zukünftigen Frau erwartete. Nur wenige Mädchen schienen seinen hohen Ansprüchen zu genügen.

»Aber Jackie Bouvier ist anders«, sagte Jack dazwischen immer wieder. »Sie ist völlig anders.«

Der Dampf füllte das Badezimmer aus, und Langdon konnte kaum Jacks haarigen Arm auf dem Wannenrand erkennen. Klangfetzen des Frank-Sinatra-Songs »All or Nothing at All« – Jacks Lieblingsplatte – kamen aus seinem Zimmer in der dritten Etage des Hauses 31st Street in Georgetown, das er mit seiner Schwester Eunice gemietet hatte.

Langdon stammte aus einer prominenten New Yorker Familie – er war ein Patenkind von Franklin D. Roosevelt – und hatte mit Jack zusammen in Harvard studiert, wo er von seinen Kommilitonen zum aussichtsreichsten Aufsteiger des Jahres gewählt worden war. Geistreich, gutaussehend und von besten Manieren, war er auch schon im *Life*-Magazin als kommender Mann in Washington porträtiert worden. Er arbeitete hin und wieder für Jack, organisierte ihm Termine für die Kongreßarbeit, recherchierte für ihn und fungierte gelegentlich als sein Sendbote, wenn es galt, Mädchen heranzuschaffen.

Er gehörte zur Art der smarten Intellektuellen, für die Jack eine Schwäche hatte – redegewandt, trinkfest und sportlich (er hatte zum Squash-Team der Harvard University gehört). Wie K. LeMoyne Billings, ein anderer von Jacks treuen Freunden, brachte er ihm kritiklose Verehrung entgegen.

Langdon war auch in anderer Hinsicht mit Lem Billings zu vergleichen: Beide waren sie verkappte Homosexuelle. In den fünfziger Jahren wurden Homosexuelle von den meisten Amerikanern mit Abscheu und Empörung betrachtet, und sie galten als Beispiele der schlimmsten moralischen Verkommenheit. Jack witzelte gern, sein Vater wolle ihn nur deshalb umgehend verheiraten, damit seine Wähler in Massachusetts ihn nicht für einen »Homophilen« hielten.

Im Lauf der Jahre war Langdon schon oft Zeuge von Jacks periodisch wiederkehrenden Rückenbeschwerden geworden, und der gepreßten Sprechweise von Jack konnte er entnehmen, daß er wieder große Schmerzen hatte.

Es konnte sein, daß sich sein Rücken lange Zeit überhaupt nicht bemerkbar machte, doch dann setzten schlagartig die unerträglichen

Schmerzen ein. Wie alle, die nicht zur Kennedy-Familie gehörten, glaubte auch Langdon an die Version einer Sportverletzung in Harvard, die sich durch einen Schiffsunfall während des Krieges verschlimmert hatte. Die Operationswunde war nie richtig verheilt, und Langdon hatte bereits einen Blick in die grausige Öffnung geworfen und die Metallplatte gesehen, die in die Wirbelsäule seines Freundes eingesetzt worden war.

Was Langdon nicht wußte, war die Tatsache, daß Jack mit einer Mißbildung der Wirbelsäule zur Welt gekommen war, die ihn sein Leben lang behinderte.

Jack erhob sich aus der Wanne, hängte sich einen Bademantel um und humpelte triefnaß in sein Zimmer.

In diesem Raum herrschte Chaos. Kleidungsstücke waren über Bett und Stühle verstreut, Schuhe und Socken lagen überall auf dem Fußboden herum, Unterwäsche und Hemden hingen aus offenen Schubladen. Jack war es gewöhnt, daß immer hinter ihm aufgeräumt wurde, und diese Aufgabe wurde in Georgetown von George Thomas erledigt, dem schwarzen Diener, der vorher für Arthur Krock gearbeitet hatte. Heute jedoch war Sonntag, und George Thomas hatte frei.

In der Tür stehend, schaute Langdon zu, wie Jack sich durch das kräftige, widerspenstige Haar strich und sich im Spiegel betrachtete. Jack hatte es gern, wenn man ihm zusah. Seine gepflegte Bräune, seine lässige Kleidung, sein zerzaustes Haar – all das war darauf berechnet, bewundernde Blicke auf sich zu ziehen und die Menschen mit seiner strahlenden Gesundheit zu beeindrucken.

Langdon verfolgte, wie Jack seinen zwanzig Zentimeter breiten Rückengurt aus schwarzem Stoff anlegte. Nur wenige wußten, daß Jack ein Korsett trug und in seinem linken Schuh eine orthopädische Einlage steckte, weil sein linkes Bein ein wenig kürzer war als das rechte. Diese Geheimnisse wurden ebenso streng gehütet wie die Wahrheit über seine anderen Beschwerden.

»Er verbrauchte mehr Pillen, Tropfen, Pflaster und andere Mittelchen (und schleppte sie auf seinen Reisen mit sich herum), als man in

einer mittleren Apotheke finden würde«, bemerkte Theodore Sorensen, der ein Jahr später Jacks Redenschreiber wurde.

»Er war hochallergisch gegen Hunde, Pferde und gewisse Staub-
sorten, und er litt unter Husten- und Niesanfällen, unter Hautaus-
schlägen und geschwollenen Drüsen, wenn ihn eine Allergie befiel«,
schrieb ein Kennedy-Biograph. »Er hatte auch periodisches Asthma
und einen schwachen Magen. In seinen späteren Jahren vertrug er nur
noch ungewürzte Speisen. Außerdem ... war er auf einem Ohr leicht
schwerhörig. Chronisch untergewichtig bis ins fünfundreißigste Lebensjahr ..., war er schon in der Kindheit mit Milch, Sahne, Butter, fet-
ten Suppen, Eintöpfen, Lendensteaks und Butterkartoffeln gemästet
worden, mit Eiskrem, Schokoladenspeisen und heißem Kakao mit
Sahnehäubchen, und all das verzehrte er in großen Mengen, ohne jemals merklich zuzunehmen.«

»Wir haben einmal über die Mücken gelacht«, sagte sein Bruder
Bobby, »die das Risiko auf sich nahmen, Jack Kennedy zu stechen,
denn sein Blut muß für die Mücken ziemlich tödlich gewesen sein.«

Seit seiner Kindheit war Jack das Opfer von Fieberschüben, Krämp-
fen und Ohnmachtsanfällen. Wie viele Männer, die in ihren Wachs-
tumsjahren unter schweren Krankheiten zu leiden hatten, schämte
sich Jack seiner körperlichen Schwäche. Wenn die Wahrheit ans Licht
käme, so fürchtete er, wäre das sein persönlicher und politischer Ruin.

Die Krankheiten zehrten an seinen Kräften und untergruben auch
sein seelisches Wohlbefinden, denn er hatte nie verstanden, was ihre
tiefere Ursache war. Als Kind hatte er sich sehr mit dieser Frage gequält und erfahren müssen, daß seine Gebete zum heiligen Judas, dem
Schutzpatron für hoffnungslose Fälle, ungehört blieben. Als er erwachsen wurde, fand er sich allmählich mit seinem Schicksal ab und
lebte für den Augenblick, trotzte den Widrigkeiten, jagte rücksichtslos
dem Vergnügen nach, ohne sich selbst dabei allzu ernst zu nehmen. Er
ging davon aus, daß er keine fünfzig werden würde.

Einen gewichtigen Teil seines Lebens hatte er krank im Bett verbracht, dabei viel gelesen und über den Tod nachgedacht. Die katholische Erziehung mit ihrer Orientierung auf ein Leben nach dem
Tode, seine chronischen Krankheiten und der Umstand, daß er auf

dem Torpedoboot bei den Salomoninseln nur um Haaresbreite dem Tod entronnen war, beherrschten sein ganzes Denken und richteten es auf den Gedanken des Sterbens aus.

Er zitierte gern aus John Buchans Dichtung *Pilgerpfad*, einem Requiem für die Generation, die in den Schützengräben des Ersten Weltkriegs umgekommen war. In Buchans Beschreibung der verlorenen Jugend fand er sich selbst wieder:

Er liebte seine Jugend, und seine Jugend blieb ewig ihm erhalten. Heiter, strahlend und tapfer ist er eingegangen in das unsterbliche England, das weder Alter kennt noch Müdigkeit und niemals unterliegt.

Oder er zitierte aus einem Gedicht von Alan Seeger:

> Ich hab ein Rendezvous mit dem Tod
> an irgendeiner Barrikade
> derweil der Frühling kommt mit schattigem Geflirr
> und Apfelblüten durch die Lüfte wehn ...

Langdon schaute zu, wie Jack seinen tragbaren Blutdruckmesser und das Stethoskop herausholte. Mit flinken, geübten Bewegungen ermittelte er seinen Blutdruck und stellte befriedigt fest, daß er nach dem anstrengenden Wahlkampfeinsatz des Wochenendes nicht gesunken war. Dann nahm er eine Spritze aus der Schublade und zog sie an einem Fläschchen mit Gummikappe auf.

Langdon konnte die Aufschrift auf dem Fläschchen nicht entziffern. Jack setzte sich auf die Kante seines ungemachten Betts, stieß die Nadel in den Oberschenkel, drückte den Kolben und ließ die geheimnisvolle Droge in seinen Körper einsickern.

»Lieber Gott, mach mich fromm, aber bitte nicht sofort ...«

Auf den Sommer folgte der Herbst, und Jack verfiel wieder in die alte Hektik – er machte Politik in Washington, festigte seine angeschlagene Position in Massachusetts und vergnügte sich in Palm Beach.

Aber bei Jackie rief er nicht an.

Anfang Oktober ging er auf eine Weltreise, die darauf abzielte, die Presse auf seine bevorstehende Kandidatur für den Senat aufmerksam zu machen. Die Kinder von Joe Kennedy reisten nie allein. Sie waren in einer großen, lärmenden Familie aufgewachsen, sie befehdeten sich und blieben aufeinander angewiesen, und sie brauchten immer Menschen um sich, die sie bewunderten, ihnen Unterhaltung boten und sich um ihre Bedürfnisse kümmerten. So ließ sich Jack auf dieser siebenwöchigen Reise von seiner Schwester Pat und seinem streitlustigen Bruder Bobby begleiten, zu dem er bei ihren Aufenthalten in Israel, Indien und Südostasien erstmals eine intensivere Beziehung aufbaute.

Am Tan Son Nhut-Flughafen von Saigon empfing sie Edmund Gullion, der hochgewachsene, dunkelhaarige amerikanische Geschäftsträger. Es herrschte eine Höllenhitze, und die Hose klebte Jack an den Schenkeln, als er in Gullions Limousine stieg.

»Was ist das für ein Geräusch?« fragte Jack, als sie sich dem Stadtzentrum näherten.

»Das ist Gewehrfeuer«, erklärte Gullion. »Die Vietminh-Kommunisten greifen wieder an.«

Auf den ersten Blick sah Saigon aus wie irgendeine beliebige französische Kolonialhauptstadt. Es gab breite, von Bäumen gesäumte Boulevards, große öffentliche Gebäude, Theater, Geschäfte und vornehme Restaurants. Die Straßen wimmelten von Autos, Rikschas und zarten vietnamesischen Frauen auf Fahrrädern, deren Seidentücher hinter ihnen herwehten wie Blütenblätter. Ein riesiges Wandbild von Bao Dai, dem Kaiser des Landes, beherrschte die Fassade der Nationalversammlung.

Doch bei näherem Hinsehen wurde klar, daß sich Saigon im Belagerungszustand befand. Die Untergeschosse des Hotels Caravelle waren mit Sandsäcken verbarrikadiert, und die Eingänge der Straßencafés waren mit Gittern verschlossen, die vor den Handgranaten der Terroristen schützen sollten.

Die Limousine hielt vor der amerikanischen Botschafterresidenz, einer von Palmen überschatteten Stuckvilla im provencalischen Stil.

Jack wurde zu seinem Zimmer geführt. Ein Moskitonetz hing über seinem Bett, und kleine Eidechsen klopften mit den Schwänzen gegen die Fensterscheiben.

Er duschte und zog sich um, dann ging er hinaus auf die Terrasse. Gullion reichte ihm einen Drink aus Limettensaft mit Gin, sie setzten sich und betrachteten den Abendhimmel, der vom Angriffsfeuer der Vietminh im Belagerungsring um die Stadt erhellt wurde.

Gullion wußte nicht, was von dem jungen Kongreßabgeordneten zu erwarten war. Ihm war nur bekannt, daß dessen Vater, der Botschafter Kennedy, einen Ruf als entschlossener Anhänger von Joe McCarthy genoß, und ging davon aus, daß Jack die Welt ebenso eindimensional betrachtete.

»Es gibt sehr viele Meinungsverschiedenheiten in der Botschaft darüber, ob die Franzosen die Situation hier unter Kontrolle halten können«, sagte Gullion. »Ich persönlich denke, sie können es schaffen. Aber sie müssen den Vietnamesen die Unabhängigkeit zu einem festen Termin versprechen. Der wirkliche Gegner der Franzosen hier ist die Unabhängigkeitsbewegung, nicht die kommunistische Unterwanderung.«

Jack tippte sich nachdenklich mit dem Zeigefinger an die Schneidezähne und hörte zu.

Die Reise hatte bei ihm einiges in Bewegung gesetzt, er war tief berührt von seiner Begegnung mit den sogenannten Entwicklungsländern. Zum ersten Mal sah er die Vielschichtigkeit der Probleme, die sich hinter dem großen weltweiten Konflikt verbargen. Das war nicht nur ein Kampf der demokratischen Kräfte gegen die Kommunisten. Da fand ein gewaltiger Kampf statt zwischen den neuen Nationen, die um ihr Lebensrecht stritten, und den alten, die verbissen an ihren Besitzständen festhielten. Er schlug sich auf die Seite der nationalen Revolte gegen die starre patriarchalische Bevormundung.

Am nächsten Tag traf sich Jack mit dem Oberkommandierenden der französischen Streitkräfte in Indochina, General Jean-Marie de Lattre de Tassigny – einer imposanten, theatralischen Gestalt mit makellos weißen Handschuhen. Sie stiegen in das persönliche Flugzeug des

Generals und kreisten über den ausgedehnten Reisfeldern des Mekong-Deltas, wo sich die Franzosen in einen blutigen Kampf gegen die Vietminh verwickelt hatten.

»Warum sollten denn die Vietnamesen gegen die Vietminh-Kommunisten antreten, wenn ihr Land dann in französischem Besitz bleibt?« provozierte Jack den General.

Gleich nach seinem Abschied legte der General förmliche Beschwerde bei der amerikanischen Botschaft ein und warf dem Kongreßabgeordneten Kennedy vor, er hätte den Versuch unternommen, die französische Politik zu untergraben. »Ich bin weit davon entfernt«, schrieb der General wutschnaubend, »die Bedeutung dieses jungen Mannes zu überschätzen.«

Am Nachmittag besuchte Jack den Cercle Sportif, den exklusiven französischen Schwimmklub im Zentrum der Stadt. Während er sich im Liegestuhl sonnte, schaute er den verloren wirkenden eurasischen Schönheiten zu, die, mit Bikinis bekleidet, ins smaragdfarbene Wasser sprangen und mit ihrem langen schwarzen Haar aussahen wie Nixen, wenn sie wieder auftauchten.

Am Abend ließ er sich durch die verdunkelten Straßen, vorbei an vergitterten Geschäften, ins Chinesenviertel Cholon fahren, wo er ein teures Freudenhaus aufsuchte. Ihm wurde eine Auswahl von Mädchen aus den verschiedensten Regionen Chinas und Südostasiens präsentiert, dazu kamen Eurasierinnen, die den schlanken Nixen aus dem Cercle Sportif ähnlich sahen.

Jack hatte einen gewaltigen sexuellen Appetit und verbrauchte Frauen, als wären sie zum Verzehr bestimmte Leckerbissen. Die größte Befriedigung brachte es ihm, wenn er mit zwei Frauen zugleich im Bett lag. Normalerweise griff er nicht auf Prostituierte zurück. Aber er war auch kein galanter Liebhaber. Auf süße Worte und gefühlvolle Gesten verschwendete er keine Zeit. Und wenn er zum Ziel gekommen war, verlor er gewöhnlich das Interesse und wandte sich der nächsten Frau zu.

»Sie lassen mich eben kalt – wenn ich eine Frau erstmal im Bett hatte, habe ich keine Lust mehr auf sie, in den meisten Fällen jedenfalls«, erzählte Jack seinen Freunden. »Was mich reizt, ist die Eroberung. Ich liebe diesen Wettkampf zwischen Mann und Frau. Es ist die Jagd, die mich reizt, und nicht die Beute!«

In dieser Hinsicht ähnelte er seinem Dichtervorbild Lord Byron. Wie Byron sah er sich gern als hemmungslosen Verführer, der in wilden Orgien schwelgt.

»Lieber Gott«, wandelte Jack ein gängiges Kindergebet ab, »mach mich fromm – aber bitte nicht sofort.«

Seine sexuelle Aufklärung fand im zarten Alter von zwölf Jahren statt, als sein Vater eine neue Freundin mit nach Hause brachte – Gloria Swanson, den gefeiertsten Filmstar jener Zeit. Rose Kennedy war nicht in Hyannis Port, sondern unterwegs zu einer ihrer häufigen Einkaufsreisen nach Paris. Joe und Gloria machten eine Ausfahrt auf der Jacht, die den Namen von Joes Frau trug: *Rose Elizabeth*.

Der kleine Jack war mit von der Partie, aber unter Deck verstaut. Als er nach oben kam und seinen Vater in eindeutiger Pose mit Gloria Swanson überraschte, packte ihn die Panik, und er sprang ins Meer. Sein Vater mußte hinterherspringen und ihn retten.

Als Jack älter wurde, weihte ihn der Vater auf ähnlich unkonventionelle Weise in die tieferen Geheimnisse der Sexualität ein. Einmal kam Jack von Choate nach Hause zurück, und er fand sein Bett bedeckt mit pornographischen Magazinen, die ihm der Vater zum Studium hinterlassen hatte.

»Ich glaube, das ist einfach Dads Art von Humor«, kommentierte er das Ereignis.

Später amüsierte Joe Kennedy seinen Sohn mit detailliertesten Beschreibungen seiner sexuellen Eroberungen unter Flittchen und Revuegirls. Er bot seinem Sohn an, sich die Mädchen mit ihm zu teilen, und erwartete von ihm denselben Vorschlag.

Jack übernahm viel von der Einstellung seines Vaters gegenüber den Frauen, auch die Gewohnheit, in den abfälligsten Tönen über das andere Geschlecht zu reden. Einmal, als ein Freund ihm den rührseligen Brief zeigte, den er von seiner Freundin erhalten hatte, schockierte ihn Jack mit seiner Antwort: »Du kannst das ja romantisch finden. Für mich ist es nichts als Scheiße.«

Trotzdem dürfte Jack die ganze Wucht der väterlichen Beeinflussung erspart geblieben sein, denn er war nicht der Lieblingssohn seines Vaters. Diese Bürde lastete auf den Schultern des ältesten Sohns, Joe Junior, dem hübschen, jüngeren Ebenbild des Vaters, das alle Tugenden des Alten in sich vereinte.

»Joe Junior war mit Sicherheit so, wie sein Vater gern gewesen wäre«, sagte Harvey Klemmer, Joe Kennedys Sekretär in der Londoner Botschaft. »Joe war kein Intellektueller, aber er war noch schärfer als Jack, schlauer und schneller, ein vor Witz sprühender Unterhalter, der sofort im Mittelpunkt stand, wenn er nur den Raum betrat.«

Gegen Ende des Zweiten Weltkriegs, als Joe Junior erfuhr, daß Jacks Heldentat auf dem Torpedoboot PT-109 in allen großen Zeitungen Schlagzeilen gemacht hatte, war er so wütend, daß er in die Knie ging und weinte. Er konnte es nicht ertragen, einmal nicht der Beste der ganzen Familie zu sein. Und sein Neid trieb ihn zu dem freiwilligen Bombereinsatz gegen den deutschen U-Boot-Stützpunkt, der ihm zum Verhängnis wurde.

Monatelang blieb Joseph Kennedy untröstlich. Und die Chance, daß Jack seinen Bruder zu Lebzeiten übertreffen konnte, war für immer verloren.

»Ich bin zu einem Kampf im Schattenboxen angetreten, aber der Schatten wird immer gewinnen«, beklagte sich Jack gegenüber Lem Billings.

1948 kamen Jacks Lieblingsschwester Kathleen, genannt Kick, und ihr englischer Verlobter Peter Milton, Lord Fitzwilliam, bei einem Flugzeugabsturz in Frankreich ums Leben. Die Nachricht von ihrem grausamen Tod erreichte Jack in seinem Haus in Georgetown, als er gerade auf dem Sofa lag und eine Schallplatte mit der Musikkomödie *Finian's Rainbow* hörte.

»Er hat schrecklich gelitten«, erinnerte sich Lem Billings, als er Jacks Verwirrung und Schuldgefühle nach dem Tod von Joe und von Kick beschrieb. »Er erzählte mir, er konnte nicht über den Tag kommen, ohne zu den unmöglichsten Zeiten an Kathleen zu denken. Es konnte sein, daß mitten in der Kongreßsitzung seine Gedanken abschweiften und zurückkehrten zu all den Dingen, die sie zusammen erlebt hatten, und zu all ihren gemeinsamen Freunden. Jetzt schätzte er sie als seine beste Freundin, der er seine intimsten Gedanken anvertrauen konnte, sein kompliziertes Verhältnis zu Joe Junior, seine Fragen über Gott und seine Zweifel an der Zukunft. Und nun war sie tot ...«

»Nach Kathleens Tod«, berichtete Billings weiter, »hatte Jack schreckliche Probleme mit dem Einschlafen. Kaum schloß er die Augen, sah er Kathleen vor sich, die bis tief in die Nacht mit ihm saß und über Partys und Freunde redete. Er versuchte es immer wieder, aber er konnte ihr Bild nicht abschütteln. Dann war es schon besser, sagte er, ein Mädchen im Bett zu haben und sich vorzustellen, sie wäre Kathleens Freundin, und am Morgen würden sie zu dritt frühstücken gehen.«

Das einzige, was Jack noch sinnvoll erschien, war der Genuß des Augenblicks, jeden Tag so zu verbringen, als wäre es der letzte, und dem Leben ständig Intensität, Spannung und Erfüllung abzuverlangen.

Diese Haltung könnte Jacks zwanghafte Neigung erklären, mit so vielen Frauen zu schlafen, wie es nur ging. Solange er immer noch Lust auf die nächste hatte, eine Erektion bekam und im Bett nicht versagte, konnte er sich einreden, daß alles in Ordnung war. Nur in den kurzen Momenten der sexuellen Euphorie – und bei Jack ging es immer sehr schnell – war er von seinen Ängsten und seiner Einsamkeit befreit.

Doch seine Angst vor Impotenz und Unfruchtbarkeit kehrte immer wieder. 1940 hatte er sich im Alter von dreiundzwanzig Jahren eine Geschlechtskrankheit zugezogen, und im Herbst 1951 stellten sich die Spätfolgen ein – Brennen beim Wasserlassen, Prostataschmerzen, Eiterausfluß und Angst um seine Zeugungsfähigkeit.

Seine »nichtgonorrhoische Urethritis« – so die euphemistische Bezeichnung in der Krankenakte – war zu einem ernsten Problem geworden. Dr. William P. Herbst zufolge, einem Facharzt für Geschlechtskrankheiten, der Jack nach dem Aufenthalt in der Bostoner Lahey-Klinik weiterbehandelte, litt der Kongreßabgeordnete an »periodischem leichtem Brennen beim Wasserlassen. Bei der Untersuchung stellte ich lediglich eine leichte, chronische, unspezifische Prostatitis fest. Alle Urintests auf säureresistente Bazillen blieben negativ. Behandelt wurde er mit Massagen [des Penis und der Prostata], Sitzbädern und verschiedenen Antibiotika.« Aber er wurde nie völlig geheilt.

Die Gnadenfrist

Als Jack in Tokio ankam, war er erschöpft von den Strapazen der Reise. Auf dem Weg vom Flughafen fand er kaum noch die Kraft, einen Blick aus dem Fenster auf die japanische Hauptstadt zu werfen – eine zersiedelte, verschmutzte Landschaft aus schäbigen Holzhütten, die von armselig gekleideten, unterernährten Menschen bewohnt wurden. Die Kennedys mieteten sich im Imperial Hotel ein, das von Frank Lloyd Wright stammte und eins der wenigen Bauwerke in Tokio war, die den amerikanischen Bombenangriffen widerstanden hatten.

In seiner Suite maß Jack sich den Blutdruck und stellte fest, daß er besorgniserregend niedrig war. Seine Ärzte hatten ihn davor gewarnt. Bei zu niedrigem Blutdruck konnte sein Körper nicht mehr genug von dem lebensrettenden Kortison aufnehmen, das er stets bei sich führte. Müde und ausgelaugt griff er nach der Spritze und machte sich eine Injektion in den Oberschenkel. Dann fuhr er ins Hauptquartier der amerikanischen Besatzungstruppen in Japan, wo er sich mit General Matthew Ridgway traf, dem Nachfolger von Douglas MacArthur als Oberkommandeur der Alliierten Streitkräfte im Pazifik.

Am Tag darauf brach Jack zusammen.

Bobby hatte mehr und mehr die organisatorische Verantwortung für die Reise übernommen, und er reagierte schnell. Er buchte für die drei Kennedys einen Flug nach Okinawa, wo es ein großes, gut ausgerüstetes Marine-Hospital gab. Während des kurzen Fluges fing der Bordfunker des Clippers N1024V der Pan American World Airways einen Funkspruch von General Ridgway an Jack auf.

Erfuhr mit Bedauern, daß Ihre Reise durch Krankheit unterbrochen wurde. Übermittle meine besten Wünsche für eine baldige Genesung sowie einen erfreulichen und ergiebigen Fortgang Ihrer Reise.
Ridgway

Im Marine-Hospital auf Okinawa verfiel Jack in einen Schockzustand. Sein Fieber stieg auf 40 Grad. Er wurde in Eis gepackt und intravenös ernährt. Er begann zu delirieren. Die Marineärzte waren außerstande, seine Krankheit zu diagnostizieren. War es Malaria oder Gelbsucht? Die Kennedys verschwiegen die wahre Ursache seiner Erkrankung, und während Jack im Krankenhaus lag, war Bobby mit der Überlegung beschäftigt, wie er die Krankenakte seines Bruders aus der Welt schaffen konnte.

Mittlerweile stieg das Fieber auf 41 Grad. Jacks Zustand wurde als lebensbedrohlich eingestuft. Bobby telegraphierte an den Vater in Amerika.

Es bestand nur noch wenig Hoffnung auf ein Überleben.

Bei der Erkrankung handelte es sich um die genaue Wiederholung eines Zusammenbruchs, den Jack 1947 in England erlitten hatte. Damals war er eiligst in die London-Klinik transportiert worden, wo ihn Sir Daniel Davis, der Arzt des berühmten Pressebarons Lord Beaverbrook, behandelte. Sir Daniel war der Arzt, der Jack eröffnete, daß er an der Addison-Krankheit litt, einer Nebennierenrinden-Insuffizienz.

Die Symptome dieser Krankheit deckten alle Beschwerden ab, die Jack zeitlebens zu schaffen machten – chronische Erschöpfung, Gewichtsverlust, Appetitlosigkeit, niedriger Blutdruck, Braunfärbung der Haut, Schwindelanfälle, Erbrechen, Schüttelfrost und Magenschmerzen. Als die Krankheit 1855 von dem englischen Arzt Thomas Addison entdeckt wurde, galt sie als tödlich, da sie allmählich die Nebennierenrinde und das Immunsystem zerstörte, so daß der Patient bei der geringsten Infektion in Lebensgefahr geriet.

»Ihr amerikanischer Freund hat kein Jahr mehr zu leben«, erklärte Dr. Davis der Schwiegertochter Winston Churchills, Pamela.

Anfangs schien die Diagnose nur seine Gefühle des persönlichen Scheiterns zu bestärken. Vor ihm lag das sinnentleerte Leben eines kränklichen reichen Erben. Dank dem Geld seines Vaters hatte Jack nie für seinen Lebensunterhalt arbeiten, nie einem Chef gehorchen oder ein Vergnügen aufschieben müssen. Als er einundzwanzig wurde, bezog er ein Einkommen aus verschiedenen Treuhänderfonds, die sich auf einen Gesamtwert von 10 Millionen Dollar beliefen. Am heutigen Geldwert gemessen, hatte er in den frühen fünfziger Jahren ein Jahreseinkommen von etwa 4 Millionen Dollar.

Die Addison-Krankheit wurde schließlich mit der synthetischen Substanz Desoxycorticosteronazetat (Doca) behandelt, die in Form von Pellets in die Oberschenkel- und Rückenmuskulatur implantiert werden mußte. Alle zwei oder drei Monate mußten die Pellets erneuert werden, und Joseph Kennedy kaufte riesige Mengen der seltenen Droge und deponierte sie in Bankfächern überall in den Vereinigten Staaten, damit sein Sohn, wenn er auf Reisen war, niemals in Verlegenheit geriet. Dann wurde das Kortison als Mittel gegen die Addison-Krankheit entwickelt, und anfangs wurde es in Kombination mit den Doca-Pellets verabreicht.

Um 1950 hatte sich Jacks Zustand deutlich gebessert. Er hatte mehr Energie und Ausdauer, und sein Wohlbefinden steigerte sich merklich. Die Kombination von Kortison und Doca verstärkte allerdings auch seinen ohnehin schon enormen Geschlechtstrieb.

Die Verbesserung seines Zustands war offensichtlich, als er im Herbst 1950 seinen Großvater besuchte, den ehemaligen Bürgermeister von Boston, »Honey Fitz« Fitzgerald.

»Du bist mein Namensvetter«, sagte der Großvater zu ihm. »Du bist derjenige, der unseren Familiennamen fortführt. Und höre, was ich dir sage: Deine Laufbahn wird noch viel länger sein als meine.«

Kurz nach diesem Treffen starb sein Großvater.

»Mit dem Prunk und dem Aufwand [bei der Beerdigung von Fitzgerald] verband sich etwas, was Jack richtig naheging«, erinnerte sich Lem Billings. »Er bekam da einen Eindruck vermittelt, welche gewaltigen Wirkungen ein Politiker auf die Gefühle einfacher Menschen ausüben kann, etwas, was man in den Korridoren des Kapitols oft vergaß. Es war, als hätte er zum ersten Mal begriffen, daß er als Politiker die Fähigkeit entwickeln konnte, den Menschen etwas zu geben, und daß er etwas von ihnen zurückbekommen würde, wenn ihm das gelang ...«

Nach Jacks Genesung nahm auch Joe Kennedy die politischen Ziele seines Sohnes ernster. Zum ersten Mal seit dem Tod von Joe Junior wagte der Senior wieder von einem Kennedy im Weißen Haus zu träumen.

»Es war wie ein Einberufungsbefehl«, erzählte Jack dem Reporter Bob Considine. »Mein Vater wollte, daß sein ältester Sohn Politiker wurde. Doch *wollte* ist nicht das richtige Wort. Es war ein Befehl. Sie kennen meinen Vater.«

Mit der Einnahme von Kortison waren Gefahren verbunden. Im gesunden Körper produzieren die Nebennierenrinden natürliches Kortison, dessen Konzentration im Blut durch die Hirnanhangdrüse reguliert wird. Doch bei Addison-Patienten waren die Ärzte nicht in der Lage, die Konzentration des künstlichen Kortisons genau zu regulieren.

Ein überhöhter Kortisonspiegel führte zum Cushing-Syndrom, und Jack litt vielfach an den entsprechenden Symptomen: ein gerötetes Vollmondgesicht, Kopfschmerzen, Rückenschmerzen, Leistungsschwäche. Dazu kamen psychische Symptome wie übersteigertes Selbstbewußtsein und der Glaube, unverwundbar zu sein. Er trat noch forscher und rücksichtsloser auf als zuvor.

Solange er sich jedoch nicht in einen Erschöpfungszustand hineinmanövrierte, war das Kortison eine wahre Wunderdroge für Jack. Es gewährte ihm eine Gnadenfrist vor dem Tod.

Während der Genesung im Marine-Hospital auf Okinawa verbrachte Jack viele Stunden in Gesprächen mit Bobby. Zwischen ihnen lagen acht Jahre Altersunterschied, die in der Kindheit große Bedeutung hatten, doch jetzt war Bobby verheiratet und Vater einer kleinen Tochter, so daß der Unterschied offenbar keine Rolle mehr spielte.

Stunde um Stunde saß Bobby an Jacks Krankenbett und redete mit gedämpfter Stimme auf seinen kranken Bruder ein, um ihm den Lebensmut zurückzugeben. Als es Jack wieder besser ging, verkündete Bobby, sein Bruder werde nun nach Amerika zurückreisen, Cabot Lodge eine Niederlage zufügen und sich eine Frau suchen.

Jack lächelte ihm schwach aus dem Kissen zu. Auf dieser langen, strapaziösen Reise hatte ihm sein Bruder immer wieder treu zur Seite gestanden. Er war bereit, sich zurückzunehmen und den Interessen seines älteren Bruders zu dienen. Er würde nicht zögern, alles zu tun, was Jack von ihm verlangte. Jack hatte seinen kleinen Bruder wirklich schätzen gelernt. Bobby war sein zweites Ich geworden.

»Nichts geht über eigene Kinder«, hatte Bobby zu ihm gesagt. »Sie geben einem Hoffnung für die Zukunft.«

Jack hörte Bobby zu. Was sein Bruder da erzählte, klang vernünftig.

Eher Lord als Schnösel

Als Jack zurück war, flog er nach Massachusetts, um die politische Wetterlage zu testen. Sein Vater war aufgrund einer selbstfinanzierten Meinungsumfrage zu der Erkenntnis gelangt, daß die politische Führungsrolle der WASP-Dynastien in Neuengland ihrem Ende zuging. Er rechnete sich aus, daß ein hübscher katholischer Kriegsheld wie Jack jetzt eine reelle Chance hatte, Henry Cabot Lodge, den Nachwuchs-Senator von Massachusetts und Inbegriff eines WASP-Politikers, aus dem Sessel zu heben.

»Wenn du Lodge geschlagen hast«, sagte er zu Jack, »dann hast du deinen stärksten Gegner erledigt. Warum also davor zurückschrek-ken?«

Jedes Wochenende fuhr Jack nun im Fond des väterlichen Cadillac über die Holperstraßen des Staates Massachusetts. Bis zum zehnten Lebensjahr hatte er in Boston gewohnt, dann war der Vater mit der Familie nach Bronxville im Staat New York übergesiedelt, um den massiven anti-irischen Ressentiments zu entgehen, die im snobistischen Neuengland vorherrschten. Jacks Akzent verriet immer noch den Bostoner irischer Abstammung – »Wenn Jack sprach, hörte ich die Stimme seiner Mutter«, sagte ein Freund –, doch vom Klischeebild des Iren hatte er sich weit entfernt.

Arthur Schlesinger jr. schrieb dazu: »Er war beherrscht, aristokra-tisch, belesen, kultiviert – viel eher ein junger Lord als ein junger Schnösel.«

Auf Wahlkampftour lernte der empfindliche Kongreßabgeordnete, wie er mit seinen Kräften haushalten konnte. Er schlief lange, legte im Lauf des Tages mehrmals ein Nickerchen ein, duschte und wechselte Hemd und Socken bis zu viermal am Tag und zog sich früh zurück. Auf diese Weise erweckte Jack bei allen den Anschein, als wären seine Energien unerschöpflich.

»Jack sagte mir, ich solle überall verbreiten, daß er an den Wochenenden als Redner verfügbar sei«, erinnerte sich Dave Powers, einer seiner Mitarbeiter. Also sprach ich bei allen möglichen örtlichen Verbänden und Vereinen vor, ob es nun Akademiker, Katholiken, Kriegsveteranen oder Freiwillige Feuerwehren waren. Keine Stadt war ihm zu klein oder zu republikanisch.«

Am Abend landete er oft, wie sich ein anderer Helfer erinnerte, »in einem schmuddligen Kleinstadthotel mit einer nackten Glühbirne an der Decke und einer wenig vertrauenerweckenden Badewanne am Ende des Flurs.« Am Abend eines Wahlkampftages stieg er in die Wanne und versuchte, seinem Rücken mit heißem Wasser Erleichterung zu verschaffen.

Jacks Freund George Smathers, der das Repräsentantenhaus zwei Jahre zuvor verlassen hatte, um von Florida aus erfolgreich für einen Senatorenposten zu kandidieren, warnte Jack, daß das Jahr 1952 ein Erfolgsjahr für die Republikaner werden würde. Jack werde den hochfavorisierten Cabot Lodge, das Zugpferd der Eisenhowerschen Präsidentschaftskampagne, nicht schlagen können.

»Und ob ich das kann!« erwiderte Jack.

»Ich glaube nicht daran«, meinte Smathers.

»Letztlich ist es mir egal, ob ich gewinne oder nicht«, erklärte Jack. »Ich habe es nur satt, nichts weiter als ein Abgeordneter zu sein. Der Job im Repräsentantenhaus macht mir keinen Spaß, wirklich nicht. Wenn ich also verliere, bin ich draußen. Und wenn ich gewinne, bin ich auch draußen, aber dafür komme ich in den Senat, und dort ist es tausendmal besser als im Repräsentantenhaus.«

Der einzige, der außer dem Vater an Jacks Erfolg glaubte, war Abraham Ribicoff.

»Ich wurde 1948 in den Kongreß gewählt, zwei Jahre nach John

Kennedy«, sagte Ribicoff. »Er kam aus Massachusetts, ich aus Connecticut, und wir wurden Freunde. Ich habe immer gespürt, daß Kennedy zu Großem berufen war. Für mich lag es auf der Hand, daß er eine starke Persönlichkeit war und daß die Leute ihm zu Füßen lagen, besonders die Frauen. Der Parteivorsitzende der Demokraten in Connecticut, John Baily, redete damals mit mir über Jack und seine Zukunft. Wir beide waren uns schon in den frühen fünfziger Jahren einig, daß Jack das Zeug zum Präsidenten der Vereinigten Staaten hatte.«

Anfang Februar 1952 bereitete sich Jack auf die offizielle Ankündigung seiner Senatskandidatur vor. Als er nach Washington kam, griff er zum Telefon und rief Jackie an. Sie hatten neun Monate nichts voneinander gehört.

»Was gibt's Neues?« fragte er. »Wie wär's mit einem Drink heute abend?«

»Tut mir leid, Jack«, sagte Jackie. »Ich bin seit zwei Wochen verlobt.«

6

»From this Moment On«

Februar – April 1952

Kein großer Fang

Ein paar Wochen später stieg Jackie am Portal des Bürogebäudes Cannon House an der Independence Avenue aus dem Taxi. Sie trug einen Rock und eine kurze Pelzjacke und schleppte sich mit einer Speed Graphic ab, einer sperrigen Holzkamera, die mit Leder verkleidet war und stattliche vier Pfund wog. Ihre spitzen, fünf Zentimeter hohen Absätze klackten laut, als sie das Marmorfoyer durchquerte.

In der dritten Etage stieg sie aus dem Lift. Jede der Mahagonitüren in dem hohen Korridor war von der Flagge eines US-Staats und den Stars and Stripes flankiert. Das Zimmer, nach dem sie suchte – Nummer 322 – lag fast am Ende des kilometerlangen Flurs. Sie hielt kurz inne und las das Messingschild.

JOHN FITZGERALD KENNEDY
MEMBER OF CONGRESS

Sie hatte ihn angerufen und einen Fototermin für ihre Kolumne vorgeschoben, um ihn wiederzusehen. Die Dame an der Rezeption geleitete sie ins Büro, wo sie von Mary Barelli Gallagher, Jacks Empfangssekretärin, freundlich willkommen geheißen wurde, obwohl sie ständig fremde junge Frauen mitten am Tage einzulassen hatte. Ohne anzuklopfen, öffnete sie die Tür zu Jacks Büro und führte Jackie hinein.

Jack saß in einem luxuriösen Ledersessel, beleuchtet vom gelblichen Schein einer Stehlampe. Er erholte sich immer noch von sei-

97

nem Zusammenbruch in Tokio, und sein Aussehen hatte sich drama-
tisch verändert, seit Jackie ihm das letzte Mal begegnet war. Seine
graublauen Augen lagen in dunklen Höhlen, seine Erscheinung
war fahl und leblos, sein Hemd hing lose von den knochigen Schultern.

»Oh, hallo, Jackie«, sagte Jack und schaute hoch.

Noch hatte Jackie nicht bemerkt, daß eine dritte Person im Raum
war. Dann sah sie die Frau, die einen Meter entfernt von Jack saß.

»Du kennst doch sicher Flo Smith, oder?« fragte Jack.

Florence Pritchett Smith erhob sich. Die kleine, zarte Frau war Anfang Dreißig, hatte eine winzige Stupsnase und trug das Haar hoch
über den Kopf getürmt, um wenigstens ein bißchen größer zu wirken.
Vor dem Krieg waren sie, Jack und Flo, in allen New Yorker Klatsch-
spalten aufgetaucht. Sie hatte dann Earl T. Smith geheiratet, einen reichen Börsenmakler, der in der Nachbarschaft der Kennedys in Palm
Beach ein Haus besaß. Flo und Jack waren nach wie vor gute Freunde.
Manche behaupteten, sie wären immer noch wild aufeinander.

»Flo hat mir gerade den New Yorker Klatsch geliefert«, sagte Jack.
»Sie kennt die neuesten Witze und erzählt sie so gut wie sonst keiner.«

»Das ist ein Talent, das mir abgeht«, erwiderte Jackie und musterte
Flo. »Ich vergesse Witze sofort. Zum einen Ohr hinein, zum anderen
hinaus.«

»Ich muß los, Jack«, sagte Flo. Dann fügte sie etwas spitz hinzu: »War
nett, dich kennenzulernen, Jackie.«

»Dich auch, Flo«, entgegnete Jackie und taxierte die andere Frau mit
einem schnellen Blick.

Jack erhob sich mit etwas Mühe aus dem Sessel und geleitete Flo
hinaus. Dann kam er zurück und blieb vor Jackie stehen.

Auf ihrer Europatour im vergangenen Sommer hatte sie sich eine
neue Frisur zugelegt: kurzgeschnitten und mit blondierten Strähn-
chen. Sie sah reifer und erwachsener aus.

Jack fragte, warum ihre Fingernägel diesen grünlichen Ton hätten.

Sie erklärte ihm, daß sie seit kurzem als Fotoreporterin für den *Washington Times-Herald* arbeitete und sich ihre Fingernägel beim Han-
tieren mit der Entwicklerlösung in der Dunkelkammer verfärbt hät-

ten. Sie erhielt die fürstliche Summe von 42,50 Dollar pro Woche dafür, daß sie Leute für die Rubrik »Der neugierige Reporter« interviewte und fotografierte.

»Welche Fragen stellst du denn den Leuten?« wollte Jack wissen.

Jackie holte eine Zeitungsseite mit ihrem Beitrag heraus, und Jack las die Frage: »Was ist Ihr heimlicher Ehrgeiz?«

»Schau dir die erste Antwort an«, sagte Jackie.

»Arthur Krock«, stellte Jack überrascht fest, und er las die Antwort vor. »Vor meinem Tod möchte ich wenigstens einen einzigen Artikel zustandebringen, in dem jeder Satz verständlich, ausgewogen und gut formuliert ist.«

Jack sagte zu Jackie: »Da kann ich ja zu unserem eigenen Besten nur hoffen, daß Mr. Krocks Wunsch in Erfüllung geht.«

Beide lachten.

Dann wies Jack auf den großen Saphir-und-Brillant-Verlobungsring an Jackies linker Hand.

»Und wer ist der Glückliche?« fragte er.

Jackie holte einen anderen von ihren Artikeln hervor, der vom 10. Februar stammte, und zeigte auf einen ihrer Interviewpartner. Unter dem Foto stand sein Name: John Husted.

»Ich habe den Mann meiner Träume gefunden«, sagte sie.

Im sommerlichen Paris des vergangenen Jahres hatten ihre Träume einem anderen Mann gegolten.

Kurz nach ihrer Ankunft mit Lee in Frankreich hatte Jackie die alte Affäre mit Jack Marquand aufgefrischt. Es war nicht in erster Linie der Sex, der sie zu Marquand zog. Er hatte einen wachen Verstand, boshaften Witz, und es machte immer großen Spaß, mit ihm zusammen zu sein. Außerdem verstand er es, Jackie auf Trab zu halten, etwas, was sie an Männern schätzte. Obwohl er noch mehr trank als schon zuvor, spielte sie mit dem Gedanken, Mrs. John Marquand Jr. zu werden.

Ihre Gefühle für Marquand wurden bestärkt durch einen kurzen Besuch, den sie mit Lee bei Bernard Berenson machte, einem namhaften amerikanischen Kunsthändler und Renaissancekenner. Der schmächtige, weißbärtige Ästhet unterrichtete die Bouvier-Schwestern in seiner Villa bei Florenz über seine Philosophie der Liebe, der Ehe und des Lebens.

»Folgen Sie niemals der Vernunft«, riet ihnen Berenson. »Heiraten Sie jemanden, der Sie immer anspornt – und umgekehrt. Verschwenden Sie Ihr Leben nicht an Leute, die Sie kleinmachen wollen, die nicht stimulierend sind. Suchen Sie Menschen, die Sie intensiver leben lassen!«

Als sie wieder in Merrywood war, ritt sie mit ihrer Mutter aus, und als sie pausierten, um den Pferden eine Abkühlung zu gönnen, ergriff sie die Gelegenheit, ihre Gefühle für Jack Marquand zu offenbaren.

Janet hielt ihr Pferd am Zügel und wandte sich Jackie zu. »Jack Marquand ist ein Trinker, und er ist nicht wirklich reich«, sagte sie.

Jackie wußte nie, wann ihre Mutter einen Wutausbruch bekommen würde. Aber sie konnte sehen, wenn er anfing, weil sich dann ihr Gesicht verwandelte. Eine dunkle Wolke braute sich über ihr zusammen, und dann brach es unkontrolliert aus ihr hervor.

Unter keinen Umständen werde Jackie diesen Jack Marquand wiedersehen, sagte sie mit schriller werdender Stimme, oder die Verbindung zu ihm fortsetzen.

»Mummy«, erwiderte Jackie, »ich bin eine erwachsene Frau. Du kannst mir nicht vorschreiben, mit wem ich Kontakt haben darf und mit wem nicht.«

Janet holte aus und ohrfeigte Jackie zweimal, einmal rechts und einmal links.

»Danach bekam ich eine Menge erregter Anrufe von Jackie«, erinnerte sich John »Demi« Gates, ein junger CIA-Agent und früherer Verehrer von Jackie.

Jackie wollte mit Demi wieder zu einer freundschaftlichen Beziehung kommen. Aber er war jahrelang auf sie versessen gewesen und immer noch zu sehr verliebt, um sich auf eine platonische Freundschaft einzulassen. Deshalb nahm er ihre Anrufe nicht mehr entgegen.

»Dann fing sie an, mir alle möglichen verrückten Briefe zu schreiben«, sagte Demi. »Sie war irgendwie aus der Balance geraten, war nicht mehr sie selbst. Sie wurde bei den Auchinclosses aus dem Nest gestoßen, wo sie im Luxus gelebt hatte, war nun ohne einen Pfennig. Sie hat mir diese Geschichte erzählt, die ihrer Mutter und ihrem Vater auf der Hochzeitsreise in Guethary bei Biarritz passiert war. Black Jack ging ins Casino und verspielte praktisch alles, was er hatte. Dann kam er zurück zu Janet ins Zimmer und gestand ihr, daß alles Geld verloren und die Hochzeitsreise geplatzt sei. Janet ging auf der Stelle ins Casino und gewann das ganze Geld zurück. Das war die Kurzfassung ihres Lebenslaufes: Ihr Vater verspielte alles, und ihre Mutter hatte sie gerettet, indem sie Auchincloss heiratete.«

»Als die Mutter ihr dann verbot, Marquand zu heiraten«, fuhr Demi fort, »drehte Jackie beinahe durch. Sie wußte nicht wohin und was sie tun sollte. Und in dieser hochkritischen Phase ihres Lebens, als ihr Liebeskummer wegen Marquand am größten war, glaubte sie, sie könnte sich in die Arme von Johnny Husted flüchten.«

In Herkunft und Erziehung glich John G. W. Husted Jr., der Aktien und Wertpapiere an der Wall Street handelte, genau der Sorte junger Männer, mit denen Jackie großgeworden war und von denen sie einmal gesagt hatte, daß sie für eine Ehe mit ihr nicht in Frage kämen. Der hochgewachsene, attraktive Yale-Absolvent hatte im Krieg bei einer amerikanischen Nachschubeinheit gedient, die der britischen Armee angeschlossen war. Er stammte aus den höchsten Kreisen der WASP-Gesellschaft. Seine Schwestern hatten mit Jackie die Miss Porter's School in Farmington besucht, seine Mutter war entfernt mit den schwerreichen Harknesses verwandt, und sein Vater, ein guter Freund von Hughdie Auchincloss, hatte eine Beteiligung an Brown Shipley, dem Londoner Zweig der Wall Street-Firma Brown Brothers Harriman.

»Ich bin kein Katholik«, erklärte Husted, »aber Jackie und ich hatten eine Übereinkunft mit einem Pfarrer in Washington getroffen, daß die Kirche unsere Heirat billigen würde, wenn wir unsere Kinder katholisch erziehen wollten. Natürlich ging ich davon aus, daß Jackie noch Jungfrau war. Alle Mädchen in der damaligen Zeit bewahrten sich für die Hochzeitsnacht auf. Wenn sie nicht mehr Jungfrau waren, wurden sie als angestoßene Ware betrachtet.«

Am 21. Januar 1952, kaum einen Monat nach dem ersten Rendezvous von Jacqueline Bouvier und John Husted, erschien in der *New York Times* eine Verlobungsanzeige, die die Trauung für den kommenden Juni ankündigte.

Jackies Vater befürwortete die Heirat vor allem deshalb, weil Jackie dann in seiner Nähe in New York wohnen würde. Aber ihre Freunde waren alarmiert von der überstürzten Verlobung und stellten mit Schrecken fest, daß das junge Paar auf der Verlobungsfeier in Merrywood weder Freude zeigte noch Zärtlichkeiten austauschte.

»Sie haben kaum miteinander gesprochen«, erinnerte sich ein Gast. »Und wenn er mal etwas sagte, nickte Jackie nur und lächelte.«

Charlie Bartlett fand, daß Husted nicht gut genug für Jackie war, und tat alles, was in seiner Macht stand, um die Verlobung platzen zu lassen. Das gleiche tat Janet Auchincloss.

»Jackies Mutter hielt mich nicht für einen großen Fang«, sagte Husted. »Sie fragte mich, wieviel Geld ich verdiente, und ich nannte ihr 17 000 Dollar [etwa 120 000 nach heutigem Wert]. Meine Aussichten, mehr zu verdienen, waren gut, aber nicht sicher ... Folglich war sie vehement gegen die Heirat, und ich fand bei ihr keine Gnade.«

Doch was Jackie betraf, war für sie die Heirat beschlossene Sache. Es war ihr egal, was die Leute sagten. Sie würde keinen Rückzieher machen. Selbst Janet mit ihrem gefürchteten Temperament hatte nicht die Macht, Jackie umzustimmen.

Als Janet eines Tages mit ihrem Stiefsohn Yusha allein im Haus war, sprachen sie über die rätselhafte Partie.

»Hast du eine Ahnung, warum Jackie darauf besteht, ausgerechnet Johnny Husted zu heiraten und keinen anderen?« fragte Janet.

»Da bin ich überfragt«, sagte Yusha.

»Ich glaube fast, sie ist vom Pferd gefallen und hat sich was am Kopf getan.«

Eine völlig andere Bestimmung

In jenem Winter gab John Auchincloss, der im diplomatischen Dienst stand, eine Cocktail-Party in seinem Haus in Georgetown, zu der er Janet und seinen Onkel Hughdie Auchincloss einlud sowie John

Husted und Jackie. Auch seinen Bruder Louis bat er, auf einen Drink vorbeizukommen.

Louis Auchincloss war am Tage Rechtsanwalt, und nachts schrieb er Bücher. Er hatte gerade seinen dritten Roman veröffentlicht, *Sybil*, und gelangte allmählich zu literarischem Ruhm. Er war neugierig auf seine junge Stiefcousine Jackie, deren Schönheit und Reize ihm oft in den buntesten Farben geschildert worden waren.

Die Gäste versammelten sich in dem kleinen, vornehmen Wohnzimmer, das John Auchinclosses wohlhabende Frau mit Louisquinze-Möbeln aus dem Familienbesitz ausgestattet hatte, mit französischen Originalzeichnungen und Aubusson-Läufern.

»Bei uns gibt es wichtige Neuigkeiten«, sagte Janet. »Jackie und John haben beschlossen zu heiraten.«

»Das muß mit Champagner begossen werden!« sagte John Auchincloss. Er öffnete eine Flasche und brachte einen Toast aus.

»Aber ich merkte, daß Janet in keiner guten Verfassung war«, erinnerte sich John Auchincloss. »Ganz offensichtlich war sie gegen das Verlöbnis. Es entsprach nicht den Erwartungen, die sie in die hübsche Jackie gesetzt hatte.«

Um diese Zeit hatte auch Jackie schon zu zweifeln begonnen, und ihre Beziehung zu dem im fernen New York wohnenden Husted kühlte sich ab. Bei allem, was man über Johnny wußte, entsprach er ganz und gar nicht dem Typus unkonventioneller junger Männer, die sie so anziehend fand. Auch die verlockende Aussicht, daß er etwas vom riesigen Harkness-Vermögen erben würde, stellte sich als leeres Gerücht heraus.

In Washington wurde Jackie wieder in Begleitung anderer Männer gesehen. Am häufigsten traf sie sich mit John White, einem ehemaligen Journalisten des *Times-Herald*, der jetzt beim Außenministerium arbeitete, mit William Walton, ebenfalls Journalist, der beschlossen hatte, Künstler zu werden, und mit Godfrey McHugh, Major der Air Force und stadtbekannter Partylöwe.

»Eines Abends«, erinnerte sich Jackies Stiefschwester Nini, »kam John Husted zu uns nach Merrywood, und Jackie war nicht zu Hause.

Als sie dann kam, war es schon sehr spät. Sie gingen hoch in ihr Zimmer und stritten sich laut. Er wollte wissen, wo sie gewesen war. Da begriff John Husted erstmals, daß Jackie sich ihrer Gefühle für ihn nicht sehr sicher war.«

»Auf der Party meines Bruders gerieten Jackie und ich in ein Gespräch über Bücher«, sagte Louis Auchincloss. »Jackie hatte meinen Roman *Sybil* gelesen, in dem ein Mädchen einen reichen, aber langweiligen Mann heiratet und ein Leben führt, dem alle Energie entzogen ist. Jackie wollte das unbedingt mit mir diskutieren.«

Es gab eine bestimmte Passage im Buch, bei der Jackie an sich selbst denken mußte.

Schon die Schärfe ihrer Reaktion gegen die Ordnungsvorstellungen ihrer Mutter, ihr Widerwille gegen die Witze und das leere Gerede ihres Vaters waren der Beweis ihrer Überzeugung (...), daß das Leben nicht unbedingt so sein mußte, daß das Leben auch etwas Großartiges sein konnte. Sie wußte nicht, ob ihr dieses Großartige jemals widerfahren würde, und sie zweifelte eher daran. Aber sie konnte sich fest vornehmen, daß sie niemals einen Kompromiß mit dem Leben machen würde, wie es ihre Mutter getan hatte.

»Mein Schicksal ist es, Sybil Bouvier Husted zu werden, das triste kleine Mädchen in deinem Roman«, sagte Jackie zu Louis.

»Und plötzlich wurde mir klar, daß sie Husted niemals heiraten würde«, sagte Louis. »Niemand schien damals zu wissen, daß Jackie kein weiches, passives, kleines Mädchen war. Sie war zäh, sehr zäh. Der Hauptantrieb in Jackies Leben war das Geld. Sie liebte das Geld. Und ich hatte den seltsamen Eindruck, daß der ganze Abend unwirklich war, daß ein ganz anderes Schicksal auf sie wartete. Eine völlig andere Bestimmung.«

Dancing Class

Im Frühjahr wurde Jackie zum letzten Abend der Dancing Class für die Saison 1951/52 eingeladen. Die exklusive Veranstaltung war schon seit der Zeit vor dem Ersten Weltkrieg eine geheiligte Institution in

Washington, als Vernon und Irene Castle den Gesellschaftstanz po-
pulär gemacht hatten und sich junge Paare aus gutem Hause zusam-
menfanden, um den Turkey-Trot und andere modische Tanzschritte
zu erlernen.

Das war jedoch nicht mehr die Aufgabe der Dancing Class. Jetzt
diente sie der kleinen Gruppe der WASPs in der Hauptstadt dazu, sich
zu treffen, sich selbst zu feiern und sich von allen anderen Washing-
tonern abzusetzen.

»Was soll ich nur tun?« fragte Jackie bei Martha Bartlett eine Woche
vor dem Ereignis an. »Johnny kann an dem Tag nicht von New York
hierherkommen.«

»Ruf doch Jack Kennedy an«, sagte Martha.

»Eine gute Idee«, erwiderte Jackie. »Das mache ich.«

Am 17. Mai versammelte man sich schon vor der Veranstaltung überall
in der Stadt zum Feiern; Jackie und Lee gaben ihre eigene kleine Party
in Merrywood für eine Handvoll Freunde. Dann fuhren Jack Kennedy
und Jackie, Lee und ihr neuer Verehrer, der Verlegersproß Michael
Canfield sowie Langdon Marvin und Gloria Emerson über die Chain
Bridge nach Washington hinein. Es herrschte leichter Nebel, als sie
kurz nach 23 Uhr vor dem Sulgrave Club am Dupont Circle eintrafen.

Beim Aufstieg durch das getäfelte Treppenhaus zum Saal tönten
Jackie die vertrauten Klänge des Meyer Davis Orchesters entgegen,
das auch schon auf ihrem Debütantenball gespielt hatte. Oben wurde
sie von einem Quartett Washingtoner Matronen begrüßt – Ethel Gar-
rett, Minna Laagare, Kitty Newbold und Violet Thoron –, die, dicht
an dicht auf dem Sofa sitzend, den strategischen Aussichtspunkt über
der Treppe besetzten. Diese gewichtigen Damen bildeten das Aus-
wahlkomitee der Dancing Class und gaben außerdem ihr Urteil über
Kleidung und Manieren aller Teilnehmer ab.

Im Ballsaal drängten sich ein paar hundert Leute. Sie tanzten unter
großen Kronleuchtern, deren Lichter von einem Dutzend vergoldeter
Spiegel reflektiert wurden. Die Männer eilten im Frack mit weißem
Binder umher, die jungen Frauen wirkten taufrisch in ihren trägerlo-
sen Kleidern mit engen Taillen und weiten Röcken.

Wie immer aber zog Jackie mit ihrem schlanken Hals und den wunderschönen Schultern die meisten Blicke auf sich.

Eine untersetzte Gestalt löste sich aus der Menge und schob sich an Jackie heran. Es war Arthur Krock, die obligate Zigarre im Mund.

»Jack mag keine Tanzpartys«, sagte Jackie zu Krock. »Für ihn sind sie einfach nur Zeitverschwendung.«

»Der Meinung bin ich auch«, sagte Krock, nahm Jack beiseite und vertiefte sich in ein Gespräch über Außenpolitik.

Später am Abend gingen Jackie und Lee zusammen zur Damentoilette, begleitet von der hochgewachsenen Gloria Emerson, die in ihren Tanzschuhen die stattliche Größe von 1,80 Meter erreichte. Lees Freund, der blonde und umwerfend schöne Michael Canfield, war schon betrunken, er hatte sich Langdon Marvin gegriffen und war mit ihm zur Bar gepilgert. Für einen Moment allein, schaute sich Jack um und erblickte eine junge Frau namens Wendy Burden Morgan.

Die große, schlanke Frau mit dem dunklen Pagenschnitt hatte eine verblüffende Ähnlichkeit mit Jackie. Sie trug ein schulterfreies, smaragdgrünes Taftkleid mit Korsage und über ihrem Busen schaukelte eine große Perle aus ihrem Familienschmuck, während sie mit ihrem Gatten tanzte.

Jack klatschte ab, nahm sie beim Arm, und ehe sie sich versah, hatte er sie in eine dunkle Nische des Saals verschleppt. »Wir müssen miteinander essen gehen«, sagte er, ohne viel Zeit zu verlieren.

»Ich bin verheiratet, Jack!« sagte Wendy. »Was in aller Welt fällt dir ein?«

Plötzlich tippte jemand Jack auf die Schulter. Es war Jackie. »Komm, Jack«, sagte sie und zog ihn weg.

Auf der Damentoilette hatte Jackie Lidschatten mit winzigen Sternchen aufgelegt, die jetzt im Licht der Kronleuchter glitzerten.

Das Meyer Davis Orchester begann »From this Moment On« zu spielen, und Jackie führte Jack auf die Tanzfläche.

Jack hatte zwei linke Füße und nie richtig tanzen gelernt. Er drückte Jackie an sein steifes Pikeehemd und schlurfte zum Takt der Musik übers Parkett.

Gloria schaute ihnen zu. Jackie bewegte die Lippen; sie flüsterte Jack den Text des Cole-Porter-Songs ins Ohr. »*From this moment on*«, gurrte sie, »*you for me, dear, only two for tea, dear, from this moment on ...*«

Ihr Mund näherte sich seinem Ohr, ihre Lippen streiften seine Wange.

»*From this moment on ...*«

Gloria schaute weiter zu und sah, wie Jackie den Kopf hob und ihm in die Augen blickte. Die Glitzersternchen auf ihren Lidern fielen hinab auf seine wattierte Frackschulter.

Turbulenzen

Die Neuigkeiten über Jack und Jackie erreichten umgehend John Husted in New York.

»Sie hatte mir in ihren Briefen geschrieben, daß es besser wäre, mit der Heirat noch sechs Monate zu warten«, sagte Husted. »In einem Brief stand: ›Achte nicht auf das Geschwätz, das über mich und Jack Kennedy verbreitet wird. Das hat nichts zu bedeuten.‹ Aber ich war außer mir. Also fuhr ich zum Haus meiner Mutter in Florida und versuchte mir Jackie aus dem Kopf zu schlagen. Auf dem Rückweg machte ich in Washington Station und fuhr nach Merrywood, um sie zu sehen.«

Sie redeten das ganze Wochenende miteinander.

»Du bist einer der nettesten, angenehmsten Menschen der Welt«, sagte Jackie zu dem Mann, mit dem sie vier Monate verlobt gewesen war. »Aber möglicherweise bin ich nicht die richtige Frau für dich. Ich denke dabei an dein Lebensglück, John, nicht an meins.«

Am Sonntagvormittag fuhr Jackie mit Husted zum Inlandflughafen, wo um 12.30 Uhr ein Flug der Eastern Air Lines nach New York ging. Es regnete in Strömen, und sie wurden völlig durchnäßt, als sie vom Parkplatz zu den Drehtüren des Terminals rannten.

Der Flughafen war Ende der dreißiger Jahre erbaut worden, als das Fliegen noch ein Publikumsereignis war. Das Gebäude war im üppigem Art-déco-Stil errichtet. Die große Treppe zum Zwischengeschoß hatte ein poliertes Aluminiumgeländer, und die Stützpfeiler ähnelten Getreidegarben.

Sie standen bei dem großen Messingkompaß, der in den Terrazzo-Fußboden eingelassen war. Vor ihnen erstreckte sich eine Fensterfront von zehn Metern Höhe und siebzig Metern Länge, die den Blick auf das Rollfeld eröffnete, aber heute sahen sie nichts als das undurchdringliche Grau des Regenwetters.

Nach einer Weile gab Husted Jackie einen Kuß auf die Wange.

»Wenn ein Mädchen die Hochzeit verschieben will, kann man sich schon ausrechnen, daß sie eigentlich die Heirat nicht will«, sagte Husted später. »Als wir uns in der Abflughalle verabschiedet haben, wußte ich nicht, ob wir uns jemals wiedersehen würden.«

Nachdem er gegangen war, trat Jackie an die Fensterfront und blickte hinaus. Durch die Regenschwaden waren die Umrisse des Flugzeugs kaum auszumachen. Das Heck der Martin 404 öffnete sich, eine Gangway wurde ausgeklappt. Stotternd setzte sich erst der eine, dann der andere Propeller in Bewegung.

Sie sah Husted, der mit hochgezogenem Kragen auf das Flugzeug zueilte.

In einer plötzlichen Anwandlung drehte sie sich um und rannte die Treppe hinab, hinüber zur Abflugschleuse und hinaus aufs Rollfeld.

Husted hörte sie seinen Namen rufen, als er gerade die Gangway erreicht hatte.

Sie holte ihn ein, und für einen Moment wurden sie vom nassen Luftstrom des Propellers erfaßt.

Dann zog Jackie den Verlobungsring von ihrem feuchten Finger und ließ ihn wortlos in seine Manteltasche gleiten.

7

Aus dem Schatten treten

Juli 1952 – Juni 1953

Das Puppenzimmer

Für das Wochenende des 4. Juli wurde Jackie von Jack nach Hyannis Port eingeladen, damit er sie seiner Familie vorstellen konnte. Als sie das Anwesen der Kennedys betrat, trug sie das Haar kurzgelockt und mit blondierten Spitzen, an den Füßen hatte sie römische Toga-Sandalen, deren Riemen kreuzweise bis über die Waden hochgeschnürt waren. So etwas hatten die Kennedys noch nicht erlebt.

Jacks Schwestern Eunice, Jean und Pat liefen zu Hause in alten Tennishemden und Turnschuhen herum. Sie warfen einen kurzen Blick auf Jackie und kamen zu dem Schluß, daß sie ein aufgedonnerter Snob war. Sie machten sich lustig über ihr Kringelhaar, ihre weit auseinanderstehenden Augen, ihre großen Füße und rissen Witze über ihre dünne Piepsstimme, mit der sie klang wie Babykin, eine damals populäre Sprechpuppe.

Bei den Telefongesprächen mit ihrer Schwester Lee verglich Jackie den Empfang in Hyannis Port mit den Schrecken einer Internatstaufe und bezeichnete die hyperaktiven Kennedy-Frauen als »Gacker-Girls«.

»Wenn sie nichts zu tun haben, dann rennen sie auf dem Fleck«, bemerkte Jackie mit bitterem Sarkasmus. »Dann wieder fallen sie übereinander her wie eine Horde Gorillas.«

Jack verfolgte das Geschehen als kühler Beobachter. Ihm war klar, was seine Schwestern als Jackies unverzeihliche Sünde betrachteten: ihr Anderssein. Trotz ihres Millionenreichtums waren die Kennedy-Kinder aufgewachsen wie in einer Herde, und Eigenwilligkeiten wurden selten geduldet. Jackie brachte diesen Konsens in Gefahr.

»Seit dem Tod von Joe Junior richtete sich der Familienehrgeiz auf Jack, und ... sie hatten Angst, daß er ihnen abspenstig gemacht und ihnen der Lebensmittelpunkt geraubt würde«, urteilte Lem Billings. »Es war natürlich Unsinn, aber das wußten sie damals nicht, daher sahen sie in Jackie eine Bedrohung.«

Jacks Schwestern wollten ihn im Schoß der Familie behalten und ihn eine politisch nützliche Frau heiraten lassen – eine robuste Wahlkampf-Partnerin wie Bobbys Frau Ethel Skakel, die unverdrossen den ganzen Tag Hände schüttelte und abends auf den Sponsorenpartys Brathähnchen kaute.

Aber Jackie war nicht Ethel.

Niemand in der Familie schien zu verstehen, daß Jack keine Ethel wollte. Immer war es ihm darum gegangen, sich von der rauhen Kennedy-Sippe abzusondern. An Jackie reizten ihn die eleganten Manieren des alten Geldadels, das Savoir-faire, das exotische Anderssein. Sie verkörperte viele der Träume und Ambitionen, für die er im Schatten seines Vaters und seines älteren Bruders kaum einen Ausdruck gefunden hatte. In der Gegenwart von Jackie fühlte Jack sich befreit.

»Er sah in ihr den verwandten Geist«, bemerkte Lem Billings. »Ich glaube, daß er sie als sein Pendant empfand. Beide waren sie unter Umständen aufgewachsen, die nicht die besten waren, und beide hatten gelernt, sich selbst aus ihren Schwierigkeiten herauszuhelfen.«

Gegen besseres Wissen ließ sich Jackie am nächsten Tag zum Touchfootball auf den Rasen hinauslocken. Die Kennedy-Frauen stießen und rempelten, bis sie voller blauer Flecken war. Nach kurzer Zeit hatte sie genug, sie zog sich ins Haus zurück, zündete eine Zigarette an und schaute dem Spiel von der Veranda aus zu.

Als sie durstig wurde, ging sie hinein, um sich ein Glas Wasser zu holen. Am Ende des Flurs gelangte sie in ein kleines Arbeitszimmer, in dem Rose Kennedy saß und schrieb.

»Hallo«, sagte Rose. »Kann ich Ihnen helfen?«

Die zwei Frauen hatten seit Jackies Ankunft kaum ein Wort miteinander gewechselt.

»Ich hätte gern ein Glas Wasser«, erwiderte Jackie.

»Die Küche ist da drüben. Möchten Sie, daß ich Ihnen das Haus
zeige?«

»Das wäre wunderbar«, sagte Jackie.

Nachdem sie Jackie das Glas Wasser gereicht hatte, führte Rose sie
ins Eßzimmer, das von einem massigen Mahagonitisch und Stühlen
mit gestreiften Polstern beherrscht wurde. Das große Erkerfenster
ging auf den Ozean hinaus.

Auf der anderen Seite des Foyers befand sich ein großes Wohnzimmer mit bequemen Polstermöbeln. Ein ganzer Wald von gerahmten
Fotos bedeckte das Klavier neben der Tür. Rose zeigte Jackie die Bilder, auf denen Jack als kleiner Junge zu sehen war.

Jack hatte zu den Kindern gehört, die nie genug Zuwendung bekommen konnten und sich daher nicht sonderlich gut mit seiner
Mutter verstanden. Seit 1929, als Jack zwölf wurde, war Rose immer
wieder aus ihrer unglücklichen Ehe geflohen. In sieben Jahren reiste
sie siebzehnmal ins Ausland, und sie besuchte regelmäßig die Pariser
Modenschauen. Obwohl sie dem Haus stets nur für kurze Zeit den
Rücken kehrte – zwei oder drei Wochen lang –, hatte es Jack nie über
sich bringen können, ihr diese Abwesenheiten zu verzeihen.

»Meine Mutter war entweder in einem Pariser Modehaus, oder sie
lag in irgendeiner Kirche auf den Knien«, sagte er zu dem Künstler
William Walton. »Nie war sie da, wenn man sie brauchte ... Meine
Mutter hat mich nie wirklich in die Arme genommen. Nie! Nie!«

Gegenüber Lem Billings äußerte er sich ähnlich und fügte hinzu,
daß er jedesmal weinte, wenn die Mutter mal wieder die Koffer
packte – bis er merkte, daß das Weinen sie irritierte und dazu führte,
daß sie sich noch mehr von ihm zurückzog.

»Es war besser, sich damit abzufinden«, sagte er sich.

»Seine Mutter war eine harte, unnachgiebige und kleinliche Erzie-
herin, der Ordnung, Sauberkeit und Etikette alles bedeuteten«, erinnerte sich Lem Billings. »Das ging Jack natürlich gegen den Strich,
der zwanglos, unpünktlich, vergeßlich und oft regelrecht schlampig

war. Daher kam es zu Reibereien und von seiner Seite auch zu Ablehnung.«

Im großen Haushalt der Kennedys war Ordnung ein wesentlicher Faktor. Rose stellte sie her, indem sie über jedes Kind eine Akte führte, in der die Geburtstage, die Wachstumsmaße und die Impfdaten verzeichnet waren. Sie wog die Kinder jeden Samstagabend, und die Köchin hatte Anweisung, den Kindern, die abgenommen hatten, in der Folgewoche mehr zu essen zu geben. Die kulturelle Erziehung förderte sie durch Musik- und Malunterricht. Sie spielte ihnen französische Platten vor, um ihre sprachlichen Fähigkeiten zu entwickeln. Sie trichterte den Kindern ihre prüden, viktorianischen Vorstellungen ein.

»Ihr müßt geradestehen«, befahl sie ihnen, »und die rechte Hand vom Körper weghalten – dann seht ihr schlanker aus –, die Füße eng zusammen, damit die Kleider richtig fallen – die Schultern zurück, nur ein bißchen ... Denkt an die griechischen Statuen. Ihr wißt doch, welche Haltung sie haben und wie ihre Gewänder fließen – genau richtig.«

Rose begriff durchaus, daß Jack einen natürlichen Drang zur Unabhängigkeit hatte, der seinen Geschwistern weitgehend fehlte.

»Er hatte ein ziemlich schmales Gesicht, seine Ohren standen ein wenig ab, und die Haare wollten nicht liegen«, erinnerte sie sich. »All das verband sich mit seiner eher zarten Konstitution. Aber er war ein sehr aktives, sehr lebhaftes Kind, voller Energie, wenn er nicht krank war, voller Charme und Phantasie – und Überraschungen. Denn er machte sich seine eigenen Gedanken, tat die Dinge auf seine Weise, und irgendwie paßte er in kein Schema.«

Bei der Suche nach den Ursachen von Jacks Individualismus kam Rose zu dem Schluß, daß sie selbst unwissentlich dazu beigetragen haben konnte, indem sie ihn zugunsten der zurückgebliebenen Schwester Rosemary (die sich schließlich einer Lobotomie unterziehen mußte und in ein Pflegeheim kam) vernachlässigte, und auch zugunsten von Joe Junior, dem Musterkind, das so war, wie Rose es wollte: ordentlich, pünktlich und gehorsam.

»Im nachhinein fürchte ich, daß der arme, kleine, kränkliche Jack zuviel sich selbst überlassen war«, räumte seine Mutter ein. »Der Gedanke geht mir noch heute nach, daß er sich als kleiner Junge vielleicht vernachlässigt gefühlt hat und erst später begriff, warum ich so viel Zeit mit Rosemary verbrachte.«

Jack gab sich große Mühe, Abstand zu seiner Mutter zu gewinnen, aber es gelang ihm nie wirklich, sich von ihr zu befreien. Sein Kampf zeigte nur an, wie sehr er in ihrem Netz gefangen war. Sein auffälligster Charakterzug – seine Gelassenheit und Distanziertheit – war ein Erbteil der Mutter, genauso wie sein deutlicher Akzent. Jeder stellte an Jack den prägenden Einfluß von Joseph Kennedy fest, aber Rose hinterließ auf ihre Weise ebenfalls eine unauslöschliche Spur in Jacks Seele.

Obwohl er es nicht gern zugab, gehörte es zu Jacks glücklichsten Momenten, wenn die Mutter in sein Krankenzimmer kam, sich an sein Bett setzte, ihm über das widerspenstige Haar strich und ihm etwas vorlas. Dann entführte ihn die Stimme seiner Mutter – eine Stimme, die er verinnerlicht und zu seiner eigenen gemacht hatte – in eine Märchenwelt voller Könige und Königinnen, Helden und Abenteurer. Und die Glut ihrer Stimme gab dem kleinen, zerbrechlichen Jungen das Gefühl, daß er alles erreichen konnte.

An diesem Abend war die Tafel für sechzehn Personen gedeckt. Joe und Rose saßen jeweils am Ende des langen Mahagonitischs, zu ihren Seiten der bekannte irische Tenor Morton Downey, der Joes beliebtester Hausgast war, Downeys Sohn Morton Junior, Bobby und Ethel, Eunice und ihr neuer Freund Sargent Shriver, Pat, Jean und Teddy, dazu die verwaisten Kinder von Joes Schwester – Joey, Ann und Mary Jo Gargan, die von den Kennedys großgezogen wurden, schließlich Jack und Jackie.

»Wo willst *du* denn heute noch hin?« rief Jack scherzhaft, als Jackie eintrat, gekleidet wie zu einem Bankett.

»Sei nicht so häßlich, Jack«, sagte Rose. »Sie sieht wunderbar aus.«

Wie alle Lebensäußerungen der Kennedys war auch das Essen ein turbulentes Ereignis. Die Geschwister warfen sich Kränkungen und Frotzeleien an den Kopf und machten sich über ihre Patzer beim Tennis und Golf lustig. Jackie wurde ausgefragt, ob sie *Der alte Mann und das Meer* von Ernest Hemingway gelesen hatte (hatte sie) oder *Der Zeuge* von Whittaker Chambers (hatte sie nicht), ob sie den Film *Singin' in the Rain* gesehen hatte (hatte sie) oder das Broadway-Stück *Das verflixte siebente Jahr* (noch nicht, aber geplant). Das lauteste Gelächter galt den Geschichten über Leute, die mit Arm- oder Beinbrüchen ins Krankenhaus gefahren werden mußten, wenn ihnen nicht gar Schlimmeres passierte.

»Was Jackie am schwersten fiel, war der Umgang mit der Familie«, sagte Betty Spalding, die Frau eines engen Freunds von Jack. »Mein Gott, das war aber auch eine ausgelassene Bande! Immer hatten sie Unsinn im Kopf, kamen plötzlich ins Zimmer, unterbrachen einen, machten ihre Späße, taten sich zusammen, um jemandem einen Streich zu spielen, und lachten dann das arme Opfer vor versammelter Gesellschaft aus. Die Kennedys waren wie die Familie in Tolstois *Krieg und Frieden*, nur ohne deren Erziehung und Intellekt. Alle ihre Energien warfen sie auf Sport und Politik. Das war ein Kulturschock für Jackie, die völlig ratlos war und nicht wußte, wie sie sich auf diesem irischen Picknick verhalten sollte.«

Dann kam der Punkt, an dem Morton Downey sich bei Joe nach dem Zusammenbruch der Börse am Schwarzen Freitag von 1929 erkundigte. Augenblicklich trat Totenstille ein, und Joe erzählte zum unzähligsten Male die Geschichte, wie er kurz vor dem großen Börsenkrach alle seine RKO-Aktien abgestoßen hatte. Jackie war jedoch nicht interessiert, und ungeachtet der finsteren Blicke von Joe flüsterte sie weiter in Jacks Ohr, während sein Vater erzählte.

Als der Nachtisch serviert wurde, richtete sich Joe an Morton Downey und bat ihn um ein Lied. Downey erhob sich, schritt in Veloursslippers, die mit seinen goldenen Initialen verziert waren, hinüber ins Wohnzimmer und rückte seine kleine, runde Gestalt am Flügel zurecht. Dann warf er den Kopf in den Nacken und begann mit dem Vortrag des Liedes »That's How I Spell Ireland«.

> »I« is for the Ir-ish in your ti-ny heart, my dear,
> »R« means Right, and when you're right, you have no right to fear ...
> Then comes »A« for An-gels who are watch-ing over you ...

114

Der Abend endete im Vorführraum im Kellergeschoß, wo Joe einen neuen Doris-Day-Film zeigte, *The Winning Team*, die Lebensbeschreibung des Baseball-Stars Grover Cleveland Alexander, der von Ronald Reagan gespielt wurde. Joe und Jackie saßen hinten in großen Korbstühlen. Ein paar Bedienstete kamen herein und setzten sich an die Seite. Während gerade Alexanders Heldentaten auf den Meisterschaften von 1926 geschildert wurden, tippte Joe auf Jackies Schulter und winkte sie heraus.

Sie folgte ihm mit eingezogenem Kopf aus dem Vorführraum heraus, dann den Flur entlang zu einem anderen Raum, der mit Glasvitrinen vollgestellt war. In den Vitrinen lagerten Hunderte Trachtenpuppen aus aller Welt.

»Viele dieser Puppen habe ich als Botschafter in Großbritannien bekommen«, sagte Joe. »Ich bin immer mit Gloria Swanson in das Puppenzimmer gegangen. Sie wollte es hier mit mir treiben. Ich kann Ihnen sagen, diese Frau war unersättlich ...«

Er ersparte Jackie kein Detail seiner Affäre mit Gloria Swanson, erläuterte ihr, welche anatomischen Besonderheiten sie besaß und wie oft sie in einer Nacht zum Höhepunkt gelangen konnte. Aber als die Tochter von Black Jack Bouvier hatte Jackie schon Schlimmeres vernommen.

Später nahm Morton Downey seinen Gastgeber Joe beiseite und fragte ihn über sein Gespräch mit Jackie aus.

Joe zeigte sich beeindruckt, daß die junge Frau ihm Paroli geboten hatte. Sie bewies die Art der Courage, die er bewunderte, und hatte keine Angst zurückzuschießen.

»Sie kennen wohl überhaupt keine Zwischentöne«, hatte Jackie ihn provoziert. »Sie sehen alles entweder schwarz oder weiß. Dabei ist das Leben viel komplizierter.«

Diese Antwort gefiel Joe.

»Worüber hast du mit Jackie geredet?« fragte ihn Downey.

»Geld«, sagte Joe. »Sie war ganz offen zu mir. Sie verdient rührende 56 Dollar pro Woche als Fotoreporterin beim *Times-Herald*. Ihr Vater gibt ihr 50 Dollar im Monat dazu, schon das kann er kaum aufbringen.

Ihr Stiefvater ist auch nicht gut bei Kasse. Ich sagte ihr, daß ich dafür gesorgt habe, daß Jack sein eigenes Geld verdient und nicht von mir abhängig ist. Wenn sie Jack heiratet, braucht sie sich also keine Sorgen zu machen. Und wenn Jack nicht richtig für sie sorgt, werde ich es tun.«

»Was hat sie erwidert?«

»Nicht viel. Sie hat mich nur angeguckt wie eine meiner Porzellanpuppen. Aber weißt du, was das Problem ist, Morton?«

»Was?«

»Ich mag das Mädchen«, sagte Joe. »Aber ich glaube, Porzellanpuppen kriegen keine Babys.«

Eins, zwei, drei … Überraschung!

Nach dem Film fragte Jack bei Morton Downey Jr. an, ob er sich dessen Auto ausborgen könne, um mit Jackie zu einer Party im Wianno-Jachtclub im Nachbarort Osterville zu fahren. Der zweitürige 1950er Plymouth hatte einmal Jack gehört, und Mortons Vater hatte ihn Jack abgekauft, um ihn seinem Sohn zum neunzehnten Geburtstag zu schenken.

»Sicher, bedien' dich nur«, sagte der junge Mann.

Morton Jr. und Joey Gargan nahmen ein anderes Auto, um zur Party zu kommen. Später, auf dem Heimweg, entdeckten sie Mortons Plymouth vor sich auf der hügeligen Straße. Als sie auf dem Hügel angelangt waren, sahen sie das Auto unten in der Senke. Sie fuhren ihm weiter nach, und als es die nächste Anhöhe erreichte, sahen sie, daß es an den Rand fuhr und hielt.

»Wir werden sie überraschen«, sagte Morton zu Joey.

»Ich weiß nicht«, sagte Joey zögernd, ein großer, blonder Bursche, der den Kennedys treu ergeben war.

Morton ignorierte seine Bedenken und knipste die Scheinwerfer aus. Er schaltete den Motor ab und ließ das Auto bergab in die Senke rollen.

Es war eine dunkle, unbeleuchtete Straße mit einer hohen Ficus-Hecke an der Seite. Sie schlichen sich den Hügel hoch, praktisch auf allen vieren, und hielten sich geduckt, damit Jack sie nicht im Rückspiegel sehen konnte.

»Wenn ich sage: eins, zwei, drei, dann springen wir auf und erschrecken sie«, flüsterte Morton.

»Eins ..., zwei ..., drei ... Überraschung!«

Morton sprang auf und schob den Kopf durchs offene Fenster.

Jackie lag auf dem Rücken, mit dem Kopf zur Fahrertür. Ihr Kleid war hochgeschoben, ihr rechtes Bein hing über die Lehne. Als sie Morton sah, stieß sie einen durchdringenden Schrei aus. Jack kniete am Boden. Er stieß sich den Kopf am Lenkrad, als er hochkam.

»Wir ... äh ... haben den Zigarettenanzünder verloren«, sagte er zu Morton.

Ein schlauer Fuchs

Jacks triumphaler Sieg über Henry Cabot Lodge brachte ihm seine erste Titelgeschichte in der *New York Times* ein, er markierte auch den Beginn seines landesweiten Ruhms. Als Jack zwei Monate nach der Wahl zum Eröffnungsrennen in Hialeah Park, Florida, erschien, erhoben sich die Gäste auf der Tribüne von den Sitzen, um einen Blick auf den Wunderknaben der amerikanischen Politik zu erhaschen.

Der frischgebackene Senator wollte am großen Ball zum Amtsantritt von Dwight Eisenhower teilnehmen und war nach Palm Beach gereist, um ein paar Tage vor dem Ereignis seine Bräune aufzufrischen. Sein Gesicht glänzte in der tropischen Sonne wie poliertes Kupfer. Wie immer sah er frisch und munter aus, als wäre er gerade unter der Dusche hervorgekommen.

Der siebente Lauf stand kurz bevor, und Joseph Kennedy blieb ein paar Schritte hinter seinem Sohn, als sie vom Wettschalter zur Kennedy-Loge hinübergingen. Joe liebte Menschenansammlungen. Er hatte sein Leben in Gesellschaft von Filmstars, Entertainern, Sporthelden, Gangstern und Politikern verbracht, und er betrachtete sich als Experten, wenn es um die Frage ging, welche Fähigkeiten eine Berühmtheit ausmachten. Was ihn im Moment beschäftigte, war die

Erwägung, ob sein Sohn genügend Starqualitäten besaß, um über die Grenzen Neuenglands hinaus Aufsehen zu erregen.

Als Jack sich einen Weg durch das Gedränge bahnte, entstand in den Logen ein aufgeregtes Gewoge. Frauen mittleren Alters mit auftoupierten Frisuren, grellem Lippenstift und ebensolchen Fingernägeln kicherten und quiekten wie Schulmädchen, als Jack vorbeiging. Ihre Männer, behäbige Aristokraten, die Namen trugen wie Vanderbilt, Payson und Whitney, traten sich gegenseitig auf die Füße, um die Chance zu bekommen, Jack die Hand zu schütteln.

Joe beobachtete dies mit Faszination.

Jack schien von einem Magnetfeld umgeben zu sein. Den Respekt und die Aufmerksamkeit, die er erzeugte, hatte Joe immer für sich selbst erträumt, aber das war ihm nie vergönnt gewesen. Er wußte, daß Jack sich in der Menge unwohl fühlte und sich nicht gern berühren ließ, doch trotzdem schaffte es sein Sohn, Würde auszustrahlen und die Haltung zu wahren, als er nun von so vielen Leuten umringt wurde.

Jack bot zwar seine Hand an, aber er vermied den Gruß der Geschäftsleute – mit der rechten Hand schütteln, während die linke Hand den Ellbogen des Begrüßten festhält. Er entsprach so gar nicht dem Bild des Politikers, das von Leuten wie Eisenhower und Adlai Stevenson bestimmt wurde: glatzköpfig, großväterlich und in schlechtsitzende Anzüge gekleidet. Mit seinem längeren Haar und dem eleganten, schlichten Anzug sah Jack sehr modern aus. Er besaß das Charisma, die kühl-nonchalante Ausstrahlung eines geborenen Führers. Er wirkte vollkommen natürlich.

Diese Begegnung mit den Talenten seines Sohnes bildete den Wendepunkt ihrer Beziehung. Lange Zeit hatte sich Joe verzweifelt gewünscht, daß Jack so wäre wie sein toter Bruder Joe Junior: ein kräftiger, lärmender, schulterklopfender Ire. Irgendwann im Wahlkampf um den Senatorenposten hatte Jacks Gegner Henry Cabot Lodge über einen gemeinsamen Freund, Arthur Krock von der *New York Times*, die Nachricht an Joe lanciert, daß die Kandidatur von Jack eine sinnlose Geldverschwendung sei, und Joe war fast bereit, ihm zu glauben. Selbst nach dem Sieg von Jack führte er den Erfolg auf seine unerschöpflichen Geldmittel und auf Bobbys brillante Organisation und skrupellose Wahlkampftaktik zurück.

Aber als Joe nun noch einmal auf den Wahlkampf zurückblickte, dämmerte ihm, daß er den wesentlichen Faktor übersehen hatte. Sicher hatten Geld und Taktik eine wichtige Rolle gespielt, aber letzten Endes war es Jack mit der magischen Kraft seiner Persönlichkeit gewesen, der den erdrutschartigen Sieg der Republikaner durchbrochen und eine Mehrheit von 70 000 Stimmen auf sich vereinigt hatte.

Die Wahl von 1952 war ein letzter Triumph der alten WASP-Aristokratie. Mit Eisenhower als Vorkämpfer eroberte die alte Garde das Weiße Haus und beide Häuser des Kongresses. Und trotz dieses überwältigenden Siegs war der prominenteste aller WASP-Vertreter, Henry Cabot Lodge, von einem jungen, katholisch-irischen Außenseiter namens Jack Kennedy in die Knie gezwungen worden.

Die verspätete Anerkennung seines Vaters setzte Energien in Jack frei, von denen er selber bisher nichts geahnt hatte. Jack hatte der Wahlkampf zum ersten Mal wirklich Spaß gemacht. Es erheiterte ihn die Erkenntnis, daß er gemeinsam mit seinem Vater einen langen, beschwerlichen Kampf um ein fast unerreichbares Ziel, das Weiße Haus, aufgenommen hatte. Nur sie zwei, Seite an Seite, ohne das Gespenst von Joe Junior zwischen ihnen.

Jack stellte den Gratulanten seinen Vater vor: »Das ist mein Vater, der Botschafter – und Senator Smathers, den Sie natürlich kennen ... und das ist unser Freund aus Boston, Polizeipräsident Timilty ... hier ist meine Mutter ... und das ist ihre Freundin Mrs. Arpels.«

Das Eröffnungsrennen von Hialeah war ein Höhepunkt der Wintersaison in Florida, und Rose Kennedy hatte größte Sorgfalt auf ihre Garderobe verwandt. Sie engagierte einen Fotografen aus Palm Beach namens Bert Morgan, der sie in drei verschiedenen Aufmachungen fotografierte, dann brütete sie tagelang über den Abzügen. Auf den Rat von Hélène Arpels, Kennerin internationaler Mode und Frau des Eigentümers von Van Cleef & Arpels, entschied sie sich für ein weiches, graues Flanellkostüm, einen kleinen grauen Hut und weiße Accessoires.

Joe trug einen weißen Palm-Beach-Anzug. In den alten Zeiten als Alkoholschmuggler mit Beziehungen zur Unterwelt war er der zweitgrößte Gesellschafter des Rennunternehmens gewesen, und obwohl er seinen Ruf saniert und seine Anteile verkauft hatte, gehörte ihm immer noch die beste Zuschauerloge. Die Hibiskus- und Bougainvillea-Sträucher entlang der Strecke strotzten vor pinkfarbenen Blüten. Pinkfarbene Flaggen und Wimpel wehten auch über den Dächern der Gebäude im mediterranen Stil. Selbst die pinkfarbenen Flamingos im See des Innenfelds sahen heute dank der Garnelen, mit denen sie gefüttert wurden, pinkfarbener aus als sonst.

Als die Kennedys mit ihren Gästen die Loge erreichten, wurde über die Lautsprecher eine Aufnahme von »Flamingo« gespielt. Ein Platzwart lief auf den See im Innenfeld zu und fuchtelte mit den Armen. Die Flamingos erhoben sich mit lautem Flügelschlag in die Lüfte und strichen im Formationsflug über die Rennstrecke. Die Zuschauer schrien ihre Aaahs und Ooohs, als die Flamingos eine Runde zogen und wieder am See niedergingen.

»Die Teilnehmer gehen an den Start«, verkündete der Ansager Fred Capossel über die Lautsprecheranlage.

Die Pferde wurden in die Startboxen geführt. Auf den Stehplätzen drängte sich das Publikum ans Geländer. George Smathers, der auf der Strecke zu Hause war und viele Jockeys und Trainer kannte, hatte fünf zu eins auf einen Außenseiter namens Sagittarius gesetzt. Joe kannte Buchmacher mit Verbindungen zur Unterwelt, die Tips für abgesprochene Rennen verkauften. Ob er mit einem solchen Buchmacher geredet hatte, sagte er nicht. Aber er hatte eine beträchtliche Summe auf ein Pferd gesetzt, das Nimble Fox – Schlauer Fuchs – hieß.

Vorher schon, auf dem Flug von Palm Beach nach Miami im Privatflugzeug der Kennedys, hatten Joe und George Smathers eine erhitzte Diskussion über Jacks Zukunft geführt. Wieder einmal kam Joe auf das Thema Frau und Familie zu sprechen. Bobby war verheiratet. Eunice hatte gerade ihre Verlobung mit Sargent Shriver bekanntgegeben. Pat schien sich an den englischen Schauspieler Peter Lawford binden zu wollen. Wann zum Teufel würde endlich Jack den Sprung in die Ehe wagen?

Joe war zu der Ansicht gelangt, daß Jackie Bouvier eine prächtige Frau für Jack abgab. Sie hatte die drei Dinge, die man brauchte – Schönheit, Verstand und Erziehung –, und außerdem hatte sie eine Menge Courage. Joe und Jackie sprachen dieselbe Sprache. Joe sah nicht ein, warum Jack länger zögern sollte.

Jack, der in der Nähe saß, wandte sich an Smathers und fragte ihn, was er von Jackie hielt.

»Ich glaube, du könntest was Besseres kriegen«, sagte Smathers ohne große Umschweife. »Ich mag Jackie, aber ich sehe nicht, daß du sie heiratest, Jack. Wenn du mich fragst: Sie liebt dich nicht auf die Art, wie es sein sollte. Ist nur so ein Eindruck von mir. Sie hat selbst einen starken Charakter, sie ist eine schöne Frau, und eine Menge Kerle sind hinter ihr her. Jedenfalls sehe ich in ihr nicht die Frau, die keine Probleme macht und durch dick und dünn zu dir hält.«

»Da ist etwas dran«, sagte Jack.

»Ich meine immer, daß der Mann der beherrschende Teil in einer Ehe sein muß«, redete Smathers weiter. »Und ich kann mir nicht so recht vorstellen, daß sich Jackie dir und deiner Familie unterordnet.«

Jacks politische Berater in Massachusetts – Dave Powers und Kenneth »Kenny« O'Donnell – hatten ähnliche Bedenken geäußert. Die Wähler würden Jackies Piepsstimme und ihre hochnäsige Art nicht akzeptieren. Für einen Mann mit Jacks Ambitionen war Jackie ganz offensichtlich eine politische Belastung.

Joe Kennedy preßte den Feldstecher an die Augen. Die Pferde liefen auf der Gegengerade. Nimble Fox war hinter Sagittarius. Das Gebrüll der Zuschauer wurde lauter und lauter, als das Feld an der Streckenmarke vorbeidonnerte.

Jack achtete nicht sonderlich auf das Rennen. Seit seinem Senatssieg hatte er viel an das Thema Heirat gedacht. Er hatte es gern, verwöhnt und gepflegt zu werden wie jeder andere auch. Er wurde neidisch, wenn seine alten Freunde von Harvard und von der Marine ihm ihre Hochzeitseinladungen schickten. Er fragte so viele Bekannte um Rat, wie er sich entscheiden sollte, daß sie sich schon über ihn lustig machten und meinten, er solle doch die Frage im Senat zur Abstimmung bringen. Doch wie allen seinen Geschwistern mit Ausnahme von Bobby fiel es ihm schwer, eine solche Bindung einzugehen. Irgendetwas hielt ihn zurück.

Die meisten vermuteten, er würde sein Junggesellenleben zu sehr genießen, um auf diese Unabhängigkeit zu verzichten.

»Die Frauen waren hinter ihm her«, sagte Evelyn Lincoln, die junge Frau, die Jack als persönliche Referentin im Senat angestellt hatte. »So etwas hatte ich noch nicht erlebt. Die Hälfte aller Anrufe kamen von Frauen.«

Eine seiner festen Freundinnen, eine beeindruckende, dunkelhaarige Schönheit namens Noel Noel, versuchte ihn zur Heirat mit Jackie zu drängen.

»Ich sagte ihm, ich wäre drauf und dran, ihn zu dem Mädchen nach Hause zu schicken, damit er ihr einen Antrag machte«, erklärte Noel Noel einem von Jackies Biographen. »Ich sagte ihm, Jackie wäre jung und hübsch und vorzeigbar und durch einen wundersamen Zufall auch noch katholisch, also genau das Richtige für ihn. Eine solche Frau mußte er heiraten, wenn er Präsident werden wollte, und wir wußten beide, daß er es eines Tages schaffen würde.«

Selbst seine alte Flamme Flo Pritchett setzte ihm energisch zu, er solle Jackie heiraten. »Was glaubst du, wie lange dieses Mädchen noch darauf warten wird, daß du dich endlich entscheidest?« fragte Flo.

Bei seinem alten Freund von der Marine, Paul »Red« Fay, beklagte sich Jack, er wäre sowohl zu jung als auch zu alt für diese Sache. »Die Ehe«, meinte er, »bedeutet das Ende einer vielversprechenden Politikerlaufbahn, da sie sich nun einmal vor allem auf den Sex-Appeal stützt.«

Doch in der scherzhaften Behauptung steckte auch eine ernste Erwägung. Die Kombination von Macht und Sex löste bei vielen Wählern, männlichen wie weiblichen, lebhafte Phantasien aus. Jack war sich nicht sicher, ob er ein hübsches junges Ding wie Jackie heiraten sollte, das ihm eines Tages die Schau stahl.

Der Gedanke, daß die Ehe sein Sexleben beeinträchtigen könnte, spielte für ihn keine Rolle. Keine Ehefrau würde ihn davon abhalten, hinter anderen Frauen herzujagen. Aber die Ehe würde andere schmerzliche Veränderungen mit sich bringen. Zum einen würde er Jackie seine tiefsten Geheimnisse anvertrauen müssen. Und bei den Enttäuschungen, die ihm seine Mutter bereitet hatte, war es nur zu verständlich, daß er sich schwer damit tat, überhaupt einer Frau zu trauen.

Er konnte ihr die Tatsachen über seinen Gesundheitszustand nicht verschweigen – Tatsachen, die geeignet waren, seine Chancen auf die Präsidentschaft zu vermindern, wenn sie publik wurden. Niemand würde einen Mann mit einer angeborenen Mißbildung der Wirbelsäule wählen, einen Krüppel, der ein Korsett tragen und auf Krücken laufen mußte. Er würde keine Minute in der Öffentlichkeit bestehen, wenn die Leute etwas über seine chronische Geschlechtskrankheit erfuhren. Und dann kam noch die Addison-Krankheit hinzu. Um 1953 wurde sie noch als tödlich betrachtet, zumeist ausgelöst durch offene Tuberkulose. Es war, als wäre man unheilbar an Krebs erkrankt. Nicht auszudenken, was seine Feinde daraus machen konnten!

Als ob das alles noch nicht schlimm genug gewesen wäre, hatte ihn J. Edgar Hoover, der Chef des FBI, in der Hand wie eine Geisel, denn er besaß Kenntnis über eine kompromittierende Liebesaffäre des 24jährigen Fähnrichs Jack Kennedy. Die Frau, um die es ging, war eine blonde, blauäugige ehemalige Miss Denmark namens Inga Arvad; sie hatte als Korrespondentin für eine dänische Zeitung in Berlin gearbeitet und Hitler und andere Nazigrößen interviewt. Nach dem Kriegseintritt der Vereinigten Staaten verdächtigte das FBI Inga der Spionage für die Nazis, und auf Hoovers Anordnung wurde ihr Bürotelefon angezapft. Das FBI konnte diesen Verdacht nie bestätigen, aber die Bandaufnahmen ihrer Gespräche mit dem Fähnrich John Kennedy bewahrte Hoover in seinem persönlichen Safe auf, und er besaß damit ein möglicherweise vernichtendes Erpressungsmittel gegen den Kandidaten John F. Kennedy.

Dann waren da noch Joseph Kennedys alte Beziehungen zu Figuren der Unterwelt wie Frank Costello und Sam Giancana. Joe hatte mit Hilfe von Chicagoer und New Yorker »Kräften« im Hollywood der zwanziger Jahre ein Vermögen zusammengerafft. Während der

Prohibition machte er mit stillschweigender Duldung der Chicagoer Gangstersyndikate weitere Millionen beim Alkoholschmuggel. In den dreißiger Jahren setzte die jüdische Detroit-Mafia einen Killer auf ihn an, die Chicagoer Gangster schritten dagegen ein und retteten ihm das Leben. Sam Giancana prahlte damit, er hätte bei Joe Kennedy »einen Gefallen gut«, und den würde er eines Tages einfordern.

Die Erde bebte, als die Pferde in die Zielgerade einliefen, das Donnern der Hufe übertönte sogar den Lärm der Zuschauer. Joe Kennedy und George Smathers waren aufgesprungen, und sie schrien sich heiser. Nimble Fox lief gleichauf mit Sagittarius an der Spitze.

Jack blieb als distanzierter Beobachter sitzen.

Er hatte sich immer gefragt, warum er nicht fähig war, aus sich herauszutreten und Liebe und Mitgefühl für einen anderen Menschen zu empfinden. Wenn er mit seinen Freunden über das Thema Liebe diskutierte, gestand er immer seine völlige Unwissenheit ein. Er hatte nie geliebt, er hatte sich nie an eine Frau verloren.

War es bei Jackie anders?

Liebte er sie?

Er *schätzte* sie. Sie hatte eine natürliche Eleganz und gute Manieren. Sie war genau das, was sich die Kennedys vorstellten, wenn sie von Selbstveredelung sprachen. Sie war wild darauf, sich nützlich zu machen. Sie übersetzte französische Zeitungsartikel und Bücher über Indochina für ihn. Sie begleitete ihn auf seine politischen Bankette. Sie ging mit ihm Sachen kaufen und half ihm bei der Auswahl von teuren Maßanzügen, die seine magere Statur kaschierten. Sie brachte ihm das Essen ins Büro und teilte den hausgemachten Muscheltopf kellenweise an Jack und seine Freunde wie Abe Ribicoff aus ... Sie hatte alles, was er verlangen konnte, wenn er seine Vernunft befragte.

Jack wäre geschockt gewesen, hätte er gewußt, daß sein Intellekt kaum an der Entscheidung für oder gegen Jackie beteiligt war. Ihre Erziehung, ihre Ansichten, ihre Manieren, ihr Körper, ihre Sprache, ihr Intellekt, ihre Maße, ihre Farben, ihr Geruch, ihr Gang, ihre Gesten beim Rauchen, ihre literarischen Vorlieben, ihre Toleranz gegenüber seinen Seitensprüngen, ihre Burschikosität, ihr kehliges

Lachen, ihr boshafter Humor – all das und mehr wirkte auf Jacks Gefühle ein. Die gemeinsame Zukunft mit Jackie war genauso unausweichlich wie das Ergebnis des Rennens von Hialeah.

Jack stand auf.

Nimble Fox schoß anderthalb Längen vor Sagittarius über die Ziellinie.

»Gypsy Rose Lee's Mother«

»Jack muß um meine Hand anhalten«, sagte Jackie zu ihrer Mutter. »Ich werde ihn anrufen.«

»Ein Mädchen ruft nicht bei einem Gentleman an, meine Liebe«, erwiderte Janet Auchincloss.

»Aber ich will es ihm sagen«, beharrte Jackie.

»Das gehört sich nicht«, sagte Janet. »Du darfst ihm nicht nachlaufen. Du darfst nicht zu ängstlich oder zu eifrig wirken. Du mußt dich rar machen.«

Es war ein trüber, regnerischer Samstagnachmittag im April, und etliche Mitglieder des Auchincloss-Clans wurden in Hughdies Cadillac hineingestopft. Sie brachen auf zur Holy Trinity Church in Georgetown, wo Lee, die in ihrer eigenen Limousine fuhr, mit Michael Temple Canfield getraut werden sollte.

Jackie diente ihrer Schwester als Brautjungfer, und in ihrem knöchellangen Kleid aus gelbem Chiffon sah sie sehr festlich aus. Ihre Stimmung war jedoch alles andere als heiter.

Nicht nur, daß ihre Schwester sie auf dem Weg zum Traualtar überholte; Lee heiratete zudem einen Mann von untadeligem gesellschaftlichem Rang – den Adoptivsohn des Harper-and-Brothers-Verlegers Cass Canfield und seiner Frau Katsy aus der besten Oberschicht. Dem Gerücht nach war Michael, der in England adoptiert worden war, ein illegitimer Sohn des Herzogs von Kent, des jüngeren Bruders des Königs. Wenn das stimmte, hatte sich Lee einen Mann königlichen Geblüts geangelt.

Der lange, blonde, elegant aussehende Michael wirkte wie eine perfekte Partie. Jackie hatte von Lee über seine Probleme erfahren – er trank zuviel und litt unter periodischer Impotenz. Aber das änderte nichts an Jackies öffentlicher Blamage, daß ihre kleine Schwester schneller war als sie. Ständig fragten die Leute nach, was aus ihrem Verhältnis mit Jack, über das sie in der Zeitung gelesen hatten, geworden war. Wann würden *sie* denn nun heiraten? Worauf Jackie stets mit derselben merkwürdigen Ausflucht antwortete: »Er will Präsident werden.«

Tatsächlich wußte Jackie nicht, wie es um ihre Beziehung stand. Sie war völlig durcheinander.

Erst war er ihr viele Monate aus dem Weg gegangen, als er für den Senat kandidierte. Dann hatte er sie nach Hyannis Port zu seiner Familie eingeladen und sie zum Einführungsbankett von Eisenhower mitgenommen, um sie erneut fallenzulassen. Darauf schließlich hatte er sie aus heiterem Himmel angerufen, ohne Erklärung, ohne Entschuldigung ...

Was war das für ein Mann, der Frauen so behandelte?

Und warum ließ sie sich das gefallen?

»Um diese Zeit war Jackie schwer verliebt in Jack«, erklärte ihre Stiefschwester Nina. »Sie war regelrecht vernarrt in ihn und lag ihm zu Füßen.«

»Ich kam um diese Zeit aus Europa nach Washington zurück, und Jackie hat mir von Jack erzählt«, sagte Letitia Baldridge, eine von Jackies Schulfreundinnen aus der Miss Porter's School. »Wir trafen uns samstags immer im La Salle du Bois, einem gesellschaftlichen Treffpunkt in Washington. Ich sagte ihr: ›Jede Frau in Washington ist hinter ihm her. Er ist die absolute Nummer eins!‹ Und sie: ›Er ist der attraktivste Mann, den ich je getroffen habe.‹«

»Männer hatten nur dann für sie einen Reiz, wenn sie gefährlich waren wie der alte Black Jack«, befand Jack Kennedys Freund Chuck Spalding. »Es war eine dieser schrecklich durchsichtigen Freudschen Konstellationen. Wir haben alle darüber geredet, selbst Jack, der nicht gerade auf Freud stand, sagte, Jackie wäre verliebt in ihren Vater. Überraschend daran war, daß Jackie, die in anderen Dingen so intelligent war, davon anscheinend überhaupt keine Ahnung hatte.«

Der Cadillac hielt vor der Holy Trinity Church. Es war ein schlichter weißer Steinbau mit vier schlanken ionischen Säulen, der ganz und gar nicht wie eine katholische Kirche aussah. Durch die regennasse Scheibe sah Jackie ihre Schwester Lee aus der Limousine steigen. Sie trug ein hübsches elfenbeinfarbenes Brautkleid aus Chinaseide, dazu den Schleier aus venetianischer Rosalinenspitze, den schon Generationen von Lee-Bräuten vor ihr getragen hatten.

In der Kindheit war Jackie die große Schwester gewesen, die Lee herumkommandierte, und Lee war das pummelige, tapsige kleine Mädchen. Jackie war stärker als Lee, emotional und physisch, und sie schien immer zu gewinnen – vor allem aber im Wettkampf um die Zuneigung ihres Vaters.

In den späteren Jahren war ihre Beziehung komplexer geworden, eine schwesterliche Konkurrenz, die sich allmählich mit gegenseitiger Bewunderung und Verbundenheit mischte.

Nun plötzlich war Lee zu einer schlanken, weiblichen, verführerischen Schönheit erblüht. In ein paar Minuten würde sie Michael Canfield heiraten und nach London abfliegen, wo Michael einen Diplomatenposten in der amerikanischen Botschaft bekleidete.

Alle ließen Jackie im Stich – erst Jack, nun auch Lee.

Jackie wandte sich auf dem Rücksitz ihrer Mutter zu. »Ich weiß, daß Jack Newport haben will«, sagte sie.

»Du bist es, was er will«, erwiderte Janet. »Du hast *alles*, was er braucht.«

Alle ihre Ängste und Unsicherheiten kamen an die Oberfläche, und in diesem verletzlichen Zustand fühlte sie sich noch stärker auf ihre Mutter angewiesen als je zuvor. Die größeren Kinder im Auchincloss-Haushalt – Yusha, Lee und Nina – nannten Janet schon »Gypsy Rose Lee's Mother«, weil sie Jackies Leben ganz in ihre Hände genommen hatte.

Janet schrieb Jackie vor, wo sie ihre Kleider kaufen sollte, wie ihre Frisur auszusehen hatte, wie oft sie Jack sehen sollte und was sie sagen sollte, wenn er anrief. Janet hatte sogar arrangiert, daß Jackie als Reporterin des *Washington Times-Herald* zu den Krönungsfeierlichkeiten von Königin Elisabeth nach London fahren durfte.

127

»Soll ich Jack vor der Abreise noch einmal sehen?« fragte Jackie.

»Nein«, war die Antwort von Janet. »Sag ihm, du hast zu tun, und du wirst ihn sehen, wenn du zurückkommst.«

Jackie schaute die Mutter lange an, als würde sie ihre Worte wägen. Dann wandte sie sich ab und sah durch das Autofenster gerade noch rechtzeitig, wie Lee unter einem Dach aus schwarzen Regenschirmen in die Kirche eilte.

Dienstreise über den Atlantik

Bevor sie sich zur Krönung von Königin Elisabeth auf die Reise machte, ging Jackie zu ihrem Chef beim *Times-Herald*.

»Ich will nur kurze, lockere Berichte, nichts Schweres«, sagte Sidney Epstein, der mürrische alte Lokalredakteur. »Schicken Sie die mit Luftpost.«

Also setzte sich Jackie am Ende jedes Reisetages hin, schrieb einen Brief in ihrer runden Schulmädchenschrift und schickte ihn an die Redaktion.

»Wir mußten nicht viel daran machen«, erinnerte sich Epstein mehr als vierzig Jahre später. »Jackies Berichte wurden so ziemlich unverändert übernommen.«

SCHAREN VON AMERIKANERN
BEVÖLKERN DAS »SCHÖNE, HELLE« LONDON

(Jacqueline Bouvier aus dem Redaktionsstab des *Times-Herald* hält sich zur Zeit in London auf, um an der Krönung von Königin Elisabeth teilzunehmen. Der nachfolgende Bericht wurde von Miss Bouvier verfaßt und per Luftpost aus London übersandt.)

VON JACQUELINE BOUVIER

LONDON (per Luftpost) – »Oh, jetzt zur Krönung in England zu sein!« – Robert Browning hätte alle seine Gedichte über den April vergessen, wäre er jetzt nach England gekommen.

Das ganze Land ist beschäftigt mit der Krönung, nur mit der Krönung und mit nichts als der Krönung.

Jedes Haus, das man vom Zug Southampton–London aus sehen konnte, war mit dem Bildnis von Königin Elisabeth geschmückt – entweder war es an die Fassade geklebt oder ins Fenster gehängt.

»Warten Sie nur, bis Sie in die City kommen, alles ist so schön und hell dort«, sagte der Gepäckträger, der uns die Koffer in der Londoner Waterloo Station abnahm. »Das hatten wir seit Jahren nicht mehr ...«

Nach dem Theater gingen wir tanzen ins 400, einen winzigen Nachtclub in Mayfair. Tapeziert mit gefälteltem rotem Samt sah er aus wie das Innere eines Schmuckkästchens. Unter denen, die auf der briefmarkengroßen Tanzfläche zu tanzen versuchten, waren der Marquis von Milford-Haven ...

Adel und Filmstars vereint bei der Perle Mesta Party

von Jacqueline Bouvier

LONDON, 3. Juni (Sonderbericht) – Die Mesta-Fiesta, nur übertroffen durch die Krönung, war das große Londoner Ereignis der letzten Woche ...

Königin des Balls war Lauren Bacall. Sie legte mit General Bradley einen schwungvollen Walzer hin, dann folgte eine Runde verträumter Foxtrotts mit dem Marquis von Milford-Haven. Sie trug ein enges weißes Spitzenkleid, und ihre langen roten Fingernägel ruhten gelassen auf seinen hochglanzpolierten Epauletten. Bogie, auf altbewährte Weise in Frack und Fliege, klatschte ab.

Rundherum von den Wänden des weiß-goldenen Ballsaals blickten riesige Herrscherporträts auf das bunte Treiben herab. Georg III., die Zaren Alexander I. und Alexander II., Lord Castlereagh ... alle waren sie da.

Vielleicht lag es am flackernden Kerzenlicht, aber mir kam es so vor, als hätten sie sich von ihrer luftigen Höhe herabgelassen und dem Reigen auf dem Parkett angeschlossen.

Es klopfte. »Telegramm für Miss Bouvier«, sagte Mr. Woodham, der Nachtportier der Wohnung in der South Audley Street in Mayfair, wo Jackie mit ihrer Reisegefährtin und Freundin der Familie Aileen Bowdoin abgestiegen war.

Das Apartment war ungeheizt. Aileen saß auf dem Rand der Badewanne und versuchte sich mit einem heißen Fußbad zu wärmen.

»Moment bitte«, rief sie. Sie trocknete sich die Füße ab und patschte barfuß durch die Wohnung, die mit kostbaren Antiquitäten der Jahrhundertwende geschmückt war. Die eigentlichen Bewohner – Sir Alexander Abel-Smith und seine Frau Henrietta, Zofe bei Prinzessin Elisabeth – waren vorübergehend in den Buckingham Palast übergesiedelt, um bei den Krönungsfeierlichkeiten zu helfen.

In der öffentlichen Meinung überragte die neugekrönte Königin Elisabeth alle Persönlichkeiten ihres Zeitalters. Für diesen kurzen, glanzvollen Moment war Elisabeth berühmter als Marilyn Monroe, charismatischer als Dwight Eisenhower und sogar größer als Winston Churchill. Ihre Krönung wurde von nahezu einem Viertel der gesamten Weltbevölkerung gefeiert.

Auch Jackie war vom Krönungsfieber gepackt, und sie verschlang jeden Bericht darüber in der britischen Presse. Der Designer Norman Hartnell hatte neun verschiedene Entwürfe für das Krönungskostüm vorgelegt. In den Tagen vor der Zeremonie hörte sich Elisabeth Tonaufzeichnungen von der Krönung ihres Vaters an, sie hängte sich ein Laken an die Schulter, um die lange Krönungsschleppe zu simulieren, und sie übte im Weißen Salon des Palasts. Für Jackie war die zukünftige Königin das Lehrbeispiel für eine Frau, die nichts dem Zufall überließ.

Aileen öffnete die Tür, leistete eine Unterschrift und kam mit dem Telegramm ins Schlafzimmer. Jackie lag auf dem Bett und las *The Raven*, ein Buch, das sie von Jack hatte.

»Für dich«, sagte Aileen.

Jackie riß den gelben Umschlag auf. »Oh, es ist von Jack«, sagte sie.

»Und was steht drin?«

»Er fragt, ob ich ihn heiraten will.«

Alle Männer sind so

Jackies alter Verehrer, John »Demi« Gates, war auch zur Krönung nach London gekommen, und mitten im Gedränge des Empfangs der amerikanischen Botschaft stießen sie aufeinander.

Jackie war Demis erste Liebe gewesen, und er schwärmte immer noch von ihr. Aber sie hatten seit über einem Jahr keinen Kontakt mehr gehabt – seit er ihre verzweifelten Anrufe zurückgewiesen hatte, in denen sie sich über die Einwände ihrer Mutter gegen John Marquand beklagte. Zu Demis Überraschung begrüßte Jackie ihn mit einer herzlichen Umarmung.

»Gehen wir essen« sagte er.

Am nächsten Tag traf sie ihn in einem kleinen italienischen Restaurant in der Nähe der Botschaft. Sie wirkte elegant in ihrem französisch geschnittenen dunkelblauen Kleid mit weißem Kragen. Demi, der 25 Jahre alt, groß und gut gebaut war, trug die billige Imitation eines englischen Anzugs, die er sich in Spanien hatte schneidern lassen, wo er jetzt lebte.

»Erzähle mir alles von deinem neuen Leben«, sagte Jackie mit ihrer Flüsterstimme, die seltsamerweise eine bezwingende Note hatte. »Was treibst du in Spanien?«

Sie wußte nicht, daß Demi als CIA-Agent in Madrid eingesetzt war.

»Ich habe einen Verlag gegründet, er heißt Estudios Histograph«, sagte er. »Wir verlegen Comic-Strips, was mir ein bißchen peinlich ist. Aber wir sind auch eine PR- und Werbeagentur.«

»Donnerwetter, das ist ja großartig«, spottete Jackie.

»Und was ist bei dir los?« fragte Demi. »Ich bin ja so froh, daß du die Verlobung mit Johnny Husted aufgelöst hast. Was war ich eifersüchtig auf diese kleine Kröte! Er hat dich nicht verdient. Er hatte kein Recht, sich an der wunderbarsten Frau zu vergreifen, die je gelebt hat.«

»Oh, Demi ...«

»Ich habe gelesen, daß du jetzt mit Jack Kennedy ausgehst.«

»Wir sehen uns öfter.«

»Ist es was Ernstes?«

Sie schaute ihn unschuldig mit ihren großen Augen an, aber sie sagte nichts.

»Du bist doch nicht *wirklich* an ihm interessiert, oder?« fragte Demi.

»Wir sehen uns öfter.«

Demi war überzeugt, daß er Jackies Dilemma besser verstand als mancher andere. Auch er stammte aus einer zerstörten Ehe. Nach der Scheidung hatte seine Mutter Arthur Houghton geheiratet, der Vorstandsvorsitzender von Corning Glass war und einer der reichsten Männer Amerikas. Wie auch Jackie war Demi im Luxus groß geworden, aber hatte keinen Pfennig geerbt und war gezwungen, sich auf eigene Faust eine Existenz zu schaffen.

Er wußte, daß Jackie allein nicht den Lebensstil pflegen konnte, den sie gewöhnt war, daß eine reiche Heirat ihre einzige Hoffnung darstellte. Aber Demi war Snob genug, um zu glauben, daß der irisch-katholische Jack Kennedy weit unter Jackies Niveau war.

»Von Jack Kennedy muß ich dir wirklich abraten«, sagte Demi.

»Warum?«

»Er ist eiskalt«, sagte Demi. »Er wirkt vielleicht bezaubernd, aber es hat ihm noch niemand nachgesagt, daß er ein Gentleman ist.«

Jackie hatte ihre eigenen schweren Bedenken gegen die Heirat, doch sie war nicht bereit, dieses Thema mit Demi Gates zu diskutieren. Sie liebte Jack, daran war kein Zweifel, aber sie hatte Angst, in der großen, lautstarken Kennedy-Familie ihre Identität zu verlieren. Auch machte sie sich Sorgen, ob der unbändige Drang zur Unabhängigkeit, der sie genauso wie ihn beherrschte, ein Leben in Eintracht ermöglichte.

»Jackie, ich bleibe eisern dabei, daß Jack für dich nicht der Richtige ist«, sagte Demi. »Du bist eine Lady. Du besitzt Eleganz und Stil. Du hast Klasse. Du hast intellektuelles Format. Wenn du mich fragst, ist Jack ein Straßenköter. Er hat keine Klasse.«

Demis Eifersucht hatte mal wieder die Oberhand gewonnen.

»Ein Hurenbock ist er«, schimpfte er. »Wenn er nach New York kommt, ruft er erstmal alle Bekannten an, sie sollen ihre Mädchen bei ihm abliefern. Und da stehen sie dann Schlange – Flittchen in allen Größen, Farben und Glaubensrichtungen.«

»Na ja ...«, sagte Jackie.

»Mach dir nichts vor, Jackie. Er hat einen unmöglichen Ruf.«

Nichts von dem, was Demi sagte, war ihr neu. Sie hatte Jack von Anfang an erkannt und wußte genau, worauf sie sich einließ. Er würde ihr untreu werden. Aber sie war sicher, daß sie damit umgehen konnte.

»Alle Männer sind so«, sagte sie zu Demi. »Guck dir nur meinen Vater an.«

Ein sehr diskretes Wesen

Als die Krönungsfeierlichkeiten vorüber waren, fuhren Jackie und Aileen Bowdoin zusammen nach Paris.

»Wir haben uns zehn Tage lang ein Zimmer im Hotel Meurice geteilt«, sagte Aileen. »Die ganze Zeit hat Jackie überlegt, ob sie den Heiratsantrag annehmen sollte, aber sie hat nicht viel darüber gesprochen.«

Wie immer hielt sich Jackie in privaten Dingen bedeckt. Nur gelegentlich, etwa beim Bummel durch den Louvre oder ein anderes Museum, weihte sie Aileen in ihre Überlegungen betreffs der Heirat ein, und auch das nur in vagen Andeutungen.

»Ich frage mich, wie es wohl wäre, wenn man in so eine Familie wie die Kennedys einheiraten würde«, sagte sie und schaute dabei auf ein Gemälde.

Tagsüber waren die zwei jungen Frauen stets zusammen. Aber abends trennten sich ihre Wege. Aileen aß allein im Hotel, Jackie machte sich zurecht und stürzte sich mit ihrem alten Liebhaber John Marquand ins Pariser Nachtleben.

»Er war sehr höflich, ein echter Gentleman, ein gut erzogener junger Mann«, erinnerte sich Aileen. »Genau Jackies Typ. Man konnte sagen, zwischen ihnen hat es richtig gut funktioniert.«

Während der zehn Tage in Paris frischte Jackie ihre alte Beziehung zu Jack Marquand auf. Es war, hätte jemand den Kalender zurückgeblättert bis zu den Tagen ihres Auslandsjahrs als Studentin. Wie damals streiften sie am Seine-Ufer entlang, vorbei an Pärchen, die sich in den dunklen Ecken liebten. Sie besuchten all die alten Lieblingslokale – Chez Allard und La Grenouille und natürlich L'Elephant Blanc. Sie tranken Grasshoppers und rauchten und feierten bis tief in die Nacht. Aileen schlief gewöhnlich fest, wenn Jackie sich auf Zehenspitzen ins Zimmer schlich und leise ins Bett schlüpfte.

133

»Zum Schlafen kam sie immer ins Hotel zurück«, sagte Aileen. »Sie hat nie erzählt, wo sie war und was sie mit Jack Marquand gemacht hatte. Jackie war ein sehr diskretes Wesen.«

Beim Rückflug nach Amerika saß Jackie, nur durch den Gang getrennt, neben Zsa Zsa Gabor.

»Die ganze Zeit auf dem Flug fragte sie mich – und es war kein Spaß – ›Was tun Sie für Ihre Haut?‹« berichtete Zsa Zsa Gabor. »Ich hab sie nicht mal nach ihrem Namen gefragt. Sie war weder besonders aufregend noch besonders schön. Sie hatte Kringelhaare und eine schlechte Haut.«

Als sie sich New York näherten, ging Jackie zum WC, um sich für Jack frisch zu machen, der versprochen hatte, sie vom Flughafen abzuholen. Doch das WC war besetzt von Zsa Zsa Gabor.

»Jackie wurde fast wild«, erinnerte sich Aileen Bowdoin, »weil Zsa Zsa da drin war und sich schön machte, und Jackie konnte nicht rein, um sich die Nase zu pudern.«

Als das Flugzeug in Idlewild gelandet war, durfte die Schauspielerin ungarischer Herkunft vor allen anderen aussteigen und durch den Zoll. Sie fand Jack Kennedy im Ankunftssaal, lässig an einen Schalter gelehnt.

»Und Jack sagte: ›Oh, mein Darling, ich hab’ dich immer geliebt«, erinnerte sich Zsa Zsa Gabor. »Jack ist oft mit mir ausgegangen ..., und er war so ein Süßer! Er hat mich umarmt und hochgehoben. Jackie kam aus dem Flugzeug und hat ihn dabei gesehen. Nachdem sie mich den ganzen Flug wegen irgendwelcher Cremes und Lotionen gelöchert hatte, hat sie mich dann kaum noch eines Blickes gewürdigt. Also sagte Jack zu mir: ›Ich möchte dir Miss Bouvier vorstellen.‹ Er sagte nicht ›meine zukünftige Frau‹. Und ich sagte: ›Oh, mein Gott! Wir haben den ganzen Flug miteinander gesprochen. Sie ist so ein nettes Mädchen!‹«

Jackie ignorierte Zsa Zsa, stürzte auf Jack zu und umarmte ihn.

»Daß du sie mir nicht verdirbst, Jack«, sagte Zsa Zsa.

»Ist schon passiert«, erwiderte Jackie und bedachte Zsa Zsa mit einem triumphierenden Seitenblick.

8

Bis daß der Tod euch scheidet

Juli – Oktober 1953

Nichts Ausgefallenes

»Herr Botschafter!«

Louis Arpels breitete die Arme aus, so daß ihm fast die Knöpfe vom gepflegten Zweireiher sprangen. »Seien Sie gegrüßt! Willkommen bei Van Cleef and Arpels!«

Joseph Kennedy trat in den stillen Kundenraum des berühmten Juweliergeschäfts auf der Fifth Avenue ein. Er war allein gekommen, ohne Jack, um für Jackie einen Verlobungsring auszusuchen. Sein Sohn interessierte sich nicht für diesen sentimentalen Kram.

In diskretem Abstand voneinander waren auf dem blaßblauen Teppichboden imitierte Louis-quinze-Tische aufgestellt. Die Angestellten – Jacqueline Wallach, ein ehemaliger französischer Tennisstar, sowie Fuocuo und Philibert de Bourbon, ein fürstliches Zwillingspaar – standen mit dem Rücken zur walnußgetäfelten Wand, in deren kleinen verglasten Nischen die kostbaren Diademe, Halsketten, Ringe, Spangen und Ohrhänger auslagen.

Louis führte Joe in die hinteren Räume, vorbei an zwei attraktiven Schmuck-Models in tiefausgeschnittenen Kleidern, in seinen Privatsalon.

»Voilà!« sagte Louis und wies auf seinen Schreibtisch.

Joe blickte hinab auf Louis' neueste Erwerbung, den legendären Blue Heart, einen absolut reinen Aquamarin-Diamanten von 30.82 Karat.

»Ich schätze ihn noch mehr als den Hope«, sagte Louis und bezog sich dabei auf einen anderen berühmten blauen Diamanten. »Sie nicht auch?«

Joe nickte.

»Seine Herkunft ist in Dunkel gehüllt«, erklärte Louis. »Es ist lediglich bekannt, daß er im letzten Jahrhundert einem Adligen gehörte, der sich von ihm trennen mußte, nachdem er sein Vermögen für die Liebe einer Frau hergegeben hatte. *Quelle sentimentalité!*«

»Was haben Sie damit vor?« fragte Joe.

»Verkaufen, mit einem *formidablen* Gewinn!«

Die zwei Männer lachten.

Louis gehörte zu einer aussterbenden Gattung – zu den Privatjuwelieren, die einigen der reichsten und berühmtesten Leute aus aller Welt als Freunde und Berater dienten. Seine Kundschaft erstreckte sich von Mrs. Merriweather Post über die Herzogin von Windsor und König Faruk von Ägypten bis zu Greta Garbo.

Louis und Joe hatten einige gemeinsame Interessen, dazu gehörten Frauen und Pferderennen. Louis' betörend schöne Frau Hélène, die seit zehn Jahren in der Liste der bestgekleideten Frauen Amerikas vertreten war, nahm Rose mit zu den Modenschauen nach Paris, wo sie Roses komplette Garderobe zusammenstellte.

»Haben Sie ein Foto mitgebracht?« fragte Louis.

»Nein«, erwiderte Joe.

»Nun, Hélène kennt die fragliche junge Dame gut genug und hat mich in meiner Auswahl unterstützt«, sagte Louis. »Etwas sehr Amerikanisches, was etwa ein Schulmädchen aus guter Familie tragen würde. Nichts Ausgefallenes.«

Louis schnipste mit den Fingern, und die zwei Models traten ein. Das eine trug einen Verlobungsring mit einem quadratisch geschliffenen Smaragd von 2.84 Karat und einem dazu passenden Brillanten von 2.88 Karat.

Das andere Model trug ein Rubin- und Diamantarmband und eine blattförmige Brillantnadel.

Louis beschrieb die Qualität und den Entwurf jedes Schmuckstücks, und nachdem er sich alles angehört hatte, wandte sich Joe nach einer Weile zum Gehen.

»Schicken Sie das nach Hyannis Port«, sagte er zu Louis. »Das wird der erste anständige Schmuck sein, den Jackie bekommt.«

Die zwei Freunde gingen wieder nach vorn, und Louis hielt Joe die Tür zur Fifth Avenue auf. Louis hatte kein Wort über den Preis verloren. Und Joe ging, ohne danach zu fragen.

Hammersmith

Mitte Juli fuhr Rose Kennedy, eine Frau, die nie ihre ärmliche Herkunft vergaß, nach Newport, um die Vorbereitungen für die Hochzeit ihres Sohnes zu treffen.

Während ihre Limousine den Ocean Drive entlangfuhr, studierte Rose die Namen an den steinernen Toreinfahrten zu den großen Strandgrundstücken: Contentment, Idle Hour, East Passage, Broadlawns. Ihr Auto bog in einen langen Kiesweg ein, vorbei an einer Herde schwarzer Angus-Rinder, die auf der ausgedehnten Wiese weideten, bis zum Vordach des Farmhauses, des schindelgedeckten, viktorianischen Landhauses der Auchincloss-Familie.

Der Chauffeur kam herum, um den Wagenschlag aufzuhalten, und Rose stieg aus. Sie trug genau die Garderobe, die ihre Freundin Hélène Arpels ihr angeraten hatte: ein hellblaues Seidenkleid, weiße Handschuhe, Perlen und einen sehr breitkrempigen Hut.

In der Eingangshalle prangte das Familienwappen der Auchinclosses: *Spectemur Agenda* – Beurteilt uns nach unseren Taten. Ein Dienstmädchen geleitete sie zur Sonnenveranda, wo ein ausgestopfter Pelikan von der Decke hing und hinausblickte auf das funkelnd blaue Wasser der Narrangansett-Bay.

Bald erschien auch Janet Auchincloss, sie trug ein cremefarbenes Kleid von beiläufiger Eleganz. Die beiden weiblichen Familienoberhäupter reichten sich die Hand und füllten ein paar Minuten mit steifer Konversation. Dann verkündete Janet ohne Übergang, daß sie jetzt essen würden – aber nicht auf der Hammersmith-Farm, wie Rose erwartet hatte, sondern im nahegelegenen Bailey's Beach Club. Jack und Jackie, die fürs Wochenende zu Besuch waren, würden sich anschließen.

137

Zu viert fuhren sie zur Spouting Rock Beach Association – das war der korrekte Name von Bailey's Beach Club, des exklusivsten Privatklubs in ganz Amerika. Die zwei Mütter saßen vorn. Jackie trug den Verlobungsring, den Jack ihr geschenkt hatte (daß ihr zukünftiger Schwiegervater ihn ausgesucht hatte, wußte sie nicht). Jack trug ein altes Unterhemd, kurze Hosen und Hausschlappen – ein Aufzug, der seine auf Etikette bedachte Mutter mit blankem Entsetzen erfüllte. Der sechsunddreißigjährige US-Senator lümmelte auf dem Rücksitz wie ein ungezogenes Kind.

»Ich bin sicher, da hatte er keinen besonders guten Tag«, bemerkte Jackie später.

Als sie den Club erreicht hatten, ging das frisch verlobte Paar erst einmal schwimmen.

»Ich kam zuerst aus dem Wasser«, sagte Jackie, »es war Zeit zum Essen, aber Jack trödelte. Ich weiß noch, daß Rose auf dem Weg stand und ihren Sohn rief. ›Jack! ... Ja-a-ck!‹ – und es war genau wie bei den kleinen Kindern, die nicht rauskommen wollen und so tun, als wären sie schwerhörig. Ich weiß nicht, ob sie schließlich ans Wasser gegangen ist oder ich selbst, aber er kam dann langsam heraus und sagte ›ja, Mutter‹.«

Beim Essen redete Rose ununterbrochen, und Janet fühlte sich genervt durch dieses taktlose Benehmen. Sie zog ein snobistisches Vergnügen daraus, minderrangige Menschen mit selbstgerechter Herablassung zu behandeln, und sie machte kein Hehl aus der Auffassung, daß ihre Tochter mit dieser Heirat unter ihrem Stand blieb. Einen Du Pont oder einen Vanderbilt hätte sie lieber gesehen – einen Mann mit erstklassigem Stammbaum und einem ebensolchen Bankkonto.

Endlich kam Rose auf den Grund ihres Besuchs zu sprechen. Sie teilte mit, daß ihr Gatte, Botschafter Kennedy, alle Geldschleusen öffnen würde für die Hochzeit. Für die Kinder nur das Allerbeste. Eine lange Reihe von illustren Namen sollte eingeladen werden, eine Band und Entertainer, die Presse sollte im großen Stil berichten.

Janet entgegnete, daß *ihr* Gatte, Mr. Auchincloss, die Dinge in einem anderen Licht sähe. Sie sollten sich an den in Newport üblichen

Rahmen halten und die Einladungen auf die Familie und die engen Freunde begrenzen.

Jackie folgte ihrer Mutter. Ganz sicher wollte sie keine Reporter auf ihrer Hochzeit sehen. Das wäre entwürdigend und vulgär gewesen.

»Ich denke an eine bescheidene und kleine Feier – nur im engsten Familienkreis«, sagte Jackie. »Jack und ich, wir wollen es so haben.«

Das jedoch stimmte nicht ganz. Obwohl auch Jack keine Glitzerhochzeit wollte, stand er unter dem Druck des Vaters, das Ereignis zu seinem politischen Vorteil zu nutzen. Auf Drängen des Vaters hatte er seiner Referentin Evelyn Lincoln lange Listen von Leuten diktiert, die Joe zu dieser Hochzeit eingeladen wissen wollte, und das war praktisch der ganze Senat und jeder Parteiführer der Demokraten in Neuengland.

»Sehen Sie, Mrs. Auchincloss«, sagte Jack schließlich, als klar wurde, daß seine Mutter und Janet nicht miteinander weiterkamen. »Ihre Tochter heiratet eine Person des politischen Lebens, einen Senator, der eines Tages vielleicht Präsident wird. Die Pressefotografen werden kommen, ob wir wollen oder nicht. Was wir wollen, ist, Jackie so vorteilhaft wie möglich in Szene zu setzen.«

Aber Janet blieb stur. Sie wollte kein großes Publikumsereignis, und Jack begriff, daß jetzt nur noch sein Vater helfen konnte.

Wenige Tage später landete das Privatflugzeug der Kennedys auf dem Flughafen von Newport. Jackie stand hinter ihrer Mutter am Ausgang, als Joe auf sie zutrat, ein Mörderlächeln im starren Gesicht.

Oh, Mummy, du hast keine Chance, dachte Jackie in diesem Moment, wie sie sich später erinnerte.

Während der Fahrt durch Newport schien Janet zu spüren, daß ihre hoheitsvolle Masche diesmal nicht ziehen würde, und sie versank in Schweigen.

Jackie führte Joe im Haus herum – vom Familienwappen in der Eingangshalle bis zum ausgestopften Pelikan in der großen Veranda mit Blick auf die Hafeneinfahrt. Im stillen zählte Joe das Dienstpersonal durch, dem er begegnete: Da war der Koch, der für die Familie kochte; ein Hilfskoch, der fürs Personal kochte, abwusch und die

Küchenarbeit machte; der Butler; ein Hausmeister, der Schuhe putzte, die Außenveranden in Ordnung hielt, den Kamin mit Holz versorgte; ein Dienstmädchen, das fürs Erdgeschoß zuständig war und auf großen Gesellschaften beim Servieren half; ein Kammermädchen, das sich um die Schlafzimmer in den beiden Obergeschossen kümmerte; eine Wäscherin; Janets persönliches Dienstmädchen; der Gutsverwalter ...

Die Gärten draußen standen in voller Blüte. Es gab zahlreiche Gewächshäuser, zwei für Wein, zwei für Nektarinen, eins für Orchideen und weitere für Blumen und Gemüse. Auch eine Molkerei war da, wo jeden Tag Butter und Sahne hergestellt wurden ...

Joe besaß einen sechsten Sinn für die Schwächen anderer Leute, und er fand schnell heraus, wie es in Wirklichkeit um die Hammersmith-Farm bestellt war.

»Die wissen nicht mal, wie sie da oben in Newport überleben sollen«, erzählte er Red Fay, Jacks Kriegskameraden, als er von dem Besuch zurück war. »Der Reichtum stammt aus einer vergangenen Epoche. Die meisten halten nur die Fassade aufrecht und sind rundum verschuldet. Wenn du den Teppich hochhebst, findest du den ganzen Dreck, den sie druntergefegt haben, weil sie nicht das Personal haben, um diese riesigen Anwesen in Schwung zu halten.«

Wie Joe vermutete, verdiente Hughdie nicht mehr genug Geld, um sich den alten Lebensstil noch leisten zu können. Für die Maklerfirma der Auchinclosses waren schwere Zeiten angebrochen. Einer der Mitbegründer lag im Sterben, und es war nicht genug Geld da, um seine Anteile herauszulösen und seine Erben auszuzahlen. Nun wollte Joe Kennedy zu allem Überfluß auch noch eine üppige Hochzeit mit weit über tausend Gästen, einen Zirkus, der gut und gerne eine halbe Million (fünf Millionen Dollar nach heutigem Wert) kosten konnte. Der Stiefvater der Braut konnte über solche Summen nicht verfügen.

Jedoch unter Joes Dauerbeschuß begann Janet allmählich zu schwanken.

Sie wolle ja nur, was Jackie wolle, stotterte Janet. Und sie wisse, daß Jackie nur wolle, was Jack wolle ... und ... nun, wenn Joe eine Feier dieser Größenordnung wolle, dann ... irgendwie ...

Joe genoß den Moment seines Triumphs.

Er hatte den Auchinclosses die Fassade weggerissen und freigelegt, was dahintersteckte: nichts als hohle Kraftmeierei. *Spectemur Agenda* – Beurteilt uns nach unseren Taten – von wegen!

Er, Joseph Kennedy, würde für die Hochzeit zahlen.

Ha!

Auf die Rückseite der Hochzeitseinladung, die sie an Ellen »Puffin« D'Oench, ihre Klassenkameradin aus Vassar, schickte, schrieb Jackie: »Ha!«

Puffin wurde gefragt, was Jackie damit gemeint haben mochte. »Sie ist eben eine alte Freundin von mir«, sagte Puffin, »sie hatte lange keinen richtigen Kontakt mit mir und wußte, daß sie seit Monaten von sämtlichen Zeitungen durchgehechelt wurde und so etwas wie eine Berühmtheit geworden war. Da kann man schon verstehen, daß sie ›Ha!‹ auf die Einladung schrieb.«

Sollte das heißen: Ha, sieh mich an, ich hab's geschafft?

»Es ist so typisch für sie«, sagte Puffin. »Sie war völlig vernarrt in den Knaben. Ich sehe auch keinen Grund, warum sie sich nicht mit Haut und Haar für ihn entschieden haben sollte. Und genau das bedeutete es: ›Ha, ich hab ihn!‹«

Noch etwas anderes im Sinn

Sie hatte ihn nicht lange.

»Wir waren alle schockiert, als wir hörten, daß er mit Torby Macdonald und seinem Vater nach Frankreich hinüberfuhr und Jackie hier in Newport zurückließ«, sagte Taylor Chewning, der Nachbar der Auchinclosses. »Für Joe war es nur natürlich, daß er seine Frau zu Hause ließ. Das machte er immer so. Aber da war dieser junge Mann, der Schwarm der ganzen Stadt, sehr hübsch, viel Geld, und zumindest theoretisch bis über beide Ohren verliebt in diese dunkelhaarige

Schönheit – und er reiste einfach ab an die Riviera. Ich meine, warum verreisen denn Männer als Gruppe allein? Man fährt doch nicht nach Europa, wenn man nicht noch etwas anderes im Sinn hat. Von großer Liebe zeugt das jedenfalls nicht.«

Jack hatte Evelyn Lincoln damit beauftragt, eine Jacht in Südfrankreich zu chartern. Für die Öffentlichkeit ließ er verlautbaren, daß der Senator mit französischen Regierungsvertretern über die Lage in Vietnam verhandele. Aber davon ließ sich niemand täuschen.

»Ich rief Jacqueline wegen der Verlobung an«, erinnerte sich Betty Beale, die Gesellschaftskolumnistin des Washingtoner *Evening Star*, »und sie sagte mir, Jack würde im Eden Roc am Cap d'Antibes Ferien machen und sie nicht mitnehmen. Ich hatte nie – und auch bis heute nicht – von einem Mann gehört, der seine Ferien lieber allein verbrachte, ohne das Mädchen, mit dem er frisch verlobt war. Dies zusammen mit den Geschichten, die man über ihn von dort hörte, war der Beweis für mich, daß er Jacqueline nicht wirklich liebte.«

»Freunde von mir«, berichtete sie weiter, »ein sehr geselliges Paar, haben ein paar Jahre später dieselbe Jacht gemietet, mit demselben Kapitän, demselben Koch. Und als der Kapitän erfuhr, daß sie aus Washington waren, erzählte er ihnen, daß er das Boot an Jack Kennedy vermietet hatte. Der Kapitän hat ihnen das wilde Treiben beschrieben. Die haben Orgien auf dem Schiff gefeiert.«

Zur selben Zeit hielt sich Michael Canfield in Südfrankreich auf. Er leistete seinem Schwiegervater Black Jack Bouvier Gesellschaft, der in einem teuren Sanatorium eine Entziehungskur machte, um für die Hochzeit seiner Tochter fit zu sein. Michael traf sich mit Jack Kennedy und war beeindruckt, wie viele junge Frauen sich seinem zukünftigen Schwager an den Hals warfen.

Als diese Geschichten sich bis zu Janet Auchincloss herumsprachen, geriet sie in Raserei. »So was tut doch kein Mann, der seine Braut liebt«, sagte sie zu Jackie. »Wer sein Mädchen liebt, will es immer bei sich haben.«

»Jackie liebte Jack, und sie war bitter enttäuscht, als sie seine wahre Natur erkannte«, sagte Hélène Arpels. »Sie kam öfter in meine Wohnung am St. Regis herüber und probierte meine Pariser Kleider an, um sich Anregungen für ihre Bestellungen zu holen. Einmal hat sie beim Anprobieren das Kleid nicht zubekommen. Sie war füllig geworden – nicht dick, aber auch nicht sehr dünn –, und sie war entsetzt, daß die Kleider ihr zu eng wurden. Als ich sie das nächste Mal sah, war sie viel dünner, und sie sagte mir, sie würde einfach immer nur den Kopf schütteln, wenn sie einen Teller vorgesetzt bekam. Aber sie war so unglücklich, und das könnte auch eine Rolle gespielt haben. Jack war hinter allem her, was Röcke trug. Mein Gatte und ich haben Jackie öfter ins El Morocco mitgenommen, um sie auf andere Gedanken zu bringen. Geklagt hat sie nie.«

Eine Joseph-P.-Kennedy-Produktion

Am 12. September 1953, gegen zehn Uhr morgens, rief Jack Bouvier vom Viking Hotel in Newport die Hammersmith-Farm an und verlangte Jackie zu sprechen. Das irische Dienstmädchen, das den Anruf entgegennahm, wußte Bescheid über das schlechte Einvernehmen, das zwischen der Hausherrin und ihrem früheren Mann bestand, und sie eilte die Treppe hinauf, um Mrs. Auchincloss zu alarmieren. Sie fand sie im Schlafzimmer zusammen mit Lee, mit Ann Lowe, der schwarzen Schneiderin, die Jackies Hochzeitskleid entworfen hatte, und mit der Braut, um deren Anprobe es gerade ging.

»Mr. Bouvier am Telefon«, sagte das Dienstmädchen.

»Ich gehe«, sagte Janet und verließ das Zimmer.

Das Kleid war aufgeknöpft und entblößte Jackies Rücken bis zur Hüfte. Es war weit ausgeschnitten und hatte ein enganliegendes Mieder, das mit Biesen verziert war. Jede Bahn des gebauschten Rockes war unten in eine Rosette gelegt, in deren Mitte sich ein Orangenblütenzweiglein befand. Das Kleid bestand aus fünfzig Metern Seidentaft und war elfenbeinfarben statt weiß, damit es zu dem Schleier aus venetianischer Rosalinenspitze ihrer Großmutter paßte, der in einer Schachtel auf dem Bett lag.

Jackie betrachtete sich im Bodenspiegel. Das überladene Brautkleid machte ihren Busen noch flacher und tat nichts, um ihre schlanke, zierliche Figur zu betonen. Sie hätte etwas Einfacheres und Moderneres vorgezogen, aber Jack war für ein traditionelles Brautkleid gewesen, also hatte sie sich seinen Wünschen gefügt.

Normalerweise scherte sich Jack nicht um solche Dinge. Aber wie alle, war auch er mit den Fragen der öffentlichen Wirkung befaßt. Jede Kleinigkeit bis hin zum Brautkleid war Teil der großen Joseph-P.-Kennedy-Produktion, die darauf abzielte, mit diesem Pärchen ein neues Beispiel jugendlichen Glanzes, familiärer Tugend und aufstrebender Dynamik vorzuführen.

Joe, der alte Hollywood-Impresario, hatte Vorsorge getroffen, daß das Foto der Jungvermählten auf der Titelseite der *New York Times* und des *Boston Globe* erscheinen würde. Er war so sehr um den richtigen Eindruck bemüht, daß er sich erstmals wegen Jacks unbekümmerter Eskapaden Sorgen machte.

»Joe hat mit mir über Jacks Frauenprobleme gesprochen«, berichtete George Smathers. »Er sagte zu mir: ›George, achte besser darauf, daß Jack sich diskret verhält. Er kann das nicht in aller Öffentlichkeit machen. Jack kann es sich nicht leisten, daß die Leute über seine Affären reden.‹«

Ein katholischer Politiker, der auf das Weiße Haus spekulierte und sich austobte, solange er ledig war, das war die eine Sache. Aber eine ganz andere Sache war es, wenn er als verheirateter Mann mit seinen Affären prahlte. Für den 36jährigen Jack war es wahrlich an der Zeit, erwachsen zu werden und seinen pubertären Exhibitionismus abzulegen.

Als der Tag der Trauung nahte, schien Jack tatsächlich bereit, seinen Lebenswandel zu ändern. Abrupt beendete er den über zwanzig Jahre geführten Briefwechsel mit Lem Billings, seinem homosexuellen Zimmergenossen aus Choate; von jetzt an würde es keine schamlosen Berichte über seine sexuellen Abenteuer mehr geben. Und im Bemühen, reinen Tisch mit Jackie zu machen, nahm er sie beiseite und erzählte ihr alles über sein Leben als zwanghafter Verführer.

»Jack befreite sich von einer Last«, sagte George Smathers. »Er beichtete ihr alles. Sie nahm es ganz gefaßt. Schließlich wußte sie, daß Jack ein Kennedy war und sein Vater alles andere als ein Muster an

Tugend. Was Jack ihr da bot, war keine Überraschung. Frauen ihrer Schicht und ihrer Generation waren dazu erzogen, solche sexuellen Eskapaden großzügig zu übersehen. Aber Jack redete zuviel, und er sollte dieses Gespräch noch bereuen. Er war genau wie Jackies Vater, Black Jack. Und beide konnten sich nicht ändern.«

Als Janet ins Zimmer zurückkam, teilte sie ihrer Tochter mit, daß Jack Bouvier betrunken in seinem Hotelzimmer säße.

Die Nachricht traf Jackie wie ein Schlag.

»Ich wußte, daß dein Vater so etwas machen würde, um die ganze Hochzeit zu verderben«, sagte Janet. »Ich habe es gewußt. Warum du darauf bestanden hast, daß er kommen sollte, um uns das anzutun, werde ich nie begreifen.«

»Wie betrunken ist er?« fragte Jackie.

»Betrunken genug«, sagte Janet.

Plötzlich ging Jackie auf ihre Mutter los. »Das ist alles deine Schuld!« schrie sie. »Du hast Daddy damit gedemütigt, daß du ihn von allen Vorfeiern ausgeschlossen hast. Kein Wunder, daß er sich betrinkt!«

Janet versuchte sie zu unterbrechen, aber Jackie ließ sich nicht bremsen. »Du konntest es nicht ertragen, daß Daddy auf Lees Hochzeit dabei war und sie an den Altar führte«, sagte Jackie. »Du hast versucht, Daddy von Newport fernzuhalten. Du hast nur Angst davor, was die Leute sagen – daß sie Daddy mit Onkel Hughdie vergleichen.«

»Ich werde es nicht dulden, daß Jack Bouvier an der Hochzeit teilnimmt!« schrie Janet.

Jackie funkelte ihre Mutter an.

»Sie wollte unbedingt von ihrem Vater an den Traualtar geführt werden«, bemerkte ihr Cousin John H. Davis, »aber bei all den Reportern und Fotografen, die Joe Kennedy zur Hochzeit eingeladen hatte, konnte sie da einen schwankenden Brautvater riskieren? War es nicht viel sicherer, zumindest im Hinblick auf die Öffentlichkeit, wenn Onkel Hughdie sie auf dem Gang zum Altar begleitete?«

Auf Jackies Gesicht zeigten sich die Spuren eines inneren Kampfes.

»Am Arm eines Hugh Auchincloss aufzutreten, das war natürlich viel prestigeträchtiger, als wenn ihr Vater diese Rolle übernommen hätte«, erklärte Jackies Stiefschwester Nina. »Und Jackie war immer sehr besorgt um den Eindruck, den sie machte. Bei den Reichen und Prominenten konnte man gar nicht besser fahren als an der Seite eines Auchincloss.«

Jackie brach in Tränen aus und rannte aus dem Zimmer.

Nur ein paar Meilen entfernt, im Viking Hotel, verfolgte Michael Canfield, Lees Mann, wie Jack Bouvier sich für die Feier ankleidete.

Michael hatte von Janet Auchincloss den heimlichen Auftrag erhalten, ihren vormaligen Gatten so betrunken zu machen, daß er es auf keinen Fall zur Trauung schaffen würde. Michael hatte das Zimmer reichlich mit Champagner und Spirituosen ausgestattet, mit Eis und allen nötigen Vorrichtungen, und dafür gesorgt, daß Jack Bouvier rund um die Uhr bedient wurde.

Bis jetzt schien das Komplott nicht aufzugehen. Sosehr ihn Michael auch zum Trinken ermunterte – Black Jack weigerte sich einfach, die Fasson zu verlieren.

Er war jedoch angetrunken, und seine Worte waren schleppend, als er Jackie sein »Allerheiligstes« nannte. Seine Gefühle für Jackie hatten immer einen inzestuösen Beigeschmack gehabt, und der Gedanke, sie hergeben zu müssen, machte ihm zu schaffen. Ihn ärgerte, daß er unter den vernichtenden Blicken der fürchterlichen Auchincloss-Sippe und ihrer versnobten Newporter Freunde den Mittelgang entlanglaufen sollten. Alle würden sie wissen, daß er nicht für die Hochzeit seiner eigenen Tochter aufkam. Aber trotz allem war er entschlossen, sich so zu verhalten, daß Jackie stolz auf ihn sein konnte.

Er stand im Frackhemd vor dem Spiegel, in Boxershorts, schwarzen Seidensocken und Sockenhaltern. Nach seinem Aufenthalt in Südfrankreich und in East Hampton war er tiefgebräunt. Und dank der Diät und der vielen Bewegung sah er bewundernswert sportlich aus. Sein neuer, maßgeschneiderter Cutaway hing frischgebügelt bereit. Auf der Kommode lagen die Manschettenknöpfe, die Kragenknöpfe und die Krawattennadel mit der Perle, die er von seinem verstorbenen Vater hatte.

146

Michael reichte ihm einen weiteren Drink, dann ging er ins Nebenzimmer und rief Jack Bouviers Zwillingsschwestern an, Maude und Michelle, die im nahegelegenen Hotel Munchener King übernachteten. Es solle schnell jemand vorbeikommen, Black Jack sei betrunken.

Die Schwestern schickten ihre Ehemänner – John E. Davis und Harrington Putnam.

»Kommst du zurecht, Jack?« fragte Davis, als sie eintrafen.

»Großartig«, sagte Jack und kippte einen neuen Drink hinunter. »Habe mich nie besser gefühlt.«

»Er hatte Probleme mit der Krawatte, und Putnam mußte ihm helfen«, berichtete John H., der Sohn von John E. Davids. »Dann suchte er vergebens nach seiner Krawattennadel und endete am Getränketablett mit dem Eiskübel, wo er sich einen neuen Drink machte.«

Eine Telefonkette wurde errichtet: John E. Davis und Harrington Putnam im Viking riefen ihre Frauen Maude und Michelle im Munchener King an, die Bouvier-Zwillinge riefen bei Janet Auchincloss auf der Hammersmith-Farm an. War Jack Bouvier einsatzfähig?

»Er war gewiß nicht volltrunken, aber er hatte etliche Drinks geladen, und die große Frage war, ob er geradeaus gehen und sich während der Trauung aufrecht halten konnte«, erklärte John H. Davis. »Um jeden Preis mußte verhindert werden, daß der Brautvater stolperte oder auf die Nase fiel, wenn sechshundert Leute einschließlich der Presse zuschauten ...«

»Jetzt mußte eine schnelle Entscheidung her, und die Verantwortung lastete schwer auf allen Beteiligten«, fuhr Davis fort. »Jack hatte angefangen, auf die Auchincloses zu schimpfen. Sie hätten ihn von allen Vorfeiern ausgeschlossen, und das wolle etwas besagen. [John E. Davis] und Putnam nahmen das jedoch nicht schwer – mein Vater hatte sich diese Auchincloss-Schimpfereien ein halbes Leben lang anhören müssen – und gelangten schließlich zu der Ansicht, daß Jack seinen Auftritt angemessen bewältigen würde ... Sicher, er hatte eine schwere Zunge und war etwas wacklig auf den Beinen, aber er war geistig und körperlich fit. Mein Vater und Harrington Putnam zweifelten nicht daran, daß Jack Bouvier in der Lage war, seine Tochter

Jacqueline an den Traualtar von St. Mary's zu führen und dabei eine gute Figur zu machen.«

»Das wurde den Zwillingen im Munchener King so mitgeteilt«, fuhr John H. Davis fort, »und sie leiteten es an die Hammersmith-Farm weiter. Aber dort stießen die beiden auf Granit. Janet Auchincloss wollte nichts davon hören. Hugh war jetzt bereit, Jackie zu führen. Die Zeit wurde knapp, bald mußte alles zur Kirche aufbrechen. Wenn die Zwillinge mit Jack Bouvier im Schlepptau kämen, sagte Janet zu ihnen, würden sie nicht eingelassen, und es würde eine häßliche Szene geben.«

»Behaltet ihn dort«, sagte Janet. »Und laßt ihn nicht aus dem Zimmer ... nicht mal für *eine Sekunde!*«

Eine Menge von mehr als 3000 Schaulustigen drängte sich an den Polizeisperren entlang der Spring Street, als Jackie vor dem Kirchenportal von St. Mary der Limousine entstieg. Drinnen schickte die Sonne ihre Strahlen durch die bunten Glasfenster. Ann Lowe, die Schneiderin, hielt die Brautschleppe hoch, damit niemand darauf trat. Bei den ersten Klängen des traditionellen Hochzeitsmarschs gab Ann Lowe die Schleppe frei, und Jackie schwebte am Arm von Hugh Auchincloss den Mittelgang entlang.

»Newport hatte sich auf der Brautseite versammelt, und die Kennedys auf der Seite des Bräutigams«, erinnerte sich Marion »Oatsie« Leiter, eine alte Bekannte aus Newport. »Die Newporter waren nur ein wenig besser gekleidet als für das Strandcafé – in schmucke Leinensachen. Die Kennedys waren piekfein angezogen, wie Neureiche der schicksten Sorte.«

»Ich glaube, Janet Auchincloss war entsetzt von diesen Kennedy-Freunden, diesen irischen Politikern mit Babygesichtern und blauen Anzügen, von denen es nur so wimmelte«, sagte Philip Geyelin, der ehemalige Redakteur der *Washington Post*. »Das war keine dieser gepflegten Newporter Veranstaltungen. Ich erinnere mich, daß die Newporter Herrschaften die Nase rümpften über die bulligen, ordinären Typen in ihren knallblauen Anzügen.«

John Kennedy, der sich geschmeidig zwischen diesen beiden Welten hin und her bewegte, erwartete Jackie am Altar. Er hatte rote Kratzer im Gesicht, weil er am Vortag beim Touchfootball-Spiel in die Dornenhecke gefallen war. Flankiert war er von zehn Brautjungfern in blaßrosa Taft und bordeauxroten Schärpen, sein Bruder Bobby war sein Trauzeuge.

Das Paar kniete nieder vor Hochwürden Richard J. Cushing, Erzbischof von Boston. Jacks Rücken meldete sich mit Schmerzen, die ihn durch die vierzig Minuten lange Trauungszeremonie begleiteten.

Schließlich erklärte Erzbischof Cushing sie zu Mann und Frau, Jack und Jackie tauschten einen züchtigen Kuß. Dann schritten sie lächelnd zum Ausgang und nickten den Gratulanten zu beiden Seiten des Mittelganges zu. Plötzlich entdeckte Jackie ein vertrautes Gesicht in einer Ecke, fast verborgen im Schatten.

Es war ihr Vater.

Was hatte er dort unter den Zuschauern zu suchen? War er betrunken? Wäre er nüchtern gewesen, hätte er rechtzeitig kommen und sie vor den Altar führen können. Was war passiert?

Black Jack hatte Tränen in den Augen, als er seine Tochter vorbeigehen sah. Er saß zusammengesunken in der Kirchenbank neben Jack Kennedys Freund Charles Spalding, der geholfen hatte, ihn hierher zu bringen.

»Jack hatte mich angerufen«, erinnerte sich Spalding. »»Kannst du mir einen Gefallen tun und Black Jack in die Kirche bringen?‹ Also kam Black Jack in die Kirche, ein bißchen wacklig auf den Beinen. Er begriff, daß er nicht an der Trauung teilnehmen durfte und sich im Hintergrund halten sollte. Ich saß während der Zeremonie neben ihm. Er machte keine Schwierigkeiten. Er saß nur da und verhielt sich völlig korrekt.«

Am Ausgang war Jackie von der Sonne geblendet. Sie hörte das laute Geschrei der Menge und das vertraute Klacken der Kameras. Allmählich gewöhnten sich ihre Augen an das Licht, und sie sah Hunderte von Leuten, die die Absperrungen durchbrachen. Die Polizisten versuchten, die Ausbrecher einzufangen und zurückzutreiben, aber sie wurden von der Menge überrannt, die vorwärts drängte, um den Senator und seine Frau aus der Nähe zu sehen.

Jack zog ein breites Lächeln und winkte. Er genoß das Bad in der Menge.

Aber Jackie schreckte zurück vor diesem öffentlichen Ausbruch ungezügelter Begeisterung. Die Fotografen bedrängten sie und ließen unaufhörlich die Auslöser klacken.

Jackie wurde wieder geblendet, völlig entnervt und verschreckt.

Im Abseits

Sie verbrachten eine Woche in Acapulco, in einer pinkfarbenen Villa mit Blick auf den Ozean.

Jackie schrieb ihrem Vater einen langen Brief der Vergebung, den ein Geschäftsfreund von Black Jack als »einen der bewegendsten, gefühlvollsten Briefe« beschrieb, die er je gelesen habe, und den »nur ein außergewöhnlich edler Geist verfaßt haben konnte«.

Jack fing einen fast drei Meter langen Fisch, spielte Tennis, lernte Spanisch mit einem Berlitz-Sprachführer und flirtete auf einer Party mit ein paar einheimischen Señoritas.

Dann flogen sie nach Los Angeles, fuhren auf der alten Küstenstraße nach Santa Barbara und mieteten sich Ende September in der San Ysidro Ranch ein. Während seiner großen Zeit in Hollywood hatte sich Joe Kennedy hier heimlich mit Gloria Swanson vergnügt. Die Luxusherberge war in den Ausläufern der Santa Ynez Mountains gelegen, und Joe hatte sie seinem Sohn als ideales Flitterwochenversteck empfohlen.

Aber die Neuvermählten waren kaum angekommen, als Jack sich auch schon langweilte.

»Ständig hat er gegen die Langeweile angekämpft«, sagte Charlie Bartlett. »Ich glaube, das war sein eigentlicher Antrieb – er konnte die Langeweile nicht ertragen, und er duldete keine Langweiler um sich. Das machte ihn so anstrengend, wenn man länger mit ihm zusammen war.«

Jack und Jackie bewohnten Hillside Cottage, eine Suite mit zwei Schlafzimmern im englischen Landhausstil mit viel Organdy und Chintz, an den Wänden bunte Jagdszenen. Jack meldete ein Gespräch zu Evelyn Lincoln an, und während er auf die Fernverbindung nach Washington wartete, schaute er aus dem Fenster. Hinter den Gipfeln der Eukalyptusbäume schimmerte der Pazifik.

»Was ist bei euch da drüben so los?« fragte er.

»Er bat mich, bestimmte Termine für ihn vorzubereiten«, erinnerte sich Evelyn Lincoln. »Er war weiter im Dienst: ›Besorg mir dies und mach mir das.‹ Ihm fehlte etwas, wenn er nicht im Zentrum des Geschehens stand. Mit den Gedanken war er woanders, aber ganz bestimmt nicht in den Flitterwochen.«

Wie Jack zu einem Freund gesagt hatte: »Was mich reizt, ist die Jagd, nicht die Beute. Wenn ich die Frau erstmal habe, interessiert sie mich nicht mehr.«

Nun, da er mit Jackie verheiratet war, schien die Jagd vorbei und damit offenbar auch die Spannung. Jackie war keine dieser reifen, üppigen Frauen, zu denen Jack sich sexuell hingezogen fühlte. Für seine Befriedigung waren sinnliche Frauen vonnöten, die im Bett keine Hemmungen kannten. Jackie konnte kokett sein, sie war fähig zu verspielten, romantischen Gesten. Aber sie war viel zu sehr Dame, um sich richtig gehenzulassen.

Jackie wußte, daß es für sie gefährlich wurde, wenn ihr Mann sich langweilte, und sie versuchte ihn mit der Drohung zu reizen, daß sie ihm dasselbe antun würde wie Black Jack ihrer Mutter, der sie während der Flitterwochen mit der Tabakerbin Doris Duke betrogen hatte.

»Laß dir deine Liebste nicht von einem Liebsten rauben«, sagte sie.

Sie wußte auch, daß sie Jacks Aufmerksamkeit am besten fesseln konnte, wenn sie an seine Eitelkeit appellierte, und sie hatte ein kleines Gedicht über ihn im Stil von Vincent Benét geschrieben:

> He would find love
> He would never find peace
> For he must go seeking
> The Golden Fleece. *

---

* *Sinngemäß: Er fand Liebe / aber niemals Frieden / denn er mußte suchen / das goldene Vlies.*

Aber Jack wurde immer unruhiger und fahriger. Als sie darüber sprachen, wo Jackie nach ihrer Rückkehr aus den Flitterwochen wohnen sollte, schlug er ihr vor, daß sie zu seinen Eltern nach Hyannis Port ziehen könne. Und wie wäre es, fügte er gleich an, wenn sie schon jetzt abfahren würde – während er allein nach San Francisco weiterreiste und seinen alten Freund von der Marine Red Fay besuchte?

Jackie lehnte diesen Vorschlag ab.

Ein paar Tage nach ihrer Ankunft auf der San Ysidro Ranch bat der Manager den Fotografen der *Santa Barbara News Press*, Hal Boucher, ein paar Aufnahmen von dem berühmten Paar zu machen, um damit für sein Hotel zu werben.

»Ich ließ Jack und Jackie auf die Kamera zulaufen«, sagte Boucher, »und machte ein paar Aufnahmen. Kennedy sagte sinngemäß zu mir: ›Ich hoffe, Sie schicken diese Bilder nicht herum, vor allem nicht an den *Boston Globe*. Meine Wähler werden sich nicht freuen, wenn sie sehen, daß ich mich hier bei strahlendem Sonnenwetter vergnüge.‹«

Boucher benutzte dieselbe schwere Reporterkamera, die Jackie beim Washingtoner *Times-Herald* mit sich herumgeschleppt hatte, aber sie zeigte nicht das geringste Interesse.

»Sie war sehr stumm«, erinnerte sich Boucher, »und hat kaum zwei Worte gesagt. Ich gewann den Eindruck, daß Kennedy ihr befohlen hatte zu schweigen – gegen ihren Willen.«

Nach dem Fototermin gingen Jack und Jackie zu Fuß die East Valley Road hinab zur San Ysidro Pharmacy, einem rustikalen Einkaufszentrum mit Andenkenshop und Café. Er kaufte einen Armvoll Zeitschriften, unter ihnen *Time*, *Harper's* und *Atlantic Monthly*, dazu die Tageszeitungen.

Jack überflog die Schlagzeilen. Während er in die Flitterwochen gefahren war, hatte Senator Joseph McCarthy geheiratet, die Vereinigten Staaten und Frankreich hatten einen neuen Plan zur Zerschlagung des Kommunismus in Vietnam angekündigt, und Präsident Eisenhower hatte Earl Warren, den Gouverneur von Kalifornien, zum Obersten Richter ernannt.

»Es war gerade eine Hitzeperiode«, sagte Carol Crowely, damals

Verkäuferin in der Pharmacy. »Jackie trug ein kurzärmliges Baumwollkleid mit Blumenmuster und weitem, rundem Halsausschnitt. Ihr Haar war kurzgeschnitten, und sie war kaum geschminkt. Kennedy kam in kurzen Hosen. Sein Haar war ein einziges Durcheinander. Dieser Junge hatte dringend eine Erfrischung nötig. Sie setzten sich und bestellten Sodawasser. Und dann passierte das Seltsame. Er saß da und las die Zeitungen und Magazine. Er ignorierte sie völlig. Dreißig Minuten lang saß sie einfach nur da und schaute in die Gegend, ohne daß jemand mit ihr sprach.«

9

Was Jackie wußte

Oktober 1953 – Dezember 1955

Szenen einer jungen Ehe

Der Plattenspieler war so laut aufgedreht, daß Jackie das Telefon nicht gleich klingeln hörte. Es war später Nachmittag, und sie war noch immer in Pyjama und Morgenmantel. Sie wanderte in dem bescheidenen Reihenhaus herum, das sie nun in Georgetown bewohnten, sie rauchte, kaute Nägel und sang das Lied auf der Platte mit.

»... Hurry home, come home to me, set me free, free from doubt and free from longing ...«

Endlich bemerkte sie das hartnäckige Klingeln und nahm den Hörer ab. Es war Jacks Sekretärin Evelyn Lincoln.

»Der Senator verläßt jetzt das Büro«, teilte ihr Evelyn mit.

Jackie ging in die Küche und begann mit dem Kochen. Wie die meisten jungen Ehefrauen in den frühen fünfziger Jahren begeisterte sie sich für die modisch gewordene Gourmet-Küche. Aber sie besaß kein ausgeprägtes Talent für diese Sparte der Hausfrauentätigkeit.

Was ihr lag, war Innenarchitektur. Sie hatte das Wohnzimmer mit französischen Antiquitäten aus dem 18. Jahrhundert ausgestattet, mit gerahmten Zeichnungen und handgearbeiteten Polstermöbeln. Sie hegte eine Leidenschaft für Taftvorhänge, und obwohl das Haus nur gemietet war, gab sie viel Geld für die gestreiften Stoffe und die eigens angefertigten Vorhänge und dazu passenden Bettüberwürfe aus.

Als das Haus fertig eingerichtet war, blieb jedoch nichts mehr für sie zu tun. Sie war erst vierundzwanzig, und trotz einer gewissen Weltläufigkeit war sie nur ungenügend auf die Verpflichtungen des

Ehelebens und auf die Turbulenzen des politischen Tagesgeschäfts vorbereitet. Sie wollte Jack glücklich machen, aber sie wußte nicht wie.

Sie widmete sich der Zubereitung des Abendessens.

»Ich kannte natürlich diese albernen Geschichten über jungverheiratete Frauen, die alles anbrennen lassen«, erzählte sie einmal, »und alles lief bestens, bis ich plötzlich vor lauter Rauch nichts mehr sah. Und als ich die Kasserolle mit dem Fleisch aus dem Ofen ziehen wollte, hakte die Klappe irgendwie aus, die Kasserolle rutschte raus, das Fett spritzte, ein Kotelett fiel auf die Erde, und ich legte es trotzdem auf den Teller. Die Schokoladensauce fing an zu brennen und explodierte, was für ein Gestank! Ich bekam den Löffel nicht mehr aus der Schokolade. Sie war hart wie Stein. Und währenddessen verkochte der ganze Kaffee.«

Als sie für einen Tag zum Einkauf in New York war, betrat sie Helena Rubinsteins Salon auf der Fifth Avenue Ecke 52. Straße und fragte nach Lawrence, ihrem Friseur.

»Lawrence ist heute krank«, sagte die Empfangsdame. »Dürfen wir Ihnen jemand anders empfehlen?«

Die Empfangsdame hielt die Lippen dicht ans Mikrophon und verkündete über die Lautsprecheranlage: »Kenneth, bitte zur Rezeption.«

Wenig später erschien ein hochgewachsener, schlanker Mann Ende Zwanzig am Pult. Er stellte sich bei Mrs. Kennedy mit seinem vollen Namen vor – Kenneth Battelle.

Der aus dem Staat New York stammende Kenneth hatte klein angefangen und seine Kunst bis zu der Höhe entwickelt, daß er Gillis McGill und Melissa Weston frisierte – die zwei Top-Models jener Zeit – und praktisch alle Moderedakteurinnen der New Yorker Magazine. Er führte Jackie an seinen Platz und musterte ihr dickes, kräftiges Haar im Spiegel.

»Mm–hmm«, sagte er schließlich. »Ich glaube, Ihr Haar ist zu kurz.«
»Wieso?« fragte Jackie.
»Nun, Sie sind sehr groß und haben einen kräftigen Knochenbau. Ich glaube, deshalb wirkt Ihr Kopf zu klein, und Ihr Haar kräuselt sich zu sehr.«

»Glauben Sie wirklich?« fragte Jackie. Noch nie hatte ein Friseur so mit ihr gesprochen.

»Ja«, sagte Kenneth. »Wir können Wickler benutzen, um die Stirnhaare zu glätten und zu strecken, damit sie länger aussehen.«

»Gut«, sagte Jackie. »Machen Sie das.«

»Sie müssen sich vergegenwärtigen, daß die Frauen damals ihr Haar sprayten bis zum Gehtnichtmehr«, erklärte Kenneth, als er von seiner ersten Begegnung mit Jackie berichtete. »Ich hab mit den Modemagazinen diese Straßenaktionen gemacht und die Frauen befragt: ›Haben Sie Probleme mit Ihrer Frisur?‹ Sie sagten dann: ›O ja, der Wind weht mir ins Haar.‹ Heute kann man darüber lachen, doch damals mußte eine Frisur fest wie Beton sein. Aber manche Leute entwickeln einfach ihren persönlichen Stil. Wie zum Beispiel Mrs. Paley – und auch Mrs. Kennedy. Sie kümmerte sich nicht um die neueste Mode. Sie war, wer sie war. Sie pflegte ihren *eigenen* Look.«

Eines Tages nahm Jackie an einer Wohltätigkeitsaktion der Senatorengattinnen für das Rote Kreuz teil. Dort im Russell-Building des Senats traf sie nun auf die Frauen, deren Ehemänner sich in ihrem Haus in Georgetown auf die Sessel fläzten, die Sèvres-Aschenbecher zerbrachen und die Kippen in die Blumenvasen warfen. Trotzdem bemühte sich Jackie, die Rolle der Politikergattin perfekt zu spielen. Sie gab sich mit Leuten ab, die sie langweilten, war bezaubernd zu Männern und Frauen, die sie nicht mochte, und ignorierte diejenigen, die in Jacks Terminkalender keine Rolle spielten.

In früheren Zeiten hätte ein 36jähriger Senator mindestens ein paar Jahrzehnte warten müssen, bevor er an eine Präsidentschaftskandidatur denken konnte. Aber das Fernsehen hatte alles verändert, und die amerikanische Politik wurde zur PR-Angelegenheit.

Der entspannte, gelassene Jack mit seinem selbstironischen Humor erwies sich als der telegenste Politiker Amerikas. In den Monaten nach der Hochzeit erschien er in Fernsehsendungen wie Edward R. Murrows *Person to Person*, in *Time's Man of the Year Review*, *Meet the Press* und vielen anderen.

»Das war wirklich eine verdammte Geschichte«, sagte Lyndon B.

Johnson später. »Da kam so ein junger Schnösel, von der Malaria gezeichnet, gelb und kränklich. Im Senat hat er kaum den Mund aufgemacht und auch sonst nichts zuwege gebracht ... Nun, ich muß zugeben, er hatte einen gewissen Humor, und er wirkte unglaublich gut auf diesem verdammten Bildschirm. Und bei alledem war er auch ein anständiger Kerl. Aber wie er das amerikanische Volk zunehmend in seinen Bann zog, das blieb mir ein Rätsel.«

Kennedys PR-Maschine begann Artikel für Zeitungen und Magazine auszuspucken. Etliche von ihnen, die unter seinem Namen erschienen, wie zum Beispiel »Ein Senator aus der Stadt nimmt die Probleme der Farmer unter die Lupe«, waren von Jacks neuem, brillanten Ghostwriter Theodore Sorensen verfaßt. Gelegentlich erhielten ausgewählte Journalisten Zugang zu dem perfekten jungen Paar und durften dabeisein, wenn Jack und Jackie ihre Edelhobbys ausübten – wenn sie segelten, Ölbilder malten oder sich gegenseitig Gedichte vorlasen.

Allerdings wurde in diesen Porträt-Artikeln verschwiegen, daß Jack nur selten bei seiner Frau zu Hause war.

»Im ersten Jahr unserer Ehe«, berichtete Jackie, »lebten wir aus dem Koffer wie Zigeuner. Es ging sehr turbulent zu. Jack hielt überall im Land seine Reden, und er war nie länger als zwei Nächte in Folge zu Hause ... Fast jedes Wochenende war ich allein. Nichts stimmte. Die Politik war so etwas wie mein Feind.«

Aber sie setzte sich für Jack in Bewegung. Und so fand sie sich denn im riesigen Caucus Room des Senatsgebäudes mit den marmorierten Säulen, den Kronleuchtern und dem dicken burgunderroten Teppichboden, um mit den Frauen der anderen Senatoren zu plaudern. Vor dem Bankett und der symbolischen Bindenwickel-Aktion gingen die Frauen in eine Garderobe, zogen die Kleider aus und legten die Kluft des Roten Kreuzes an. Jackie trug feine Seidenunterwäsche, und manche Frauen kamen zu ihr und fragten, ob sie einmal anfassen dürften. Dieses Benehmen erfüllte sie mit Grausen.

Allmählich jedoch gewöhnte sie sich an ihre Rolle.

Sie ging ins Kapitol, setzte sich mit anderen Senatorengattinnen auf die Galerie und schaute zu, wie ihr Mann seinem Regierungsgeschäft nachkam und Reden hielt. Auch ihre Lesegewohnheiten änderte sie. Erstmals las sie nicht nur den Mode- und Kulturteil der Zeitung, sondern warf einen Blick auf die politischen Artikel der Titelseite. Als sie einsah, daß sie weder von Innen- noch von Außenpolitik etwas verstand – das waren die Themen, die Jack am meisten interessierten –, versuchte sie diesem Mangel abzuhelfen, indem sie einen Kurs in amerikanischer Geschichte am außenpolitischen Institut der Georgetown University belegte.

Trotzdem hatten es Jack und Jackie nicht leicht miteinander.

Jacks Wirbelsäule machte wieder Schwierigkeiten. Wenn ihn der Rücken schmerzte, war er reizbar und unduldsam. Und er steckte in einem gewissen Dilemma. Damit ihn seine Wähler in Massachusetts nicht für einen Krüppel hielten, versteckte er seine Krücken, wenn Besucher ins Büro kamen.

Jackie hingegen wurde einfach nicht schwanger, sosehr sie sich auch bemühte. Derartiges hatte Joe Kennedy schon vorausgesehen, als er zu Morton Downey sagte: »Aber Porzellanpuppen kriegen keine Babys.« Im stillen gaben die Kennedys ihr die Schuld daran, daß der Nachwuchs ausblieb, obwohl es dafür nicht die geringsten Anhaltspunkte gab.

Tatsächlich war Jack schon länger von der Sorge erfüllt, daß ihn seine chronische Geschlechtskrankheit – nichtgonorrhoische Urethritis oder eine Bakterieninfektion – unfruchtbar machte. Im ersten Ehejahr besuchte er Dr. William P. Herbst, einen bekannten Bostoner Urologen, und unterzog sich einem Spermatest, um herauszufinden, ob er überhaupt fähig war, Kinder zu zeugen.

Auch Jackie vertraute er seine Befürchtungen an. Sie wußte, daß er enorme Mengen Antibiotika einnahm, um die Erreger seiner Geschlechtskrankheit zu bekämpfen, und sie lebte in der ständigen Angst, daß er sie infizieren könnte.

Dr. Attila Toth, Spezialist auf dem Gebiet infektionsbedingter Unfruchtbarkeit, sagte dazu: »Ein Mann mit nichtgonorrhoischer Urethritis kann eine Frau unter Umständen schwängern. Beim ersten Verkehr jedoch wird die Frau infiziert, die Bakterien nisten sich zumeist in ihr ein, und nachfolgende Schwangerschaften können davon betroffen werden. Ihr zweites Baby könnte vorzeitig zur Welt kommen, es kann zu Fehlgeburten kommen.«

»Außerdem«, führte Dr. Toth weiter aus, »können einige dieser Bakterien die Eierstöcke infizieren, die dadurch nach einer Entbindung träge werden und auch die Hormonproduktion vermindern, so daß der Hormonmangel eine schwere Depression von manchmal mehreren Monaten Dauer verursachen kann.«

Am 2. Mai 1954, einem Sonntagabend, nahmen Jack und Jackie an einem Ehrenbankett teil, Anlaß war der fünfunddreißigste Geburtstag von Langdon Marvin. Es fand statt im F-Street Club, einer viktorianischen Villa, die einst der berühmten Washingtoner Salondame Laura Gross gehört hatte.

Vierundzwanzig prominente Washingtoner versammelten sich im Salon des Clubs, der seit 1933 bestand. Die Mitglieder – zu ihnen zählten auch Arthur Krock und Hughdie Auchincloss – hatten die Räumlichkeiten wie eine Privatwohnung ausgestattet: mit bequemen Polstermöbeln, roten Teppichen, Kronleuchtern und einem Ölgemälde von Laura Gross.

Timothy, der Butler, servierte Cocktails. Langdon Marvin trank mehr als je zuvor, und er sah furchterregend aus. Oft endete er nachts in der Gosse, sein Verhalten war unberechenbar geworden. Man munkelte, daß er sich bei seinen homosexuellen Annäherungsversuchen in Schmuddelbars schon mehrmals eine blutige Nase geholt hatte.

Nach den Drinks begaben sich die Gäste ins Speisezimmer, und Jack saß neben Priscilla Johnson, die mit ihren markanten Wangenknochen und ihrer Kleinmädchenstimme eine entfernte Ähnlichkeit mit Jackie hatte. Priscilla war früher einmal in Jacks Büro wissenschaftliche Mitarbeiterin gewesen, und jetzt war sie als Russisch-Übersetzerin des *Current Digest of the Soviet Press* in New York beschäftigt.

»Ich habe geheiratet, damit die Leute nicht denken, ich wäre schwul«, sagte Jack zu Priscilla.

»Ich saß rechts neben ihm«, sagte Priscilla, »und er spielte dieses Spiel mit mir, aber er schaute dabei die ganze Zeit über die Blumen auf dem Tisch zu Jackie hinüber. Er verschlang sie mit den Augen. Sie war wie eine Trophäe. Er war stolz, sie zu besitzen.«

Jack spielte mit seinem Essen, und gleichzeitig spielte er mit Priscilla.

»Er ließ sich in einer Weise gehen«, sagte Priscilla, »die keine Frau dulden kann, wenn sie nur ein bißchen Ehrgefühl hat. Vor den Augen seiner Frau machte er mir Avancen, und ich bekam den Eindruck, daß er es darauf anlegte, zurechtgewiesen zu werden.«

Wie viele irisch-katholische Männer seiner Zeit teilte Jack das weibliche Geschlecht in zwei Kategorien – in hurenhafte Frauen für das Vergnügen und in madonnenhafte Frauen, die zum Kinderkriegen da waren. Sex war entweder animalisch (und lustvoll) oder sauber (und langweilig). In jedem Fall aber mußte sich der Mann überlegen fühlen und den weiblichen Reizen gegenüber immun bleiben.

Aber Jack hatte auch seinen privaten Ehrenkodex. Nie versuchte er Frauen zu bestechen oder zu nötigen, damit sie sich ihm hingaben. Das war einfach nicht seine Methode. Er setzte die Frauen weder unter Druck noch zwang er sie. Er versprach ihnen keine Jobs, Geschenke oder Geld. Seine Methode war die Nonchalance. Und das war einer der Gründe für die außergewöhnliche Macht, die er über Frauen hatte. Er schien sich nicht um sie zu bemühen.

Die Washingtoner waren lüsterne Politiker gewöhnt. Das Besondere an Jack war, daß er ganz offen flirtete – in Gegenwart seiner Frau. Die Anwesenden erwarteten dann irgendeine Reaktion von ihr, sie starrten sie an und warteten, daß sie explodierte. Aber Jackie verhielt sich immer so, als würde sie nicht merken, was Jack da trieb, obwohl nur ein Blinder es hätte übersehen können.

Aber die Freunde stellten eine Veränderung an Jackie fest.

»Sie war nicht mehr die sorglose, glückliche Jackie Bouvier, die wir kannten«, sagte Charlie Bartlett. »Sie war viel würdevoller geworden.«

Jack konnte nicht verstehen, warum Jackie unglücklich war.

»Jack schätzte sie sehr«, sagte Chuck Spalding. »Er leuchtete richtig auf, wenn sie kam. Man konnte es an seinen Augen sehen. Sie folgten allen ihren Bewegungen, wenn sie durch das Zimmer ging. Jackie *interessierte* ihn, und das kann man nicht von vielen Frauen sagen. Leider aber reichte das nicht aus. Es gab viele Arten, mit einer Frau umzugehen, aber nach seiner Meinung nur eine Art, mit einer Ehefrau umzugehen – nämlich so, wie sein Vater seine Mutter behandelte.«

»Jack versicherte uns immer, daß Jackie nichts davon mitbekam«, sagte Jim Reed. »Dabei war es offensichtlich, daß sie genau wußte, was vor sich ging. Er war in vieler Hinsicht sehr diszipliniert. Die Disziplin war letztlich das Geheimnis seines Erfolges. Aber wenn Frauen ins Spiel kamen, wurde er ein anderer Mensch – genau wie Jekyll und Hyde.«

»Einerseits muß Jackie gewußt haben, daß sie sich auf eine Ehe mit einem 36jährigen Playboy einließ«, sagte Lem Billings, »andererseits ahnte sie nicht, in welch tiefem Maße Jack auf andere Frauen angewiesen war. Auch war sie nicht gefaßt auf die Demütigungen, die sie ertragen mußte, wenn sie auf irgendeiner Party hängenblieb, weil Jack plötzlich mit irgendeinem jungen Girl verschwunden war. Vor der Heirat hatte sie, glaube ich, Jacks Anziehungskraft auf andere Frauen noch irgendwie aufregend gefunden – vielleicht erinnerte sie das an den Zauber, den ihr Vater, der Wüstling, zeitlebens auf die Frauen ausübte –, aber als sie verheiratet war und sie als die Betrogene dastand, war es viel schwerer, damit fertig zu werden.«

Kollaps und Katastrophe

Kurz nachdem der Kongreß im August 1954 in die Sommerpause gegangen war, flog Jack nach Hyannis Port. Der Vater war entsetzt über das Aussehen des Sohnes. Dessen Gewicht war von achtzig auf unter siebzig Kilo gesunken, und sein Gesicht wirkte fahl.

»Mit meinem Rücken wird es immer schlimmer«, erklärte Jack. »Ich schaffe es nicht mehr in den Senatssaal, wenn ich gerufen werde, damit ein beschlußfähiges Minimum zusammenkommt, nicht einmal auf Krücken. Wenn mir ein Zettel oder Stift herunterfällt, muß ich Evelyn Lincoln rufen, damit sie ihn aufhebt. Der Schmerz ist so schlimm, daß ich nicht mehr schlafen kann.«

Joe hörte Jack zu, aber er war ihm wieder einmal einen Schritt voraus. Es hatte sich längst Sorgen gemacht, daß die Krankheit die politische Karriere seines Sohnes gefährden könnte. Von Ted Reardon, einem von Jacks Mitarbeitern, hatte er gehört, daß die Zeitungsreporter schon zu schnüffeln begannen: *Ist es wahr, daß Senator Kennedy Krebs hat? Wird er aus der Politik aussteigen?* Ernest Warden, ein Journalist aus Boston, forderte Ted Reardon schließlich auf, die Krankengeschichte des Senators offenzulegen, um das Geheimnis ein für allemal zu lüften.

»Nein«, hatte Reardon darauf erwidert. »Old Joe will das nicht.«

Jack erklärte seinem Vater, daß er die besten Spezialisten der USA konsultiert hätte – Dr. Philip D. Wilson von der New Yorker Klinik für Spezialchirurgie und ein Team von orthopädischen Chirurgen der Lahey Clinic in Boston. Wenn er sich nicht einer komplizierten Operation der Wirbelsäule unterzog, würde er zum Krüppel werden, darin waren sich alle einig.

»Ich lasse mich unters Messer nehmen«, sagte Jack zu seinem Vater.

Die Ärzte hatten eine Operation in zwei Phasen vorgeschlagen – erst eine lumbosakrale Fusion, dann eine iliosakrale Fusion. Jack war entschlossen, alles auf eine Karte zu setzen und beide Operationen in einer Prozedur hinter sich zu bringen.

Die Sache hatte jedoch einen Haken. Wegen der Addison-Krankheit, die seine Anfälligkeit für Infektionen bedeutend erhöhte, machte Dr. Ephraim Shorr, Chefarzt des Endokrinologischen Dienstes des Cornell Medical Center am New York Hospital beträchtliche Zweifel geltend, ob der Senator das schwere Trauma, das mit dieser Operation einherging, überleben würde.

»Wie schätzen die Ärzte deine Chancen ein, die Operation lebend zu überstehen?« fragte Joe.

»Nicht besser als Fifty-fifty«, erwiderte Jack. »Aber ich möchte lieber tot sein, als für den Rest meines Lebens mit diesen verdammten Krücken herumzulaufen.«

Nach dem Tod von Joe Junior hatte die Familie Kennedy alle ihre Erwartungen auf Jack geworfen. Er verkörperte ihre Hoffnungen und Zukunftsträume. Aber er war bereit, sich einer Operation zu unterziehen, die riskanter war als ein Russisches Roulette. Für die Kennedys bedeutete das eine Katastrophe.

Joe hielt seinem Sohn leidenschaftliche Vorträge, daß er auch im

Rollstuhl ein reiches, erfülltes Leben führen könne. Er solle sich nur einmal an die unglaublichen Leistungen erinnern, die Franklin D. Roosevelt trotz seiner körperlichen Behinderung vollbracht habe.

Aber die Mühe war vergeblich. Zum ersten Mal war Joe machtlos gegenüber seinem Sohn. Jack hatte schon seine eigenen Entschlüsse gefaßt.

»Mach dir keine Sorgen, Dad«, sagte Jack. »Ich schaffe es schon.«

Gegen Mitternacht ging Joe zu Bett, aber er fand keinen Schlaf. Um ein Uhr stand er wieder auf und setzte sich in die kleine Bibliothek neben dem Wohnzimmer. Seine Gedanken wanderten zurück zu dem letzten Brief, den er von Joe Junior erhalten hatte und in dem der geliebte Erstgeborene versicherte, daß sein freiwilliger Bombereinsatz völlig ungefährlich sei.

Gequält schrie Joe auf. Sein Schrei war so laut, daß er durch das ganze Haus schallte und Rose im Obergeschoß aus dem Schlaf riß.

Jackie verbrachte die Nacht vor der Operation bei Jack im Krankenzimmer der New Yorker Klinik für Spezialchirurgie. Am frühen Morgen des 21. Oktober wurde Jack eine Opiumspritze verabreicht. Eine Stunde später kam der Pfleger und hievte den abgemagerten Patienten auf die Rollbahre.

Jackie hielt Jacks Hand, während er aus dem Krankenzimmer und den Flur entlang geschoben wurde. Vor dem Aufzug beugte sie sich über ihn, flüsterte ihm etwas ins Ohr und küßte ihn zum Abschied auf den Mund. Sekunden später hatten sich die Aufzugtüren hinter ihm geschlossen, und sie stand allein im kalten Neonlicht.

»Es war das erste Mal in meinem Leben, daß ich wirklich gebetet habe«, sagte Jackie.

Als Jack im Operationssaal in die Narkose abglitt, war ihm noch kurz bewußt, daß er vielleicht nie wieder erwachen würde. Ein Atemschlauch wurde ihm in die Luftröhre geschoben, und er wurde auf den Bauch gelegt. Die Chirurgen Dr. Wilson und Dr. Shorr begannen mit der Rückenoperation. Während der dreistündigen Operation erhielt er zwei Liter Blutkonserven.

Das Krankenhaus gab ein Bulletin mit der Mitteilung heraus, daß die Operation erfolgreich verlaufen und der Patient in guter Verfassung sei. Aber am dritten Tag nach der Operation wurden die schlimmsten Befürchtungen der Ärzte wahr. Jack hatte sich eine Staphylokokkeninfektion der Harnwege zugezogen, und sie breitete sich rasch in seinem Körper aus. Antibiotika halfen nicht; Jacks Immunsystem war zu geschwächt, um zu reagieren. Jack kam auf die Liste der Todeskandidaten.

Dann fiel er ins Koma.

An jenem Abend rief Dr. Wilson Jacks Eltern und Jackie ins Krankenhaus und teilte ihnen mit, daß der Patient die Nacht wahrscheinlich nicht überleben werde. Noch jungverheiratet, war Jackie kurz davor, schon Witwe zu werden.

In Tränen aufgelöst, rief Joe seinen alten Freund an, Kardinal Francis Spellman, Erzbischof von New York, und bat ihn, ins Krankenhaus zu kommen und das Ritual der Letzten Ölung an seinem Sohn vorzunehmen.

Der Kardinal, eine machtvolle Gestalt in der amerikanischen katholischen Kirche, erschien binnen einer Stunde. Der winzige Mann mit den kleinen Händen und dem pausbäckigen Unschuldsgesicht legte die Purpurstola an und blieb mit Jack allein, um ihm die Beichte abzunehmen. Dann öffnete er die Tür und winkte Joe, Rose und Jackie herein, um sie an der heiligen Kommunion teilhaben zu lassen.

»Indulgentiam, absolutionem, et remissionem peccatorum tuorum tribuat tibi omnipotens et misericors Dominus ...«

»Amen«, sagten Joe und Rose.

»Ecce Agnus Dei, ecce qui tollit peccata mundi ...«

»Amen«, schluchzte Jackie.

Dann versah der Kardinal Jacks Augen, Ohren, Nase, Mund, Hände und Füße mit der Letzten Ölung.

Ein untröstlicher Joe Kennedy besuchte Arthur Krock in seinem Büro bei der *New York Times*. Krock hatte Joe erst einmal in dieser Verfassung erlebt – nach dem Tod von Joe Junior.

»Jack stirbt«, sagte Joe.

»Und dann weinte er«, berichtete Krock, »zum ersten und letzten Mal in meiner Gegenwart.«

Profile des Opportunismus

Jack überlebte die Nacht.

In den nachfolgenden zwei Wochen kämpfte er mit dem Tod, und als der November kam, wurde er von der Liste der Todeskandidaten gestrichen. Aber sein Zustand blieb ernst, und Joe und Jackie wichen nicht von seiner Seite.

»Jackie brachte ihm Berge von Zeitungen und Zeitschriften«, sagte Evelyn Lincoln, »aber seine Lesegeschwindigkeit, früher gemächlich, war jetzt rasant geworden. Er konnte sich so schnell durch die Presse arbeiten, daß es unmöglich wurde, ihn mit Nachschub zu versorgen.«

Jack rief Freunde an und bat sie, Bücher zu schicken.

»Um Himmels willen, Oatsie, hast du irgendwas zu lesen für mich?« fragte er Marion Leiter, seine Washingtoner Party-Bekannte.

»Magst du Spionageromane?«

»Sicher.«

»Ich hab hier einen Engländer, der gerade ein Buch geschrieben hat. Es heißt *Casino Royale* und könnte dir gefallen. Ian Fleming heißt der Mann.«

Oatsie war nicht die einzige, die den jungen Senator aufzumuntern versuchte. Eines Abends erschien Jackie in einem eleganten schwarzen Kostüm, ausgehfertig zurechtgemacht.

»Wo willst du hin?« fragte Jack.

»Ich treffe mich mit einem anderen Mann«, sagte sie und aß den Kartoffelbrei von seinem Teller. »Weißt du, Jack, es gibt eine Menge Männer, die mit mir ausgehen wollen.«

Jack lächelte, ihm machte ihre Fopperei Spaß.

Lee kam mit dem Flugzeug aus London und schmückte sein Krankenzimmer mit Luftballons, die sie am Fußende des Bettes festband. Jackie kaufte ein Spielzeuggewehr, damit er die Ballons abschießen konnte. Hélène Arpels brachte ihm zwei Goldfische in einem durchsichtigen Plastikbeutel. Langdon Marvin schmuggelte ein paar Schlaftabletten herein. Und Jacks alte Flamme, Flo Pritchett Smith, brachte Grace Kelly dazu, sich als Nachtschwester zu verkleiden und Jack einen Überraschungsbesuch abzustatten.

»Jack, Jack, wach auf«, flüsterte Grace, die gerade einen Oscar für ihre Darbietung in *Das Mädchen vom Lande* erhalten hatte.

Jack schlug die Augen auf und blickte in das Gesicht einer kühlen, blonden Schönheit. Er lächelte.

»Grace?« brummte er. »Bist du's wirklich?«

»Ja, Jack. Und du wirst wieder gesund.«

Arme, Beine und Hals steckten im Streckverband, doch mit Hilfe einer Metallstange gelang es ihm, sich ein paar Zentimeter aufzurichten. »Wenn ich hier rauskomme, ist mein erster Tanz für dich reserviert.«

»Das Wunderbare an ihm war, daß er sich über seine eigenen Schmerzen lustig machen konnte«, sagte Chuck Spalding. »Alles verwandelte er in eine witzige Bemerkung, manchmal auf Kosten des Arztes, der Schwestern, des Krankenhauses, der medizinischen Wissenschaft oder seiner selbst.«

»Er lachte ohne viel Geräusch, aber sein Lachen war echt«, fuhr Spalding fort. »Es war kein schallendes Gelächter, eher ein Kichern, aber es kam von Herzen ... Und er spann das, was ihn zum Lachen gebracht hatte, immer noch ein Stück weiter. So hat er sich befreit. Bis der Schmerz ihn müde machte, dann schlief er ein.«

Jack versuchte mit Hilfe der Zeitungen und des Fernsehens auf dem laufenden zu bleiben. Doch nachdem er jahrelang im Mittelpunkt des Geschehens gestanden hatte, fühlte er sich nun als passiver Beobachter, während sich da draußen hochdramatische Dinge abspielten.

Während seiner Genesung entschied das Oberste Gericht, daß die Doktrin der Rassentrennung im Schulwesen verfassungswidrig sei, die kommunistischen Vietminh stürmten die französische Garnison in Dien Bien Phu. Und der Senat brachte endlich ein Mißtrauensvotum gegen Senator Joseph McCarthy ein, mit dem die Kennedys eng befreundet waren, auch bei den irisch-katholischen Wählern in Massachusetts genoß McCarthy große Popularität.

Jack verzichtete auf seine Fernstimme und entschied sich damit weder für noch gegen McCarthy – ein Akt des Opportunismus, der ihm in den kommenden Jahren von den liberalen Demokraten sehr zum Vorwurf gemacht wurde.

Zwei Monate nach der Operation entschied Jacks Vater, ihn für die Weihnachtsfeiertage nach Palm Beach zu holen, obwohl er noch immer sehr geschwächt war. Auf dem Weg zum Flughafen leistete ihm Jackie im Krankenwagen Gesellschaft. Sie trug einen schwarzen Mohairmantel und dazu eine weiße Baskenmütze. Es war ein kalter Tag mit stürmischen Böen, der Schnee wirbelte um das Flugzeug, der Wind pfiff über die Rollbahn. Jackie stieg aus und beaufsichtigte die mit Lederjacken bekleideten Sanitäter, die nun die Bahre aus dem Krankenwagen zogen.

Jacks Kopf war unbedeckt und auf ein weißes Kissen gebettet. Er selbst war in eine karierte Decke gepackt und mit einem Gurt festgeschnallt. Als ein Windstoß unter die Decke fuhr und Jacks Brust freilegte, schob ihm eine Krankenschwester mit weißen Handschuhen die Decke schnell wieder unters Kinn. Die Bahre wurde über die Gangway ins Flugzeug gehoben.

Etliche Stunden später erreichten sie die Kennedy-Villa am Ocean Boulevard 1095, die hinter einer hohen Mauer verborgen war. Das große Haus hatte zwei Flügel, der eine davon war für Jack in ein provisorisches Krankenhaus verwandelt worden. Es ging bei den Kennedy-Kindern und ihren Gästen sehr lebhaft zu, und durch die offenen Fenster hörte Jack das Rascheln der Palmwedel und das Rauschen der Brandung.

Die Vormittage verbrachte Jack im Bett, rundum gepflegt von Jackie, die auch die häßliche, eiternde Wunde in seinem Rücken versorgte.

Eines Morgens erschien sie, um ihn aufzuheitern, in einem dünnen, einteiligen Badeanzug mit Pünktchenmuster. »O Gott«, sagte sie, »ich sehe aus wie eine billige kleine Sekretärin.«

Doch trotz ihrer Anstrengungen zeigte Jack keine Anzeichen der Besserung. Seine Gemütsverfassung, sonst ausgelassen und fröhlich, verdüsterte sich.

»Es war eine schreckliche Zeit«, sagte Lem Billings. »Er war verbittert und bedrückt. Wir waren nahe daran, ihn zu verlieren. Nicht als Menschen, sondern als Persönlichkeit.«

Jackie wurde depressiv. Wenn niemand hinsah, schlich sie in die Küche, naschte löffelweise Kaviar und trank dazu Wodka. Als Kind eines Trinkers hatte sie sich immer vor den Tücken des Alkohols gehütet. Doch nun plötzlich suchte sie Trost in der Flasche, und es schien ihr nichts auszumachen.

Die Tage vergingen, und die Wunde in Jacks Rücken sonderte weiter Knochenpartikel und Eiter ab.

»Ist sie noch offen?« fragte er Lem. »Eitert es noch? Riecht es schlecht?«

Jack saß am Swimmingpool, spielte Monopoly mit Lem und setzte seine klaffende Rückenwunde der Sonne aus. Er las in seinem Lieblingsbuch *Melbourne* von David Cecil und machte sich dazu Notizen.

1. Europäische Geschichte
2. Interessanter, weil begüterte Oberklasse ...
3. Amerikanische nicht interessant, weil keine Oberklasse
Kampf ums Überleben
Außer im Pionierland glanzlos
Frauen entweder Prostituierte oder Hausfrauen
Spielen keine große Rolle im kulturellen oder geistigen Leben des Landes

In diesen schwierigen Tagen hatte Jackie ihre beste französische Freundin zu Besuch, Solange de la Bruyère, die Frau eines reichen Grafen.

»Solange«, sagte Jack zu ihr, »du hast ein TDG.«

»Was ist ein TDG?« fragte Solange.

»Ein tiefes, dunkles Geheimnis«, sagte Jack.

»Ich war damals verheiratet«, erklärte Solange später, »aber Jack dachte, ich hätte vor, einen Liebhaber zu besuchen.«

Solange und Jackie teilten sich ein Zimmer, das in der Nähe des Swimmingpools gelegen war. Im Zimmer daneben lag Jack.

»Jackie!« hörte sie ihn eines Morgens rufen.

Jackie eilte los, um ihm zu helfen. Kaum war sie aus dem Zimmer, kam Joe Kennedy herein und fiel über Solange her. Eine Woche zuvor hatte er dasselbe mit Lee versucht. Solange jagte ihn mit Fußtritten aus ihrem Bett. Später erzählte sie Jackie von dem widerwärtigen Vorfall.

«Oh, mach dir keine Sorgen, Solange«, sagte Jackie. »Er hat es mit allen Showgirls der Welt getrieben. Jetzt hält er sich an die netten Mädchen.«

»Als der Februar kam«, erinnerte sich Rose, »fand Joe, daß etwas geschehen mußte, also flog er nach New York, um mit den Ärzten zu sprechen, und er kam zurück mit dem Vorschlag einer zweiten Operation. Er kannte das hohe Risiko, das damit verbunden war, aber jetzt verstand er Jack besser, der gesagt hatte, er wolle nicht leben, wenn er nicht richtig leben könne.«

Am 15. Februar 1955 kehrte Jack ins Krankenhaus zurück, ließ die Silberplatte aus seinem Rücken entfernen und an ihrer Stelle ein Knochentransplantat einsetzen. Diesmal verlief die Operation erfolgreicher. Bei der Genesung in Palm Beach leisteten ihm seine alten Freunde Red Fay, Lem Billings und Dave Powers Gesellschaft, und bald kehrten seine Lebensgeister zurück. Zum ersten Mal seit Monaten ließ der Schmerz so weit nach, daß er wieder ans Arbeiten denken konnte.

Zehn Jahre zuvor, während der Erholung von seiner anderen Rückenoperation, hatte Jack die Nachricht erhalten, daß sein Bruder Joe beim Bombereinsatz umgekommen war, und er hatte darauf reagiert, indem er ein Buch mit Würdigungen zusammenstellte: *As We Remember Joe*. Diesmal steckte er sich ein weit ehrgeizigeres Ziel – ein Buch über eine Gruppe von Senatoren, die zu einigen strittigen Fragen prinzipielle Positionen bezogen hatten. Sein Titel sollte *Profiles in Courage* lauten.

»Als er sich vornahm, über die Zivilcourage anderer Senatoren zu schreiben, könnte Jack Kennedy damit die Absicht verbunden haben, sich über seine eigene Zivilcourage Klarheit zu verschaffen«, stellte die Historikerin Doris Kearns Goodwin fest. »Die von Jack Kennedy am meisten bewunderte Tugend war, wie Robert Kennedy später schrieb, der persönliche Mut. Doch während sein körperlicher Mut außer Frage stand – seine Tapferkeit im Krieg und im Ertragen von Krankheit und Schmerzen bei gutem Humor –, ist weniger offensichtlich, daß er auch jene Zivilcourage besaß, der er in seinem Buch ein Denkmal setzte – die Bereitschaft, für irgendwelche Überzeugungen seine Stellung, seine Macht, seine Karriere aufs Spiel zu setzen.«

Jack bestellte bei Evelyn Lincoln Dutzende von Büchern aus der Kongreßbibliothek, er holte die Meinungen von Freunden und Historikern ein.

»Wir haben die Kapitel durchgesprochen«, sagte Charlie Bartlett. »Ich meine damit, daß wir über sie geredet haben, ich las einzelne Passagen und gab ihm Hinweise. Ich glaube, er hat sich ernstlich mit der Materie auseinandergesetzt.«

Mit Kissen im Rücken und unter den Knien saß er im Bett und diktierte Jackie seine Gedanken. Er entwarf eine Konzeption für das Buch und dachte sich aus, wie die einzelnen Teile miteinander verknüpft werden sollten. Jackie schrieb alles auf und schickte die Notizen an Evelyn Lincoln:

Die Politik ist ein Dschungel ... zerrissen zwischen lokalen und nationalen Interessen – zwischen dem Eigennutz des Politikers und dem Gemeinwohl.

Aber der Hauptteil der Untersuchungen und viele Textpassagen stammten von anderen, unter ihnen Professor Jules Davids von der Georgetown Universität, der ein Lehrer von Jackie gewesen war. Jack empfing auch Unterstützung von Arthur Schlesinger Jr., James Mac-Gregor Burns, Allan Nevins und Arthur Holcombe. Theodore Sorensen, Jacks gewissenhafter junger Assistent, vereinte alle Beiträge zu einem fertigen Manuskript, wofür ihm vom Verlag Harper and Brothers ein Honorar von 6 000 Dollar bezahlt wurde.

»Jack äußerte sich mir gegenüber zu einzelnen Fragen des Buches«, erinnerte sich Evan Thomas, sein Lektor bei Harper and Brothers.

171

»Aber die Bedeutung von Sorensen bestand darin, daß er die intelligentere Stimme darstellte.«

»Ich glaube, Jack hat die ganze Arbeit überwacht«, sagte George Smathers, »Aber selbst geschrieben hat er davon wahrscheinlich eher wenig. Er war physisch nicht in der Lage, sehr viel zu schreiben.«

Qualen

Im Frühling 1955 flog Jackie von Palm Beach nach Washington zurück, um sich auf die Suche nach einem geeigneten Haus zu machen. Nicht weit von Merrywood entfernt, am Südufer des Potomac, das schon zum Staat Virginia gehörte, fand sie ein klassizistisches Landhaus namens Hickory Hill. Der weiße Ziegelbau war herrschaftlich, aber überschaubar in seinen Dimensionen, und er erinnerte sie an das geliebte Merrywood. Es gab Ställe für ihre Pferde und zweieinhalb Hektar Weideland zum Reiten, einen Swimmingpool und einen Obstgarten. Es war eine richtige Heimstatt, eine Zuflucht vor dem Wirrwarr der Politik.

Ihre Begeisterung wirkte ansteckend auf Jack, und sie einigten sich schnell, das Haus für 125 000 Dollar zu kaufen. Jackie bestellte Janets Innenarchitektin Elisabeth Draper, und die drei Frauen – Mutter, Tochter und Innenarchitektin – machten sich daran, das Kinderzimmer für Jack und Jackies erstes Kind zu entwerfen. Jackie war endlich schwanger geworden.

Unterdessen sorgte Joe Kennedy dafür, daß ein Troß von Berichterstattern und reihenweise Fernseh- und Wochenschau-Kameras zur Stelle waren, um Jacks triumphalen Wiedereinzug ins Kapitol zu dokumentieren.

Jack erklomm die Marmortreppe ohne Krücken und stellte sich mit gewaltiger Willensanstrengung für die Kameras in Positur. Obwohl er noch immer stechende Rückenschmerzen hatte und den Kopf nicht bewegen konnte, gelang es ihm irgendwie, den Eindruck von Gesundheit und Tatkraft zu vermitteln. Die Touristen blieben stehen und jubelten ihm zu. Seine Senatskollegen traten an und schüttelten ihm die Hand.

»Mein Gott«, sagte Jackie, »es war, als würde der Kronprinz beim Laufenlernen gefilmt.«

»Es wurde nicht mehr soviel über den Tod geredet«, sagte Lem Billings. »Jack war mit der Überzeugung groß geworden, daß er sowieso zum Untergang verurteilt war. Jetzt sah er das anders. Statt an seinen Untergang zu glauben, war er jetzt überzeugt, ein Glückspilz zu sein.«

Doch wie immer setzte Jack auch diesmal sein Glück fahrlässig aufs Spiel.

Er mietete eine Suite im achten Stock des Mayflower Hotels an, die ein FBI-Informant als »Kennedys private Spielwiese« bezeichnete. Dieser Informant nahm an einer von Jacks Partys teil, auf der Jack und Senator Estes Kefauver »mit ihren jeweiligen Begleiterinnen vor den Augen der anderen Gäste Geschlechtsverkehr hatten. Als sie fertig waren, tauschten die zwei Senatoren einfach die Partnerinnen und fingen von vorne an.«

Solcher Exhibitionismus erregte Jack. Seine Ausschweifungen hatten ihn abgestumpft und übersättigt. Wenn er mit einer Frau allein schlief, fiel es ihm oft schwer, seine Erregung wachzuhalten. Viele seiner Partnerinnen bezeugten, daß der Geschlechtsakt mit Jack Kennedy eine sehr kurze Angelegenheit war. Kaum begonnen, war er meist auch schon zu Ende. Vielleicht zog er aus diesem Grund den Gruppensex vor. Wenn er zwei Frauen bei der Liebe zuschaute oder es selbst im Beisein eines anderen Paares trieb, konnte er seine Erregung eine längere Zeit hinausziehen.

Seine Gruppensex-Phantasien waren unter den Männern nichts Ungewöhnliches, aber nur wenige besaßen die Kühnheit, sie so in die Tat umzusetzen, wie Jack es gewöhnt war. In William Thompson Jr., einem Lobbyisten der Eisenbahngesellschaften, fand er einen verwandten Geist.

Bill Thompson war 1,86 groß und schlank, gutaussehend, wenn auch nicht ausgesprochen schön. Er hatte eine solch magische Wirkung auf Frauen, daß er nach Bezeugen seiner Freunde fremde Frauen auf der Straße abküssen konnte, ohne dafür zur Rechenschaft gezogen zu werden. Jacks Ruf als Frauenheld, den er bei seinen Senatskollegen und bei den Journalisten genoß, wurde durch seine enge Verbindung mit dem berüchtigten Bill Thompson kräftig untermauert.

»Ich war mit Bill an der Universität von Florida gewesen und stellte ihn Jack vor«, sagte George Smathers. »Die zwei waren auf der Stelle dicke Freunde. Sie hatten eine Schwäche für Frauen und auch sonst für dieselben Dinge.«

Irgendwann während seiner Werbung um Jackie machte Jack einen Ausflug mit der Bahn nach Miami, begleitet von George Smathers und auch von Bill Thompson, der in bewährter Manier drei hübsche Frauen im Schlepptau hatte. Als der Zug in Miami ankam, stiegen Jack und George aus und wurden auf dem Bahnsteig von Rose in Empfang genommen, die mit dem Chauffeur der Kennedys erschienen war. Aber Bill war nirgends zu sehen.

Plötzlich kam ein schrecklich aufgeregter schwarzer Gepäckträger über den Bahnsteig gerannt. »Senator Smathers«, rief er, »Sie müssen etwas tun. Mr. Thompson sagt, er kommt erst raus, wenn er fertig ist.«

Jack und George gingen zu Bills Abteilfenster, und George klopfte an die Scheibe. Bill hob den Vorhang. »Ich bin noch nicht soweit«, schrie er durch das geschlossene Fenster, »ein Mädchen hab ich noch vor mir!«

Es hatte gewisse Vorteile, mit Bill befreundet zu sein. Er besaß eine Wohnung im Carroll Arms, einem massigen Ziegelbau an der Capitol Plaza, schräg gegenüber dem Russell-Bürokomplex des Senats. Zur Mittagszeit versammelten sich die Senatoren, die Senatsmitarbeiter, Lobbyisten und Geldgeber im Carroll Arms. An die 200 Männer drängten sich in dem düsteren, holzgetäfelten Restaurant (Frauen hatten keine gewichtigen Jobs im Senat), und der Alkohol floß in Strömen. In den fünfziger Jahren waren nach Washingtoner Gesetz Verkauf und Ausschank alkoholischer Getränke in Gaststätten zwar verboten, aber das Carroll Arms hatte eine gutbestückte Bar, und der Ausschank florierte prächtig.

»Beim Trinken waren auch immer Frauen im Spiel, und ohne

Alkohol lief gar nichts bei den Geschäften, die dort gemacht wurden«, sagte J. Paul Molloy, der später als Berater im Senats-Handelsausschuß diente. »Man verbrachte dort den Nachmittag, dann blieb man zum Abendessen und trank weiter, bis der Laden nachts um zwei dichtmachte. Geschäfte wurden in der Weise abgeschlossen, daß man seinen Gegner unter den Tisch trank. Die Eisenbahnlobbyisten liefen dort buchstäblich mit Säcken voll Geld herum. Für die Zimperlichen wurden die Geschäfte in Form von Kartenspielen abgewickelt. Gewinner war natürlich immer der Senator.«

»Ich weiß noch, wie ich einmal mit einer hübschen kleinen Lady ins Carroll Arms fuhr, und Jack war schon mit einer anderen dort«, erzählte George Smathers. »Er ging nach nebenan, um zu telefonieren, und ein paar Minuten später rief Evelyn Lincoln an, ich solle ins Kapitol kommen. Also lief ich los ..., bis mir dämmerte, daß das eine Finte sein mußte, weil der Senat überhaupt nicht tagte. Der alte Jack hatte mich ausgetrickst.«

»Ich machte auf der Stelle kehrt und fuhr zurück«, erzählte Smathers weiter, »und was glauben Sie, was da los war? Da jagte dieser alte Halunke alle beide Mädchen umher und hatte einen Heidenspaß. So was sah ihm ähnlich. Er hatte es faustdick hinter den Ohren, das können Sie mir glauben.«

Ende Mai 1955 erlitt Jackie eine Fehlgeburt. Langdon Marvin stellte sich die Frage, ob der Verlust des Babys auch mit den Qualen zu tun haben konnte, die Jack durch seine Eskapaden in Jackie auslöste.

»Ich kann nur vermuten, daß [Jacks Eskapaden] zu gewaltigen Spannungen führten«, sagte er. »Wie sich das medizinisch nachweisen ließe, weiß ich nicht, aber ich habe mich manchmal gefragt, ob das nicht der Grund war für all diese Fehlgeburten und damit verbundenen Beschwerden, unter denen Jackie litt ... Ihr Arzt sagte ihr, wenn sie weiter so übernervös wäre, würde sie wahrscheinlich Schwierigkeiten mit dem Kinderkriegen bekommen. Das machte Jackie noch nervöser, und Jack reagierte darauf mit neuen Affären. Er wollte eine große Familie, nicht weniger als fünf Kinder, aber merkte sehr bald, daß es so nicht laufen würde.«

Nach der Fehlgeburt verfiel Jackie in eine schwere Depression. Anfang Juli fuhr sie per Schiff nach England – allein. Sie wohnte bei ihrer Schwester und Michael Canfield im Londoner Viertel Belgravia. Lee sah wundervoll aus. Sie war der Liebling der Londoner Society, und ihr Haus, das mit erlesenen Regencymöbeln des 18. Jahrhunderts ausgestattet war, wirkte weitaus großartiger als alles, was Jackie und ihre WASP-Dekorateurin Elisabeth Draper für Hickory Hill geplant hatten. Jackies alte Neid- und Konkurrenzgefühle gegenüber der Schwester wurden erneut wachgerufen.

Wie immer war es Lee und nicht Jackie, die es, was Aussehen und Stil betraf, besser getroffen hatte. Michael Canfields neue Position als Stellvertreter des amerikanischen Botschafters am Court of St. James's ließ Lee an die Spitze der Londoner Gesellschaft aufrücken. Jackie wurde schwindlig, als sie vom illustren Freundeskreis ihrer Schwester erfuhr: die Marquise Blanford und Jayne Wrightsman, Frau des Öl- und Gasmillionärs Charles Wrightsman, gehörten dazu, der griechische Großreeder Stavros Niarchos, Michael Astor, der dritte Sohn von Lady Astor, dann William Douglas-Home, Douglas Fairbanks Jr. und immer so weiter.

Doch Lees Alltag verlief nicht so idyllisch, wie es den Anschein hatte. Michael war jetzt vollends zum Alkoholiker geworden. Bei Tisch behandelte ihn Lee mit unnötiger Grausamkeit, als wäre er nichts weiter als ein verächtlicher Gegenstand. Nach dem Abendessen stürzten sich Lee und Jackie ins Nachtleben, während Michael in sich zusammenfiel und ins Bett kroch.

Die Schwestern machten für ein paar Tage einen Ausflug nach Paris, besuchten Modenschauen und gingen einkaufen. Inzwischen hatte Jackie ihrer Schwester schon das Herz ausgeschüttet. Nach allem, was sie für Jack getan hatte, behandelte er sie immer noch mit Geringschätzung und kalter Gleichgültigkeit. Ihre Treue und Hingabe bedeuteten ihm offensichtlich nichts. Er verschwendete keinen Gedanken darauf, wie *er* ihre ehelichen Bedürfnisse erfüllen konnte. Jackies Wut und Enttäuschung steigerten sich bis zur Verzweiflung.

»Beider Schicksal verlief auffällig parallel«, bemerkte Diana Dubois, Lees Biographin. »Jacqueline wurde durch Jacks fortwährende Un-

Jacqueline im Alter von sechs Jahren mit ihrem Vater »Black Jack« Bouvier. Durch die zahlrei-
chen Liebschaften ihres Vaters fühlte sich Jackie niemals zurückgesetzt. Sie war die dauerhafte
Beziehung in seinem Leben.
(Copyright © Molly Thayer Collection/Magnum Photos)

Jack Kennedy, LeMoyne Billings und Jacks Dackel Office während ihrer Reise durch Europa im Jahr 1937. Als Frauenheld verschrien, hatte Jack tiefe Freundschaften nur mit Männern. (Mit freundlicher Genehmigung der John F. Kennedy Library, Boston)

Die Kennedys 1939 im Vatikan (Jack, fünfter von links). »Meine Mutter war entweder in einem Pariser Modehaus oder sie lag in irgendeiner Kirche auf den Knien«, beschwerte sich Jack. (Mit freundlicher Genehmigung der UPI/Corbis-Bettmann)

Jack mit einer Unbekannten 1939 während einer Party in London. »Wenn ich erst einmal eine Frau habe, bin ich nicht weiter an ihr interessiert«, erklärte Jack. »Was mich reizt, ist die Jagd, nicht die Beute.«
(Copyright © Peter Hunter/ Magnum Photos)

1947 feierte Jackie ihren Debütantinnenball auf Hammersmith. »Sie hat ein sicheres Auftreten und Haltung, einen sanften Ton und ist intelligent«, schrieb Cholly Knickerbocker über die Königin der Debütantinnen des Jahres.
(Copyright © Robert Meservey/Magnum Photos)

Jackie im Alter von 22 Jahren nachdem sie den Prix de Paris der *Vogue* gewonnen hat. Die frappierende Ähnlichkeit mit ihrem Vater ließ eine gewisse Absicht erkennen.
(Copyright © 1951 [erneuert 1979] von The Condé Nast Publications Inc.)

Jack und Jackie beim Baseballspiel in Hyannis Port. Jacks Schwestern machten sich über ihre piepsige Stimme lustig, die wie Babykin, eine damals beliebte sprechende Puppe, klang.
(Hy Peskin, *Life* magazine. Copyright © Time Inc.)

Die Jungvermählten schneiden ihre Hochzeitstorte in Hammersmith an. Joe Kennedy bezahlte die opulente öffentliche Hochzeit, nicht Jackies Stiefvater.
(Lisa Larsen, *Life* magazine. Copyright © Time Inc.)

Jackie begleitet Jack aus dem Krankenhaus nach seiner Rückenoperation 1954. »Zum ersten Mal in meinem Leben habe ich wirklich gebetet«, sagte Jackie.
(Mit freundlicher Genehmigung AP/Wide World Photos)

Jackie unterstützt Jack in seinem Senatsbüro 1958. Ihr trug er zuerst seine Reden vor, und sie gab ihm Tips für eine bessere Rhetorik.
(Copyright © 1996 Jacques Lowe)

Eine Frau wirft sich auf Jack während des Präsidentschaftswahlkampfs 1960. Er amüsierte sich sehr über die »Leapers« – die hysterischen jungen Frauen, die ihn ständig bedrängten. (Mit freundlicher Genehmigung AP/Wide World Photos)

Die Nachbarn Ben und Tony Bradlee in Georgetown. Die Beziehung war schwierig, weil Jack ein Auge auf Bens Frau und Schwägerin geworfen hatte. (Copyright © 1996 Jacques Lowe)

Frank Sinatra und Jack in Las Vegas. Frank trommelte seine alten Freunde in Hollywood zur Unterstützung zusammen und sorgte für großzügige Wahlkampfspenden.
(Mit freundlicher Genehmigung der Collection Ginies/Sipa Press)

Judith Campbell kurz nach dem Atten-
tat auf Jack. Ihre Beziehung zu Jack und
Sam Giancana war die Chance ihres Le-
bens.
(Mit freundlicher Genehmigung der
UPI/Corbis-Bettmann)

Sam Giancana, Mafiaboss aus Chicago, in Hand-
schellen. Sam hatte einen Spruch: »Wenn ein
Mann Herzklopfen kriegt, ist das eine Schwäche.«
(Mit freundlicher Genehmigung der UPI/Corbis-
Bettmann)

Jackie beeindruckt Charles de Gaulle durch ihren
Charme im Elysée Palast 1961. Zum ersten Mal
in ihrer Ehe sorgte Jackie für größeres Aufsehen
als Jack.
(Mit freundlicher Genehmigung der UPI/Corbis-
Bettmann)

Jackie bezaubert den sowjetischen Parteichef Nikita Chrustschow in Wien. Nach dem verheerenden Gipfeltreffen sagte Jack: »Wie werden ihnen in Vietnam die Stirn bieten müssen.«
(Paul Schutzer, *Life* magazine. Copyright © Time Inc.)

Ein vertraulicher Augenblick während eines offiziellen Empfangs im Weißen Haus. Jack und Jackie konnten wie zwei Atomkerne verschmelzen und eine ungeheure Energie freisetzen.
(Mit freundlicher Genehmigung von Photoreporters, Inc.)

Jack küßt seinen Vater Joseph Kennedy nach dessen Schlaganfall. Sein ganzes Leben stand Jack unter dem übergroßen Einfluß seines Vaters und hoffte, Jackie würde das Vakuum füllen, das Josephs Krankheit hinterlassen hatte.
(Mit freundlicher Genehmigung von Claudio Edinger/Gamma Liaison)

Jackie und Lee oben auf bei ihrem Indien-Besuch 1962. Die Konkurrenz zwischen den Schwestern wurde allmählich zu gegenseitiger Anerkennung, Nachahmung und Freundschaft.
(Art Rickerby, *Life* magazine. Copyright © Time Inc.)

Bobby (links), Marilyn Monroe und Jack nach ihrem »Happy-Birthday«-Auftritt in Madison Square Garden. »Ich bin das kleine Waisenkind, das sich der freien Liebe hingibt«, sagte sie. (Cecil Stoughton, *Life* magazine. Copyright © Time Inc.)

Fiatboss Gianni Agnelli, Journalist Benno Graziani, Stanislas Radziwill und Jackie (von links nach rechts). Jackie unternahm nichts gegen die Gerüchte über die Affäre mit Agnelli. (Mit freundlicher Genehmigung der UPI/Corbis-Bettmann)

Jackie und Caroline in Italien 1962. »Etwas mehr
Caroline und weniger Agnelli«, telegrafierte Jack
aus dem Weißen Haus an sie.
(Mit feundlicher Genehmigung von Photoreporters, Inc.)

Jacks letzte Geliebte – Mary Pinchot Meyer. Jack
suchte nicht nur ein schnelles Abenteuer mit Mary.
Als alte Freunde waren sie sehr vertraut.
(Copyright © 1964 *The Washington Post*)

Jack und Jackie verlassen Hand in Hand das Otis Air Force Base Hospital nach dem Tod ihres Sohnes Patrick 1963. Jack »weinte und weinte und weinte«, sagte ein Freund.
(Mit freundlicher Genehmigung der UPI/Corbis-Bettmann)

Während Jack mit seinen Beratern im Oval Office spricht, spielt John Jr. unter dem Schreibtisch des Vaters. Kurz vor dem erneuten Wahlkampf wußte Jack dieses Bild in *Look* zu schätzen.
(Mit freundlicher Genehmigung der John F. Kennedy Library, Boston)

Jackie beim Abtransport der Leiche von John F. Kennedy. Sie hatte immer noch sein Blut auf
ihren Kleidern. »Mein Gott«, schrie Jackie, »sie haben meinen Mann getötet.«
(Mit freundlicher Genehmigung der UPI/Corbis-Bettmann)

Jackie, Kardinal Cushing (mit dem Rücken zur Kamera) und Bobby bei der Beerdigung von Jack. Jackie traf in jeder Hinsicht alle Entscheidungen für den größten Festakt in der amerikanischen Geschichte.
(Copyright © Henri Dauman 1996, NYC)

Jackie und ihre Kinder verlassen das Weiße Haus. »Die werden mich niemals als gebeugte alte Witwe vorführen«, sagte sie, »diesen Gefallen werde ich ihnen nicht tun.«
(Mit freundlicher Genehmigung der Everett Collection)

treue gedemütigt, und so waren sie beide, wenn auch aus unterschiedlichen Gründen, unglücklich verheiratet und kinderlos.«

Jackie hielt Ausschau nach etwas – nach einem neuen Anfang, einem radikalen Wandel, einem Imagewechsel. All das fand sie zusammen mit Lee in Paris. Jede Frau, die auf sich hielt, wollte jetzt aussehen wie Audrey Hepburn in *Ein Herz und eine Krone* und *Sabrina*. Plötzlich waren Kurven verpönt, und gefragt war eine schmalhüftige, leicht knabenhafte Figur. Givenchy und Balenciaga kreierten einen neuen Look für die moderne, elegante Frau. Mit ihrer geringen Oberweite und gestreckten Taille, ihren wundervollen Schultern und Armen war Jackie für den neuen Look wie geschaffen, und sie machte ihn auf der Stelle zu ihrem persönlichen Stil.

Als nächstes reisten Jackie und Lee nach Südfrankreich, wo die Canfields für den August eine Villa gemietet hatten. Am Cap d'Antibes schlossen sich den Canfields ein englischer Freund, Peter Ward, und seine zukünftige Frau Claire Baring an. Die fünf jungen Leute besuchten Eden Roc, das berühmte Hotel in der Nähe von Cap d'Antibes. Nach dem Essen mieteten sie eine Strandhütte und zogen sich Badekleidung an. Auf dem dichtbevölkerten Strand lagen sie Seite an Seite auf Schaumgummimatten, die mit Frotteetüchern abgedeckt waren, sonnten sich und plauderten.

Jackie äußerte sich recht freimütig über ihre Empfindungen gegenüber Jack. Sie habe ihn verlassen, sagte sie. Sie fühle sich schlecht, weil sie ihn mit seinen Rückenproblemen alleingelassen habe, aber das sei nicht zu ändern. Sie und Jack seien auseinander.

Peter Ward gewann nicht den Eindruck, daß ihr diese Bekenntnisse naheingen. »Sie schien sich dabei sehr wohl zu fühlen«, sagte er.

»Ich gehe nie wieder zu ihm zurück«, sagte Jackie. »Nie wieder.«

Doch gegen Ende August tauchte Jack im Hotel auf. In den vergangenen fünf Jahren hatte sein Vater immer dieselbe Villa am Hôtel du Cap, Vista Bella, für die Hochsaison angemietet. Jack quartierte sich in der Villa ein und begann Jackie mit allen Waffen seines Charmes und seiner Überredungskunst zu bearbeiten. Bald sah es so aus, als hätten sie wieder zueinander gefunden. Aber der Beziehung fehlte nun etwas von der ursprünglichen Verliebtheit.

»Jack und Jackie wirkten überhaupt nicht wie ein Paar«, sagte J. C. Irondelle, damals Empfangschef des Hotels, der die beiden beobachtet hatte. »Sie saß immer mit ihrer Schwester herum, während er viel unterwegs war, ständig von Leuten umgeben ... Es gab jede Menge hübsche Mädchen in der Gegend, aber nur sehr wenige wohnten im Hotel, da es äußerst teuer war, und so kamen sie, um den Tag am Swimmingpool zu verbringen.«

Jack und Jackie fuhren nach Monte Carlo, dann machten sie eine zehntägige Reise durch Polen und erhielten eine Audienz beim Papst in Rom. Ihre Europatour endete mit einer Party an Bord der Jacht von Aristoteles Onassis. Der griechische Großreeder hatte auch Sir Winston Churchill zu Gast, ein von Jack bewundertes Vorbild. In der Hoffnung, Eindruck auf ihn zu machen, erschien Jack im weißen Smoking, aber Churchill ignorierte ihn.

»Ich glaube, er hat dich für den Kellner gehalten«, sagte Jackie und versetzte ihm damit einen ihrer gekonnten Tiefschläge.

Kurz nach der Rückkehr in die Staaten brach sich Jackie beim Touchfootball in Hyannis Port den Knöchel, der im New England Baptist Hospital von Roxbury, Massachusetts, in Gips gelegt wurde. Am 18. November schrieb ihr Ted Sorensen:

Liebe Jackie,
Deine Footballkünste beherrschen die heutige Sportseite der Washington Post. Soweit ich weiß, ist dies das erste Mal, daß eine Senatorengattin es in diese Rubrik geschafft hat, seit Mrs. Lucius Lamar vor dem Bindenwickeln floh und auf einem ungesattelten Pferd über die Mall ritt. Ich habe schon bei mehreren Magazinen angefragt, ob sie von Dir einen Exklusivbericht möchten. Titel: »Gefoult wird auch beim Amateurfußball« oder: »Profile der sportlichen Courage«.

Als sie aus dem Krankenhaus entlassen wurde, erzählte Jackie überall, daß ihre Footballkarriere nun beendet sei. Aber sie nannte nicht den eigentlichen Grund. Sie war erneut schwanger.

10

Am Tiefpunkt

August – Dezember 1956

Der politische Durchbruch

Am Nachmittag des 17. August 1956 – es war ein Freitag und das Finale des Parteitags der Demokraten – nahm Jackie ihren Logenplatz auf dem Rang des Chicagoer Amphitheaters ein. Sie war fast im achten Monat schwanger, und als die Stimmabgabe der Staaten beim Buchstaben T angelangt war, wurde sie von einer Woge der Übelkeit und des Schwindels erfaßt.

»Texas!« dröhnte die Stimme des Sprechers.

»Texas ...« meldete sich Lyndon Johnson, der Delegationsführer des Staates, zu Wort. »... Texas ist stolz darauf, seine Stimme einem Veteranen der Marine zu geben, einem Mann, der die Narben des Kampfes trägt, dem zukünftigen Vizepräsidenten der Vereinigten Staaten – Senator Kennedy aus Massachusetts!«

Im gewölbeartigen Saal brach ein Inferno los mit Jubel, Füßestampfen und Plakateschwenken. Nach mehreren Minuten spielte der Organist die Melodie von »Linger Awhile«, aber die Delegierten überhörten dieses Signal und weigerten sich, auf ihre Plätze zurückzukehren.

Oben im Präsidium pochte Sam Rayburn, der machtvolle Sprecher des Repräsentantenhauses und Vorsitzende des Parteikonvents, vergeblich mit dem Hammer aufs Pult. Im Versammlungssaal direkt unter ihm wetteiferten verschiedene Delegationen um Aufmerksamkeit.

Rayburn war überfordert: Adlai Stevenson, der Präsidentschaftskandidat der Demokraten, hatte den Delegierten die Wahl des mit ihm kandidierenden Vizepräsidenten überlassen. Und nach einem unentschiedenen ersten Wahlgang zog Jack Kennedy im zweiten Anlauf zur allgemeinen Überraschung an Estes Kefauver vorbei.

Jackie stand auf und jubelte.

Die Delegierten wußten sofort, wer die schwangere junge Frau mit Perlenkette und Ohrclips war, ihre Loge wurde gestürmt, man hielt ihr die Hände, faßte sie um die Schultern und hüllte sie in eine Wolke aus Schweiß und Hysterie. »Jackie! Jackie!« schrien sie.

Nie hatte sie so etwas erlebt. Ihr Traum, einmal eine Zirkuskönigin zu sein, ging nun auf absurde Weise in Erfüllung. Aber während sie im Mittelpunkt der Aufmerksamkeit stand – ein Opfer ungebremster öffentlicher Zuneigung –, wurde ihr klar, daß sie diese Rolle nicht mochte. Wie sie später eingestand, fühlte sie sich »verunsichert und viel zu schüchtern«.

Diese Gefühle spiegelten sich in ihrem Gesicht. Ein Reporter, der sie aus einigen Metern Abstand beobachtete, schrieb in sein Notizbuch, Jackie habe mit großen Augen dagestanden wie ein kleines Mädchen auf einer Party für Erwachsene.

»Wie fühlen Sie sich im Moment?« fragte sie der Reporter.

»Es ist alles zu verwirrend«, sagte Jackie und nahm Zuflucht zu ihrer piepsigen Mädchenstimme. »Aber ich bin sehr stolz auf ihn, das in jedem Fall.«

»Jacqueline konnte für sich selbst stehen«, schrieb der Reporter. »Sie war ein sehr hübsches Mädchen, und sie wirkte nicht verunsichert. Aber sie war nicht richtig bei der Sache, sie nahm nicht teil an dem, was da vor sich ging.«

Der Reporter bemerkte, daß Jackie keine Strümpfe trug. Chicago stöhnte unter eine Hitzewelle, und das Amphitheater besaß keine Klimaanlage. Alles schwitzte, die Ausdünstungen der 9000 Delegierten und Gäste vermischten sich mit dem Gestank der nahegelegenen Schlachthöfe. Jackies Augen brannten vom Rauch der Zigarren und Zigaretten.

Sie wußte, daß sie nicht hätte herkommen dürfen. Ihre Ärzte hatten sie eindringlich gewarnt: Wenn sie eine weitere Fehlgeburt vermeiden wollte, durfte sie sich nicht den körperlichen und emotionalen Strapazen des Parteitags aussetzen.

Aber Jackie fand, daß es ihre Pflicht war, ihrem Mann in Chicago zur Seite zu stehen. Da Adlai Stevenson geschieden war, mußte wenigstens sein Vizepräsident ordentlich verheiratet sein. Und wer eignete sich da besser als Jack Kennedy, der Mann mit der hochschwangeren Frau?

»Was halten Sie davon, wenn Ihr Mann Vizepräsident wird?« fragte ein anderer Reporter.

»Ich weiß nicht, ob mir das dann gefällt oder nicht«, sagte sie mit mehr Ehrlichkeit, als vielleicht verlangt war.

Sie schaute auf die elektrische Anzeige über dem Präsidium, aber die funktionierte nicht. Sie wußte nicht, wer bei der Auszählung vorn lag. Ein paar Meter neben ihr saß Kefauvers Frau Nancy allein und unbeachtet – keine Fernsehkameras, keine Blitzlichter, keine Reporter und hysterischen Politiker, die ihr ins Gesicht schrien.

Jackie schloß daraus, daß Jack noch vorn lag.

Torby Macdonald, Jacks Zimmergefährte in Harvard und einer seiner Adjutanten beim Parteitag, kam ins Hotelzimmer im nahe gelegenen Stockyards Inn gestürzt.

»Sam Rayburn hat Texas für uns gewonnen!«

Jack stand in Unterhosen und mit offenem Hemd da. Über Texas wußte er schon Bescheid. Er verfolgte das Geschehen im Fernsehen zusammen mit Ted Sorensen und einer Reihe von Reportern, die im Raum verstreut saßen, kiebitzten und die Ergebnisse analysierten.

Jack fehlten nur 38 1/2 Stimmen zur absoluten Mehrheit, als der Parteikonvent den dritten Wahlgang startete, und zu diesem Zeitpunkt wartete vor dem Hotel bereits eine Chicagoer Polizeistaffel, um Jack zum Amphitheater zu eskortieren. Aber er fühlte sich nicht wie ein Gewinner. Er war erschöpft vom Mangel an Schlaf und spürte, daß ihn die Kräfte verließen. Vorsorglich hatte er seine tägliche Kortisondosis gegen die Addison-Krankheit erhöht.

Er ging ins Badezimmer und ließ heißes Wasser in die Wanne ein. Durch das weit geöffnete Fenster drang die schwüle Augusthitze und der Lärm der Fernsehapparate aus den benachbarten Hotelzimmern. Durch das Rauschen des Wassers hörte er die Stimme von Lyndon Johnson.

Er eilte zurück ins Zimmer, um das Interview mit Johnson zu verfolgen. Der Texaner äußerte sich nicht optimistisch über Jacks Aussichten. Etwas lief da falsch.

Vielleicht hätte Jack auf seinen Vater hören sollen. Der alte Joe hatte ihm abgeraten, zusammen mit Stevenson zu kandidieren, und vorausgesagt, daß das Jahr 1956 ein Erfolgsjahr für Eisenhower werden würde. Viele Demokraten würden Stevensons Niederlage auf Jacks Katholizismus schieben und damit die alten Streitigkeiten und Bigotterien von neuem schüren.

Joe hielt sich an der französischen Riviera auf, in der angemieteten Villa Vista Bella, und hielt über das Telefon ständigen Kontakt zu Jack und Bobby. Er war in übler Stimmung, weil ihn sein Prostataleiden quälte und nachts nicht schlafen ließ. Am Telefon warf er seinen Söhnen vor, sie hätten sich gegen ihn verschworen, und um die Sache abzurunden, beschimpfte er Jack als Idioten, der sich die politische Karriere verdarb.

Ein Fotograf steckte den Kopf in Jacks Zimmer. »Jackie ist am Telefon – im anderen Zimmer«, sagte er.

Jack knöpfte das Hemd zu, aber zog sich keine Hose an. »Wagt es bloß nicht, mich zu fotografieren«, rief er, als er über den Flur eilte.

Ein paar Minuten später kam er zurück ins Zimmer. »Es geht ihr nicht gut«, sagte er zu Sorensen. »Die Aufregung ist zuviel für sie.«

In seiner Abwesenheit hatte sich die Stimmung gegen ihn gewendet. Er stand vor dem Fernsehapparat und verfolgte, wie ein Staat nach dem anderen an Kefauver ging. Es war eine Sache von Minuten, dann war alles vorüber. Jack hatte eine Niederlage erlitten.

Sorensen und die Reporter warteten stumm, während Jack einen blauen Anzug, ein weißes Hemd und eine rotgepunktete, hellgraue Krawatte anlegte.

»Gehen wir«, sagte er zu Sorensen.

Er öffnete die Tür. Die Polizeieskorte war schon abgezogen worden.

Kurz nach sechzehn Uhr erreichte Jack das Amphitheater. Er suchte Jackie, und mir ihr zusammen ging er nach vorn zum Präsidium, wo er Sam Rayburn um Redeerlaubnis bat.

Mit der schwangeren Jackie an seiner Seite stellte Jack sich ans Mikrophon. Vor ihm lag der vollbesetzte Saal. Er tupfte sich ein unsichtbares Staubpartikelchen aus dem Gesicht und wartete, daß der Tumult sich legte. Er wirkte selbstsicher, sympathisch und tapfer in der Niederlage. Obwohl er lächelte, glitzerte es in seinen Augen.

»Ladies and Gentlemen!« begann er. »Ich möchte die Gelegenheit ergreifen, den Demokraten aus allen Teilen des Landes meine Anerkennung auszusprechen ... Ich hoffe, Sie kommen zu einer einmütigen Entscheidung.«

Dann trat er mit Jackie vom Mikrophon zurück.

»Geh wieder ran und stell einen Antrag«, zischte ihm Rayburn aufgeregt zu. »Stell einen Antrag!« Er drückte ihm den Hammer des Präsidenten in die Hand.

»Ich beantrage hiermit eine Satzungsänderung«, sagte Jack, »und schlage die Ernennung von Estes Kefauver durch Zuruf vor.«

Dann folgte er Jackie durch den langen, dunklen Korridor, der vom Präsidium wegführte, ohne zu ahnen, daß diese Niederlage ihn in einen nationalen Helden verwandelt hatte.

»Das war sein großer Moment«, schrieb der Historiker James MacGregor über Jacks Auftritt auf dem Parteikonvent von 1956, »der Moment, da er die politische Schallmauer durchbrach und sich ins Gedächtnis der Nation einschrieb. Das dramatische Rennen hatte Millionen von Amerikanern an die Bildschirme gefesselt. Kennedys Beinahe-Sieg und die plötzliche Niederlage – der Auftritt eines sympathischen jungen Mannes, der sein Bestes gegeben hatte und die Niederlage mit einem Lächeln quittierte –, das rührte die Herzen der Zuschauer überall im Land. Dieser Moment der triumphalen Niederlage war der Beginn seiner Präsidentschaftskampagne.«

Erst das Vergnügen

Am Morgen des nächsten Tages stiegen Jack und Jackie auf dem Chicagoer O'Hare-Flughafen ins Flugzeug. Begleitet wurden sie von George Smathers und dem jungen Teddy Kennedy, der gerade seinen

Harvard-Abschluß hinter sich hatte und die Frohnatur der Familie war. Nach dem Start gab sich Teddy alle Mühe, die düstere Stimmung mit Scherzen und losen Wortwechseln zu verscheuchen. Doch das war heute eine zähes Unterfangen.

Bald verstummten die üblichen Neckereien der Kennedys. Als sie die grünen Weiten des Allegheny-Nationalparks im Nordwesten Pennsylvanias überquerten, starrte Jack schweigend aus dem Fenster.

»Wir haben unser Bestes gegeben, Dad«, hatte er zu seinem Vater am Telefon gesagt, bevor sie aus Chicago abgeflogen waren.

Sein Vater hatte bemüht versöhnlich geklungen, aber Jack wußte, daß er den alten Mann enttäuscht hatte. Alles wäre anders gekommen in Chicago, dachte Jack, wenn der Kennedy, der sich da zur Wahl gestellt hatte, nicht er gewesen wäre, sondern sein Bruder Joe.

Bei der Ankunft auf dem New Yorker Flughafen Idlewild wurden sie von einer Horde Reporter und Fotografen empfangen, die sich in dem Flachbau aus Schlackensteinen, dem damaligen Terminal, gesammelt hatten. Der neue Großflughafen an der Jamaica-Bay war gerade im Bau, und in den schräg einfallenden Sonnenstrahlen hinter den Fenstern wirbelte der Staub.

»Ich hatte schon genug Presse«, sagte Jack und wies die Journalisten zum ersten Mal in seiner politischen Karriere ab.

Die Reporter ließen ihn ziehen. Sie vermuteten, daß der Senator mit seiner Frau allein sein wollte. Sie war offensichtlich in anderen Umständen, wie man so sagte, obwohl die hartgesottenen Presseleute niemals etwas so Persönliches und Intimes hätten erwähnen dürfen.

Jackie wirkte nach der hektischen Woche des Parteikonvents erschöpft. Jetzt konnte die Politik erst einmal eine Weile ruhen, dachte sie, und Jack würde sich um seine Frau kümmern, wie sie es getan hatte, als er nach seiner Rückenoperation am Rande des Todes geschwebt und lange Zeit gebraucht hatte, um sich zu erholen.

Doch Jack hatte andere Pläne. Einige Wochen vor dem Parteitag, am 5. August, um genau zu sein, hatte er einen neuen Reisepaß beantragt, als Zielländer Frankreich und Italien angegeben und unter der Rubrik Reisezweck »Vergnügungsreise« eingetragen.

Evelyn Lincoln hatte er beauftragt, eine Jacht samt Besatzung in Südfrankreich zu chartern. Was er plante, war eine Mittelmeerkreuzfahrt in der Gegend von Capri und Elba, und mit von der Partie sollten Teddy, George Smathers und Torby Macdonald sein.

Jackie wurde nach Newport abgeschoben, auf das Anwesen der Auchinclosses, wo sie die restlichen Wochen der Schwangerschaft ohne ihren Gatten verbringen mußte.

Jackie gab Jack einen Abschiedskuß, mitten in der staubigen Abflughalle von Idlewild. Dann ging sie hinaus auf das Rollfeld zu der Maschine, die sie nach Newport bringen sollte. Die salzige Brise von der Jamaica-Bay zerzauste ihre Frisur. Bevor sie an Bord ging, warf sie einen Blick zurück auf Jack. Ihrem Gesichtsausdruck war nicht zu entnehmen, was sie dabei empfand, daß Jack sie allein in Amerika zurückließ.

Natürlich war Jack schon viele Male mit seinen Freunden auf und davon gefahren. In der Gesellschaftsschicht, aus der Jackie stammte, galt ein solches Verhalten nicht als unschicklich. Daß der Gatte auf Abenteuer ausging, war durch Tradition geadelt, und Frauen aus der Oberschicht ermutigten ihre Ehemänner geradezu, aus dem Haus zu verschwinden und sie in Ruhe zu lassen. Sie legten keinen Wert auf die bürgerliche Liebe, auf einen Ehemann, der ständig auf der Bettkante saß, Händchen hielt und »Liebling« flüsterte.

Jacks Freund Torby Macdonald war das Musterexemplar eines »fahrenden Ehegatten«. Während Torby am Chicagoer Parteikonvent teilnahm, lag seine Frau in einer Bostoner Entbindungsklinik. Es war ihre sechste Schwangerschaft und vierte erfolgreiche Geburt – sie hatte zwei Fehlgeburten erlitten –, und der Kaiserschnitt nun war mit ernsthaften Komplikationen verbunden, die beim Neugeborenen einen Blutaustausch erforderlich machten. Trotzdem hatte Torby das Ende des Parteitags abgewartet, bevor er nach Boston flog. Dort war er nur ein paar Stunden geblieben – lange genug, um seine Frau mit dem Baby aus dem Krankenhaus nach Hause zu begleiten und den neunten Geburtstag seiner Tochter Laurie zu feiern. Dann stieg er ins nächste Flugzeug nach New York, um mit Jack auf Europatour zu gehen.

Torbys Frau äußerte nie ein Wort der Klage über ihren Gatten, zumindest nicht in der Öffentlichkeit. Auch Jackie beschwerte sich nicht bei anderen über Jack. Im Gegenteil, sie ermunterte ihn sogar dazu, sich anderweitig zu vergnügen.

»Jack hat so schwer gearbeitet und ist mit den Nerven fertig«, sagte sie zu George Smathers. »Ihr solltet alle zusammen losfahren und euch mal so richtig entspannen.«

Aber meinte sie auch, was sie sagte?

Wenn sie mit Jack allein war, äußerte sich Jackie ganz anders. Sie verabscheute George Smathers und alles, was er verkörperte. Sie glaubte, daß er auf Jack einen schlechten Einfluß ausübte. Von allen Frauenhelden des Senats, ihr eigener Mann eingeschlossen, war George Smathers der berüchtigtste. Er hatte seine Freunde unter den jungen Senatoren und Kongreßabgeordneten gesucht, viele von ihnen Kriegshelden wie Jack und Torby, und sie auf Abwege geführt. Und zwar so gründlich, daß ihre Ehen darüber in die Brüche gingen. Die Eigenschaften, die sie anfangs zu Jack hingezogen hatten, seine Nonchalance, seine Gelassenheit und seine Gleichgültigkeit, erwiesen sich nun als Hindernisse auf dem Weg zu einer intensiveren Beziehung. Er war völlig absorbiert von seinen politischen Geschäften und erotischen Eskapaden und schenkte ihr nicht die geringste Aufmerksamkeit. Er behandelte sie wie alle Frauen – als Werkzeug für seine Ziele.

»Das ist alles bitter für mich«, sagte sie zu Chuck Spalding. Er war einer der wenigen von Jacks Freunden, den auch sie als Freund akzeptierte. »Aber was soll ich machen?«

Unter vier Augen sagte sie zu Jack, daß es ein Fehler wäre, wenn er jetzt von ihr fortginge. Fahr nicht weg, sagte sie. Bleib lieber bei mir.

Aber er entschied sich trotzdem für die Reise.

»Jackie war so wütend darüber, daß sie sagte, das Baby wäre ihr gleichgültig«, erinnerte sich eine Freundin. »Natürlich stimmte das nicht, aber sie ärgerte sich so sehr über sein Verschwinden, daß sie sich nicht mehr zurückhielt und ihrem Schmerz freien Lauf ließ ...«

Kurz nach siebzehn Uhr checkten sich Jack, Torby, George und Teddy zum Pan Am-Flug 114 ein. Das Stratosphärenflugzeug *The President*

Special führte nur die Erste Klasse und war mit Liegesitzen ausgestattet. Das Flugzeug war in zwei Ebenen unterteilt, die Pilotenkanzel und die Passagierkabine befanden sich oben, eine Wendeltreppe führte hinab zur Lounge.

Nachdem die vier Männer ihre Sachen verstaut hatten, trafen sie sich in der Lounge. Obwohl sie alle vier als »Frauenhelden« galten, war es doch in Wirklichkeit die Männerfreundschaft, die sie verband, und nicht die Liebe zu den Frauen. In Gesellschaft von Frauen fühlten sie sich nicht wohl, und eigentlich mochten sie Frauen überhaupt nicht sonderlich. Wirkliche Intimitäten sparten sie sich für ihre Männerfreundschaften auf, und die waren auf Konkurrenz gegründet.

Während sie bei ihren Drinks saßen, sprachen sie über Kinder. Das war das aktuelle Thema. Alle bekamen sie Kinder. Jacks Schwester Pat und ihr Ehemann Peter Lawford erwarteten das zweite Baby, Torbys Frau hatte gerade unter dramatischen Umständen ihr viertes Kind zur Welt gebracht, Bobbys Frau Ethel sah dem fünften entgegen und schien ernsthaft gewillt, Rose Kennedys Rekord von neun Kindern einzuholen oder gar zu überbieten.

Jack war der einzige Ehemann in dieser Runde, der noch ohne Nachwuchs war. Aber dieser Makel sollte bald behoben sein. Nach der Rückkehr von der Reise würde Jackie ihn zum glücklichen Vater machen.

Die Spritztour

Der Schmerz riß Jackie aus dem Mittagschlaf. Sie warf die Decke beiseite, setzte sich auf die Bettkante und strich sich über den mächtig gewölbten Bauch. Der Unterleibskrampf schien sie innerlich zu zerreißen, die Schmerzwellen nahmen ihr den Atem. Sie spürte etwas Warmes zwischen den Schenkeln und blickte hinab. Es war Blut.

»Ich kam herein und fand sie in diesem Zustand«, sagte ihre Stiefschwester Nina. »Sie hatte furchtbare Schmerzen. Ich rief unseren Hausarzt Dr. Burns an.«

Dr. Burns erklärte, daß Jackie sofort ins Krankenhaus müsse. Er wolle die Familie nicht erschrecken, sagte er, aber wenn eine Frau am Ende des achten Monats Blutungen bekam, hatte sich wahrscheinlich der Mutterkuchen vorzeitig gelöst, was zur Kontraktion der Gebärmutter und zu Wehen führte. Es bestand die Gefahr von Blutgerinnseln, die für Jackie tödlich werden konnten. Kein Mittel der Welt konnte die Blutung stillen. Das Baby mußte sofort zur Welt gebracht werden.

Eine halbe Stunde später lag Jackie auf der Bahre eines Krankenwagens, der die Spring Street entlang zum Broadway raste, dann am Rathaus vorbei zur Einfahrt des Newporter Krankenhauses in der Friendship Street. Dort im Operationssaal wurde am Donnerstag, dem 23. August, kaum eine Woche, nachdem Jack ohne sie nach Frankreich abgereist war, an Jackie ein Kaiserschnitt vorgenommen.

Als sie um zwei Uhr in der Nacht zum Freitag wieder zu sich kam, war der erste, den sie sah, ihr Schwager Bobby. Er war mit dem Flugzeug von Hyannis Port herübergekommen, um ihr beizustehen.

Sie wollte wissen, ob sie einen Jungen oder ein Mädchen bekommen hatte.

Bobby sagte zu ihr, sie hätte ein Mädchen zur Welt gebracht, ein hübsches kleines Kennedy-Mädchen. Aber das Mädchen sei tot geboren.

Jackie brauchte einen langen Moment, um die Bedeutung seiner Worte zu erfassen.

Sie hatte schon einen Namen für das Mädchen ausgesucht: Arabella. Wußte Jack schon, daß sie die kleine Arabella verloren hatte?

Bobby erklärte ihr, Jack sei nach seiner Ankunft in Paris für ein paar Tage zu seinem Vater nach Val-sur-Mer an der französischen Riviera gefahren, um mit ihm seine politische Zukunft zu besprechen. Doch als Bobby die Eltern in ihrer Villa erreicht hatte und die Nachricht von Jackies Totgeburt übermitteln wollte, war Jack schon weitergereist.

Wo steckte er jetzt?

Auf einer Jacht, irgendwo bei Elba.

Irgendwo? Konnte ihn denn niemand erreichen?

Bis jetzt nicht. Aber mach dir keine Sorgen, beruhigte Bobby sie. Eunice kümmerte sich darum.

Am selben Abend klingelte bei Evelyn Lincoln das Telefon, als sie gerade nach Hause kam und die Tür aufschloß. Sie schaffte es noch rechtzeitig. Ein Reporter von Associated Press war am Apparat.

»Wo hält sich der Senator auf? Wissen Sie etwas?« fragte er.

»Warum wollen Sie das wissen?« fragte Evelyn zurück.

»Jackie liegt im Krankenhaus.«

Ein Sprecher des Krankenhauses Newport hatte bekanntgegeben, daß Jackie innere Blutungen und eine Fehlgeburt erlitten hatte. Bobby Kennedy hatte ebenfalls eine Mitteilungen an die Presse gegeben: Jack sei auf dem Mittelmeer mit einem Boot unterwegs, das keine Funkausrüstung habe.

Evelyn war von dieser Nachricht völlig überrascht. Sie wußte nicht, wieviel sie dem neugierigen Reporter erzählen durfte, also sagte sie nichts Brauchbares. Kaum hatte sie aufgelegt, klingelte es erneut. Diesmal war es Eunice Shriver.

»Ja«, bestätigte Eunice. »Jackie ist im Krankenhaus. Sie hatte eine Fehlgeburt. Wie können wir Jack erreichen?«

Evelyn bot ihr an, sofort die Verbindung herzustellen. Wie die meisten Politiker hatte Jack einen unstillbaren Hunger auf Klatsch und Neuigkeiten und verbrachte täglich mehrere Stunden am Telefon. Er genoß es, überall mittendrin zu sein. Egal, wohin er reiste, ob nach Palm Beach, Hyannis Port, Santa Barbara oder auf Mittelmeerkreuzfahrt – stets sorgte er dafür, daß Evelyn Lincoln ihn erreichen konnte.

Im Spätsommer des Jahres 1956 hatte er noch mehr Gründe als sonst, die Verbindung zu halten. Sein Vater litt an einer vergrößerten Prostata mit Krebsbefall, die möglicherweise eine Operation erforderte. Seine Frau war Ende des achten Monats. Seine politische Zukunft hing nach der Niederlage auf dem Parteitag der Demokraten in der Luft, und er verhandelte mit Adlai Stevenson über eine aktive Mitwirkung bei dessen bevorstehender Präsidentschaftskampagne.

Vor dem Abflug nach Frankreich hatte Jack sichergestellt, daß Evelyn ihn unter allen Umständen erreichen konnte. Im Gegensatz zu Bobbys Pressemitteilung war die von Evelyn gecharterte Jacht mit einer Funksprechverbindung ausgerüstet, eine Sicherheitsmaßnahme, die vom französischen Seerecht vorgeschrieben war.

Evelyn meldete das Ferngespräch für Jack an.

»Ich sagte ihm, was seiner Frau passiert war«, berichtete sie später.

»Ich komme sofort zurück«, hatte Jack ihr geantwortet.

Dieser Tag war der dritte Tag auf See für Jack und seine Segelgefähr-ten, Zeit genug, um das Schiff in eine Art schwimmendes Bordell zu verwandeln. Die Frauen, die sie in Nizza an Bord genommen hatten, wurden unter den Männern herumgereicht, und Jack hatte seine be-sondere Vorliebe für eine von ihnen entdeckt, eine stämmige Blonde, die von sich selbst in der dritten Person sprach und Pooh genannt wurde. Pooh war genau Jacks Typ – ein kurvenreiches Showgirl, das seine sexuellen Begierden anheizte. Nach einem weiteren Liebes-stündchen mit Pooh beschloß er, daß es keinen zwingenden Grund für eine überstürzte Abreise gab.

Seine Entscheidung, die Rückkehr aufzuschieben, war ein schreck-licher Mißgriff, der ihm noch jahrelang anhängen sollte. Es war eine Sache, als zwanghafter Hurenbock zu gelten, und eine andere, Jackie gegenüber ein Verhalten an den Tag zu legen, das ein unnachsichtiger Kritiker folgendermaßen charakterisierte: »... seine erschreckende Stumpfheit, seine unglaubliche, vorsätzliche Gefühllosigkeit, die zum emotionalen Maßstab seiner Ehe geworden war. Er hatte gezeigt, was er wirklich fühlte, genauer: was er nicht fühlte. Selbst als er von der Totgeburt erfuhr, wollte er anfangs seine Reise fortsetzen, sich ver-gnügen und entspannen. Eine Achtung vor Jackie und ihren Schmer-zen war an ihm nicht zu bemerken.«

Jack konnte nie mehr ganz den Makel loswerden, daß er seine Frau im Moment der Not sträflich im Stich gelassen hatte. Dennoch war sein Entschluß durch mehrere Motive begründet und nicht durch Selbstsucht und Egoismus allein. Die Nachricht von Jackies Fehl-geburt so kurz nach seiner Niederlage auf dem Demokratischen Par-teitag war mehr, als Jack emotional verkraften konnte. Kinder lösten in ihm starke Gefühle aus – viel stärkere als Frauen. Daß er ein klei-nes Töchterchen verloren hatte, war für ihn ein ebenso vernichtender Schlag wie für Jackie. Er wollte nicht nach Hause zurückkehren und sich den Tatsachen stellen.

»Daß Jackie das Baby verloren hat, war für Jack schlimmer als die Krankheit, die er in diesem Unglücksjahr durchmachen mußte ...«, vertraute Joe Kennedy einem Freund an.

Am 26. August rief Jack vom Hafen in Genua bei Bobby an. Die Brüder arrangierten eine Konferenzschaltung mit Dr. Burns und Jackies anderen Ärzten. Jack teilte ihnen mit, er habe das Gefühl, er könne nichts zur Situation beisteuern, was nicht bereits von ihnen getan werde. Daß Jackie eine Geste seines Mitgefühls hätte brauchen können, um mit ihrem Kummer fertig zu werden, kam ihm nicht in den Sinn.

»Was zur Hölle soll ich denn dort machen, wenn ich zurückfahre?« sagte er zu George Smathers. »Ich werde nur dasitzen und die Hände ringen.«

Die Sache hatte jedoch einen Haken. Am Vortag war auf der Titelseite der *Washington Post* ein Artikel mit der Schlagzeile erschienen: SENATOR KENNEDY AUF MITTELMEER-KREUZFAHRT WÄHREND GATTIN FEHLGEBURT ERLEIDET. Jacks Spritztour drohte sich in einen größeren politischen Skandal zu verwandeln. Selbst George Smathers begriff das sofort.

»Wenn du Präsident werden willst«, sagte er zu Jack, »dann sieh schleunigst zu, daß du deinen Arsch zum Bett deiner Frau bewegst, sonst hast du alle Frauen des Landes gegen dich.«

Joe Kennedy stimmte ihm zu, und am nächsten Tag flog Jack mit George zurück nach Amerika.

Das Angebot

Getreu dem Brauch vieler irisch-katholischer Familien wartete Bobby einige Tage, damit die Seele der kleinen Arabella Zeit hatte, den Körper zu verlassen. Dann beauftragte er das Bestattungsinstitut O'Neill mit der Beerdigung des Kindes auf dem St.-Columba-Friedhof, der oberhalb der Narragansett Bay gelegen war.

Mit etwas über zehn Grad war es außergewöhnlich kühl am Samstagmorgen, dem 25. August, der Boden war noch feucht von einem

Regenschauer des Vortags. Jacks Assistent Kenny O'Donnell, überstürzt nach Newport gekommen, um Bobby zu helfen, war nicht warm genug angezogen. Bibbernd stand er am Rand des Grabes, als Pater Murphy von der St. Augustine's Church die Beerdigungszeremonie vollzog.

Pater Murphy erklärte, daß Senator und Mrs. Kennedy eine Taufe ihres Kindes beabsichtigt hätten und die Kirche es daher als »getauft durch Vorsatz« betrachte. Es werde in den Himmel kommen und nach Ermessen der Kirche Aufnahme finden im Schoß des Herrn.

Er segnete den Sarg, auf dem »Baby Girl Kennedy« geschrieben stand, dann wurde das tote Kind langsam in die kleine Grube hinabgelassen.

Als Jack drei Tage später auf der Hammersmith-Farm eintraf, fand er die Familie Auchincloss in Trauerkleidung. Er brachte für Janet ein paar Worte des Beileids hervor, doch das hielt seine scharfzüngige Schwiegermutter nicht davon ab, ihm unmißverständlich klarzumachen, was sie von ihm hielt. Er hätte Jackie zur Seite stehen müssen, als sie ihn am meisten brauchte.

Jack bat Yusha, ihn zum Krankenhaus zu fahren. Dessen Schwester Nina war gerade bei Jackie, als Jack eintrat.

Jackie hatte viel Mühe darauf verwandt, sich für Jack zurechtzumachen. Sie hatte Make-up aufgelegt und war ganz in Pink gekleidet. Als sie sich umarmten, stöhnte sie auf vor Schmerz. Ihre Brust war sehr empfindlich, die Brustwarzen hatte man überklebt, um die Milchproduktion zu stoppen.

»Nun, Jackie, wie fühlst du dich?«

»Es geht mir gut, Jack.«

In Wirklichkeit war Jackie so verwirrt, daß sie nicht wußte, wie sie sich fühlte. Ihre Wut auf Jack schlug im nächsten Moment in Schuldgefühle und Selbstanklage um. Sie warf sich vor, daß sie zum Parteikonvent der Demokraten gefahren war und sich nicht genug Ruhe gegönnt hatte. Sie warf sich vor, daß sie während der Schwangerschaft geraucht hatte, ohne auf Rose zu hören, die ihr geraten hatte, das Rauchen aufzugeben. Sie warf sich vor, daß sie Jack mit seinen Freunden davonziehen ließ, als sie ihn hätte auffordern müssen, bei ihr zu bleiben. Sie warf sich vor, daß sie physisch nicht in der Lage war, Kinder zu gebären ...

Die Kennedys machten es ihr nicht leichter.

»Obwohl es ihr die Kennedys nie ins Gesicht sagten«, berichtete Peter Lawford, »lag bei Jackies Anwesenheit immer so ein stummer Vorwurf in der Luft, daß Jackie sie, zumindest was das Kinderkriegen betraf, enttäuscht hatte. Hinter ihrem Rücken ließen sie auch entsprechende Bemerkungen fallen, in der Art, daß Jackie vielleicht zu ›vornehm‹ wäre, um Kinder zu kriegen. Die Kennedy-Frauen produzierten ja Kinder wie am Fließband, während Jackie eben ihre Probleme damit hatte.«

Der Verlust des Kindes traf Jack und Jackie hart, das zeigte sich auch in ihren angespannten Mienen, als sie dort in dem kleinen Krankenzimmer saßen – verbittert, desillusioniert und in sich gekehrt. Sie hatten sich nicht viel zu sagen. Es war, als würde jedes Wort ihre Wunden vertiefen.

Als Jackie sich eine Zigarette anzündete, sah Jack, daß ihre Fingernägel abgebissen waren bis auf die Wurzeln. Sie nahm einen tiefen Zug und machte eine Bemerkung über die Strapazen des Parteitags. Es klang, als würde sie ihr Mißgeschick der Politik anlasten.

Jack stand auf, um zu gehen.

Jackie versank wieder in Depressionen. Die Ärzte versuchten ihr klarzumachen, daß ihre Niedergeschlagenheit und Verzweiflung normal wären. Schließlich hatte sie es mit einem doppelten Trauma zu tun – mit dem Verlust ihres Babys kurz vor der Geburt und den Folgen des plötzlichen Hormonabfalls.

Doch die Schwere der Depressionen, die auch ihren zukünftigen Schwangerschaften folgten, legte die Vermutung nahe, daß es daneben noch andere Ursachen gab. Nach drei Jahren Ehe war es wahrscheinlich, daß sie sich an Jacks Geschlechtskrankheit infiziert hatte und daß ihre angegriffenen Eierstöcke den Körper nicht ausreichend mit Hormonen versorgten.

Gleichviel, welche Ursachen sie hatten: die Depressionen dauerten an. Nach der Entlassung aus dem Krankenhaus bekam sie Streit mit Jack. Ein Freund belauschte ihre Auseinandersetzungen:

»Du bist zu alt für mich«, sagte Jackie.

»Nein. Du bist zu jung für *mich*«, erwiderte Jack.

Jackie suchte wieder Zuflucht und Trost bei ihrer Schwester, und im November flog sie nach London, um ein paar Wochen im eleganten neuen Haus der Canfields am Chester Square zu verbringen. Sie stellte fest, daß Lees Ehe mit Michael heillos zerrüttet war. Michael hatte von seinen Ärzten erfahren, daß er unfruchtbar war und niemals Kinder haben würde. Lee hatte sich völlig von ihm gelöst und machte sich nicht einmal die Mühe, ihre Seitensprünge verborgen zu halten.

Jackie, die introvertierter war, beneidete ihre Schwester um die Fähigkeit, den bürgerlichen Konventionen zu trotzen und sich außerehelichen Abenteuern hinzugeben. Das war etwas, was auch Jackie gern ausprobiert hätte. Lee hatte Affären mit mehreren prominenten Männern zugleich: mit Lord Lambton, dem Mann einer ihrer besten Freundinnen; mit David Somerset, dem sagenhaft reichen Erben des Herzogs von Beaufort; mit Stanislas Radziwill, einem polnischen Aristokraten, der neunzehn Jahre älter war als Lee und eine gewisse Ähnlichkeit mit ihrem Playboy-Vater hatte.

Auf Jackie, die sich in Washington mit öden Senatorengattinnen und mit Jacks irischen Kumpanen abgeben mußte, wirkten Lees Eskapaden wie Geschichten aus einem Roman. Als Teenager hatte Jackie ein Buch über Madame Récamier gelesen, eine Adlige des 18. Jahrhunderts, die Esprit und Schönheit auf sich vereinte und einen berühmten literarisch-politischen Salon in Paris unterhielt. Jackie wurde blaß vor Neid, daß nicht sie, sondern ihre Schwester so geworden war wie Madame Récamier.

Ali Forbes, der Übersiedler aus reicher amerikanischer Familie, erklärte: »Sehen Sie, beide Bouvier-Schwestern brannten darauf zu werden, was die Italiener *prominente* nennen – Frauen, über die man spricht.«

Michael Canfield war von Lees Verhalten völlig konsterniert. Wenn er vom Dienst nach Hause komme, wisse er nie, wessen Hut am Garderobenhaken hänge, bekannte er, und er fragte Jackie um Rat, wie er seine Frau behandeln solle.

»Du mußt mehr Geld verdienen, Michael«, sagte sie.

Das war als Scherz gemeint, der sich gegen ihre Schwester richtete. Bei Lees Freunden war es eine ausgemachte Tatsache, daß sie nur zwei Interessen hatte – die High Society und das Geld.

Michael setzte Jackie auseinander, daß sie im Vergleich zu anderen Paaren ihrer Altersklasse recht luxuriös lebten und ein beträchtliches Einkommen hatten. Doch nichts schien Lee zufriedenzustellen – nicht einmal die sündhaft teure Bettjacke von Elizabeth Arden, die er ihr kürzlich geschenkt hatte und die ihn fast ruiniert hätte.

Offenbar erfaßte Michael nicht das ganze Ausmaß von Lees Begierden.

»Nein, Michael«, sagte Jackie so boshaft, wie sie nur konnte. »Ich meine *richtiges* Geld.«

Jackie stürzte sich in eine Serie glanzvoller Partys und Jagdwochenenden. Die Kunde von ihrem extravaganten Lebensstil in England gelangte nach Amerika, und bald schrieben die Zeitungen, sie benehme sich wie eine unverheiratete Frau, offenbar habe sie sich von ihrem Ehemann entfremdet. Scheidungsgerüchte machten die Runde. Als erster schrieb der Washingtoner Kolumnist Drew Pearson über die Ehekrise. Sein Bericht wurde aufgegriffen und vom *Time*-Magazin weiter ausgeschmückt.

Joe Kennedy war beunruhigt, und er beschloß, die Sache in die eigenen Hände zu nehmen. Als Jackie wieder zurück in den Staaten war, lud er sie zum Lunch ins Le Pavillon ein, ein bekanntes französisches Restaurant im Hotel Ritz an der East 57th Street.

André Soulé, der untersetzte, pausbäckige Eigentümer, hatte das Lokal 1941 mit Joes finanzieller Unterstützung eröffnet und ihm diesen Freundschaftsdienst nie vergessen.

»Ah! *Votre excellence!*« rief Soulé, als Joe eintrat.

Joe sah gar nicht gut aus. Der 68jährige hatte vor kurzem eine Operation über sich ergehen lassen – die Entfernung der Prostata –, und er war noch etwas wacklig auf den Beinen. Soulé geleitete ihn an seinen angestammten Tisch Nummer sieben in der gefragtesten Ecke des Lokals links vom Eingang.

Ein paar Minuten später kam Jackie, und Soulé führte sie an Joes Tisch. Wände und Fußboden waren lindgrün gehalten, die Polster tizianrot abgesetzt. Auf jedem Tisch stand eine Vase mit roten Rosen. Der Raum schimmerte im angenehm gedämpften Licht der Kronleuchter und Kandelaber. Jackie setzte sich. Hier war sie in ihrem Element.

»Unser Chef hat heute etwas ganz Besonderes für Sie vorbereitet«, sagte Soulé mit leichter Verbeugung gegen Joe.

Er empfahl ihm ein geröstetes Täubchen und ihr ein Huhn *polonaise*. Als die Entrées serviert wurden, kam Joe zur Sache. Später erzählte er Morton Downey von dem Gespräch, und Jackie lieferte ihre Version bei Lee ab.

»Jack will dich nicht verlieren«, sagte Joe.

»Er hat eine eigenartige Methode, mir das zu demonstrieren«, entgegnete Jackie.

»Ich weiß, daß eure Beziehung nicht sonderlich heiß ist«, sagte Joe. »Aber du mußt zu Jack halten. Er ist der zukünftige Präsident.«

Jackie erklärte, sie habe für Politik und Politiker nichts übrig und wolle auch nicht als Wahlkampf-Gattin auftreten. Sie habe eigene Interessen, die sich auf die Literatur und die Künste richteten. Sie brauche mehr Freiheit.

Mehr noch, sie fühlte sich, obwohl sie Joe persönlich immer gemocht hatte, vom Kennedy-Clan an die Wand gedrückt. Wenn sie mit Jack in Hyannis Port oder in Palm Beach war, wollte sie nicht jeden Abend mit der ganzen Familie am Tisch sitzen müssen.

»Einmal in der Woche ist völlig in Ordnung. Aber nicht jeden Abend.«

Joe sah kein Problem in ihren Forderungen.

»Und ich möchte Hickory Hill nicht behalten«, sagte Jackie. »Ich ertrage den Anblick des Kinderzimmers nicht.«

»Ich verstehe«, sagte Joe. »Wir werden etwas anderes für euch finden. Das einzige, woran mir wirklich liegt, ist, daß ihr beide, Jack und du, zusammenbleibt.«

Jackie blieb stumm. Ihre Mutter hatte sie bei vielen Gelegenheiten gewarnt: »Was wird aus dir, wenn du Jack verläßt? Du bist dann nichts als eine geschiedene Katholikin!«

Wie würde Jackie ohne Ehemann zurechtkommen? Wohin würde sie ziehen? Wer würde sie ernähren?

Eine Scheidung kam nicht in Frage. Jackie dachte nicht ernstlich daran, Jack zu verlassen. Aber das wußte Joe nicht. Und natürlich war Jackie vorsichtig genug, ihn im ungewissen zu lassen.

»Es ist Sache der Frau, die Ehe zusammenzuhalten«, fuhr Joe fort. »Aus persönlicher Erfahrung kann ich dir versichern, daß Kinder das Geheimnis einer guten Ehe sind. Ich werde einen Fonds für deine Kinder einrichten. Du kannst darüber verfügen, wenn du Kinder hast.«

Das war eine klare Aufforderung zum Kinderkriegen, die er da an sie richtete.

»Und was, wenn ich keine Kinder bekommen kann?« fragte Jackie.

»Wenn du innerhalb von zehn Jahren keine Kinder hast«, sagte Joe, »wird der Fonds automatisch auf dich überschrieben. Dann kannst du nach deinem Gutdünken über das Geld verfügen.«

Joe nannte ihr nie die Summe, an die er dachte, und Jackie fragte nicht danach.

11

Der Hauptgewinn

April 1957 – November 1960

Eine Frau von Format

An einem sonnigen Apriltag, in Washington blühten die Kirschbäume, fand Ted Sorensen, als er zu Jack und Jackie ins Haus kam, die beiden auf dem Teppich liegend, umgeben von Bücherstapeln.

»Oh, hör dir das an, Jack«, sagte Jackie. »Das paßt genau zu dem, was du ausdrücken willst.«

Sorensen war Jacks wichtigster Ideenspender und Redenschreiber, aber oft war es Jackie, die das passende Zitat fand oder einen der markanten Sätze prägte, die Jacks Reden so denkwürdig machten.

»Jackie überzeugte nicht so sehr durch ihre Recherche, als vielmehr durch die erstaunliche Fülle ihres literarischen Wissens«, urteilte Sorensen.

Als Kind hatte sich Jack die Belehrungen seiner Mutter angehört, wie man sich geradehielt und einen guten Eindruck machte. Jetzt, als es darum ging, ein persönliches Image aufzubauen, suchte er Hilfe bei Jackie. Mit ihr übte er seine Reden, und sie gab ihm Tips, wann er die Hände benutzen mußte, um wichtige Akzente zu setzen, und wie er seine Rhetorik verbessern konnte.

»Direkt nach dem Scheitern der Wahl zum Vizepräsidenten auf dem Chicagoer Parteitag von 1956 hatte Jack im stillen beschlossen, das nächste Mal gleich auf den großen Hauptgewinn zu setzen«, erklärte Ben Bradlee, der beim *Newsweek*-Magazin über den Konvent berichtete. »Als ich ihn kennenlernte, schrieb er Artikel, fuhr übers flache Land und hielt Reden und ließ sich kaum im Senat blicken ...«

Es war genau die Zeit, da viele ihrer Freunde glaubten, ihre Ehe wäre auf dem Tiefpunkt. Doch Jack und Jackie saßen Abend für Abend zu Hause, wälzten Bücher und nahmen Anlauf auf Jacks Präsidentschaftskandidatur.

Um der Kampagne Schwung zu verleihen, stellte Jack einige neue Mitarbeiter an, zu ihnen gehörte der schlaksige Meyer Feldman, der vorher Berater beim Bankenausschuß des Senats gewesen war und nun Jackie aus der Nähe kennenlernte.

»Ihr Beitrag bestand darin«, sagte Feldman, »daß sie Jack Vorschläge machte – Ideen zu seinen Standpunkten beisteuerte, Gedichtzitate, historische Bezüge. Wenn er vor einem französischsprachigen Publikum in New Hampshire redete, lieferte sie ihm Sätze, von denen sie glaubte, daß er sie brauchen konnte. Und er hat ihre Vorschläge immer in seine Reden eingebaut.«

»Sie haben unglaublich viel zusammen gelesen«, bezeugte Charlie Bartlett, »und Jackie, die sehr, sehr klug war, hat die Zitate herausgesucht. Kooperation spielte eine sehr große Rolle in dieser angeblich so dunklen Periode ihrer Ehe. Jackie half mit ihren Ideen, das geistige Fundament für den kommenden Kampf um die Präsidentschaft zu errichten. Sie hatte viele der Zitate ausgegraben, die Jack dann in seine Wahlkampfreden einzubauen begann.«

Vorher stammten die Zitate in Jacks Reden vor allem aus der politischen Arena – von Lincoln, Jefferson, Madison, Churchill, Clausewitz. Aber ab Mitte der fünfziger Jahre würzte er seine Ausführungen mit Zitaten von Dichtern, auf die ihn meist Jackie aufmerksam gemacht hatte. In eine Rede, die Jack vor der Mississippi Valley Historical Association in Minneapolis, Minnesota, hielt, brachte Jackie ein Zitat von Oscar Wilde unter, dem sie schon bei ihrer Bewerbung um den Prix de Paris Tribut gezollt hatte:

Aber wenn amerikanische Politiker ihre Wertschätzung für die Historiker und ihre Bedeutung zum Ausdruck gebracht haben, so haben dies die amerikanischen Historiker nicht immer in gleichem Maße erwidert. Nicht immer haben sie die Politik als einen reizvollen, die Politiker als einen bedeutsamen Aspekt der Geschichte dieses Landes gewürdigt. Allzuoft scheinen sie es in aller Bescheidenheit mit Oscar Wilde zu halten, der gesagt hat: »Es ist viel schwerer, über eine Sache zu schreiben, als sie zu machen. Geschichte machen kann jeder. Aber nur große Männer können darüber schreiben!«

Während Jack durchs Land reiste und Reden hielt, wuchs sein Selbstvertrauen. Er entwickelte einen besonderen Ausdrucksstil, der ein Gefühl der emotionalen Verbundenheit mit seinem Publikum schuf. Die Frauen bewunderten ihn.

Er nahm zu und gewann an Statur – dank dem Kortison, das er gegen die Addison-Krankheit einnehmen mußte. Wenn er auf der Bühne im Scheinwerferlicht stand, sah er so gut aus wie nie zuvor.

»Ich unterschätze nicht die Zahl großer Männer in diesem Auditorium«, sagte er vor der Mississippi Valley Historical Association, »aber ich würde auch nicht die Bedeutung jener großen Männer unterschätzen, die unsere Geschichte mitgeprägt haben.«

Er war nicht mehr der widerstrebende Ersatzmann für seinen toten Bruder. Jetzt sah sich Jack selbst als einen jener großen Männer.

Jackie war wieder schwanger.

Alles fügte sich so, wie sie es mit Joe abgesprochen hatte. Hickory Hill wurde – mit Verlust – an Bobby und Ethel verkauft, Jack und Jackie zogen in ein gemietetes Haus in Georgetown. Als die gemeinsame Freundin Marion »Oatsie« Leiter aus dem dreistöckigen Ziegelhaus in der N-Street 3307 auszog, das sie gemietet hatte, packte Jack die Gelegenheit beim Schopf und kaufte es.

»Mein süßes kleines Haus«, wie Jackie es nannte, stand ein wenig schief. Es hatte knarrende Stufen, keinen Vorgarten und bedurfte dringend der Sanierung. Doch es war ein Kleinod aus dem frühen 19. Jahrhundert, das den Krieg von 1812 überstanden hatte, und seine klare Nordstaaten-Architektur schmeichelte Jackies Ordnungssinn. Auf Joes Drängen gab ihr Jack eine Blankovollmacht, es in ihr absolutes Traumhaus zu verwandeln.

Sie lud Elisabeth Draper ein, die Innenarchitektin ihrer Mutter, die auch schon bei der Einrichtung von Hickory Hill geholfen hatte, um mit ihr gemeinsam die neue Erwerbung zu besichtigen.

»Bessie«, sagte Jackie zu Elisabeth Draper, als sie durch den hohen Salon mit den zwei Kaminen gingen, »das ist es, was ich immer wollte. Jetzt ist Schluß mit der Umzieherei.«

»Natürlich hatte sie das auch schon gesagt, als es um Hickory Hill ging«, stellte Elisabeth Draper fest. »Mir tat Jackie leid – sie war mit Jack ständig umgezogen. Das gab ihrer Ehe so einen provisorischen Charakter, das Gefühl von ›Nichts ist ewig‹. Ich weiß nicht, wie ich das genau ausdrücken soll – überall, wo sie gewohnt hatten, sah es aus, als wären sie nur auf der Durchreise.«

Aber Jackies Zigeunerleben war vorbei. Seit dem Lunch mit Joe Kennedy im Le Pavillon hatte sie sich verändert. Sie war jetzt entschlossen, festen Boden zu gewinnen und ihre Ehe aufrechtzuerhalten. Sie wirkte nicht mehr so überspannt – mit diesem Wort hatte Jack einmal ihre ätherische Wesensart kritisiert.

Als sie die Innenausstattung des Hauses in der N-Street in Angriff nahm, fällte sie eine wichtige Entscheidung: Sie würde ihrer Mutter nicht mehr erlauben, sich über Elisabeth Draper in ihre häuslichen Angelegenheiten einzumischen. An deren Stelle berief Jackie Mrs. Henry Parish II., eine New Yorker Innenarchitektin aus den besten Kreisen, die für ihre wuchtigen Sofas und ihre Neigung zum behaglichen Luxus bekannt war. Zu ihren Kunden zählten die Familien Mellon, Du Pont, Rockefeller und Engelhard.

Im Sommer 1957 flog Sister Parish, wie man sie nannte, nach Washington, um den Auftrag mit Jackie zu besprechen. Die blonde Frau, deren scharfgeschnittenes Profil von ferne an George Washington erinnerte, schüchterte ihre Kunden gern mit ihren Belehrungen in Sachen Geschmack und Stil ein. Sie erschien mit einem großen Zeichenblock und einem winzigen Pekinesen im Arm, den sie Yummy nannte.

»Oh, Jackie«, begann sie ihre übliche Überrumpelungstaktik, »das sieht ja hier furchtbar aus, ganz furchtbar!«

Aber Sister Parish begriff bald, daß hinter Jackies scheinbarer Beeinflußbarkeit ein eiserner Wille steckte. Von ihrer Mutter hatte Jackie Disziplin und ein erstaunliches Organisationstalent geerbt. Sie hatte stets ein Notizbuch bei sich, in das sie ihre Urteile zu Hunderten von Farbtönen, Stoffmustern und Teppichproben eintrug. Sie ließ es sich nicht nehmen, vom Kinderzimmer in der dritten Etage einen Grundriß zu zeichnen. Nichts entging ihrer Aufmerksamkeit, auch nicht die rosa-goldenen Zigarettendosen und Aschenbecher aus Porzellan.

Ihr Geschmack war unfehlbar, und sie äußerte ihre Ansichten mit einer Überzeugung, die frei war von Selbstzweifeln. Die beiden Grundfarben des Hauses würden Rosa und Grün sein, entschied sie. Die breiten alten Dielen ließ sie weiß streichen und mit einem blaßgrünen Rautenmuster übermalen. Sie kaufte Louis-seize-Sessel mit geflochtenen grünen Sitzflächen. Sie wählte vergoldete Wandleuchter, mit Intarsien verzierte Tische aus hellem Holz, französisches Porzellan, einen Teppich mit einem Streifenmuster aus roten Rosen und für den Kaminsims eine kleine französische Uhr, die einen liegenden Bronzelöwen als Sockel hatte.

Auch in anderen Bereichen des Ehelebens machte sich Jackies gewachsenes Selbstbewußtsein bemerkbar. Sie unterzog das äußere Erscheinungsbild Jacks einer grundlegenden Änderung. In seinen frühen Senatstagen war er oft ins Büro gekommen, als hätte er in seinen Sachen geschlafen. Aber seit Jackie sich um seine Garderobe kümmerte, war er einer der bestgekleideten Politiker Washingtons. Seine konservativen Anzüge, weißen Hemden mit glattem Kragen und die schmalen, gemusterten Krawatten beeinflußten den Kleidungsstil einer ganzen Männergeneration.

Bislang hatte sich Jack hauptsächlich von Hotdogs, Schokoriegeln und Fertigsandwiches ernährt. Jackie machte alldem ein Ende, indem sie Jacks Diener George Thomas mit Porzellantellern ins Senatsbüro schickte, die durch Einsätze mit heißem Wasser warmgehalten wurden. Der Lunch, natürlich in der Küche der Kennedys zubereitet, bestand aus Braten, Kartoffeln und Erbsen oder aus Jacks Leibgericht, dem Muscheltopf.

Als Frau eines landesweit bekannten Politikers empfing Jackie große Mengen Post, und sie lernte es, diese Korrespondenz zur Unterstützung der Karriere ihres Mannes einzusetzen.

»Der Senator brachte mir jeden Morgen große Tüten mit Jackies Post ins Büro«, erinnerte sich Evelyn Lincoln. »Sie hatte alles gelesen, und oft gab sie mir durch Notizen oder Anrufe Hinweise darauf, wie die Zuschriften behandelt werden sollten.«

So wie ihr Mann, entwickelte auch Jackie ein stärkeres Persönlichkeitsprofil. Zum ersten Mal in ihrem Leben sah sie sich als eine Frau von Format.

Ein bißchen mehr Diskretion

Im Mai rief Jack bei Priscilla Johnson an, der jungen Russisch-Übersetzerin mit dem mediterranen Teint und der Flüsterstimme, die ihn so sehr an Jackie erinnerte.

»Ich halte eine Rede vor dem Overseas Press Club im Waldorf«, sagte er zu ihr. »Ich möchte, daß du als mein Gast kommst. Aber wenn du deine Karte am Eingang abholst, frage nicht nach mir, sondern nach dem Tisch von Mr. Bouvier.«

Obwohl sich Priscilla weigerte, mit ihm ins Bett zu gehen, genoß er diese prickelnde, spielerische Beziehung. Daß sie für ihn unerreichbar war, schien sein Interesse an ihr nur zu steigern. Wie er oft betonte, liebte Jack den Kampf zwischen Mann und Frau – er war auf die Jagd aus, nicht auf die Beute. Zu seinem Spiel mit Priscilla gehörte es, daß er immer geradewegs auf sein Ziel zusteuerte und sie ihm jedesmal eine Abfuhr erteilte.

»Jack«, sagte sie zu ihm, »wenn du dich scheiden läßt, aus der Kirche austrittst und mit der Politik aufhörst, werde ich ernstlich über die Sache nachdenken.«

»Du hast mich doch all die Jahre am Nasenring geführt, weil ich eine interessante politische Figur bin«, wandte Jack dagegen ein.

»Interessant?« rief Priscilla. »Machst du Witze?«

Zum Dinner beim Overseas Press Club trug Priscilla ein rosa Brokatkleid. Als sie im großen Ballsaal des Waldorf Astoria eintraf, fragte sie nach dem Tisch von Mr. Bouvier, und gleich darauf saß sie schon neben dem legendären Black Jack.

Jackies Vater war nur noch ein Schatten seiner selbst. Sein dunkler

Glanz hatte sich in ein stumpfes, kränkliches Grau verwandelt. Unter den Augen hatte er dicke Tränensäcke. Der Smoking paßte ihm nicht. Und bei jeder Bewegung, die er machte, schien er aufzustöhnen.

Er stellte Priscilla seiner derzeitigen Geliebten vor und einem anderen Paar, das mit am Tisch saß – John Daly, Moderator der Fernsehshow *What's My Line?,* und seiner Frau Virginia, Tochter des Obersten Richters Earl Warren.

Vorn am Rednerpult ließ Jack seine Rede von Stapel, mit der er zu verstärkter Hilfe für Polen aufforderte, um das Land vor der wachsenden Abhängigkeit von der Sowjetunion zu bewahren.

»Bleiben Sie danach noch eine Weile«, sagte Black Jack zu Priscilla. »Mein Schwiegersohn wird Sie sicher sprechen wollen.«

»Das brachte mich zum Lachen«, sagte Priscilla später. »Was hat er denn geglaubt, wer ich bin?«

Priscilla hatte gehört, daß es mit Jacks Ehe nicht zum besten stand. Ihre Freundin Nancy Roosevelt Jackson, die mit dem Sohn eines Richters des Obersten Gerichtshofs verheiratet war, hatte ihr erzählt, daß Botschafter Kennedy interveniert hätte, um die Ehe seines Sohns zu retten. Old Joe hätte Jack das feierliche Versprechen abgenommen, daß er seine Frauengeschichten in Zukunft diskreter abwickeln würde – oder so wurde es zumindest berichtet.

Mitten in der Rede von Jack begann Priscilla sich zu fragen, was sie hier im Waldorf zu suchen hatte, wieso sie sich mit einem verheirateten Senator verabredet hatte und sich dazu als Gast seines Schwiegervaters tarnen sollte. Plötzlich bekam sie kalte Füße. Sie entschuldigte sich und floh aus dem Saal.

Als sie in ihr Apartment zurückkam, sagte ihre Mitbewohnerin Molly Burgwin, es wäre da ein Anruf von einem Mr. Bouvier gekommen.

»Wie klang seine Stimme?« fragte Priscilla.

Molly beschrieb die Stimme, die sie im Telefon gehört hatte.

»Das war Jack, der sich als Mr. Bouvier gemeldet hat«, sagte Priscilla. »Jetzt ist mir klar, was Jack unter mehr Diskretion versteht.«

Lebe wohl, schwarzer Prinz

Am letzten Juli-Wochenende fuhr Jack mit Jackie von Hyannis Port nach Newport, um dort ihren achtundzwanzigsten Geburtstag zusammen mit Janet und Hughdie Auchincloss zu feiern. Auf der Hammersmith-Farm erhielt Jackie einen Anruf, der sie darüber informierte, daß ihr Vater mit schweren Schmerzen ins Lenox Hill Hospital eingeliefert worden sei.

Obwohl sie im sechsten Monat schwanger war und der Arzt ihr von Flügen abgeraten hatte, nahm sie die nächste Maschine nach New York. Als sie ihren Vater im Krankenbett vor sich sah, war sie schockiert. Die lebenslange Trunksucht und Ausschweifungen hatten ihren Preis gefordert. Er war 66, aber sah mindestens zehn Jahre älter aus. Sein Körper war aufgedunsen, die Augen schwarzumrändert. Auf Wangen und Nase waren Äderchen geplatzt, sein einst hübsches, gebräuntes Gesicht hatte eine senffarbene Tönung angenommen.

In den Monaten zuvor war er praktisch zum Einsiedler geworden, der nur zu seltenen Gelegenheiten die Wohnung verließ, etwa als Jack seine Rede vor dem Overseas Press Club hielt. Er hatte seinen Platz an der New Yorker Börse verkauft und lebte von den mageren Zinsen seines Vermögens, das weniger als 200 000 Dollar betrug. Seiner Haushälterin Esther Lindstrom schuldete er fast 5 000 Dollar Gehalt. Er war zu schwach und zu arm geworden, um weiter die Pferderennen, die Nachtclubs und seine anderen Zerstreuungen aufzusuchen. Er fühlte sich als totaler Versager.

Jackie saß an seinem Bett und hörte sich das alles an, auch seine bitteren Beschwerden darüber, daß sie ihn vernachlässigt habe. Ob sie überhaupt wisse, daß er von ihrer Schwangerschaft aus der Zeitung erfahren habe.

Jackie wußte nicht, daß ihr Vater an Leberkrebs starb, und sie beschloß, daß sie noch am selben Tag nach Newport zurückfliegen würde. Bevor sie ging, versprach sie ihm, sich bald zu melden. Eine Woche später jedoch fiel Black Jack ins Koma. Die einzigen, die ihm in seinen letzten Stunden beistanden, waren sein Neffe Michel Bouvier und dessen Frau Kathleen.

Black Jack umklammerte Kathleens Hand. »Jackie, bist du's? Bist du's, Jackie?«

Bevor Kathleen antworten konnte, gab Jack Bouvier ihre Hand frei, er lächelte schwach und starb.

»Durch einen Tränenschleier blickte ich hoch«, erinnerte sich Kathleen, »und da sah ich Jackie stehen, bleich wie Pergament. Hinter ihr stand Jack, seine große Gestalt scharf umrissen vor der nüchternen weißen Wand. Sie hatten die letzte Chance, von Black Jack Abschied zu nehmen, knapp verpaßt.«

Eine Schwester trat ein und geleitete die zwei Paare aus dem Raum. Sie stiegen in den Fahrstuhl, zusammen mit dem Notarzt, der Black Jack eingewiesen hatte.

Der Arzt fragte Jackie, ob er ihren Vater zur Autopsie bringen lassen dürfe. Er wolle die Haut des Toten untersuchen, weil ihre Pigmentierung so außergewöhnlich sei.

Jackie würdigte ihn keiner Antwort.

Die Trauerfeier fand drei Tage später in der Bouvier-Kapelle der St. Patrick's Kathedrale statt. Black Jack hatte ein Vermögen von nur 171 000 Dollar hinterlassen. Nach Steuern und anderen Unkosten blieb für Jackie und Lee die bescheidene Summe von jeweils 80 000 Dollar.

Bevor der Sarg verschlossen wurde, trat Jackie vor, um ihrer ersten Liebe, dem schwarzen Prinzen, einen letzten Gruß zu widmen. Sie nahm ihr Armband ab, ein Geschenk ihres Vaters zum College-Abschluß, und legte es in seine Hand.

Beigesetzt wurde Black Jack auf dem St. Philomena's Friedhof in East Hampton. Es war ein heißer Augusttag, aber eine sanfte Brise bewegte die Kornblumen und die leuchtendgelben Tausendschönchen, mit denen Jackie den Sarg hatte überhäufen lassen, um den Eindruck eines sommerlichen Gartens entstehen zu lassen.

Während die Sonne niederbrannte, hörten die Trauergäste das hohle Klick-Klack von Pferdehufen auf dem Reitweg neben dem Friedhof und den klagenden Pfiff einer fernen Lokomotive.

Kathleen Bouvier blickte hinüber zu Jackie.

»Jackie hatte den kontrollierten, fast abwesend wirkenden Blick unterdrückter Gefühle«, sagte sie. »Nur ihren Mund konnte sie nicht beherrschen. Er hatte einen schmerzlichen, leidenden Zug, immer am Rand der Tränen. Aber geweint hat sie nie. Nicht in der Öffentlichkeit.«

Die Charakterprobe

Joseph Kennedy unterhielt zwei Apartments in der Park Avenue 270, eines für Rose, falls sie von Bronxville nach New York fuhr und über Nacht in der Stadt bleiben wollte, das andere für sich selbst – als Liebesnest, in dem er sich ohne Umstände mit seiner Sekretärin und Geliebten Janet Des Rosiers vergnügen konnte.

In den letzten Wochen von Jackies Schwangerschaft trat Joe dieses zweite Apartment – eine Reihe düsterer, hoher Räume mit Teppichboden – an Jack und Jackie ab. Sie zogen vorübergehend von Washington dorthin, weil Jackie eine weitere Fehlgeburt befürchtete und in der Nähe ihrer Ärzte vom New York Hospital bleiben wollte.

Am 27. November 1957 hatte Jackie einen Kaiserschnitt und brachte ein gesundes, sieben Pfund schweres Mädchen zur Welt, das sie Caroline Bouvier nannten.

Jack war in Ekstase. Mit vierzig war er drauf und dran, der jüngste Präsidentschaftskandidat in der Geschichte der Vereinigten Staaten zu werden. Etliche Leute sahen in ihm nur den verwöhnten Millionärssohn – zu unreif für das höchste Amt. Aber jetzt war er Vater, Oberhaupt einer vollwertigen Familie. Um dieser Tatsache Nachdruck zu verleihen, posierte er mit seiner Frau und dem neugeborenen Kind für das Titelbild des *Life*-Magazins.

Aber Jackie erholte sich nur langsam, und Caroline mußte über elf Tage in der Klinik bleiben. Während Jackie sich von der Operation erholte, kamen Lee und Michael Canfield aus London und wohnten in der Park Avenue 270.

»Also, jetzt wohne ich mit Lee Bouvier in einem Apartment«, sagte Jack am Telefon zu Charlie Bartlett in Washington. »Wenn das keine Charakterprobe ist! Und ich habe sie bestanden.«

Wie viele Männer betrachtete Charlie die Schwester von Jackie als »wandelnde Sexbombe«. Er war erleichtert zu hören, daß Jack die Klugheit besessen hatte, die Finger von seiner Schwägerin zu lassen, wenn das auch an dem Bild, das er sich von Jacks fehlbarer Wesensart machte, nicht das geringste änderte.

»Daß ich Jackie mit Jack zusammengebracht habe, gehört nicht zu meinen Glanzleistungen«, bekannte Charlie. »Ich glaube, Jack hätte nicht heiraten dürfen. Er hatte etwas an sich, was er nicht unter Kontrolle halten konnte.«

An dieser Feststellung war mehr Wahres, als selbst Charles vermutete, denn am Ende kam es doch so, daß Jack die Charakterprobe verpatzte.

»Lee hat mir erzählt, daß sie mit Jack geschlafen hat«, sagte Nina Auchincloss. »Die Schlafzimmertür stand offen, und Michael konnte alles mit anhören.«

Am Sonntag, dem 8. Dezember, fuhr Jack ins New York Hospital, um Caroline und ihre Mutter nach Hause zu holen.

»Mrs. Kennedy hatte mich gebeten, mitzukommen und beim Tragen des Babys zu helfen«, sagte Maude Shaw, das neue englische Kindermädchen der Kennedys. »Aber ich wurde kaum gebraucht. Senator Kennedy trug das Baby selbst und hielt es während der ganzen Autofahrt zur Park Avenue im Arm.«

Entstehung einer Ikone

»Das Telefon klingelte um Mitternacht«, berichtete der Fotojournalist Jacques Lowe über einen Anruf, den er am 6. September 1958 erhielt. »Eine Stimme, die sehr glücklich klang, sagte ›Mr. Lowe, hier spricht Joe Kennedy.‹ Joe Kennedy war damals schon fast eine mythische Figur, mehr noch als Jack.

Ich dachte, jemand wollte mich verkohlen, daher antwortete ich: ›Und hier spricht der Weihnachtsmann.‹ Die Stimme blieb dran und sagte: ›Nein, nein, ich bin wirklich Joe Kennedy. Heute ist mein siebzigster Geburtstag, und Bobby hat mir diese wundervollen Fotos geschenkt, die Sie von ihm und seiner Familie gemacht haben. Das sind die großartigsten Bilder, die ich je gesehen habe, und das schönste Geschenk, das ich je bekommen habe. Können Sie herkommen und auch meinen anderen Sohn fotografieren?‹«

»Ich fuhr also nach Hyannis Port«, sagte Lowe. »Jack Kennedy hatte gerade eine anstrengende Wahlkampf-Tour für die Wiederwahl in den Senat hinter sich. Und ohne daß ich etwas davon ahnte, nahm er bereits Anlauf auf die Präsidentschaft und mußte aus der Senatswahl mit einem haushohen Sieg hervorgehen. Er war um vier Uhr morgens von einer zehntägigen Rundreise zurückgekommen und mußte am nächsten Tag zur nächsten anstrengenden Tour aufbrechen. Das letzte, was er sehen wollte, war ein Fotograf. Aber ein pflichtbewußter Sohn tut immer, was sein Vater von ihm verlangt.

Als ich dort eintraf, steckte er schon in einem piekfeinen blauen Nadelstreifenanzug. Das war ganz bestimmt nicht die normale Wochenendkluft am Kap bei schönstem Sommerwetter.

Er war steif wie eine Statue, mürrisch und übelgelaunt, als ich mit dem Fotografieren anfing. Ich kam einfach nicht an ihn heran. Doch dann erschien Jackie mit Caroline. Jack wurde lockerer und fing an, mit seiner Tochter zu spielen. Wenig später hatte ich Bilder von den dreien, darunter auch das, wo Caroline auf Jackies Perlen herumkaut und das inzwischen so etwas wie eine Ikone geworden ist.«

»Ein paar Wochen später, wieder um Mitternacht, kam ein anderer Anruf, diesmal von Senator Kennedy«, erzählte Lowe weiter. »›Jacques, ich bin in New York, aber nur für diese Nacht. Könntest du zu mir rüberkommen? Ich habe die Bilder bei mir.‹ Also stieg ich ins Taxi und fuhr hoch zur Marguery, einem Riesenwohnkomplex an der Park Avenue, der damals den Kennedys gehörte. Jack öffnete mir persönlich. Und nachdem sich bei unserem ersten Treffen die Atmosphäre sehr förmlich gestaltet hatte, war dieses Treffen nun an Lockerheit nicht zu überbieten. Der Senator war in ein Handtuch gewickelt – offensichtlich hatte er gerade geduscht –, und ich hörte es im Hintergrund plätschern.

›Ist es Jacques?‹ rief jemand.

›Ja.‹

›Die Bilder sind wunderbar geworden. Vielen Dank.‹

Jackie saß in der Badewanne.

Jack führte mich zu einem Couchtisch mit Glasplatte, auf dem er die Kontaktabzüge ausgebreitet hatte. Als erstes staunte er über die Qualität der Bilder. Er dachte an seine üble Stimmung und entschuldigte sich überschwenglich. Wie hatte ich die Bilder so gut hingekriegt, da er doch so unleidlich war?

Ich setzte mich auf den Fußboden, während er auf der Couch saß, damit wir die Kontakte zusammen durchsehen konnten. Das Problem war, daß ich jedesmal, wenn ich hochschaute, seine Männlichkeit im Blick hatte. Das brachte mich ganz schön aus dem Konzept, aber er schien das gar nicht zu merken.«

Lowes Fotos von Jackie waren faszinierend. Sie war weit davon entfernt, eine perfekte Schönheit zu sein: Ihre Kinnpartie war zu kräftig, ihre Augen zu weit auseinander, die Augenbrauen zu stark, der Mund zu groß. Und doch wirkte sie überwältigend. Ihre Unvollkommenheit hatte etwas Atemberaubendes.

Lowe fuhr fort: »Begleitet von etlichem Geplätscher rief Jackie aus dem Badezimmer herüber. Sie wollte wissen, welches Foto sich als Weihnachtskarte eignete und ob wir ein paar Aufnahmen zu einem Bild komponieren könnten ...

Ich war ein bißchen verdattert von dem Erlebnis, aber in dieser Nacht bekam ich Jackie nicht zu sehen. Ich hörte sie nur aus der Wanne steigen.

Sie rief mir noch zu: ›Gute Nacht, lieber Jacques. Und danke für die wundervollen Bilder.‹«

Herzklopfen inbegriffen

Gekleidet in Hut und Mantel, schlüpfte Joe Kennedy durch den Seiteneingang des Ambassador East, eines bescheidenen Hotels nahe der Rush Street, im Rotlicht-Bezirk von Chicago. Er wurde vom Hotelmanager im Empfang genommen, einem nervösen Typ, der unaufhörlich redete, während er Joe durch ein Labyrinth von Fluren zu einem Lastenaufzug führte.

Sie stiegen in einem der Obergeschosse aus, und Joe wurde an ein paar bulligen Bodyguards vorbei in eine Ecksuite eskortiert. Ein paar der Männer, die hier herumstanden und kubanische Zigarren rauchten, kannte er: Johnny Matessa, Willie Potatoes, Rocky Potenza und Joey Pignatello. Aber Joe ging an ihnen vorbei, ohne sie weiter zu beachten, und streckte die Hand einem melancholischen kleinen Mann entgegen, der ein Toupet trug und dunkle, bedrohliche Augen hatte.

»Hallo, Sam«, sagte Joe.

Sam Giancana war der Nachfolger von Al Capone und als solcher der mächtigste Gangster Amerikas. Als Boß der Bosse des Chicagoer Syndikats herrschte er über ein riesiges Gebiet, das westlich des Mississippi begann und bis nach Kalifornien reichte. Keiner konnte genau sagen, wieviel Geld er mit Spielhöllen, Wucherkrediten, Prostitution, Drogenhandel, Erpressung und anderen illegalen Praktiken verdiente, aber die Schätzungen beliefen sich auf bis zu zwei Milliarden Dollar pro Jahr, von denen 40 bis 50 Millionen direkt in Sams Taschen wanderten.

Sam packte Joe beim Ellbogen und schüttelte ihm kräftig die Hand. Beide Männer kannten sich seit ewigen Zeiten. Schon in den Jahren der Prohibition hatten sie Geschäfte miteinander gemacht, und Sam hatte Joe das Leben gerettet, als die jüdische Mafia von Detroit einen Killer auf ihn angesetzt hatte. In den vergangenen Jahren waren sie bei verschiedenen Gelegenheiten zusammengekommen, um über Jacks Präsidentschaftspläne zu reden.

Im Winter 1959 hatte Jack bei der Wiederwahl in den Senat den größten Wahlsieg in der Geschichte des Staates Massachusetts errungen, und die formelle Bekanntgabe seiner Präsidentschaftskandidatur stand nur wenige Monate bevor. Es wurde Zeit für Joe, mit Sam Klartext zu reden. Er mußte wissen, inwieweit er auf Sam rechnen konnte.

Sam bot Joe eine Tasse Kaffee an, und die anderen Männer verließen diskret den Raum. Später erzählte Sam seinem Bruder Chuck von der Unterhaltung mit Joe.

Joe sprach als erster. Sein Sohn würde einen großartigen Präsidenten abgeben, sagte er, aber da gäbe es für den Jungen noch eine Menge Schwierigkeiten zu überwinden. Er war nicht überall so gut bekannt wie Richard Nixon, der sieben Jahre lang als Vizepräsident unter Eisenhower gedient hatte. Jack war jung, unerfahren, katholisch, er besaß nicht die Unterstützung der Gewerkschaften, der Farmer, der Südstaatler und des linken Flügels der Demokratischen Partei. Um gewisse Schlüsselstaaten zu erobern, zum Beispiel Illinois und Texas, brauchte Jack Geld und Einfluß. Das Geld hatte Joe. Die Frage war nur, ob Sam noch bereit war, für ihn seine Beziehungen spielen zu lassen.

»Du wirst im Weißen Haus ein und aus gehen, Sam, du wirst das Ohr des Präsidenten der Vereinigten Staaten haben«, sagte Joe. »Aber ich muß sichergehen, daß wir beide am selben Strang ziehen.«

Sam drehte den Ring mit dem Saphir am kleinen Finger und blickte versonnen hinüber zu Joe. Wenn er eine Aktie daran hatte, daß Jack ins Weiße Haus einzog, eröffnete ihm das gewaltige Möglichkeiten. Aber konnte er Joe trauen? Das Wort eines Mannes war immer nur so viel wert wie sein Charakter, und Sam hielt nicht viel von Joes Charakter.

»Man darf sich nicht vom äußeren Schein täuschen lassen«, hatte Sam oft zu seinem Bruder Chuck gesagt. »Einmal Gauner, immer Gauner. Die Kennedys können noch so vornehm tun, aber sie wissen, was Sache ist, und ich weiß es auch.«

Sams Zweifel an Joe waren in den letzten Wochen kräftig gewachsen, und das aus gutem Grund. Jack Kennedy war Mitglied des Senatsausschusses zur Untersuchung des Organisierten Verbrechens und Bobby sogar der Chefberater. Dennoch war Sam vom Ausschuß nach Washington vorgeladen worden, um vor laufenden Fernsehkameras verhört zu werden.

»Diese Vorladung steht immer noch im Raum«, sagte Sam. »Was hast du mir dazu zu sagen, Joe?«

»Oh, mach dir deswegen keine Sorgen, Sam«, erwiderte Joe. »Das ist nur Show. Dabei kommt nichts heraus. Bobby hat alles unter Kontrolle.«

Sam hatte eine Redensart: »Wenn ein Mann Herzklopfen kriegt, ist

213

das eine Schwäche.« Für Sam war es keine Frage, daß Joe beim Gedanken ans Weiße Haus Herzklopfen bekam und schwach wurde. Und schwache Leute würden einem alles erzählen, was man hören wollte. Sam traute Joe nicht mehr. Er blieb sitzen, hörte ihm zu, aber behielt seine Gefühle für sich. Ständig drehte er dabei den Ring am kleinen Finger. Der Ring war ein Freundschaftsgeschenk von Frank Sinatra.

Frank Sinatra war der Held einer Generation, die unter der Schläfrigkeit der Eisenhower-Ära litt. Mit seinem schmalkrempigen Hut, seinen aufreizend eleganten Anzügen und seinen umwerfend gutaussehenden Freundinnen war er der Inbegriff dessen, was man »cool« nannte. Einen guten Teil seiner Selbstsicherheit bezog Frank aus der engen Verbindung zu Sam Giancana. Frank konnte auf die Konventionen pfeifen, sein Leben genießen, wie es ihm paßte, und mußte dank Sam nie für die Folgen geradestehen. Keiner wagte es, Frank auch nur ein Haar zu krümmen.

In Amerika wußte jeder, daß Frank und sein »Rat Pack« – Dean Martin, Sammy Davis Jr., Joey Bishop und Peter Lawford – sich im Sands Hotel zu Dreharbeiten für *Frankie und seine Spießgesellen* aufhielten, einem Film, in dem eine Gruppe von Kriegsveteranen zu Silvester in Las Vegas versucht, sechs Spielcasinos auszurauben.

Abends traten die fünf Stars im Copa Room auf, einem Nachtclub, den der Besitzer des Sands Hotels, Jack Entratter, eigens für Frank Sinatra errichtet hatte. Frank und seine Kumpane kamen zweimal pro Abend auf die Bühne geschlendert und veranstalteten, was sie ein Gipfeltreffen nannten: sie sangen, tanzten, tranken, scherzten und zogen sich gegenseitig auf. Zu Ehren von Sam Giancana beendete Frank seinen Auftritt mit dem Song »My Kind of Town Chicago Is«. Zwölfhundert Zuschauer erlebten die zwei Shows an jedem Abend, achthundert mußten draußen bleiben.

Franks »Rat Pack« blieb danach noch bis morgens halb fünf oder fünf im Copa Room und »ließ die Puppen tanzen«. Wenn es Frank dann zu langweilig wurde, sagte er, »ich glaube, es gibt Regen«, und das war das Signal zum Aufbruch. Die fünf gingen auf ihre Zimmer, gönnten sich ein paar Stunden Schlaf, hasteten zu den Dreharbeiten, tranken literweise Gin-Fizz, würgten ein paar Happen hinter und starteten die nächste Show.

Am 7. Februar unterbrach Frank die Vorstellung, zeigte auf seinen Tisch in der ersten Reihe des Copa Room und verkündete: »Ladies and Gentlemen, es ist mir ein großes Vergnügen, Ihnen meinen Freund Jack Kennedy vorzustellen, den kommenden Präsidentschaftskandidaten der Vereinigten Staaten.«

Dean stakste mit dem Drink in der Hand ans Mikrophon und fragte: »Wie, sagtest du, hieß der Knabe?«

Alles lachte, Jack eingeschlossen.

Nach der Show brachte Frank eine seiner früheren Freundinnen mit an den Tisch.

»Jack, das ist Judy Campbell★«, sagte er.

Judy war eine große Brünette mit breiten Wangenknochen, vollen Lippen und weit auseinanderliegenden Augen. Wie schon Wendy Morgan vor Jahren in der Dancing Class und Priscilla Johnson aus späterer Zeit im F-Street Club besaß Judy Campbell aus dem Copa Room eine verblüffende Ähnlichkeit mit Jackie Bouvier Kennedy. Judy war eine aufreizende Schönheit, und sie verursachte Jack Herzklopfen.

Um diese Zeit trat Jack in verschiedenen demokratischen Vorwahlen gegen Hubert Humphrey an, und er flog in der *Caroline* durch die Staaten, einer zweimotorigen Turboprop Convair 240, die eigens für ihn und seinen Wahlkampf umgebaut worden war. Seine Stewardeß und Sekretärin im Flugzeug war Janet Des Rosiers, Joe Kennedys frühere Geliebte.

»Auf dem Flug massierte Des Rosiers häufig Jacks Füße und Hände hinter verschlossenen Türen«, schrieb der Kennedy-Biograph Ronald Kessler. »Viele Journalisten waren überzeugt, daß sie etwas miteinander hatten. Tatsächlich hat er es versucht und ihr eine Serviette mit der Aufschrift ›Wird es nicht Zeit, daß du mich magst?‹ gereicht. Aber Des Rosiers war nicht interessiert.«

★ *Eine schicksalhafte Begegnung. Judy wurde bald die Geliebte von Jack Kennedy und wenig später die von Sam Giancana. Später schrieb sie unter ihrem Ehenamen Judith Exner ein Enthüllungsbuch über ihre Rolle als heimliche Vermittlerin zwischen Kennedy und Giancana.*

»Jack hat sich auf seinen Flügen nie mit Frauen abgegeben«, sagte Janet Des Rosiers. »Freundinnen? Kein einziges Mal.«

Doch Jack fand die Zeit, Judy anzurufen. Was sein Verlangen anheizte, war das Wissen, daß Judy mit mächtigen und gefährlichen Männern schlief. Das reizte Jacks Rivalitätsgelüste. Er wollte herausbekommen, was diese Männer ihr im Bett beigebracht hatten und ob er da mithalten konnte. Besonders scharf war er darauf, sich mit seinem Idol Frank Sinatra zu messen.

»Jedesmal, wenn wir miteinander telefonierten, fragte Jack dasselbe: ›Hast du dieser Tage Frank getroffen?‹«, berichtete Judy. »Ich antwortete dann mit ›nein‹ oder ›Ich habe ihn im Studio gesehen‹ oder ›Er hat gestern abend angerufen, aber ich war nicht zu Hause‹, je nachdem, wie es kam. Jack stöhnte dann: ›Ohh, willst du dich etwa immer noch mit Frank treffen?‹ Und ich sagte dann: ›Wir sind nur Freunde, Jack.‹ Dann er: ›Okay, okay‹, fast wie ein trotziger kleiner Junge. Und am nächsten Tag wieder: ›Warst du bei Frank? Ich hab dich angerufen, und du warst nicht da.‹ Ich sagte dann, ich wäre essen gewesen mit ... egal wem, und er hakte gleich nach: ›Ist das ein guter Freund von dir, bist du an ihm interessiert?‹ Jack wollte einfach die Nummer eins bei mir sein.«

Einige Wochen nachdem Jack und Judy ein Verhältnis miteinander begonnen hatten, tauchte Sam Giancana im Hotel Fontainebleau von Miami auf, um dort mit einer Party Franks Abschluß-Show zu feiern. Sam trug einen schwarzen Filzhut und eine dunkle, seitlich abgeschirmte Sonnenbrille – eine Verkleidung, die niemanden, der ihn kannte, täuschen konnte. Im Saal herrschte bereits Gedränge, doch Sam schob sich zu Frank durch und fragte ihn, ob er ihn Judy Campbell vorstellen könne, dem neuen Spielzeug von Jack.

»Komm mal her, Judy«, sagte Frank. »Ich will dich einem guten Freund von mir vorstellen, Sam Flood.«

»Ist mir ein Vergnügen«, sagte Sam, der den Namen Flood nur als einen von vielen Tarnnamen benutzte. »Was dagegen, wenn ich dir was sage, Judy?«

»Nicht im geringsten – glaube ich zumindest.«

»Du bist viel zu schön, um dich mit solchem Schrott zu behängen – entschuldige, ich meine deinen Modeschmuck. Ein so schönes Mädchen wie du sollte echte Perlen und Brillanten und Rubine tragen.«

»So ein Mädchen wie ich tut das auch manchmal.«

»Bitte nicht gekränkt sein«, sagte Sam. »War mir ein Vergnügen. Hoffe, wir sehen uns bald wieder.«

Als Judy aus dem Hotel Fontainebleau auszog, stellte sie fest, daß Sam ihre Rechnung bereits bezahlt hatte. Sie spürte ihn auf und überreichte ihm einen Scheck.

»Was soll das?« fragte er.

»Ich will nicht, daß Sie meine Rechnung bezahlen«, erwiderte sie.

»Sehen wir uns wieder?«

»Tut mir leid«, sagte sie, »aber ich bin schon in festen Händen. Und Sie lösen besser den Scheck ein.«

Im April faßte Jack Zuversicht, daß er Hubert Humphrey in der Vorwahl von Wisconsin vernichtend schlagen und aus dem Rennen um die Nominierung werfen konnte. Aber als die Stimmen ausgezählt wurden, stellte sich heraus, daß er Humphrey nur in sechs von zehn Wahlbezirken knapp überlegen war. Die Rivalen mußten daher ihren Strauß in der nächsten Vorwahl ausfechten, und die fand in West Virginia statt, wo nur drei Prozent der Bevölkerung katholisch waren.

Trotz dieses Rückschlags fand Jack Zeit für Judy. Am Tag nach seinem enttäuschenden Abschneiden in Wisconsin arrangierte er für sie einen Flug nach Washington.

Judy mietete sich im Sheraton Park Hotel ein. Sie führte ein Notizbuch mit Jacks privaten Telefonnummern, die aus Sicherheitsgründen häufig gewechselt wurden, aber für sie immer auf dem neuesten Stand waren. Ihr Notizbuch verzeichnete auch Ort und Datum ihrer Treffen mit Jack. Sie bewahrte die gebrauchten Flugtickets auf und bestand darauf, ihre Hotelrechnungen selbst zu bezahlen, damit sie die Quittungen erhielt.

Sie hängte ihre Kleider in den Hotelschrank, streckte sich auf dem Bett aus und rief Evelyn Lincoln an. Jack erwarte sie am Abend um halb acht in seinem Haus in der N-Street, richtete Evelyn ihr aus.

Später am Nachmittag rief Jack an.

»Ich würde dir ja gern die Stadt zeigen«, sagte er, »aber ...«

»Jack, du mußt dich doch nicht entschuldigen«, erwiderte Judy. »Du weißt doch, daß ich mit dir nicht in der Öffentlichkeit gesehen werden will. Ich will nur bei dir sein.«

Er bot ihr an, sie mit einem Wagen abholen zu lassen. Sie sagte, sie wolle lieber im Taxi kommen. Weil sie oft drei Stunden oder länger brauchte, um sich zurechtzumachen, wollte sie sich nicht seinem Zeitplan unterwerfen.

»Das Schminken selbst ist schnell erledigt«, erklärte sie. »Als Make-up nehme ich nur Mascara und Puder. Was Zeit braucht, ist das Bad, mein Haar, meine Nägel und das für den Anlaß passende Outfit. Alles von Kopf bis Fuß muß aufeinander abgestimmt sein.«

Kurz nach halb acht stand Judy vor dem Haus von Jack und Jackie in Georgetown. Sie trug einen neuen, schwarzen Nerzmantel.

»Du siehst phantastisch aus«, sagte Jack und half ihr aus dem Mantel. Darunter trug sie ein schwarzes Strickkostüm. Jack beugte sich zu ihr und gab ihr einen Kuß auf die Wange.

Sie traten ins Wohnzimmer, das in abgestuften Beige- und Weißtönen gehalten war. An den Wänden hingen Gemälde, unter ihnen auch ein paar, die Jack in der Genesungszeit nach der Rückenoperation gemalt hatte. Auf einem der breiten Sofas von Sister Parish war ein Felläufer drapiert. Von Jackie war nichts zu sehen. Sie war gerade schwanger geworden und mit Caroline und dem Kindermädchen Maude Shaw nach Palm Beach abgereist.

Ein Mann von etwa 1,90 Meter Größe erhob sich, als Judy eintrat. Jack stellte ihn als Bill Thompson vor, einen Eisenbahnlobbyisten. Obwohl er nicht ausgesprochen gut aussah oder gutgekleidet war, besaß er eine seltsame Ausstrahlung.

»Ich war fast erleichtert, dort jemanden vorzufinden«, sagte Judy später. »Es ist schwer zu beschreiben, aber ... ich hatte Probleme damit, Jack im Haus seiner Frau zu besuchen. Daß es auch sein Haus war, kam mir gar nicht in den Sinn. Ich war in Jackies Haus gegangen, um ihren Ehemann zu besuchen.«

Beim Essen wurde Judy von Jack über ihre Reise nach Florida ausgefragt, besonders interessiert war er an allen Klatschgeschichten über Frank Sinatra, die sie vielleicht aufgeschnappt hatte.

»Ich war mit einem Mann essen, der Sam Flood hieß«, sagte Judy.

»Kenne ich«, sagte Jack. »Das ist Sam Giancana, der große Gangsterboß. Hör zu, Judy, du kannst mir im Wahlkampf behilflich sein. Ich möchte, daß du Sam etwas überbringst, wenn du nach Chicago zurückfährst.«

»Und was?« fragte Judy.

»Geld«, erwiderte Jack. »Und ich möchte auch, daß du für mich ein Treffen mit ihm in Florida arrangierst.«

»Das Gespräch über das Geld und das Treffen mit Sam wurde von Jack ganz locker und beiläufig geführt«, sagte Judy, »wir haben die Sache in Anwesenheit von Bill Thompson diskutiert. Und so habe ich mir auch nicht allzuviel Gedanken darüber gemacht.«

Jack und Bill sprachen über die kommenden Vorwahlen in West Virginia, nahmen ein paar Drinks im Wohnzimmer, dann verabschiedete sich Thompson.

»Das war ein langer Abend«, sagte Jack, als er ins Zimmer zurückkam. »Es war schrecklich anstrengend, so weit weg zu sitzen. Ich wollte immer zu dir rüber und dich umarmen, wie ich es jetzt tue.«

Sie küßten sich. Dann führte er sie hinauf in das eheliche Schlafzimmer. Sie setzten sich auf den Rand des Doppelbetts, über dem eine zarte, blaßgrüne Tagesdecke lag.

»Ich fand es furchtbar in seinem Schlafzimmer, mitten im privaten Bereich seiner Frau«, erinnerte sich Judy später. »Und mich störten die Diener, was sie von mir denken würden und wie man so etwas tun konnte, wenn die Diener alles mitbekamen.«

Nachdem sie sich geliebt hatten, blieben sie im Bett liegen und redeten miteinander. »Wenn ich die Nominierung nicht gewinne«, sagte Jack zu Judy, »habe ich mich mit Jackie geeinigt, daß wir uns trennen. Wir werden auseinander gehen. Ich möchte, daß du weißt, daß es nichts mir dir zu tun hat.«

Sam Giancana überschüttete Judy mit Blumen und Geschenken, und bald sah man sie zusammen in den Nightclubs von Las Vegas und New York auftauchen.

»Judy war ein Partygirl«, sagte Joseph Shimon, ein Polizeiinspektor aus Washington, der später ein Kompagnon von Sam Giancana wurde. »Sie mußte einfach mit Sam losziehen, aber seine Geliebte war sie eigentlich nicht. Sam war völlig vernarrt in Phyllis McGuire von den singenden McGuire-Sisters.«

Geliebte oder nicht – Judy traf sich jetzt mit Sam und auch mit Jack. Für eine Frau wie Judy – eine gescheiterte Schauspielerin und ein Partygirl, das in Las Vegas von Mann zu Mann weitergereicht wurde – bedeutete diese Doppelaffäre die Chance ihre Lebens.

»Wach endlich auf und werde dir klar darüber, was du da in der Hand hältst«, sagte Frank Sinatra zu ihr.

Frank Sinatra verwandelte die Vorwahlen von West Virginia in eine große Theatershow. Er trommelte alle seine alten Freunde in Hollywood zusammen und sorgte so für die üppige Untermalung des Wahlkampfs. Joe Kennedy warf ein paar zusätzliche hunderttausend Dollar ein. Einer von Sam Giancanas Spitzenleuten, Paul »Skinny« D'Amato, Betreiber eines Spielcasinos, benutzte das Geld dazu, Schmiergelder an Politiker und die Wahlvorsteher des bettelarmen Staats zu zahlen. »Der Preis für eine Stimme bewegte sich irgendwo zwischen zwei Dollar zuzüglich einem Whisky und sechs Dollar zuzüglich zwei Glas Bier«, schrieb Charles D. Hylton Jr., der Redakteur des *Logan Banner*.

Lautsprecherwagen rollten durch die Teerpappensiedlungen der Bergarbeiterfamilien und plärrten einen Song, den Frank Sinatra nach der Melodie von »High Hopes« aufgenommen hatte. Franks persönlicher Songschreiber Sammy Cahn hatte den Text für Jacks Wahlkampagne umgearbeitet:

> K-E-double-N-E-D-Y, Jack's the nation's favorite guy ...
> And he's got High Hopes, high apple-pie-in-the-sky hopes.

Jack und Ben

Am Abend des 10. Mai luden Jack und Jackie ihre Nachbarn in Georgetown, den *Newsweek*-Korrespondenten Ben Bradlee und seine Frau Tony, ein, mit ihnen gemeinsam die bange Wartezeit bis zur Verkündung der Wahlergebnisse in West Virginia zu überbrücken. Um sich die Zeit zu vertreiben, besuchten die zwei Paare einen Pornofilm mit dem Titel *Private Property*. Als sie ins Kennedy-Haus zurückkamen, klingelte das Telefon.

»Es war Bobby Kennedy, der Wahlkampfmanager«, erinnerte sich Ben Bradlee, »und sie hatten gewonnen. Haushoch. Nach ein paar gedämpften Freudenschreien und einem Glas Champagner fragte Jack, ob wir gern mit ihnen an Bord der *Caroline* nach Charleston fliegen würden, wo er sich den Fotografen stellen mußte. Ich wußte natürlich, daß der Sieg die politische Sensation der Woche war und daß mir der ganze Abend (abzüglich des Pornofilms) eine Menge jener persönlichen Details lieferte, nach denen sich Journalisten die Finger lecken.«

Um 1960 besaßen politische Journalisten wenig Skrupel, wenn es darum ging, ihre Freunde ins rechte Licht zu setzen. Als einer der fähigsten Reporter in Washington machte sich Bradlee zwar Gedanken über den Interessenkonflikt, in den ihn seine Beziehung zu Jack verwickelte, aber er ging nicht so weit, auf die Vorteile zu verzichten, die eine solche Freundschaft mit sich brachte. Bewußt oder unbewußt schrieb er manchmal Artikel über die Kennedys, die man nur noch als Lobeshymnen bezeichnen konnte.

»Jackie ist nett und großzügig zu ihren Freunden, oft macht sie ihnen Geschenke ohne besonderen Anlaß, und sie ist niemals gehässig«, schrieb Bradlee in einem Persönlichkeitsprofil, das er in jenem Herbst per Telex an Jack Iams, den zuständigen Redakteur von *Newsweek* schickte. »... Und es fällt gerade jetzt auf, daß einer ihrer eindrucksvollsten Wesenszüge die völlige Selbstzurücknahme ist. Man kann sich nicht vorstellen, daß sie irgend etwas für sich selbst will.«

Die Freundschaft zwischen Ben Bradlee und Jack wurde durch den Umstand kompliziert, daß Jack eine Zuneigung zu Bens attraktiver

Frau entwickelt hatte, Antoinette Pinchot Bradlee, und außerdem zu ihrer hübschen Schwester Mary Pinchot Meyer, der frisch geschiedenen Frau des CIA-Direktors für verdeckte Operationen. Die Pinchot-Schwestern waren Nichten von Gifford Pinchot, dem bekannten Naturschützer und zweimaligen Gouverneur von Pennsylvania. Jack machte sich an beide heran.

»Bevor er mit Mary anbändelte, versuchte er es bei Tony, der Frau von Ben«, berichtete Cecilia Parker Geyelin, eine gemeinsame Freundin von Tony und Jackie. »Tony sagte, sie wäre schockiert gewesen, und ich habe keinen Grund, daran zu zweifeln. Ich glaube, sie war fassungslos, daß Jack so etwas tat, obwohl er doch so gut mit Ben befreundet war. Sie erzählte Ben nichts davon, weil sie spürte, daß ihn das sehr wütend machen würde, und weil es seine Freundschaft mit Jack belasten würde.«

Ben hatte nie Grund, Tony der Untreue zu verdächtigen, aber die Beziehungen zwischen den Kennedys und den Bradlees spielten sich dennoch in einer sexuell aufgeheizten Atmosphäre ab.

»Ich kann mich an eine Bemerkung von Ben erinnern, daß Jack eine Schwäche für die beiden Pinchot-Schwestern hätte«, sagte Cecilia Geyelins Ehemann Phillip, der später Bens Kollege bei der *Washington Post* wurde.

Selbst wenn Ben über Jacks Avancen genauer im Bilde gewesen wäre, hätte er ihnen wahrscheinlich keine allzu große Bedeutung beigemessen. Schließlich gehörten solche Dinge zum überdrehten gesellschaftlichen Klima in Washington, wo jeder jeden benutzte.

»Jack benutzte Ben, weil Ben für *Newsweek* schrieb«, urteilte Charlie Bartlett. »Auf die Weise bekam Jack die Storys, die er wollte.«

Ben war nicht der einzige Journalist, den Jack hofierte. Er war nur der herausragendste Vertreter einer neuen Generation gebildeter Journalisten aus reichem Hause, die den Pressejob in Washington nach dem Krieg als Sprungbrett zu Ruhm und Macht benutzten. Hugh Sidey vom *Time*-Magazin, Theodore H. White von *Life* und viele andere, darunter natürlich auch Charlie Bartlett von der *Chattanooga Times*, verknüpften ihren Erfolg mit dem von Jack Kennedy.

Die meisten Journalisten hatten Geschichten über sein »Girling« gehört, wie er es gern nannte, aber niemand macht sich die Mühe, diesen zwielichtigen Gerüchten auf den Grund zu gehen, auch nicht, nachdem er im Juli des Jahres auf dem Parteikonvent der Demokraten in Los Angeles die Nominierung zum Präsidentschaftskandidaten errungen hatte.

»Inzwischen ist es eine anerkannte historische Tatsache, daß Kennedy sich munter von Bett zu Bett schlief und mit einer Vielzahl von Frauen Affären hatte«, schrieb Ben in seinem Erinnerungsbuch *A Good Life*. »Damals war das anders – während der fünf Jahre unserer Bekanntschaft. Ich hatte Geschichten gehört, daß er es als Junggeselle heftig getrieben hatte – wie andere Heißsporne auch. Gelegentlich hörte man, daß Frauen als ›eine von Jacks Geliebten‹ bezeichnet wurden. Aber so etwas war nie Thema Nummer eins unter meinen Journalistenkollegen, solange er kandidierte. Da die meisten meiner 125 Gespräche mit ihm im Beisein von Tony und Jackie geführt wurden, war das Fremdgehen eines der wenigen Themen, die nie zur Sprache kamen, und damals fühlten sich Journalisten noch nicht verpflichtet, kriminalistische Ermittlungen über befreundete Politiker anzustellen.«

Und so flogen Ben und Tony am Abend des spektakulären Wahlsiegs in West Virginia – dem entscheidenden Sieg der Vorwahlen – mit ihren Freunden Jack und Jackie an Bord der *Caroline* nach Charleston.

»Ich bekam genau, was ich erwartet hatte«, erinnerte sich Ben, »und das drückte sich im Gesicht von Hugh Sidey aus, meinem talentierten Kollegen vom *Time*-Magazin, als er mich auf dem Flughafen von Charleston direkt hinter dem Präsidentschaftskandidaten aus dem Flugzeug steigen sah.«

Jackie und Solange

Im September 1960, zwei Monate vor der Präsidentschaftswahl, kam Jackies französische Freundin Solange de la Bruyère nach Amerika zu Besuch, und Jackie flog nach New York, um mit ihr Einkaufsbummel zu machen und sich zu vergnügen.

»Jackie hatte nur wenige Freundinnen«, erzählte Solange, »und selbst wenn wir monatelang keinen Kontakt hatten, nannte sie mich immer ihre beste Freundin. Wir kannten uns seit ihren Studententagen in Paris. Im Sommer ihres Auslandsjahrs fuhren wir zu einem Ort namens Zarauz an der spanischen Küste. Ich erinnere mich, daß ich ein wundervolles rosa Leinenkleid von Molyneux hatte, dem berühmten englischen Couturier. Es war mit Sternchen aus unglaublich hübscher Silberstickerei verziert und sehr, sehr kurz. Jackie wurde mit Geld knapp gehalten und hatte nicht viele Sachen. Wir haben das Kleid in diesem Sommer abwechselnd getragen.«

Solange hatte vier Kinder – eins war nach Jackie benannt – und einen untreuen Gatten, den Grafen Jean de la Bruyère, der im Öl- und Immobiliengeschäft tätig war.

»Ich bin unglücklich mit Jean«, erzählte sie Jackie beim Lunch im Le Pavillon. »Seine Untreue kann ich nicht ertragen. Aber viele meiner Freunde in Frankreich sagen: ›Solange, du bist verrückt. Halt ihn dir warm und guck einfach weg.‹«

Jackie starrte Solange an und sagte nichts.

Aus Sorge um ihre Freundin Solange lud Jackie sie zu sich nach Washington ein. Am Idlewild Airport stiegen sie ins Flugzeug, und Jackie bekreuzigte sich vor dem Start.

Nach der Landung in Washington rief Jackie von einer Telefonzelle bei sich zu Hause an. Sie teilte Jacks Diener George Thomas mit, daß sie mit einer Freundin kommen würde und das Gästezimmer in der dritten Etage hergerichtet werden solle.

»Und stellen Sie eine Vase mit Blumen hin«, fügte sie noch hinzu. Sie hängte ein und schaute sich nach Solange um. »Es ist wunderbar, wenn man einen Diener hat, der sich um alles kümmert«, sagte sie.

Dann stiegen sie in Jackies zerbeulten Chevrolet und fuhren zur N-Street, wo sie von Caroline begrüßt wurden, die knapp drei Jahre alt und voller Übermut war.

»Caroline hatte eine Vorliebe dafür, Badezimmerschränke zu öffnen und Jackies Tampons herauszuholen«, sagte Solange.

Als sich Solange in ihrem Zimmer eingerichtet hatte, kam sie herunter und machte Jackie Komplimente für die Einrichtung des Hauses. Besonders mochte sie die wogenden, rostfarbenen Taftvorhänge im Wohnzimmer.

»Wir hatten hier all diese Politiker zum Essen«, sagte Jackie. »Ihre Frauen haben die Taftvorhänge angefaßt und gesagt: ›Oh, das ist ja echter Taft!‹«

Am Abend kam Jack zum Essen nach Hause.

»Solange«, sagte er, »warum hast du denn so zugenommen?«

»Jack«, erwiderte sie, »Ich habe gerade vor fünf Monaten ein Baby bekommen.«

Jackie war seit sechs Monaten schwanger, aber man sah ihr kaum etwas an, weil sie sehr wenig aß.

»Jack, hast du gewußt«, empörte sich Jackie, »daß Solanges Mann für zwei Monate nach Tahiti gereist ist, als Solange im siebten Monat schwanger war? So ein Schweinehund! Dieser Jean ist wirklich ein Schuft.«

Sie wandte sich an Solange. »Vielleicht können wir seine Auslieferung beantragen.«

Nach dem Essen ließ Jack die beiden Frauen allein.

»Mein Gott, Solange«, sagte Jackie. »Du wirkst so mitgenommen wegen Jean. Das wichtigste ist, daß du gesund bleibst. Laß dich massieren. Und überanstrenge dich nicht. Du mußt viel schlafen. Spazierengehen. Ich gehe jeden Tag mit meiner Freundin Mary Meyer am alten C&O-Treidelpfad spazieren.«

Über Jackies Ehe sprachen sie nicht.

»Aber es war alles klar«, sagte Solange. »Jackie saß da und hatte soviel zu verlieren. Einen Jack Kennedy konnte man nicht einfach durch einen anderen Mann ersetzen. Er sollte schließlich Präsident der Vereinigten Staaten werden.«

Überhaupt kein Make-up

Am Tag vor dem ersten Rededuell der Präsidentschaftskandidaten, das vom Fernsehen übertragen wurde, mietete Jack eine Suite im Dachgeschoß des auch von seinem Vater bevorzugten Chicagoer Hotels

Ambassador East. Am nächsten Tag ging er aufs Sonnendach des Hotels, um seine Bräune aufzufrischen und sich ein letztes Mal vor dem Auftritt den gegnerischen Fragen zu stellen, die Ted Sorensen und zwei andere Mitarbeiter seines Stabs, Meyer »Mike« Feldman und Dick Goodwin, für ihn ausgearbeitet hatten. Dann kehrte er in seine Suite zurück, zog einen Bademantel über und legte sich aufs Bett.

Es klopfte.

»Herein«, sagte Jack.

Ein kleiner, dunkelhaariger Mann mit leuchtendroten Wangen trat ein. Das war Dr. Max Jacobson, ein New Yorker Arzt, der eine erstaunliche Sammlung berühmter Patienten besaß. Alles, was Rang und Namen hatte, von Winston Churchill und dem griechischen Großreeder Stavros Niarchos bis zum Dramatiker Tennessee Williams und dem Broadway-Komponisten Alan Jay Lerner, ließ sich von ihm behandeln. Der Spitzname von Max Jacobson lautete »Dr. Feelgood«, und in seinem Diplomatenköfferchen führte er stets geheimnisvolle Elixiere mit.

»Wie fühlen Sie sich?« fragte Max.

»Mein Rücken macht mir Kummer«, sagte Jack.

»Warum sinnlos leiden?« sagte Max. Er nahm ein unbeschriftetes Fläschchen aus dem Diplomatenkoffer und zog behutsam ein wenig davon auf eine Spritze. Es handelte sich um eine Mixtur aus Amphetaminen, Steroiden, Plazenta, Calcium und Leberzellen. Er jagte die Nadel in Jacks Hinterteil.

»Du fühlst dich wie Superman«, schrieb der extravagante Schriftsteller Truman Capote und Empfänger von Dr. Jacobsons »Speed«-Injektionen, die ihn in eine sofortige Euphorie versetzten. »Du kannst fliegen. Die Ideen strömen – mit Lichtgeschwindigkeit. Das hältst du 72 Stunden durch, ohne auch nur eine Kaffeepause. Du brauchst keinen Schlaf, kein Essen. Wenn du auf Sex aus bist, bitteschön: die ganze Nacht. Dann stürzt du ab. Es ist, als würde man in einen Schacht fallen, wie Fallschirmspringen ohne Fallschirm. Du willst dich irgendwo festhalten, aber um dich ist nichts. Nur Luft.«

Als Max gegangen war, klopfte es erneut. Diesmal war es Langdon Marvin, Jacks alter Harvard-Freund und sein juristisches Faktotum.

Er wirkte zerzaust und schwankte ein wenig. Offenbar war er betrunken, aber Jack schien das nicht zu bemerken. Er interessierte sich viel mehr für die attraktive junge Frau, die hinter Langdon eingetreten war.

Jack hatte sie nie vorher gesehen, aber er fegte seine Karteikarten vom Bett, sprang auf und stellte sich vor. Während er sich mit der Frau bekannt machte, schlich sich Langdon davon und zog leise die Tür hinter sich zu. Ein paar Schritte weiter auf dem Flur hörte er schon die ersten Takte der Peggy-Lee-Platte aus Jacks Suite.

»Daß Jack bei seinem ersten Fernsehduell mit Nixon so entspannt wirkte, lag auch daran, daß ich ihm vorher etwas ins Bett gelegt hatte«, brüstete sich Langdon später.

Jackie hatte eine Gruppe von Journalisten und Parteigrößen eingeladen, damit sie das Rededuell bei ihr im Hause verfolgen konnten.

Als Jack im Chicagoer Studio der CBS vor die Kamera trat, standen alle auf und klatschten – mit Ausnahme von Jackie, die auf ihrer Kaminbank sitzen blieb und angespannt auf den Bildschirm starrte.

Sie war im letzten Drittel ihrer Schwangerschaft und hatte Angst vor einer weiteren Fehlgeburt. Während des Wahlkampfs in den heißen Sommermonaten war sie meistens in Hyannis Port geblieben, hatte sich im Liegestuhl gesonnt und »Mack the Knife« von Bobby Darin gehört. So, wie sie es sah, drehte sich der ganze Wahlkampfrummel um Jack, nicht um sie.

»Es ist so langweilig. Wo wir auch hinkommen, überall lieben sie Jack«, sagte sie.

Immer wieder aber wagte sie sich heraus und leistete ihren Beitrag für Jacks Kampagne. Fürs Radio sprach sie auf Band, sie schrieb Artikel für die Zentrale der Demokraten, sie redete auf Kundgebungen, wo ihre Fremdsprachenkenntnisse manchmal sehr von Nutzen waren.

»Jackie flog etwa dreimal in der *Caroline* mit«, sagte Janet Des Rosiers, die Stewardeß des Flugzeugs. »Sie und Jack schliefen in zwei Kojen in seinem Privatabteil. Die Matratzen waren mit Plastikhüllen bezogen, und Jack beklagte sich immer: ›Mein Gott, Jackie! Hörst du endlich auf, dich so herumzuwälzen? Du machst einen Krach, daß ich nicht schlafen kann.‹ Ein anderes Mal legte er ihr einen netten Zettel in die Koje: ›Meine kleine Reisegefährtin ...‹«

»Jackie blieb immer in Jacks Privatabteil und kam nur heraus, wenn sie das Flugzeug wirklich verlassen mußte«, fuhr Janet Des Rosiers fort. »Sie mochte den Wahlkampf nicht, wollte nicht allen Leute die Hände schütteln und oben auf der Bühne sitzen. Sie war immer freundlich, wenn es sein mußte, aber man konnte sehen, daß sie innerlich kochte. Die Fotografen sagten immer: ›Achtung, jetzt kommt wieder das Pepsodent-Lächeln!‹«

Jackie lud hin und wieder einige Journalisten zum Tee.

»Mrs. Kennedy«, fragte sie einer der Reporter, »wir haben alle die gewaltige, enthusiastische Begeisterung erlebt, die Massen von Frauen und Mädchen Ihrem Mann entgegenbringen. Macht diese Begeisterung Sie eifersüchtig?«

»Natürlich nicht«, sagte Jackie und blickte hinab auf ihre abgeknabberten Fingernägel. »Frauen sind eben sehr idealistisch, und deshalb reagieren sie so begeistert auf eine idealistische Persönlichkeit wie meinen Mann. Ich bin beglückt darüber, daß sie ihm einen so enthusiastischen Empfang bereiten.«

»Können Sie sich als die ehemalige Braut des Senators Kennedy die Anziehungskraft erklären, die er auf die Frauen ausübt?« schob ein anderer Journalist nach.

»Nun«, antwortete sie, »wenn *Sie* das so sehen wollen.«

Das waren die Momente, in denen sie die ganze Politik abgrundtief haßte. Die meisten Reporter waren für sie bürgerliche Langweiler ohne Format und Manieren, die ihr höllisch auf die Nerven gingen.

»Das Rededuell fängt an«, sagte einer von ihnen in ihrem Wohnzimmer in Georgetown. »Jack sieht großartig aus.«

»Jedesmal, wenn ich ihn sehe, sieht er besser aus als vorher«, sagte Jackie. »Das ist wirklich schlecht fürs eigene Ego.«

Jack erschien braungebrannt und erfrischt im CBS-Studio. Der Wahlkampf war genau das richtige für sein Naturell. Er liebte die Nonstop-Hektik – das Fliegen von Stadt zu Stadt, das Hetzen vom Hotelzimmer zum Festsaal, das hastige Essen zwischendurch, die schnellen

Nummern mit irgendwelchen Frauen in irgendwelchen Garderoben, das Hemdenwechseln viermal am Tag. Das Scheinwerferlicht lud ihn auf mit Energie, dazu die lärmende Blechmusik und all die Pappschilder, die da vor ihm geschwenkt wurden und auf denen zu lesen war: KENNEDY FOR PRESIDENT.

Er badete förmlich in der Begeisterung der Menge und amüsierte sich köstlich über die »Leapers« – die jungen Frauen und Nonnen, die seine Fahrtroute säumten und hysterisch in die Höhe sprangen. Seine tiefe Erfüllung aber fand er in der Männerkumpanei, die den Kern der amerikanischen Politik darstellte. Und befriedigt war er auch von seinem Aussehen auf den Fotografien. Dank der Kortisontherapie war sein Gesicht fülliger geworden. Er sah besser aus als je zuvor.

»Möchten Sie ein bißchen Make-up?« fragte ihn Don Hewitt, der Aufnahmeleiter.

Jack lehnte ab. Doch als niemand hinsah, ließ er sich von der Maskenbildnerin Fanny Orvald unter den Augen ein wenig Make-up auftragen.

Er trat ins Studio ein als strahlender Adonis. Die Nixon-Leute gerieten in Panik. Einer von Nixons Helfern rannte zu Bobby und fragte ihn nach seiner Meinung über die Aufmachung Nixons.

»Er sieht großartig aus!« sagte Bobby und blickte hinüber zum fahl und glanzlos wirkenden Nixon. »Ich würde nicht das geringste ändern!«

Ted Sorensen erinnerte sich: »Vor der düsteren grauen Kulisse und im grellen Licht des Fernsehstudios sah Nixon mit seinen dick gepuderten Wangen und seinem grauen Anzug schlaff und teigig neben Kennedy aus, der einen dunklen Anzug trug und eine gesunde Bräune hatte.«

Drei Minuten vor Sendebeginn nahm Jack seinen Platz am Pult ein. Mit Nixon hatte er sich vierzehn Jahre gut verstanden, erst im Repräsentantenhaus, dann im Senat. Doch heute würdigte er seinen republikanischen Rivalen keines Blickes, und der schien durch Jacks kühle Behandlung merkwürdig verunsichert.

Jack sprach als erster. Siebzig Millionen Menschen – beinahe zwei Drittel der gesamten erwachsenen Bevölkerung des Landes – saßen vorm Fernseher, als er mit seiner Schnellfeuer-Attacke begann.

229

»Ich glaube, die Frage für das amerikanische Volk ist: Tun wir alles, was wir können ...?«

Nach der Sendung rief Jack zu Hause an und fragte Jackie nach ihrem Eindruck.

»Du hast wundervoll ausgesehen«, sagte sie.

Lyndon Johnson gewann einen anderen Eindruck. Er hatte das Rededuell im Radio gehört und war überzeugt, daß Nixon gewonnen hatte.

»Nixon war im Radio am besten«, urteilte Earl Mazo von der *New York Herald Tribune*, »einfach deshalb, weil seine tiefe, sonore Stimme überzeugter, bezwingender und entschiedener klang als Kennedys höhere Stimme mit dem Boston-Harvard-Akzent.«

Doch auf die zig Millionen Fernsehzuschauer überall im Land und auch auf die kleine Gruppe, die sich vor Jackies Fernseher versammelt hatte, wirkte Jack härter, gewiefter, schärfer und dominierender.

»Das löste interessante Diskussionen aus, inwieweit sich das Fernsehen vom Radio als Wahlkampfmedium unterschied, indem es das visuelle Erscheinungsbild des Kandidaten genauso wichtig, wenn nicht wichtiger machte als seine Worte«, erinnerte sich Kenny O'Donnell.

»Ich war stolz darauf, daß Jack *überhaupt kein Make-up* brauchte«, schrieb Jackie in ihrem nächsten Artikel für die Zentrale der Demokraten, »und sich einfach so präsentiert hat, wie er ist.«

12

Die Zirkuskönigin

November 1960 – Dezember 1961

Der Jackie-Zauber

Am 25. November 1960 brachte Jackie einen Sohn zur Welt, John Fitzgerald Jr., keine drei Wochen, nachdem Jack die Wahl zum Präsidenten der Vereinigten Staaten gewonnen hatte. Zweiundsiebzig Stunden später saß sie aufrecht im Bett ihres kleinen, rosafarbenen Zimmers im Georgetown University Hospital und plauderte mit dem Modeschöpfer Oleg Cassini.

»Wie war es auf Nassau?« fragte sie. »Hat es Ihnen dort gefallen?«

»Es war wunderbar«, erwiderte Oleg, der in der Sonne gelegen hatte und glatt und braun aussah wie ein nasser Fischotter.

»Sie sind so schön braungebrannt«, sagte sie.

»Wie geht's dem Präsidenten?« fragte Oleg.

»Er spricht mit Mr. Rusk, ob er das Außenministerium übernehmen wird«, sagte Jackie, »und ich spreche mit Ihnen über meine Garderobe für das Weiße Haus.«

Jackie hatte gerade den dritten Kaiserschnitt innerhalb von vier Jahren hinter sich, und trotz ihrer aufgeräumten Art war sie körperlich und emotional am Ende. John-John, der drei Wochen vor der Zeit geboren war, lag ein paar Räume weiter im Brutkasten und kämpfte um sein Leben. Jackie war entmutigt und sah es schon kommen, daß sie erneut ihr Baby verlor. In einem Brief an Eleanor Roosevelt offenbarte sie ihre Ängste, der neuen Rolle nicht gewachsen zu sein, und gestand ihr, sie befürchte, als First Lady »in Panik zu verfallen«. Bei ihren Ärzten wuchs die Sorge, daß Jackie auf einen Nervenzusammenbruch zutrieb.

231

Wenn Jackie deprimiert war, wanderten ihre Gedanken immer zu den Dingen, die ihr die größte Freude machten – Reiten, Malen, Dekorieren, Einkaufen. Die Wände ihres Klinikzimmers waren mit Dutzenden Entwurfsskizzen von Modedesignern bedeckt. Wie Millionen Frauen in aller Welt träumte auch sie davon, auszusehen wie Audrey Hepburn – elegant und würdevoll –, und schwärmte für die klassischen Modelle ihres französischen Couturiers Hubert de Givenchy. Doch sämtliche Skizzen an den Wänden stammten merkwürdigerweise von amerikanischen Designern – von Norell, Sarmi und Andreas von Bergdorf Goodman.

»Würden Sie mir auch ein paar Entwürfe machen?« fragte sie Oleg.

»Ich glaube nicht«, erwiderte er.

»Und warum nicht?«

»Sehen Sie«, erklärte er ihr, »wenn Sie auf ein Leben voller Ärger und Komplikationen aus sind, brauchen Sie nur ein paar Designer für sich arbeiten zu lassen. Die werden dann ständig um Ihre Anerkennung kämpfen. Das wird ein permanenter Aufstand. Ich schlage Ihnen eher vor, sich für einen Designer zu entscheiden und ihm die Treue zu halten. Auf diese Weise ersparen Sie sich sehr viele Probleme.«

Während des Wahlkampfs war Jackie wegen ihrer teuren Pariser Kreationen in der Presse heftig angegriffen worden. Im Juli hatte *Women's Wear Daily* berichtet, daß Jackie annähernd 15 000 (nach heutigem Wert 100 000) Dollar jährlich für Kleider in Paris ausgeben würde, und Jack war in die Luft gegangen.

»Von jetzt an keine Pariser Klamotten mehr«, befahl er ihr. »Nur noch amerikanische Mode.«

»Ich darf mich nicht mehr von Ausländern einkleiden lassen«, sagte Jackie dann zu Hélène Arpels. »Es muß ein Amerikaner sein.«

Hinter Jackies Flüsterstimme und ihrem scheuen, gezierten Verhalten in der Öffentlichkeit verbarg sich auch eine unnachgiebige Härte, die sich zeigte, als sie einen Brief an John Fairchild, den Redakteur von *Women's Wear Daily*, schickte und sich über die Kritik an ihrer Garderobe beschwerte. Das Kleid und der Mantel von Givenchy, die auf der Titelseite der Zeitung prangten, seien nicht von ihr, sondern von ihrer Schwester Lee geordert worden. Fairchilds kleines,

aber einflußreiches Blatt habe »die Dinge sehr schwierig« für sie gemacht, schrieb sie und bezog sich damit auf Jacks Mißfallensäußerung.
Sie verbot der Zeitung den Abdruck des Briefes. Doch die gab ihn fast
wörtlich an ihre Leser weiter.

Wenn Jacqueline Kennedy ins Weiße Haus einzieht, wird sie ausschließlich
amerikanische Garderobe tragen, und sie freut sich schon darauf. Ihre Kleider
werden in einem äußerst schlichten Look im Stil von Balenciaga und Givenchy gehalten sein.

Aber welcher amerikanische Designer war dazu befähigt, solche Klei-
der zu entwerfen? Und wie konnte Jackie ihre Mode-Publicity in den
Griff bekommen, die so häßlich aus dem Gleis geraten war?
    Wieder einmal hatte Joe Kennedy die Lösung zur Hand.
    »Joe sagte nur das eine: ›Du kannst Oleg Cassini trauen. Diesem
Mann kannst du trauen.‹« erinnerte sich Cassini. »Und nach den Begriffen des Kennedy-Clans war Vertrauen das Allerwichtigste.«
    Also hatte Jack, dem Rat seines Vaters folgend, Oleg Cassini auf
Nassau angerufen und ihn gebeten, umgehend nach Washington zu
fliegen und sich als Jackies offizieller Designer zur Auswahl zu stellen.

Oleg Cassinis Großvater, Graf Arthur Cassini, war um die Jahrhundertwende russischer Botschafter in Washington gewesen, und obwohl Oleg als Amerikaner in bescheidenen Verhältnissen aufgewachsen war, umgab er sich mit dem Flair eines europäischen Aristokraten.
Er hatte eine Zeitlang als Kostümbildner in Hollywood gearbeitet,
und seine Eroberungen unter den berühmten Filmschauspielerinnen
– er war mit Gene Tierney verheiratet und mit Grace Kelly verlobt gewesen – hatten ihm den Zugang zum inneren Kreis des Kennedy-
Clans eröffnet. Wenn Oleg mit Joe Kennedy dienstagsabends am ge-
wohnten Tisch im Le Pavillon tafelte, war immer er es, der die
Mädchen mitbrachte.
    »Joe und ich hatten eine Gemeinsamkeit – die intensive Verehrung
schöner Frauen«, bekundete Oleg. »Mit Vorliebe sprach er über sie,
über diese und über jene ... Einmal sagte er zu mir: ›Ich glaube nicht,

daß Jack ein großer Liebhaber ist; er ist nur eben sehr reizend zu den Mädchen.«

Oleg wurde als zweitrangiger Designer bewertet, und Jackie wußte, daß seine Ernennung die Meinungsmacher in der Modepresse schockieren würde. Doch in vieler Hinsicht sollte sich Oleg als eine kluge Wahl erweisen.

»Jackie haßte jede Erwähnung ihrer Garderobe in der Presse«, sagte Letitia Baldridge, ihre neue PR-Sekretärin. »Pat Nixon hatte sich über Jackies Kleidung geäußert. Der Präsident konnte so etwas nicht leiden, und er war wütend, weil Jackie so viel Geld für ihre Garderobe ausgab. Indem sie Oleg für sich arbeiten ließ und verkündete, daß er sie einkleidete, konnte sie sichergehen, daß niemand mehr danach fragte, welche Sachen wirklich von ihm stammten. Er war ein großer Freund der Familie, und er half Jackie auf vielfältige Weise. Man darf nicht vergessen, daß sie erst 31 Jahre alt war.«

Während Jackie mit ihm redete, warf Oleg einen beiläufigen Blick auf die Skizzen an der Wand. Keiner der Modeschöpfer hatte sich die Mühe gemacht, Jackies Figur zu berücksichtigen. Statt dessen hatten sie ihr einfach das Beste aus der aktuellen Kollektion geschickt.

»Sie haben eine kantige Figur wie die alten Ägypter auf den Hieroglyphentafeln«, erklärte Oleg. »Breite Schultern, langer Hals, gestreckter Oberkörper und schmale Hüften. Sie brauchen einen ganz besonderen Stil.«

»Dann zeigen Sie mir doch ein paar von Ihren Skizzen«, sagte Jackie.

Er öffnete sein Portfolio. Sein erster Entwurf für den Ball anläßlich der Amtseinführung war ein langes Abendkleid von schlichtem Schnitt, aber gearbeitet aus kostbarem Schweizer Satin.

»Genau das richtige«, sagte Jackie.

»Ich behandelte sie wie einen Filmstar und erklärte ihr, daß sie als First Lady ein Szenario brauchte, ein Drehbuch«, erinnerte sich Oleg Cassini.

Das war es, was Jackie hören wollte. Aber sie war nicht bereit, die Zuständigkeit für ihre Garderobe aus der Hand zu geben, nicht einmal an Oleg. Wenn Oleg als Couturier und Hersteller ihrer Garderobe fungierte, dann wollte sie ihr eigener künstlerischer Leiter bleiben. Sie wollte Cassinis Kompagnon werden und ihm bei der Kreation seiner »Cassini-Originale« helfen.

Sie würden Kleider von schimmerndem Glanz entwerfen, die sie zum Mittelpunkt verzückter Bewunderung machten. Mit Oleg zusammen würde sie ihre Mädchenträume verwirklichen – als Darstellerin in einem Lebenden Bild, als kostümierte Schauspielerin, die stumm und reglos verharrte wie auf einem Gemälde – als Königin des Zirkus.

Nachdem Jackie die Ernennung Oleg Cassinis zu ihrem persönlichen Designer bekanntgegeben hatte, flogen sie und Jack nach Palm Beach, um sich dort auf den Amtsantritt vorzubereiten.

»Es gab Gott sei Dank diesen erstklassigen Kinderarzt in Palm Beach, der John wahrhaftig das Leben gerettet hat, als es ganz schlimm mit ihm wurde«, sagte Jackie. »Ich war krank und erholte mich in dem Zimmer, das ich mit Jack teilte. Das Haus war voller Menschen. Er schrieb in dem Zimmer seine Antrittsrede. Ich sehe noch die Schmierzettel vor mir, die überall im Zimmer verstreut lagen. Wenn er mal rausging, stand ich auf, sammelte sie ein und packte sie unter den Briefbeschwerer auf dem Schreibtisch.«

Die Antrittsrede mit ihrem rhetorischen Sog berief sich auf Amerikas unbegrenzte Möglichkeiten und die Entschlossenheit, »jede Last zu tragen und keiner Schwierigkeit aus dem Weg zu gehen«. Diese Rede wurde zum Ausgangspunkt geschichtsträchtiger Ereignisse – der Kuba-Krise, des Vietnamkriegs und der Landung des ersten Menschen auf dem Mond. So unwahrscheinlich es klingen mag, aber Jackies Garderobe, die ebenfalls in Palm Beach Gestalt annahm, wurde mit fast derselben Sorgfalt und geistigen Anstrengung verfertigt wie Jacks Rede zum Antritt des Präsidentenamts.

»Lieber Oleg«, schrieb Jackie am 13. Dezember 1960:

Dieser Brief stellt nur eine lose Folge von Gedanken dar, die ich aber loswerden muß, damit ich mich in den nächsten Wochen wirklich erholen kann und nicht mehr an diese Einzelheiten zu denken brauche. Andernfalls werde ich zum Wrack und habe nicht die Kraft, alles das zu tun, was ich tun muß.

1) Ich habe an Bergdorf telegrafiert, er soll Ihnen die Maße schicken, damit Sie mit dem Schneidern weiterkommen ...

2) Von jedem Abendkleid, das ich bei Ihnen bestelle, senden Sie bitte ein Farbmuster a) an Mario – bei Eugenia of Florence für die Anfertigung der passenden Schuhe – legen Sie fest, ob Material für die Schuhe Satin oder Rips sein soll – wenn nötig, schicken Sie ihm das Material für die Schuhe zu – und sagen Sie ihm, es sei dringend; b) an KORET – einer, der auch dort arbeitet ... und mir passende Abendhandtaschen macht ...

PUBLICITY ... Ich dulde es nicht, daß Jacks Regierungsarbeit durch Sensationsberichte über meine Garderobe belastet wird – und ich als die Marie Antoinette oder Josephine von 1960 dastehe – Ich muß also alles vorher mit Ihnen durchgehen, was wir in Zukunft an Informationen herausgeben – denn ich möchte nicht dabei gesehen werden, daß ich zuviel kaufe – Sie können Ihre Storys zugänglich machen – aber nur mit meiner vorherigen Einwilligung – es könnte ein paar wenige Sachen geben, von denen wir ihnen nichts erzählen werden! ...

DUBLETTEN – Gehen Sie sicher, daß niemand exakt das gleiche Kleid hat wie ich – auch was Farbe und Material betrifft – Stelle mir vor, daß Sie einige meiner Kleider in Ihre Kollektion aufnehmen wollen – aber ich möchte, daß meine Kleider Unikate bleiben und nicht irgendeine kleine Dicke im gleichen Kleid herumläuft ...

In Palm Beach war Jack mit der Zusammenstellung seines Kabinetts befaßt, und soweit er den Wirbel um Jackies Garderobe überhaupt wahrnahm, fand er ihn belustigend. Daß sich auch das Erscheinungsbild seiner Frau auf seinen politischen Erfolg auswirken würde, kam ihm keine Sekunde in den Sinn.

»Niemand ahnte damals, nicht einmal der Präsident selbst, daß Jackie sein wichtigstes PR-Instrument werden würde«, meinte Oleg.

Niemand mit Ausnahme von Joe Kennedy.

»Schick mir am Jahresende deine Abrechnung«, sagte Joe zu Oleg. »Ich erledige das.«

Am Abend des 19. Januar, dem Tag der Amtseinführung, begann es in Washington zu schneien.

»So einen Schnee hatte ich noch nicht erlebt«, sagte Kenneth, Jackies Friseur. »Es war ein richtiger Schneesturm. Ich wurde zum Kennedy-Haus in der N-Street gefahren, und Mrs. Kennedy zeigte mir das Kleid, das sie am Abend auf der von Frank Sinatra und Peter Lawford ausgerichteten Gala tragen würde. Ich hatte es noch nicht gesehen. Ein sehr schönes weißes Kleid mit einem geometrischen Muster auf der Taille, aus schimmerndem weißen Organza.«

»Sie hatte einen Hausmantel an«, fuhr Kenneth fort, »und ich habe sie oben in ihrem Schlafzimmer frisiert. Es gab andauernd Unterbrechungen. Ständig klingelten die Telefone. Im ganzen Haus herrschte Hochbetrieb. Aber wir sprachen darüber, daß draußen ein unglaublicher Wind wehte. Wir einigten uns, daß die Frisur so fixiert werden sollte, daß sie nicht vom Wind zerstört werden konnte. Sie mußte aus dem Haus zum Auto laufen, und es gab da keinen Windfang oder etwas Ähnliches. Also machte ich ihre Frisur etwas steifer als gewöhnlich.«

Der Präsidentschaftsanwärter und die First Lady wurden um 21 Uhr im Arsenal der Nationalgarde erwartet, aber es verging eine Stunde, und Jackie war noch immer nicht fertig.

»Um Himmels willen, Jackie, es ist viel zu spät!« rief Jack die Treppe hinauf. »Komm jetzt endlich!«

Schließlich, um 22 Uhr, schwebte Jackie die Treppe herab, im langen weißen Seidenkleid, mit funkelnden Juwelen und einer kunstvoll getürmten Frisur.

Jack starrte sie an. Einen Moment lang war er fassungslos. Dann signalisierte er mit Daumen und Mittelfinger seine Anerkennung.

»Gehen wir«, sagte er.

Inzwischen hatten riesige Schneewehen den Verkehr in Washington praktisch zum Erliegen gebracht. Im Kriechtempo fuhr ihre Limousine an Hunderten von Schaulustigen vorbei, die die verschneiten Straßen säumten.

»Machen Sie mal Licht im Wagen«, sagte Jack zum Chauffeur, »damit man Jackie sehen kann.«

Am Eingang des Arsenals stapfte Frank Sinatra in seinen Lackschuhen hinaus ins Schneegestöber und geleitete Jackie persönlich hinein. Er achtete darauf, daß er nicht auf ihren weißen Saum trat.

Um 23 Uhr, mit zwei Stunden Verspätung, gingen die Lichter im Arsenal aus, und Frank Sinatra trat auf die Bühne. Er sang eine Parodie
seines alten Schlagers »That Old Black Magic«:

> That old *Jack* magic
> Has me in its spell …

Ein Scheinwerferstrahl schwenkte durch den riesigen dunklen Saal
und richtete sich auf das stattliche Paar in der Präsidentenloge. Mit einem deutlich hörbaren Geräusch holten Hunderte von Gästen tief
Luft, dann begann es überall zu tuscheln: »Jack und Jackie … Jack und
Jackie … Jack und Jackie …«

> That old *Jack* magic
> That you weave so well …

Aber es war Jackie, die mit ihrem Zauber alles in Bann schlug.

Ein amerikanischer Touch

»Die Fahrt nach Washington war eine schreckliche Qual«, sagte Sister
Parish, Jackies Innenarchitektin, in Erinnerung an den historischen
Schneesturm. »Ich fuhr mit meiner Sekretärin in einem Auto hinunter, das zum Bersten vollgepackt war mit Stoffmustern für Mrs.
Kennedy. Wir blieben im Schnee stecken und kamen erst nach Mitternacht in Washington an, wo unser Auto in einer Schneewehe endgültig den Geist aufgab.«

Jackie hatte Sister Parish gebeten, ihr bei der Einrichtung des »Hauses mit den Säulen« zu helfen, wie sie das Weiße Haus bescheiden
nannte, und Sister Parish hatte keinen Moment gezögert, dem Ruf der
neuen First Lady zu folgen. Am Morgen nach der Amtseinführung
fuhr sie beim Weißen Haus vor – in einem knallroten Mietwagen, in
dem kleine rosa Pantoffeln und Äffchen am Rückspiegel hingen.

Im Obergeschoß sah Sister Parish Jack und Jackie aus ihren separa-
ten Schlafzimmern treten – Jack aus dem Lincoln-Zimmer und Jackie

aus dem Queen's-Zimmer. Durch den langen Korridor kamen die beiden auf sie zu.

»Der Präsident betrat zum ersten Mal sein Amtszimmer«, sagte Sister Parish. »Der Eindruck, den Präsident Kennedy an diesem Morgen machte, war der eines jungen Burschen, den nichts in der Welt aus der Ruhe bringen konnte. Seine Präsenz war so gewaltig, daß man wie elektrisiert war.«

Die Musterkoffer von Sister Parish wurden ausgepackt, und die zwei Frauen machten sich an die Arbeit. Jackie, noch immer depressiv und geschwächt von der Geburt, war den ganzen Vormittag beschäftigt, mit Sister Parish Pläne zur Beseitigung des »Mamie-Rosa« und der Grand-Rapids-Möbel* zu entwerfen, die den Privatbereich im Obergeschoß prägten.

Sister Parish notierte alles auf ihrem großen Zeichenblock.

»Oh, Jackie«, sagte sie in regelmäßigen Abständen, »das ist ja furchtbar! Das ist ja so furchtbar!«

Gegen elf Uhr hatten sie für jeden Raum Muster zusammengestellt.

»Ob man hier wohl essen kann?« fragte Jackie bei Sister Parish an. »Oder müssen wir irgendwo hingehen?«

»Ich begann zu klingeln, und es tauchte Mr. West [der Stabschef] auf, der uns versicherte, daß wir durchaus im Weißen Haus Mittag essen könnten.«

Jackie stellte das Menü zusammen: Hamburger mit Gemüse und eine Flasche Wein. Die Mahlzeiten wurden auf Tabletts serviert, jedes Tablett wurde von zwei Bediensteten überbracht.

Als sie beim Essen waren, trat Jack ein, begrüßte die Frauen mit einem fröhlichen »Hallo!« und setzte seinen Weg durch die Verbindungstür ins Lincoln-Zimmer fort.

»Ich probiere jetzt eine neue Diät – Metrecal«, sagte er und verschwand.

Er hatte unter der Kortison-Behandlung beträchtlich zugenommen und konnte sich nicht mit seinem molligeren Aussehen anfreunden.

Eine halbe Stunde später kam er – noch hungrig – wieder herein und naschte Kleinigkeiten von den Tabletts. Jackie erzählte ihm, sie sei

* *Einrichtung nach dem unbedarften Geschmack von Dwight und »Mami« Eisenhower.*

mit Sister Parish zu der Ansicht gelangt, daß das Weiße Haus aussähe wie aus dem Versandhauskatalog, nein schlimmer: wie ein Billighotel. Und noch schlimmer sogar: Es sähe aus wie das gefürchtete Moskauer Lubjanka-Gefängnis!

Sie und Sister Parish hätten eine Idee: Sie würden eine Strategie zur völligen Umgestaltung des Weißen Hauses entwerfen. Sie würden ein künstlerisches Komitee ins Leben rufen, zusammengesetzt aus prominenten Persönlichkeiten, die Möbel, Gemälde und andere geschichtsträchtige Gegenstände beschaffen und Spenden zum Ankauf dieser Dinge für das Weiße Haus eintreiben sollten. Zum Vorsitzenden dieses Komitees würden sie Henry Francis du Pont ernennen, den namhaftesten Experten für amerikanische Antiquitäten.

»Ich möchte aus diesem Haus etwas ganz Großartiges machen«, sagte Jackie.

Jack widersprach ihr vehement. Jeder Präsident, der sich am Weißen Haus vergriffen hatte – von Martin Van Buren bis zu Harry Truman – hatte den Kongreß gegen sich aufgebracht und Stimmen eingebüßt. Er würde seiner Frau nicht erlauben, das Weiße Haus zu renovieren.

»Wir wollen es nicht *renovieren*«, sagte Jackie, »wie wollen es von Grund auf *restaurieren*!«

Dann zeigte sie ihm, seine weiteren Einwände überhörend, die Materialien, die sie für den Privatbereich ausgesucht hatte. Für sein Zimmer war ein blauer Dekorationsstoff mit weißen Engelchen vorgesehen.

»Ich hatte schon immer eine Schwäche für Engel«, sagte Jack.

Seit Wochen schon war Jackie in Gedanken mit dem Weißen Haus beschäftigt. Kurz nach der Wahl bereits hatte Letitia »Tish« Baldridge, ihre persönliche Sekretärin und Tochter eines republikanischen Kongreßabgeordneten, einen heimlichen Rundgang durch das Weiße Haus gemacht, der von Mary Jayne McCaffree arrangiert worden war, der Sekretärin von Mrs. Eisenhower.

»Ich bin im siebenten Himmel«, schrieb Tish in einem als vertraulich gekennzeichneten Bericht an Jackie. »Man kann sich hier erlauben, ein ganzes Festbankett unkorrekt zu plazieren, denn: ›Im Weißen Haus werden keine Fehler gemacht.‹«

Der siebenseitige Bericht, bisher nie veröffentlicht, schildert die »gräßlichen« Zustände, die Tish im Weißen Haus der Eisenhower-Periode vorfand:

Der Stabschef führt das Haus – Butler, Koch, Servierpersonal, Dienst-mädchen, Wäscherinnen usw. Allerdings führt er es seit 16 Jahren etwa wie eine Kaserne, und dem ganzen Haus fehlt entschieden die weibliche Note. Zum Beispiel: Die einzige Grünpflanze oder Blumenzier im Speisezimmer für Staatsgäste ist eine billige, schwere weiße Porzellan-Jardinière mit drei kränklichen Efeupflanzen, und die steht für jeden sichtbar auf dem großarti-gen Marmorkamin. So etwas würde nicht einmal Ihre Köchin in ihrem Wohnzimmer dulden.

Über Jack und Jackies zukünftige Wohnräume in der dritten Etage des Hauses schrieb Tish:

Sie werden einige Arbeit haben mit den Privaträumen, oder Sie halten es dort nicht aus. Ich beziehe mich hier auf das private Speisezimmer mit 14 oder 16 Plätzen. Wahrscheinlich werden Sie hier familiäre und gesellige Mahlzeiten abhalten wollen. Der Teppich ist ein schauderhaftes, schweres, dunkelbraunes Etwas, der ganze Raum ist so düster, daß es einen graut. Auf den Anrichten steht das falsche Silber ...

Das Kindermädchen werden Sie wahrscheinlich von Ihrem eigenen Gehalt bezahlen müssen. Den Koch können Sie EVENTUELL auf die Gehaltsliste des Weißen Hauses setzen ... Der Küchenchef ist ein Filipino, und das Personal ist gemischt, noir et blanc. Die Eisenhowers bekommen ihr Essen jeden Abend auf Tabletts ins Wohnzimmer serviert. Bis es dort ist, muß es schon ziemlich kalt sein, kann ich dazu nur bemerken, denn es wird zwei Treppen tiefer in ei-nem anderen Trakt des Gebäudes angerichtet.

Viele Gepflogenheiten des Weißen Hauses fand Tish entsetzlich, und sie notierte einige von ihnen unter der Rubrik »SHOCKING FACTS«:

Ich konnte es einfach nicht glauben. Wenn die E.s zum Beispiel ihre großen musikalischen Abende veranstalten, wird den Gästen NICHTS zu trinken an-geboten. Mary Jayne sagte, alle Jubeljahre mal stiftet ein Winzer aus Kalifor-nien oder aus dem Staat New York einen abscheulichen Champagner für irgendeine Feier. Anderes erlaubt das Budget nicht. Bei großen Empfängen werden nur Punschbowle, Kaffee und Sandwiches serviert. Nun gut, das ist verständlich. Aber wenn man nach der Mahlzeit nichts zu trinken bekommt, ist das praktisch eine Katastrophe.

Wir müssen da irgendwie etwas unternehmen, selbst wenn es bedeutet, daß wir das ganze Problem der inländischen Weinindustrie unterbreiten müssen ... Jede kleine Botschaft irgendwo am Rand der Welt kriegt alles zu essen und zu trinken, was sie will. Nur das Weiße Haus nicht!

Henry Francis du Pont nahm eine sorgfältige Begutachtung aller Räume des Weißen Hauses vor und entwarf zusammen mit Jackie ein Konzept für die wünschenswerten Veränderungen. Die Chippendale-Stühle des privaten Speisezimmers waren völlig fehl am Platz. Der Rote Salon hatte Möbel, die nicht zueinander paßten. Der Grüne Salon benötigte eine amerikanische Sheraton-Einrichtung. Und einer Vollrenovierung bedurfte das Oval Office, der Empfangsraum des Präsidenten für hohe Besucher.

»Alle Einrichtungsgegenstände für das Haus des Präsidenten sollen, soweit möglich, aus heimischer Produktion stammen«, dekretierte du Pont.

Aber Jackie hatte andere Vorstellungen. Sie zog französische Empire-Möbel vor und überredete Jayne Wrightsman, eine ihrer reichen Freundinnen, die auch zum Künstlerischen Komitee gehörte, ganz Paris nach Antiquitäten durchzukämmen.

Jayne Wrightsman schrieb darauf an Sister Parish und empfahl ihr, Stéphane Boudin ins Künstlerische Komitee zu berufen, den Chefdesigner der Pariser Firma Jansen, der die Restaurierung des Grand Trianon in Versailles und den Neuaufbau des Schlosses der Josephine in Malmaison geleitet hatte. Sister Parish war zwar eine anerkannte Innenarchitektin, doch sie genoß nicht den Rang eines Boudin. Als sie den Brief erhielt, geriet sie in Wut und drohte mit ihrem Rücktritt.

In einem Folgebrief versuchte Jayne sie zu besänftigen:

Das Wichtigste zuerst: Auf *keinen Fall* dürfen Sie das Komitee verlassen. Das würde Jackie das Herz brechen – und mir auch, wenn ich das anfügen darf. Es ist ein wahrer Glücksumstand, daß Sie für das Weiße Haus arbeiten. Wegen Jansen müssen Sie sich keine Gedanken machen. Boudin wird nicht das geringste für das Weiße Haus tun.

Doch das war schlicht unwahr. Im Frühjahr hatte Jackie eine gemeinsame Besichtigungstour für Boudin und du Pont im Weißen Haus arrangiert.

»Vom ersten Tag ihrer Begegnung an war klar, daß sie in keinem einzigen Punkt miteinander harmonierten«, sagte Stabschef J. B. West. »Mr. du Pont, ein würdevoller Millionär von der Ostküste, war ausschließlich an Authentizität interessiert und kümmerte sich nicht um Komposition, Proportion oder Verträglichkeit. Monsieur Boudin, ein überschäumender, theatralischer kleiner Franzose, fragte nur danach, ob es dem Auge gefiel ...«

»Mr. du Pont, der ein wenig taub war, ging sehr langsam, sprach aber schnell und nuschelnd«, fuhr West fort, »Monsieur Boudin war ebenfalls schwerhörig, sprach ein stockendes Englisch und sprang energiegeladen umher. Verzweifelt versuchten sie, höflich zueinander zu sein. Es wimmelte nur so von ›Pardon‹, ›tut mir leid‹, ›ich fürchte jedoch‹ und ›meinen Sie nicht?‹. Mrs. Kennedy und ich mußten beide dolmetschen. Wir liefen kreuz und quer durch die Amtsräume und waren verblüfft über diesen totalen Mangel an Verständigung.«

»Das wird nicht funktionieren«, flüsterte Jackie ihrem Stabschef zu.

»Wir müssen nur darauf achten, daß die beiden nicht zur gleichen Zeit hier sind«, sagte West.

»Genau!« sagte Jackie und lachte. »Wir müssen sie getrennt halten.«

»Jacqueline Kennedy wuchs wie H. F. du Pont in gehobenen Verhältnissen auf und war an wertvolle Möbel gewöhnt«, sagte Elaine Rice, eine Expertin für amerikanische Antikmöbel. »Doch ihr Interesse für die Inneneinrichtung war mehr ästhetisch als historisch fundiert ... Ein Wortwechsel du Ponts mit der First Lady beleuchtet die unterschiedlichen Standpunkte. Das fragliche Objekt war ein Spiegel aus der Zeit des Bürgerkriegs, der mit einem Adler verziert war. Unschlüssig darüber, ob dieses in Frankreich gefertigte Stück für das

Weiße Haus akzeptiert werden sollte oder nicht, bat du Pont Mrs. Kennedy um ihre Meinung. Mrs. Kennedy erwiderte: ›Ich denke, der Spiegel sollte genommen werden, wenn er Ihnen gefällt. Solange er den Adler hat, spielt es keine Rolle, ob er aus Frankreich ist ...‹ Diese Feststellung ist charakteristisch für Jacquelines Auswahlkriterien bei historischen Möbeln – Aussehen ging vor Herkunft ... Tatsächlich führte die Vorliebe der First Lady für französisches Design zu einer Ausstattung der Amtsräume, bei der modische Gesichtspunkte über die historische Genauigkeit triumphierten.«

Du Pont war ein Purist. Er hatte die größte Sammlung früher amerikanischer Gebrauchskunst in seinem Haus in Winterthur, Delaware, angehäuft und es in ein Museum umgewandelt. Bei seinen Besuchen im Weißen Haus ließ du Pont gern Möbel an andere Stellen rücken, die ihm passender erschienen. Hinterher schickte Jackie dann Hilfskräfte durchs Haus, die alles wieder an den alten Platz stellen mußten.

Bei der Durchsetzung ihrer eigenen Vorstellungen ließ sich Jackie weder von Sister Parish noch von du Pont ins Konzept reden. Sie wollte Boudins französischen Touch im Weißen Haus haben, und sie überzeugte Sister Parish, daß der Franzose den Roten und den Blauen Salon sowie das Oval Office umgestalten sollte. Aber Jackie wollte, daß Boudins Mitwirkung ein Geheimnis blieb. Für die Zeitungen wäre es ein gefundenes Fressen gewesen, hätten sie erfahren, daß ein Franzose bei der »Instandsetzung« des Weißen Hauses eine tragende Rolle spielte.

Jackie schrieb an Sister Parish:

Ich habe heute mit Jayne gesprochen, und sie sagte, Boudin hätte überhaupt nichts dagegen, wenn wir seine Entwürfe nutzen würden – und er würde auch nichts verraten. Das ist also bestens geregelt.

Sister Parish erhob Einspruch gegen die üppige französische Ausstattung des Oval Office, aber am Ende setzte sich Jackie durch. Sie fertigte Entwürfe aus Stoffmustern und Farbstrichen an, die genau zeigten, was sie wollte. Die Farbpalette für den großen Raum des Oval Office bewegte sich in Gelb-, Braun- und Grüntönen. Die Wände wurden mit blaßgelber Seide bespannt, die Vorhänge aus farblich abgestimmtem Seidenrips trugen kontrastierende Borten in Beige und

Braun. Sechs senffarben gepolsterte Sessel, offenkundig Louis-seize, säumten die Wände. Den Boden bedeckte ein glatter gelber Teppich, an der Decke hing ein vergoldeter Bronzekronleuchter mit Bergkristallen. Die Ausstattung des Raumes kostete mehr als 50 000 Dollar, und das Ergebnis war schlichtweg atemberaubend.

In einer Mitteilung an Sister Parish merkte Jackie an, daß »der einzige amerikanische Touch« im Oval Office die Sternchen auf den Vorhängen wären – die sie dann auch aus dem Entwurf herausstrich.

Jack war unzufrieden mit dem Blauen Salon, den Boudin in Weiß gehalten hatte. Das Blau kam nur als Farbakzent in den Vorhängen und im antiken Savonnerie-Teppich vor, der ein gold-rosa Muscheldekor auf blauem Grund zeigte.

»Das ist zu französisch«, brummte er. »Bevor der Raum für Besucher geöffnet wird, muß der Fußboden dunkler gestrichen werden, und dann muß ein großer blauer Teppich hinein.«

J. B. West schickte Jackie eine Notiz mit den Anweisungen des Präsidenten.

»Okay, den Fußboden dunkler«, kritzelte sie an den Rand. »Wegen Teppich rede ich mit Präs.«

Sie tat es. Und der antike Savonnerie-Teppich blieb liegen, so wie sie es gewollt hatte.

Eine höfliche Abfuhr

Weniger als einen Monat nach seiner Amtseinführung bestellte Jack seinen Protokollchef Angier Biddle Duke ins Oval Office. Der lange, schlanke, in perfekte Maßanzüge gekleidete Angie war so geschmeidig und leichtfüßig in seinen Bewegungen, daß er häufig mit Fred Astaire verglichen wurde.

»Ich habe mit Jackie darüber geredet, welche Aufgaben auf sie als First Lady zukommen«, sagte Jack zu Angie. »Sie sollen mir dabei helfen, ihr das beizubringen. Wollen Sie mit ihr darüber reden?«

»Sicher, Mr. President«, sagte Angie.

Angie, der auf eine lange diplomatische Karriere zurückblickte, hatte noch nie von einem Präsidenten gehört, der seinen Protokoll-chef einbestellte, um seine Frau durch ihn instruieren zu lassen. Aber er fand Jacks Ansinnen nicht unvernünftig, und als er das Oval Office verließ, machte er sich auf die Suche nach Jackie. Er fand sie, geklei-det in Reithosen und Stiefel, im Büro von Tish Baldridge, das im Ost-flügel des Weißen Hauses gelegen war.

»Der Präsident hat mich gebeten, mit Ihnen über Ihre öffentlichen Verpflichtungen und Aufgaben als First Lady zu sprechen«, begann Angie, nachdem er sich mit Jackie zu einer Tasse frischgebrühten Kaf-fees niedergelassen hatte.

»Mein Gott, ich werde natürlich alles tun, was ich kann«, sagte Jackie. »Aber ich muß sicher sein, daß man nicht auf mir herumtrampelt.

»Sagen Sie mir doch zuerst, was das Mindeste ist, wozu Sie bereit sind«, sagte Angie. »Wo ist da Ihre Grenze?«

»Das ist meine Familie«, erwiderte Jackie. »Die kommt zuerst. Die Kinder stehen an erster Stelle in meinem Leben. Ich habe da ein Pro-blem: Die Kinder sind noch klein, und ich möchte im Rahmen mei-ner Verpflichtungen soviel wie möglich für sie dasein. Und wie man das auch formuliert, es heißt, daß ich sowenig wie nur möglich für an-deres beansprucht werden möchte.«

»Verstanden«, sagte Angie. »Das ist gut zu wissen.«

»Ich meine«, fuhr Jackie fort, »Könige und Königinnen – das ist in Ordnung. Aber all diese Präsidenten aus den Bananenrepubliken – nein danke. Können wir uns nicht etwas ausdenken, um denen eine PBO zu erteilen?«

»Eine PBO?«

»*Polite brush-off* – eine höfliche Abfuhr«, erklärte sie. »Können wir die nicht an Lady Bird Johnson weiterreichen?«

»Ich verstehe«, sagte Angie. »Wollen wir mal sehen: Wie paßt Ihnen diese Regelung? Wenn Regierungschefs, Premierminister und Staats-oberhäupter ohne ihre Frau zu Arbeitsbesuchen herkommen, brau-chen Sie nicht in Erscheinung zu treten. Wenn sie jedoch ihre Frauen mitbringen, müssen auch Sie mit von der Partie sein. Und zwar ohne Ausnahme. Sie können sich nicht herauspicken, was Ihnen paßt. Sie müssen mich darin unterstützen, denn wenn Sie Ihren Vorlieben fol-

gen, verletzen Sie damit Gefühle, und das hätte politische Konsequenzen.«

Jackie dachte einen Moment nach, dann sagte sie: »Ich glaube, ich
habe verstanden.«

»Ich denke, wenn wir uns an diese Linie halten, können wir Ihre
Teilnahme an derartigen Terminen so gering wie möglich halten«,
sagte Angie. »Ich werde dann alles Weitere mit Tish Baldridge besprechen. Wir stellen eine Gästeliste auf, bei der auch Künstler, Schriftsteller und Intellektuelle berücksichtigt werden – die Art von Leuten,
für die *Sie* sich interessieren.«

»Schön«, sagte Jackie. »Aber da ist noch etwas.«

»Und das wäre?«

»Der Titel ›First Lady‹«, sagte Jackie. »Ich mag ihn nicht. Er ist geschmacklos.«

»Geschmacklos?«

»Ja, geschmacklos.«

»Gut, Jackie, dann werden wir Sie einfach nicht mehr so anreden,
oder?«

»In Ordnung.«

»Aber wie *sollen* wir Sie anreden?«

»Nennen Sie mich Mrs. Kennedy.«

Ein bißchen plaudern

6. April 1961
Liebe Puffin,
Deinen Brief fand ich wundervoll, und ich möchte Dich zu gern sehen, wenn
Du nach Washington kommst. Am Wochenende einschließlich Montag bin
ich unterwegs, aber vielleicht würdest Du gern am Dienstag, dem 25. April,
zum Lunch der Senatsdamen mitkommen. Der Lunch beginnt um dreizehn
Uhr, sei doch einfach ein Weilchen früher da, damit wir oben noch ein
bißchen plaudern können. Ruf meine Sekretärin an, Tish Baldridge, und gib
ihr Bescheid, ob Du es einrichten kannst.

Liebe Grüße
Jackie

Etwa eine Stunde vor dem Beginn des Essens der Senatorengattinnen meldete sich Ellen »Puffin« D'Oench, die nach Middletown, Connecticut, geheiratet hatte, im Weißen Haus. Sie wurde zum Privatbereich hinaufgeleitet und von ihrer alten Mitschülerin in Vassar, Jacqueline Bouvier Kennedy, in Empfang genommen.

»Jackie trug ein entzückendes rosa Kostüm«, erinnerte sich Puffin. »Sie hatte sich überhaupt nicht verändert, nicht im geringsten. Sie war kaum geschminkt, hatte aber eine so lebendige Farbe und wunderbar weiße Zähne, obwohl sie rauchte. Sie zeigte mir ihre Garderobe, führte mich durch die privaten Räume und all das. Ich hörte mich immer nur sagen: ›Ich kann es nicht glauben. Ich kann es einfach nicht glauben.‹«

»Auf einem Tisch lag so ein monströses Ding«, fuhr Puffin fort. »Sukarno, der Diktator von Indonesien, war gerade zu Besuch gewesen und hatte ihr eine Korallenglocke mitgebracht. Die sah aus wie ein überdimensionaler Babynuckel mit silbernem Griff. Ich nahm die Glocke in die Hand. Sie sagte: ›Hast du jemals ein so phallisches Ding gesehen? Sukarno hat es mir als Geschenk überreicht.‹

Dann fuhren wir in dieser langen Limousine zum Senat, Jackie stieg aus, und ich war direkt hinter ihr, als sie fotografiert wurde. Aber auf diesen Bildern tauche ich natürlich nirgends auf. Der Secret Service wollte, daß ich schnell aussteige, um sie möglichst rasch die Treppe hinaufzubekommen. Alles war sehr angespannt, obwohl es so einfach aussah.

Auf der Fahrt erzählte sie mir, daß sie diesen Lunch nicht mochte, da sich alle Frauen in einem Umkleideraum die Kleider ausziehen und eine Rot-Kreuz-Kluft anlegen mußten, um anschließend Binden zu wickeln. Aber die First Lady zu sein hatte für sie wenigstens den Vorteil, daß sie sich nicht umziehen mußte.

Als es vorüber war, fuhren wir im Auto zurück, und ich erinnere mich an den Vorfall, wo Jackie die Scheibe herunterkurbelte und den Mann vom Secret Service bat, ihr das Zigarettenetui zurückzugeben. Er reichte es ihr hinein. Und ich erinnere mich auch, daß ich sie fragte, ob es nicht aufregend wäre, so eine Macht zu haben.

Die Frage kam nicht gut an bei ihr, die hat ihr nicht gefallen. Es war eine Frage nach ihrer persönlichen Macht und ob die ihr eine Art Befriedigung verschaffte. Ich fragte das, weil ich überzeugt war, daß *ich* so etwas sehr genossen hätte. Ich würde es mir gern leisten können, das Fenster herunterzukurbeln und nach meinem Zigarettenetui zu fragen und nie Geld mit mir herumschleppen zu müssen. Mich würde das restlos glücklich machen. Aber sie hat die Frage nicht beantwortet. Der Gedanke, daß sie ihre Macht in diesem Sinne genießen könnte, war ihr unangenehm.«

Ein Star wird geboren

»Etwa einen Monat vor der Reise nach Paris«, berichtete Pierre Salinger, Pressesekretär des Weißen Hauses, »rief mich der Präsident und sagte zu mir: ›Wissen Sie was? Wir sollten das französische Fernsehen dazu kriegen, eine Sendung zu machen – mit Jackie als Star. Jackie soll die Fernsehleute durchs Weiße Haus führen und französisch mit ihnen reden. Ich gebe dann am Ende ein kleines Interview auf französisch und englisch.‹«

Pierre war ein begnadeter PR-Manager, und er baute Jacks simplen Vorschlag zu einer ausgefeilten Marketing-Strategie aus. Er reiste mit dem Vorbereitungsteam des Präsidenten nach Paris und fütterte die französischen Journalisten bei Wein und gutem Essen mit entzückenden Anekdoten über den gutaussehenden amerikanischen Präsidenten und seine schöne junge Frau. Er sorgte dafür, daß jedem Gerücht über seine bescheidenen irischen Ursprünge eine Geschichte von ihrer gehobenen französischen Herkunft entgegengesetzt wurde.

Da auch Salinger französische Vorfahren hatte, kannte er die Mentalität der Durchschnittsfranzosen. Mochten sie noch so sehr auf die Gleichheit pochen – was ihre Faszination für gekrönte Häupter betraf, unterschieden sie sich in nichts von anderen Völkern. Und so spielte er Jackies »königliche« Qualitäten aus: ihren exquisiten Umgang mit Pferden, ihre Haute-couture-Kleider, ihre Umgestaltung des Weißen Hauses, ihr Mäzenatentum und auch ihren vielfach besprochenen Plan, in Mount Vernon, dem Haus von George Washington, einen prunkvollen Ball für den pakistanischen Präsidenten Ayub Khan zu geben.

Salingers Kampagne erreichte ihren Höhepunkt mit der Entscheidung des französischen Staatsfernsehens, den Kennedys eine ganze Sendestunde zu widmen. So wie es Jack erhofft hatte, präsentierte sich Jackie als taufrische Prinzessin des Fernsehzeitalters.

Zwei Tage später landete die Air Force One auf dem Flughafen Orly, und Jackie stieg hinter Jack die Gangway hinab. Begrüßt wurden sie vom französischen Staatspräsidenten Charles de Gaulle und Madame de Gaulle, die neben dem smarten amerikanischen Präsidenten und seiner jungen Frau wie ein ergrautes Pärchen aus vergangenen Zeiten wirkten. Kaum hatten die Zuschauer, die sich an den Absperrungen drängten, Jackie in ihrem marineblauen Seidenkostüm und dem schwarzen Velourhut entdeckt, brachen sie in rhythmisches Gebrüll aus: »*Vive Jacqui! Vive Jacqui!*«

Hunderttausende säumten den Weg des Autokorsos nach Paris und schwenkten amerikanische und französische Papierfähnchen, als Jack und de Gaulle in der offenen Limousine vorbeifuhren. Kurz dahinter folgte die zweite Limousine mit Jackie und Madame de Gaulle, und bei ihrem Anblick erhob sich ein ohrenbetäubendes Geschrei.

»*Jacquiiiii!*« schrien die Zuschauer. »*Jacquiiiii! Jacquiiiii!*«

Jack hörte das Tosen der Menge hinter seinem Rücken. Er erspürte jede Nuance der Massenstimmung, und er begriff, daß Jackie die Tiefenschichten der französischen Volksseele ansprach. Dieses wilde Gebrüll aus Tausenden Kehlen war für Jack ein vertrautes Geräusch – in zahllosen Städten der USA war es ihm während der Präsidentschaftskampagne entgegengebrandet. Und nun, hier in Paris, war es Jackies Show.

»Sie war die Prinzessin, und er war der Prinz – so muß es gewesen sein«, sagte Präsidentenberater Clark Clifford bei einem Versuch, die Wirkung des Paars auf die Franzosen zu erklären. »Sie war die schöne Prinzessin auf dem Balkon, und er war der edle Ritter in schimmernder Rüstung, der die Prinzessin in die Arme schließt, auf sein weißes Roß hebt und mit ihr in den Sonnenuntergang reitet. So haben sie es geschafft, alle Grenzen zu sprengen, das ist der Grund für ihre weltweite Popularität.«

Der Konvoi hielt auf der Place de la Concorde, Jack und Jackie stiegen aus und wurden mit einem Salut von 101 Schüssen empfangen. Der Bürgermeister von Paris überreichte Jackie eine 4000 Dollar teure Brillantuhr und verglich sie genauso wie Clark Clifford mit einer Königin. Ihr Besuch erinnere ihn an den kürzlich Königin Elisabeth II. bereiteten Empfang, versicherte er ihr.

»Königin Elisabeth? Von wegen!« Dave Powers wandte sich zu Jack hinüber und flüsterte ihm ins Ohr. »Selbst die Wiederkunft Christi würde nicht halb soviel Aufsehen erregen!«

Nur ein paar Wochen zuvor hatte sich Jack beim Pflanzen eines symbolischen Baums in Kanada den Rücken verrenkt, daher litt er in Paris unter quälenden Schmerzen. Während des hektischen Dreitagebesuchs nutzte er jeden freien Moment, um die Schmerzen mit heißen Wannenbädern zu mildern.

In der Königssuite des Außenministeriums, einem Palast aus dem 19. Jahrhundert am Quai d'Orsay, befand sich eine vergoldete Badewanne von der Größe einer Tischtennisplatte. Am späten Nachmittag des zweiten Tages in Paris tauchte Jack langsam und unter Schmerzen ins dampfende Wasser ein. In ein paar Stunden wurden sie zum Souper im kerzenerhellten Spiegelsaal von Versailles erwartet. Doch jetzt war er in der richtigen Stimmung für das, was seine Vertrauten als »Badewannengespräche« bezeichneten, und er rief Dave Powers und Kenny O'Donnell zu sich herein.

Dave und Kenny traten in das gewölbeartige, marmorverkleidete Badezimmer ein und brachten einen Überraschungsbesuch mit: Janet Des Rosiers, vormals Stewardeß der *Caroline*, inzwischen Sekretärin des amerikanischen Botschafters in Paris.

»Sie werden mir hoffentlich verzeihen, wenn ich nicht aufstehe, um Sie zu begrüßen«, sagte Jack zu Janet.

»Dafür habe ich vollstes Verständnis, Mr. President«, erwiderte sie.

»Mein Gott, so eine Badewanne müßten wir im Weißen Haus haben«, sagte Jack als nächstes.

»Wenn du's dir nicht mit de Gaulle verdirbst, darfst du sie vielleicht als Souvenir mit nach Hause nehmen«, konterte Dave Powers.

»Jackie sah heute so schön aus«, sagte Jack.

Jackies triumphaler Auftritt in Paris erfüllte ihn mit tiefer Genugtuung. Er amüsierte sich über die eifersüchtige Reaktion von Madame Hervé Alphand, der eleganten Gattin des französischen Botschafters in den Vereinigten Staaten, von der man wußte, daß sie eine von Jacks Gelegenheitsaffären war. Während des Essens bei de Gaulle im Elysée-Palast hatte Nicole Alphand versucht, die Aufmerksamkeit auf sich zu ziehen, war aber weit abgeschlagen hinter Jackie auf dem zweiten Platz gelandet, die sich für Jack als lohnende politische Investition erwiesen hatte.

»Kennedy war vor der Reserviertheit und Distanziertheit de Gaulles gewarnt worden«, sagte Kenny O'Donnell. »Die angespannten Beziehungen des Generals zu Roosevelt während des Krieges und später zu Eisenhower hatten ihn mißtrauisch gegen die amerikanischen Präsidenten gemacht, und er betrachtete die Nato, wie Kennedy sehr wohl verstand, als einen Komplott der Amerikaner und der Engländer, der darauf abzielte, die französische Souveränität zu untergraben.«

»Aber de Gaulle war sofort eingenommen von Jackies Bildung und ihrem Interesse an Frankreich«, fuhr Kenny fort, »von ihrem flüssigen Umgang mit den Feinheiten der französischen Sprache. Indem sie als sein Dolmetscher fungierte, verwickelte sie ihn in lange und angeregte Unterhaltungen mit ihrem Mann, in deren Verlauf de Gaulle eine Lockerheit entwickelte wie wohl bei keinem anderen ausländischen Staatsoberhaupt zuvor.«

Jackies Coup hätte für Jack nicht günstiger kommen können. Im vorangegangenen Monat hatte er eine Reihe schmerzhafter Rückschläge einstecken müssen. Die Russen hatten den ersten Menschen ins All gesandt, die Kommunisten hatten Laos erobert, doch spektakulärer als alles andere war die gescheiterte Kuba-Invasion in der Schweinebucht.

In den Wochen vor der Paris-Reise war Jack wegen Kuba häufig den Tränen nahe gewesen. Jackie stellte fest, daß sie ihn seit der beinahe tödlichen Rückenoperation nicht mehr so deprimiert gesehen hatte.

»Nach Kuba hat sich seine Haltung gegenüber den Dingen grundlegend geändert«, stellte Jacks Freund Chuck Spalding fest. »Von nun an hatte er einen aufreibenden, verzehrenden Job, der ihn irgendwann umbringen würde, so oder so. Vor dem Debakel in der Schweinebucht war alles ein grandioses Abenteuer gewesen, eine ständige Aufwärtsbewegung. Danach wurde es eine Serie von Hochs und Tiefs mit schrecklichen Reinfällen, überall herrschte Mißtrauen, er war ständig auf der Hut und stellte alles in Frage.«

Jack fühlte sich bei der Ankunft in Paris wie ein Mann, den das Glück verlassen hatte. Fidel Castro hatte ihm die peinlichste Niederlage seines Lebens zugefügt. Immer wieder schüttelte Jack den Kopf, rieb sich die Augen und murmelte: »Wie konnte ich das nur zulassen? Wie konnte ich das nur zulassen?« Amerika stand nun da wie ein Papiertiger, und Jacks Vertraute warnten ihn, daß er in Wien, der nächsten Station seiner Reise, wo er Nikita Chrustschow treffen würde, mit einem feindseligen, wenn nicht gar auf Krieg gestimmten Empfang durch den sowjetischen Parteichef zu rechnen habe.

Hinter Jacks lockerem, jungenhaftem Charme verbarg sich die Härte seines Vaters – und auch dessen Rachsucht. Er hatte einen eisernen Willen und war entschlossen, es Castro heimzuzahlen. Vor der Abreise aus Washington gab er eine verdeckte Aktion in Auftrag – später Operation Mongoose genannt –, deren Zweck es war, die westliche Hemisphäre von Fidel Castro zu befreien, unter Einsatz aller zu Gebote stehenden Mittel zu befreien, einschließlich des Mordes. In diesem Zusammenhang reaktivierte er ein geheimes Mordkomplott der CIA und der Mafia gegen Castro und schickte Judy Campbell zu Sam Giancana, um den alten Kontakt aufzufrischen.

Nach einer halben Stunde Badewannengespräch entließ er Dave, Ken und Janet. Er kletterte aus der vergoldeten Wanne, wickelte sich ein Handtuch um die Hüfte und tappte in sein Zimmer. Er war ganz allein. Jackie bewohnte die Königinnen-Suite am anderen Ende des riesigen Korridors.

Jacks Rücken schmerzte noch immer unerträglich. Er hatte seine spezielle, extraharte Roßhaarmatratze mitgebracht, seine Krücken und zwei Ärzte des Weißen Hauses – Admiral George Burkley und Dr. Janet Travell. Aber als er auf den Summer am Bett drückte, um Hilfe zu holen, war es Dr. Max Jacobson – »Dr. Feelgood« –, der kurz darauf in der Tür stand.

Nachdem er Jack versorgt hatte, ging Max Jacobson durch den langen Korridor zur Königinnen-Suite. Die hohen, bis zum Boden reichenden Fenster eröffneten den Blick auf die streng gezirkelten Gärten des Quai d'Orsay und auf die Seine. Jacobson fragte nach Jackie, und er wurde in ihr Schlafzimmer geleitet, wo sie sich für das abendliche Staatsbankett im Spiegelsaal von Versailles zurechtmachen ließ.

Sie saß vor dem Spiegel, während sich Alexandre, der berühmte Pariser Coiffeur, unterstützt von einer Schar von Assistenten, um ihre Frisur bemühte. Schon vor Wochen hatte Jackie Alexandre durch den Botschaftskurier eine Locke ihres Haars zukommen lassen, und für die Dauer ihres Pariser Aufenthalts hatte sie sich seine Dienste gesichert.

»Ein schönes Gesicht muß von Laub umgeben sein«, rief Alexandre aus, während er mit verschiedenen Haarteilen und Perücken experimentierte. Er kreierte eine ausladende Haarpracht im Stil des 14. Jahrhunderts, um ein Gegengewicht zu Jackies breiten Wangenknochen zu schaffen.

In einer anderen Ecke des Raums legte Jackies Zofe zwei verschiedene Abendkleider aus – eine amerikanische Kreation von Oleg Cassini und eine französische von Hubért de Givenchy. Anfangs hatte Jackie das Cassini-Modell tragen wollen, doch nun war sie sich nicht mehr sicher.

Während Max Jacobson hinter ihr auf und ab ging, betrachtete sich Jackie im Spiegel. Alexandres Schöpfung war etwas völlig Neues für sie. Mit dieser Frisur wirkte sie viel majestätischer und prunkvoller.

Oder war es Paris, das sie veränderte?

Zum ersten Mal in ihren acht Ehejahren erregte Jackie größeres Aufsehen als Jack. In Paris war sie der Star. Jack hatte das schon in einer Pressekonferenz klargestellt: »Ich halte es nicht im geringsten für unangemessen, mich Ihnen als der Mann vorzustellen, der Jacqueline Kennedy nach Paris begleitet, und ich kann sagen, es macht mir großes Vergnügen.«

Das war eine neue Rolle für Jackie, und in mancher Hinsicht war sie ihr noch nicht gewachsen.

»Viele Male, wenn ich sie mit ihren Kindern spielen sah, als wäre auch sie ein Kind«, sagte J. B. West, Stabschef des Weißen Hauses, »bekam ich den seltsamen Eindruck, daß dies die *wahre* Jacqueline Kennedy war. Sie war so glücklich, so ausgelassen wie ein Mädchen, das nie erwachsen wurde. Wenn sie dann mit viel Grazie und Würde die Rolle der First Lady spielte, hatte ich oft das Gefühl, daß sie sich verstellte. ›Eigentlich sehnt sie sich nach einer Kinderwelt‹, dachte ich, ›in der sie laufen und hüpfen, Verstecken und Hoppereiter spielen kann.‹ Ich habe sie für eine Schauspielerin gehalten, die permanent eine Rolle spielt.«

Aber der Erfolg in Paris leitete Jackies Metamorphose ein.

»Jackie war sehr clever«, sagte Oleg Cassini. »Plötzlich wurde sie mit dieser Bewunderung überschüttet, und das veränderte sie. Aber nicht nach außen hin. Die Stimme blieb dieselbe, ihre Geziertheit blieb dieselbe, aber sie wurde anders. Denn wenn einem die ganze Welt ständig applaudiert, braucht man schon eine gewaltige Disziplin, um nicht ein ganz klein bißchen selbstverliebt zu werden. Sie wußte, daß sie ihren Mann perfekt im Griff hatte, und er als guter Politiker verstand, daß sie von unschätzbarem Wert für ihn war.«

»Vor der Paris-Reise«, fuhr Cassini fort, »war Jackie nichts weiter als eine kleine Hausfrau. Aber dann zauberte sie sich auf eigene Faust ihr Reich zurecht. Die Inneneinrichtung, die Ideen, die Köche, das Essen, die phantastischen Leute, die sie ins Weiße Haus einlud – Casals, Bernstein, Frost. Und sie hat alles allein gemacht. Während Jack mit seinem Amt befaßt war, schuf Jackie ein amerikanisches Versailles.«

Doch auch während diese Wesensänderung in ihr vor sich ging, fühlte sie sich körperlich geschwächt. Noch immer litt sie an den Folgen der Kaiserschnittgeburt von John Jr. Sie ermüdete schnell.

»Ich brauche Pep«, sagte sie. »Und deshalb brauche ich Max.«

Alexandre beendete die Arbeit an Jackies Frisur und verließ für einen Moment den Raum, damit sie sich ankleiden konnte. Jackie sagte zu Max, daß sie jetzt bereit sei für ihren Schuß. Aber als der

kleine Doktor den Diplomatenkoffer aufklappte und eine Spritze her-
ausnahm, ging Letitia Baldridge dazwischen. Tish machte sich Sorgen, daß Jackie eine starke Abhängigkeit von Jacobsons Amphetaminen entwickeln würde.

»Jackie«, sagte sie, »du weißt nicht, was in der Spritze ist. Das könnte
gefährlich sein. Ich bin dagegen. Tu es nicht!«

»Unsinn«, sagte Jacobson. »Das ist nichts drin außer Vitaminen. Kommen Sie mit, ich demonstriere es Ihnen.«

Er führte Tish in ihr nahe gelegenes Zimmer und setzte ihr einen
Schuß, der sie in den siebenten Himmel beförderte. Dann ging er
zurück zu Jackie und injizierte ihr sein Zauberelixier ins Gesäß.

Sie war bereit für Versailles.

Sie warf einen letzten Blick auf die beiden Ballkleider, die nebeneinander hingen, das amerikanische und das französische. Beide waren wunderschön. Ohne zu zögern griff sie nach dem Kleid, das bei
der französischen Presse ein günstigeres Echo finden würde. Sie
schlüpfte in die Givenchy-Kreation – ein mit Straß besetztes weißes
Satinkleid mit rot-weiß-blauem Mieder.

Sie rief Alexandre herein und bat ihn, letzte Hand an die Frisur zu
legen. Sie konnte sich nicht setzen, ohne ihr Kleid zu zerknittern, also
stieg er auf einen Stuhl, beugte sich über sie und befestigte ein fun-
kelndes Brillantdiadem in ihrem raffiniert verschlungenen Kopfputz.

»Nicht das übliche Gerede«

Auf Paris folgte Wien – das Gipfeltreffen mit dem sowjetischen Parteichef Nikita Chrustschow.

»Chrustschow wird jeden Moment kommen«, sagte Jack zu Max
Jacobson im Obergeschoß der amerikanischen Botschafterresidenz in
Wien. »Und es dauert vielleicht Stunden. Ich kann mir keine Kompli-
kationen mit meinem Rücken erlauben.«

»Daran soll es nicht scheitern.« Jacobson klappte sein Köfferchen
auf und holte die Spritze und ein unbeschriftetes Fläschchen heraus.

Jacobson wartete im Vestibül, bis Jack und Chrustschow etliche Stunden später aus dem Musikzimmer der Botschaft heraustraten.

»Alles in Ordnung, Mr. President?« fragte er, als Jack an ihm vorbeiging.

»Danke!« sagte Jack schneidend. Offenbar hatte ihn die Frage verärgert. »Dürfte ich vielleicht erstmal aufs Klo?«

Die Berater des Präsidenten folgten ihm hinaus. Auch sie sahen mitgenommen und wütend aus.

Jack ging hinauf in die Privaträume des Botschafters.

»Wie ist es gelaufen?« fragte Evelyn Lincoln.

»Nicht sehr gut«, erwiderte Jack.

Zehn Minuten nach seinem letzten Gespräch mit Chrustschow traf sich Jack in den Räumen der US-Botschaft mit James Reston, der Arthur Krock als Chef der Washingtoner Redaktion der *New York Times* abgelöst hatte. Die zugezogenen Vorhänge tauchten den Raum in düstere Schatten.

»Wie war es?« fragte Reston.

»Es war schrecklich«, sagte Jack. »Das Schlimmste, was ich je erlebt habe. Er hat mich einfach überrollt ... Er denkt, ich wäre ein Idiot ... Er denkt, ich wäre schwach.«

Reston hatte Stift und Notizbuch bei sich, und er schrieb eine Beobachtung über das ungewöhnliche Aussehen des Präsidenten auf – Jack trug einen Hut, und das im Zimmer.

»Er hatte ihn tief ins Gesicht gezogen, saß neben mir auf der Couch und ächzte«, berichtete Reston.

»Ich glaube, ich weiß, warum er mich so behandelt hat«, sagte Jack. »Wegen der Schweinebucht denkt er, ich wäre unerfahren, wahrscheinlich hält er mich für dumm. Schlimmer noch, er denkt, ich hätte keinen Mut.«

»Reston vermutete, daß Kennedy sich tatsächlich in einer Art Schockzustand befand. Er wiederholte sich und plauderte Dinge aus, die er unter normalen Umständen niemals preisgegeben hätte«, schrieb Richard Reeves in seinem Buch über Kennedys Präsidentschaft. »Der Gentleman von der *Times* war ebenfalls geschockt, ging aber davon aus, daß dies nichts mit ihm zu tun hatte, daß er zufällig nur der erste war, mit dem der Präsident nach diesem traumatischen Erlebnis sprach.«

»Nicht das übliche Gerede«, schrieb Reston in sein Notizbuch. »Er hat genau den Blick, den ein Mann hat, wenn er die Wahrheit sagen muß.«

»Wir haben also ein Problem«, sagte Jack und gewann ein wenig die Fassung zurück. »Wir müssen etwas tun, damit man in Moskau wieder weiß, daß wir unsere nationalen Interessen verteidigen werden. Ich muß das Verteidigungsbudget aufstocken. Und wir müssen ihnen irgendwo entgegentreten, um ihnen zu zeigen, daß wir hart bleiben.«

»Und wo?«

»In Vietnam«, sagte Jack. »Wir stoppen sie in Vietnam.«

»Gute Nacht, Mrs. Kennedy, wo immer Sie sein mögen«

In den ersten Tagen des Oktober erschien Henry Francis du Pont, der führende Experte für amerikanische Antiquitäten, im Weißen Haus, um den Fortgang der Umgestaltungsarbeiten in Augenschein zu nehmen. Du Pont, der schon über achtzig war, schlurfte von Raum zu Raum und murmelte vor sich hin, bis er ins private Speisezimmer kam, wo er wie angewurzelt stehen blieb.

Jackie und dieser französische Dekorateur hatten schon wieder ein Möbelstück verrückt!

»Ich hoffe aufrichtig, wir alle können den Raum so wiedersehen, wie ich ihn entworfen habe«, schrieb du Pont an Jackie, als er in sein Museum in Winterthur zurückgekehrt war, »und daß Sie den kleinen Baltimore-Sekretär mit dem Spiegelaufsatz von Dr. Franklin wieder zwischen die Fenster stellen.«

Aber Jackie hörte nicht mehr auf du Pont.

»Ich erinnere mich da an einen Vorfall«, berichtete ein Kollege von du Pont, der Antiquitätenhändler David Stockwell. »Wir erschienen um neun Uhr im Weißen Haus, und sie ließ uns ausrichten, daß sie noch

beim Friseur sei und sich verspäten würde. Wir warteten eine Dreiviertelstunde, bis sie wieder anrief, daß es später werden würde. Nach
einer weiteren Dreiviertelstunde ließ sie uns mitteilen, daß ihr nächster
Besucher bereits erschienen sei und sie keine Zeit hätte, uns zu empfangen. Ich glaube, das war eine schwere Kränkung für Mr. du Pont.«

Dieser Umgang mit Mr. du Pont war symptomatisch für die neue,
emanzipierte Jackie. Sie überhörte Angie Dukes Ermahnungen, sich
ans Protokoll zu halten, und wurde beim Wasserski mit dem Astro-
nauten John Glenn fotografiert, während sie von Rechts wegen im
Weißen Haus hätte sein müssen, um beim Empfang für einen latein-
amerikanischen Präsidenten mit Gattin ihren Platz einzunehmen. Sie
ignorierte die Einwände von Jacks Beratern und verkündete die Absicht, mit ihrer Schwester Lee Radziwill eine ausgedehnte Fern-
ostreise zu unternehmen. Sie ging häufig reiten auf ihrem neuen
Landsitz Glen Ora, sie sonnte sich in Palm Beach, und sie verbrachte
so viel Zeit außerhalb des Weißen Hauses, daß ein Journalist einem
Fernsehsprecher den Vorschlag machte, er solle seine Spätnachrichten
mit dem Satz beenden: »Gute Nacht, Mrs. Kennedy, wo immer Sie
sein mögen.«

»Sie hatte Vergnügen an ihrer Rolle und an ihrem Leben gefunden,
in einem Maße, wie man das von ihr kaum erwartet hätte«, stellte J. B.
West, der Stabschef des Weißen Hauses, fest. »Sie hütete ihr eigenes
gesellschaftliches Leben genauso eifersüchtig wie das ihrer Kinder und
lud die ›diensthabende‹ Presse nur zu jenen aufwendigen ... Empfängen ein – zum Beispiel zu einem Empfang für neunundvierzig No-
belpreisträger oder für André Malraux, den französischen Kultusmi-
nister –, die ihrer Einschätzung zufolge von ›nationalem Interesse‹
waren. Alles andere – die bis in den Morgen gehenden Tanzpartys oder
die intimen, kleinen Feiern in den oberen Privaträumen – war strikt
von jeder Öffentlichkeit ausgeschlossen.«

Diese intimen, kleinen Feiern waren es, die Angie Duke die größten Kopfschmerzen bereiteten.

»Sie ließ ihre Freunde aus New York herunterkommen – Leute wie
Chuck Spalding, meine spätere Frau Robin, Flo Smith, Bill Draper,
Leland Hayward und seine Frau Pam [spätere Pamela Harriman], Fifi

Fell, die mit John Shiff verheiratet war, und Bill Paley«, berichtete Duke. »Jackie ließ Tische im Vestibül aufstellen und organisierte eine Band. Diese Partys waren einfach großartig. Aber in einigen amtlichen Kreisen erregten sie Ärgernis, besonders beim Vizepräsidenten, wenn er am nächsten Tag in der *Washington Post* darüber las. Also bat mich der Präsident, zu Jackie zu gehen und ihr das Problem klarzumachen. Ich sagte zu ihr, ›Ich habe Schwierigkeiten mit dem Vizepräsidenten und mit Mrs. Johnson, weil sie nicht zu den Partys eingeladen werden. Sie sind in ihren Gefühlen verletzt, und das erzeugt Spannungen.‹ Worauf sie erwiderte: ›Guter Gott, muß ich *die* wirklich einladen?‹«

»Es waren nur die besten Leute hinsichtlich Aussehen und Position, die da zusammenkamen«, erinnerte sich Robin Chandler Duke, »alle waren sie hochgebildet, zum größten Teil jedenfalls, und trugen wunderbare Sachen, sie tanzten und sangen und amüsierten sich königlich. Da waren diese zwei hübschen jungen Leute im Weißen Haus, auf dem Gipfel einer großen Woge. Es war wie im Traum. Ich erinnere mich, daß Bill Paley sich einmal an Jayne Wrightsman wandte und fragte: ›Welches Brillantcollier trägst du heute, Jayne?‹ Es war bekannt, daß sie sieben Brillantcolliers besaß. ›Ist es das vom Mittwoch oder das vom Freitag?‹«

»Auf einer dieser berühmten Privatpartys im Weißen Haus hat Gore Vidal gewisse Schwierigkeiten bekommen«, erzählte der Schriftsteller George Plimpton. »Gore stellte sich neben Jackie und legte auf ziemlich zutrauliche Weise den Arm um sie. Sie trug einen dieser seltsamen japanischen Kimonos mit dem Ränzchen auf dem Rücken. Bobby zog Gores Hand weg und machte eine scharfe Bemerkung, die Gore in Rage brachte.«

»Später am Abend begann Gore dann, Lem Billings zu beschimpfen«, fuhr Plimpton fort. »Er rückte ihm auf die Pelle und nannte ihn einen Idioten, einen Spinner und alles mögliche andere. Das war das Ende für Gore und seine Präsenz im Weißen Haus. Alle haben sie auf diesen Partys zuviel getrunken. Die Drinks wurden in großen Gläsern serviert, und kaum waren sie geleert, wurde auch schon nachgefüllt. Folglich kam es öfter zu Exzessen.«

Gegen Ende des ersten Amtsjahrs wurde Jackie gebeten, dem Fernsehen eine Führung durchs Weiße Haus zu gewähren. Das Ereignis wurde von sechzig Millionen Zuschauern an den Bildschirmen verfolgt und machte sie auf der Stelle zum Liebling der Nation. Jackies Ausstrahlung als First Lady schien in gleichem Maße zu wachsen wie die Probleme, die Jack in seinem Präsidentenamt zu bewältigen hatte. Unter seiner Regierung taumelten die USA von einer Krise in die nächste – die Berliner Mauer, die Preiskämpfe in der Stahlindustrie, die Bürgerrechtsbewegung in den Südstaaten –; Ted Sorensen zählte sechzehn derartige Krisen in den ersten acht Monaten der Präsidentschaft Kennedys.

Ein neues Drama zeichnete sich in der Ehe von Jack und Jackie ab. Zum ersten Mal fühlte sich Jackie sicher genug, um Jacks Bevormundungsversuche zurückzuweisen. »Wo ist denn dieser großartige irische Witz, den du angeblich hast?« spottete sie einmal. »Wenn du zu Hause bist, läßt du nicht sehr viel davon spüren.«

»Sie bekriegten sich gegenseitig mit diesen ehelichen Psycho-Spielen«, bemerkte Laura Bergquist, die für das *Look*-Magazin schrieb. »Sie versuchte ständig, sein Ego abzuwerten, und er zielte auf den Kern ihrer abgeschirmten Intimsphäre.«

Jackie verwandelte sich von einer schüchternen, unsicheren Ehefrau und Mutter in eine selbstbewußte Frau, die ihre Ansprüche immer kraftvoller geltend machte. Als Martha Krock weiter darauf bestand, Jackie wie ihren Zögling zu behandeln und ihr im alkoholisierten Zustand eine Gardinenpredigt wegen mangelnder Pünktlichkeit hielt, verbannte Jackie die Krocks aus dem Weißen Haus.

Aber vor allem erkannte Jackie allmählich, wie wertvoll sie für Jack geworden war.

»Langsam dämmerte ihr, daß all diese Leute um ein Lächeln von ihr buhlten, um ein anerkennendes Nicken«, stellte Oleg Cassini fest. »An manchen Tagen, wenn sie gute Laune hatte, war sie die charmanteste, wundervollste Frau. Aber ich war auch auf Partys, wo sie mich kaum eines Blickes würdigte, weil ich irgendetwas getan hatte, was nicht der Etikette entsprach. Ihr wurde bewußt, daß sie die Chance hatte, als eine der großen Frauen ihrer Epoche in die Geschichte einzugehen.«

Jackie erhielt den Anschein aufrecht, daß ihre Garderobe ausschließlich von Oleg Cassini entworfen war, während sie sich in Wirklichkeit die neueste Pariser Mode durch einen heimlichen Kanal zwischen ihrer Sekretärin Tish Baldridge und Janet Des Rosiers, der Sekretärin des Pariser Botschafters, zukommen ließ.

19. September 1961

Liebe Janet,
Mrs. Kennedy bestellt einige Givenchy-Kleider – mit der gebotenen Diskretion. Wenn sie fertig sind, was noch eine Weile dauern wird, bitte ich Sie, die Sachen bei Givenchy abzuholen und sie dem Luftfahrt-Attaché auszuhändigen, damit sie per Luftfracht an uns überstellt werden ...

Hochachtungsvoll
Letitia Baldridge
Persönliche Sekretärin

»Bei der Pariser Botschaft war die Frau eines Diplomaten mit Jackie befreundet«, berichtete Janet Des Rosiers, »und diese Frau suchte die Kleider für Jackie aus. Sie kannte ihren Geschmack. Die Pariser Couturiers lieferten mir die Kartons – Courrèges, Balmain, Givenchy. Die Kartons waren nie verschlossen. Ich öffnete sie und zeigte den Mädchen im Büro die Kleider. Dann verpackte ich sie und ließ sie von einem Wachmann der Marines zum Flughafen bringen.«

Wenn es zu den Aufgaben einer First Lady gehörte, dem Präsidenten die Sympathien der Öffentlichkeit zu sichern und seine politischen Ziele zu befördern, war Jackie auf dem besten Wege, eine der erfolgreichsten First Ladys der Geschichte zu werden. Mit ihren magischen Star-Qualitäten machte sie Millionen von Menschen zu begeisterten Anhängern des Präsidenten. Als das Weihnachtsfest von 1961 näherrückte, war sie bereits zur wichtigsten Kraft des Präsidenten aufgestiegen, zu seinem Hauptverbündeten, zu der einzigen Person an seiner Seite, die er nicht entbehren konnte. Dieser glänzende Erfolg führte zu einer Art Kettenreaktion im Weißen Haus. Sie und Jack verschmolzen miteinander wie zwei Atomkerne und setzten dabei eine ungeheure Energie frei.

»Jack wurde auf einmal nachdenklich: ›He, Moment mal, ich hab sie entdeckt!‹« erzählte Oleg Cassini: »Und er verliebte sich, wenn man so will, noch einmal ganz von neuem in Jackie.«

Das Ohr des Präsidenten

Am Vormittag des 19. Dezember 1961 war Joe Kennedy mit seiner Lieblingsnichte Ann Gargan auf dem Golfplatz von Palm Beach unterwegs. Joe hatte sich um Ann und ihren Bruder Joey gekümmert, nachdem ihre Eltern gestorben waren, und er hatte ihr zugeredet, Nonne zu werden. Aber Ann hatte das Kloster verlassen, als sie eine milde Form der Multiplen Sklerose bekam, und seitdem war sie Joes ständige Gefährtin. Ihre Verehrung für Joe grenzte ans Religiöse.

»Wir hatten das sechzehnte Loch geschafft«, erinnerte sich Ann, »und als Joe den Ball herausholte, sagte er, er fühle sich ziemlich schwach.«

Vier Stunden später wurde Joe mit Blaulicht ins St. Mary's Hospital befördert. Ein Blutgerinnsel in einer Hirnarterie hatte einen schweren Schlaganfall ausgelöst. Er konnte nicht mehr sprechen, und seine rechte Körperhälfte war gelähmt. Im Krankenhaus betrachtete man seinen Zustand als so ernst, daß ein Priester zur Erteilung der Sterbesakramente gerufen wurde.

»Das war eine Gelegenheit, den Stecker herauszuziehen«, sagte Lem Billings. »Aber Bobby meinte: ›Nein, laßt ihn um sein Leben kämpfen.‹«

Jackie und die Kinder waren schon in Palm Beach, um dort die Weihnachtsfeiertage zu verbringen, und Jack kam mit der Air Force One von Washington geflogen. Frank Saunders, Joes langjähriger Chauffeur, holte den Präsidenten vom Flughafen ab und brachte ihn ins St. Mary's Hospital. Als Jack eintraf, hielt Ann Gargan an Joes Bett Krankenwache. Das Gesicht des alten Mannes war aus der Fasson geraten, aus den Mundwinkeln floß Speichel.

»Dad, wie geht es dir?« fragte Jack und griff nach Joes rechter Hand, die durch den Schlaganfall wie verkrüppelt wirkte.

Joe brüllte unartikuliert auf und fuchtelte mit dem linken Arm.

Eine Schwester kam herein und beruhigte ihn.

»Er versuchte mit der linken Hand, etwas in die Luft zu schreiben, uns Anweisungen zu geben und zu sagen, was er wollte, aber er schaffte es nicht«, sagte Frank Saunders. »Ich sah auch diesen Ausdruck der Angst in seinen Augen – einen Blick, wie man ihn bei wilden Tieren sieht, die im Käfig eingesperrt sind.«

»Das war der trostloseste Tag, den ich je erlebt habe«, sagte Lem Billings über seinen Besuch bei Joe kurz nach dem Schlaganfall. »Der alte Mann konnte nicht mehr sprechen, er grunzte und gurgelte nur noch. Jack und Jackie waren auch da, und sie waren entsetzt. Besonders Jackie. Der Alte war es gewöhnt, Befehle zu erteilen, die Leute anzuschnauzen, zusammenzubrüllen. Jetzt konnte er nur noch zwei Wörter aussprechen. Die Wörter lauteten *no* und *shit*.«

Joe bekam alles mit, was um ihn herum vorging, aber er war nicht in der Lage zu sprechen. In seinem Zorn schlug er mit dem Spazierstock auf die Leute ein. Sein Gesicht war entstellt, sein Haar hatte sich schlohweiß verfärbt. Die stahlblauen Augen hinter den Brillengläsern waren so voller Wut, daß die Schwestern meinten, er sehe aus wie der Leibhaftige.

»Er hatte seine Körperfunktionen nicht mehr unter Kontrolle«, sagte Janet Jeghelian, die seine Physiotherapeutin wurde. »Er war völlig auf die Pflege angewiesen. Er kotete ständig ein. Man gab sich alle Mühe, ihn an den Leibstuhl zu gewöhnen, der neben seinem Bett stand, obwohl ich oft denke, daß die Schwestern ihm Klistiere und ähnliches verpaßten, um seine Verdauung in Gang zu halten.«

Joe war kein guter Patient, und Ann Gargan in ihrer irregeleiteten Verehrung machte den Ärzten und Schwestern die Arbeit nicht leichter.

»Onkel Joe«, sagte sie zu ihm, »wenn du keine Lust dazu hast, mußt du es auch nicht machen.«

»Es wurden eine Menge Fragen über die Beziehung zwischen Joe und Ann gestellt«, berichtete Janet Jeghelian.

Ann leugnete hartnäckig, daß ihr Joe jemals zu nahe getreten war, aber Jeghelian sagte dazu: »Die Schwestern erzählten Geschichten, daß da etwas vor sich ging. Manchmal fanden sie – besonders die Nachtschwestern, wenn sie plötzlich ins Zimmer kamen – Ann neben Joe auf dem Bett. Ob sie nur kuschelten oder was sie genau taten, das kann ich nicht sagen.«

Im Frühjahr wurde Joe nach Hyannis Port überführt. Sein großes, luftiges Zimmer öffnete den Blick aufs Meer, es war eingerichtet mit einem Krankenhausbett, verschiedenen Stühlen und zwei Kommoden, die mit den Fotos seiner Kinder und der zwanzig Enkelkinder vollgestellt waren.

Als Rose von ihrem jährlichen Besuch der Pariser Frühjahrsmodenschauen zurückkehrte, stürmte sie in Joes Zimmer. Sie trug ein hübsches neues französisches Kleid und drehte sich darin wie Loretta Young im Vorspann ihrer wöchentlichen TV-Show.

»Was hältst du von dem, Joe?« fragte sie.

Joe knurrte nur und sandte Ann Gargan einen verzweifelten Blick.

Rose tänzelte hinaus, doch nach wenigen Minuten kam sie wieder herein, um ihm eine weitere Pariser Kreation vorzuführen.

Jeden Freitag kamen drei von Joes alten Freunden zu Besuch – Richard Cardinal Cushing, Francis Xavier Morissey und Morton Downey. Wenn es das Wetter erlaubte, saßen sie draußen auf der Terrasse. Sie trugen identische Samthausschuhe, die mit ihren goldenen Initialen versehen waren. Sie lachten viel, und gelegentlich sagten sie etwas zu Joe, der ihnen natürlich nichts erwidern konnte.

Jackie kam oft. Sie überwand sich und küßte Joe auf die gelähmte Gesichtshälfte. Sie saß bei ihm in ihren weißen Popelinhosen und im T-Shirt, rauchte eine Zigarette nach der anderen und plauderte mit Schwestern und Physiotherapeuten.

»Wie geht es ihm?« fragte Jackie. »Bringt die Behandlung irgendein Ergebnis?«

Die Antwort war immer dieselbe. Joes Zustand besserte sich nicht.

»Ich rief jeden Morgen das Weiße Haus an«, sagte Luella Hennessey, die Pflegeschwester der Kennedys. »Wenn Jack an den Apparat kam und seinem Vater erzählte, was es Neues gab, antwortete Mr. Kennedy immer mit ›ahh‹ oder ›ohh‹, einer Art von Knurren, die entweder Freude oder Mißfallen ausdrückte. Am nächsten Tag berichtete Jack ihm dann, wie es weitergegangen war.«

Jack versuchte seine Gefühle für sich zu behalten. Als Bobby ihn fragte, wie er ohne den Vater zurechtkäme, antwortete Jack: »Der Präsident bin ich.«

Einmal jedoch beschrieb er Ben Bradlee die penetranten Anrufe des Vaters, die ihn im Weißen Haus erreichten. Er müsse die Zähne zusammenbeißen, sagte er zu Bradlee, wenn sein Vater auf alles, was er ihm vortrug, immer nur mit ›*no, no, no, no*‹ antwortete.

»Was man auf keinen Fall vergessen darf, ist der Umstand, daß Jack einen Riesenrespekt vor seinem Vater hatte«, bemerkte George Smathers, »wirklich einen *gewaltigen* Respekt. Er lebte immer in Ehrfurcht vor seinem Vater, und Jack war es, der ihn am meisten von allen bewunderte, *mehr als jeder andere*.«

Jack war sein ganzes Leben lang fest im Griff des Vaters geblieben. Der Vater liebte ihn und war gleichzeitig sein härtester Kritiker. Unmöglich konnte Jack von Bobby, dem jüngeren Bruder, der ihn bewunderte, erwarten, daß er die Nachfolge von Joe antrat. Statt dessen wandte sich Jack an Jackie, damit sie diese lebenswichtige Rolle übernahm.

»In jenen Tagen hätte niemand gern zugegeben, über wieviel Macht Jackie im Weißen Haus verfügte«, schrieb Charlotte Curtis, die Gesellschaftskolumnistin der *New York Times*. »Es gibt verschiedene Wege, sich Macht zu verschaffen. Zwei dieser Wege sind es, sich Gehör zu verschaffen und Einfluß auszuüben. Und das Ohr des Präsidenten hatte Jackie gewiß ... Wer dieses Machtspiel nicht begreift, versteht nichts von Washington. Es erklärt, weshalb eine Frau wie Jackie einen so prägenden Einfluß auf die amerikanische Politik ausüben konnte, ohne sich nach außen hin deutlich bemerkbar zu machen.«

13

Am Rand des Abgrunds

Februar – Oktober 1962

Gangster-Komplizen

In den letzten Tagen des Februar 1962 wurde Courtney Evans, ein schmächtiger, blonder FBI-Beamter, durch die gepolsterte Doppeltür des Büros von J. Edgar Hoover geleitet.

»Guten Morgen, Mr. Evans.« Hoover kam hinter dem Schreibtisch hervor und bot Evans einen Platz an. »Wie geht es Ihnen?«

»Danke, Mr. Hoover«, erwiderte Evans, »bestens.«

Direkt hinter Hoover eröffnete ein hohes Fenster den Blick auf das Kapitol. An der Wand hing ein großer präparierter Fisch. Das einzige Bild zeigte ein Porträt von Harlan Fiske Stone, dem Justizminister, der Hoover im Jahre 1924 zum Chef des FBI ernannt hatte. Damals war Jack gerade sieben Jahre alt gewesen.

Hoover kehrte zurück an seinen Schreibtisch, der auf einem Podest stand, so daß der FBI-Direktor seinen Gast deutlich überragte. Zu seiner Rechten lag die Bibel, ein Geschenk seiner Mutter. Zur Linken standen das Telefon und die Sprechanlage, die ihn mit Clyde Tolson, dem Vizedirektor des FBI, verband sowie mit den elf Ressortleitern, zu denen auch Courtney Evans zählte.

Evans war wichtiger, als sein Titel vermuten ließ. Etliche Jahre zuvor, als Bobby Kennedy Chefberater des McClellan-Komitees gewesen war, hatte ihm Courtney mit Enthüllungen über Korruptionsfälle in der Gewerkschaftsbewegung unter die Arme gegriffen. Die zwei Männer hatten eine enge Bindung entwickelt, und Courtney Evans war mit seiner Frau Betty Fern häufiger Gast in Hickory Hill, dem

Wohnsitz von Bobby und Ethel Kennedy. Seit Bobby Justizminister war, stellte Courtney Evans für Hoover das unentbehrliche Bindeglied zum Bruder des Präsidenten dar.

Im Lauf seiner Karriere hatte der steife und förmliche Hoover mehr als ein Dutzend Justizminister kommen und gehen sehen. Wenn Bobby mit seinem Hund beim FBI auftauchte, durch die Büros spazierte und mit den Angestellten plauderte, wenn Bobby ihn darüber belehrte, daß er mehr Schwarze einstellen, die Bürgerrechtsverletzungen energischer bekämpfen und das organisierte Verbrechen stärker unter die Lupe nehmen müsse, dann sträubten sich Hoover die Nackenhaare.

»Hoover war auch dadurch irritiert«, berichtete Evans, »daß er gewohnt war, sich auf regelmäßiger Basis mit dem Präsidenten zu besprechen. Eine Ausnahme hatte nur Truman gemacht. Als er unter den Kennedys von seinem Gewohnheitsrecht Gebrauch machen wollte und zurückgewiesen wurde, war er heftig empört. Also sagte ich zu Bob: ›Hör mal, wenn dir am Frieden gelegen ist und du nicht den totalen Krieg mit dem FBI willst, dann bring deinen Bruder dazu, daß er den Chef ab und zu zum Lunch einlädt.‹«

»Es gab nicht den geringsten Zweifel, daß Hoover Bobby Kennedy haßte«, bestätigte George Smathers.

Hoover blickte hinab auf Courtney Evans. »Bitte übergeben Sie dem Justizminister dieses Schreiben«, sagte er und schob das Dokument über den Schreibtisch.

Bevor Evans danach griff, blickte er zu Hoover auf. Das Gesicht des FBI-Chefs zeigte keine Regung.

Die Mitteilung war an Bobby adressiert, eine Kopie war für Kenny O'Donnell bestimmt, den politischen Chefberater des Präsidenten. Sie enthielt Informationen über den Chicagoer Mafiaboß Sam Giancana und seinen smarten kalifornischen Handlanger Johnny Roselli, die das FBI aus Abhöraktionen, Telefonmitschnitten und Überwachungsprotokollen zusammengestellt hatte.

»Der Bericht gab wieder, was verschiedene Gangster in abgehörten Gesprächen über die Beziehung zwischen Judith Campbell und dem

Präsidenten geäußert hatten«, erinnerte sich Evans. »Sie sprachen darüber, daß Judith Campbell, während sie mit Giancana und Roselli verbunden war, auch Zugang zum Präsidenten hatte. Giancana war nicht eifersüchtig auf Judith Campbells Kontakte zum Präsidenten, weil diese eine gute Informationsquelle für ihn darstellten. Giancana war schließlich kein Dummkopf. Der Bericht vermeldete zudem, daß zahlreiche Anrufe von Judith Campbell bei der Telefonzentrale des Weißen Hauses registriert wurden.«

»Weiter ging das Schreiben jedoch nicht«, fuhr Evans fort. »Die Schlußfolgerung, daß der Präsident mit Judith Campbell geschlafen haben mußte, wurde nicht aufgestellt. Dafür gab es keine handfesten Beweise. Auch fand sich nirgends ein Hinweis darauf, daß der Präsident irgendwelche kompromittierenden Informationen herausgegeben hatte. In derartigen FBI-Mitteilungen wurden nie die Rückschlüsse formuliert, die sich aus den genannten Fakten ergaben. Über eine sexuelle Beziehung zwischen Judith Campbell und John Kennedy war dort also nichts zu entnehmen. Aber wer zwischen den Zeilen lesen konnte, wußte Bescheid.«

Ein paar Stunden später trat Courtney Evans in Bobbys Büro im fünften Stock ein, das mit einem ausgestopften Tiger geschmückt war.

»Hallo Bob!«

»Was gibt's?«

Evans überreichte ihm den Umschlag und wartete, bis der Minister ihn geöffnet und die drei Seiten umfassende Mitteilung gelesen hatte.

In vieler Hinsicht war Evans mit seiner puritanischen Nüchternheit ein typisches Produkt des FBI. Er stammte aus einer Lehrerfamilie, hatte seine Jugendliebe geheiratet und war ein Mann von felsenfesten Überzeugungen. Dennoch war er nicht sonderlich schockiert von den sexuellen Enthüllungen, die das Schreiben bot.

»Truman ausgenommen, unterschieden sich Kennedys moralische Maßstäbe meines Wissens nicht sonderlich von denen anderer Präsidenten«, sagte er. »Vielleicht war Kennedy, was das betraf, aktiver. Vielleicht tat er es häufiger und mit einer größeren Zahl von Frauen. Aber ob man nun bis auf Harding zurückgeht oder gar auf Washington und

Jefferson – letzten Endes ist es die menschliche Natur. Wenn man Kennedy an Lyndon Johnson mißt, gleichen sie sich in dieser Hinsicht wie ein Ei dem anderen.«

Doch die Tragweite des Berichts ging über bloße Frauengeschichten hinaus. Bobby wußte, daß Sam Giancana zusammen mit dem CIA ein Mordkomplott gegen Fidel Castro ausbrütete. Jack vermengte sein Sexleben mit den Belangen der nationalen Sicherheit.

Als Bob zu Ende gelesen hatte, blickte er auf. »Ich übernehme die Sache, Courtney«, sagte er. »Ich kümmere mich darum.«

Einen knappen Monat später wurde Hoover zu einem seiner seltenen Lunches mit Jack ins Weiße Haus eingeladen. Vorher informierte ihn Evans per Hausmitteilung über den Stand der Judith-Campbell-Angelegenheit.

Betreff: Judith E. Campbell
      Gangster-Komplizin
      Geheime Ermittlungssache
Hier einige Mitteilungen, die der Direktor bei seiner bevorstehenden Besprechung mit dem Präsidenten eventuell zur Verfügung haben möchte.

Es wurden Hinweise ermittelt, daß Judith E. Campbell, eine freischaffende Künstlerin, Beziehungen zu einflußreichen Gestalten der Unterwelt – Sam Giancana aus Chicago und John Roselli aus Los Angeles – unterhält.

Eine Gebührenzähler-Überprüfung des Anschlusses der Campbell in Los Angeles hat erbracht, daß am 7. und am 15. November 1961 mehrere Telefonate mit Evelyn Lincoln, der Sekretärin des Präsidenten im Weißen Haus, getätigt wurden.

Telefongebühren für Telefonate mit Evelyn Lincoln am 10. und 13. November 1961 wurden auch für den Anschluß der Mietwohnung der Campbell in Palm Springs, California, berechnet. Zudem wurde Campbell mit Gebühren für ein Telefonat vom 14. Februar 1962 mit Evelyn Lincoln aus dem Cedars of Lebanon-Hospital, Los Angeles, belastet, wo sie sich zu der Zeit als Patientin aufhielt. ...

Frank Sinatra bezeichnete die Campbell als das Mädchen, »das im Osten mit John Kennedy zusammengesteckt« hat.

»Es war nicht Hoovers Art, die Campbell-Geschichte während des Lunchs mit dem Präsidenten zur Sprache zu bringen«, sagte Evans. »Hoover wollte diese Treffen erfreulich gestalten. Es waren eher Streichelsitzungen als irgend etwas anderes. Vielleicht hat er den einen oder anderen Hinweis auf die Campbell-Affäre fallenlassen, aber mehr war sicher nicht drin.«

Mehr als ein Hinweis war auch nicht nötig. Wenige Stunden nach seinem Gespräch mit Hoover ließ sich Jack von der Telefonzentrale des Weißen Hauses mit Judy Campbell verbinden. Es war sein letztes Telefongespräch mit ihr – zumindest von seinem Büro aus.

In seiner Funktion als Justizminister hatte Bobby eine Gruppe hochkarätiger Ermittler zusammengestellt und ihr den Auftrag erteilt, »die Verschwörung des Bösen«, womit er das organisierte Verbrechen meinte, aus der Welt zu schaffen. Sam Giancana und seine Kumpane standen ganz oben auf Bobbys Liste.

»Lassen Sie sich durch nichts bremsen«, instruierte er seine Leute. »Wenn Sie Probleme haben, kommen Sie zu mir. Machen Sie Ihre Arbeit, und wenn Sie das nicht können, steigen Sie aus.«

»Wir sind da an vorderster Front und bekämpfen das organisierte Verbrechen auf allen Ebenen«, entgegnete einer von Bobbys jungen, gewitzten Juristen, »und währenddessen pflegt der Präsident Kontakte zu Frank Sinatra, der mit all diesen Typen unter einer Decke steckt.«

»Schreiben Sie eine Hausmitteilung und liefern Sie mir die Fakten!« schoß Bobby zurück.

Doch unter Brüdern forderte Bobby den Präsidenten auf, seinen für Ende März geplanten Wochenendbesuch bei Frank Sinatra in Palm Springs abzusagen.

»Johnny«, sagte er, »du kannst dich mit diesem Knaben einfach nicht mehr blicken lassen.«

»Alle beschweren sich über meine Beziehungen zu Sinatra«, sagte Jack zu Charlie Bartlett. »Sinatra ist der einzige, der Peter Lawford [Jacks Schwager] Jobs vermittelt. Und Peter mit Jobs zu versorgen, ist die einzige Möglichkeit, diese Ehe [mit Jacks Schwester Pat] am Laufen zu halten. Also bin ich nett zu Frank Sinatra.«

Trotzdem rief Jack bei Peter Lawford an und bat ihn, Frank Sinatra über die Sache zu informieren.

»Ich kann nicht dorthin ... während Bobby die Ermittlungen gegen Giancana führt«, sagte Jack zu Peter Lawford. »Sieh zu, ob du etwas anderes für mich findest.«

Something's Got to Give

Ein Ausweichquartier war bald gefunden: Bing Crosbys Haus in Palm Springs.

Bing war Republikaner, aber er stürzte sich freudig auf die Gelegenheit, seinen Rivalen Frank Sinatra auszustechen und ihm den Präsidenten der Vereinigten Staaten als Hausgast wegzuschnappen. Sein im Rancherstil erbautes Haus thronte auf einem Hügel, von dem sich ein herrlicher Rundblick über die Wüste eröffnete. Es lag am Ende einer Bergstraße und war daher auch in punkto Sicherheit ideal. Sogar für Jacks Geheimdienstkommando zur Bewachung fand sich ein Raum im Haus des in der Nachbarschaft lebenden Songwriters Jimmy Van Heusen.

Als der Präsident am Freitagabend, dem 23. März, mit seinem Gefolge eintraf, hatte Bing das Haus bereits für das Wochenende verlassen. Jack zog in das große Schlafzimmer des Schlagersängers ein. Die extrabreite Matratze wurde aus dem Weg geräumt, und an ihre Stelle kam Jacks mobile Roßhaarmatratze. Am nächsten Morgen nahm Jack ein Bad im Swimmingpool. Danach entledigte er sich der Badehose und wrang sie vor den Augen der versammelten Präsidentenmannschaft aus.

Obwohl die nächste Präsidentschaftswahl noch zweieinhalb Jahre entfernt war, dachte Jack schon ernsthaft über seine Kandidatur für eine zweite Amtszeit nach. Er war an die Westküste gereist, um erste Pläne für den Wahlkampf von 1964 zu entwerfen. An diesem Abend gab er eine Pool-Party für eine Reihe von großen kalifornischen Geldgebern und Persönlichkeiten des Showbusineß. Peter Lawford brachte Marilyn Monroe mit.

272

Jack und Marilyn waren durch eine alte, wenn auch nur flüchtige Liebesaffäre verbunden. Zuerst waren sie sich 1954 begegnet, er ein vielversprechender junger Senator und frisch verlobt, sie Hollywoods führendes Sex-Idol und Ehefrau von Joe DiMaggio.

»Er konnte die Augen nicht mehr von mir lassen«, prahlte Marilyn gegenüber einer Freundin, als sie ihr von der schicksalhaften Nacht erzählte.

Nach der Scheidung von Joe DiMaggio war Marilyn nach New York gezogen, wo sie Schauspielunterricht nahm. Irgendwann 1955 rief Jack sie an und lud sie in seine Maisonettewohnung im Carlyle Hotel ein. Ihre Affäre erblühte sofort zu einer Romanze, die an Ost- und Westküste zugleich ihren Fortgang nahm: Wenn Jack in Kalifornien weilte, schlief er mit Marilyn in Peter Lawfords Strandhaus in Santa Monica. Und als er Präsident war, rief er sie nach Washington an seine Seite.

»Peter Lawford verkleidete sie und nahm sie in der Air Force One als seine Sekretärin mit nach Washington«, erinnerte sich Lawfords Frau Pat. »Sie war wütend darüber. Den ganzen Flug beschimpfte sie ihn. Und er diktierte ihr Briefe, um das Spiel richtig auszukosten. Dann fuhr er mit ihr ins Weiße Haus.«

Es war nach neun Uhr abends, als Marilyn in das blumengefüllte Foyer von Bing Crosbys Haus eintrat. Im Speisezimmer wurde ein förmliches Dinner serviert, aber an der langen Tafel saßen nur drei oder vier Leute. Die meisten waren draußen am Swimmingpool, tranken und hörten Musik.

Marilyn trug eine schwarze Perücke. Mit ihren fünfunddreißig Jahren sah sie schöner und verführerischer aus als je zuvor. Unter ihrer strahlenden Erscheinung verbarg sich jedoch eine zerbrechliche, depressive Frau, die unter Selbstmordgedanken litt.

Sie hatte gerade einen langen Aufenthalt in der New Yorker Payne-Whitney-Nervenklinik hinter sich, wohin sie sich wegen ihrer Alkohol- und Schlafmittelsucht begeben hatte. Die Hollywood-Produzenten betrachteten Marilyn als labil und unzuverlässig, als eine Frau, die viel mehr Ärger machte, als sie wert war. Allzu häufig krank oder verspätet, war sie immer nahe daran, als Star ihres letzten Films, einer aufwendigen Cinemascope-Produktion mit dem Titel *Something's Got to Give*, gefeuert zu werden.

Marilyn machte Jack sofort in der Menge aus. Sie schien etwas intus zu haben, Alkohol oder Tabletten, daher sprach sie mit leicht schleppender Stimme. Nachdem die meisten Gäste gegangen waren, folgte sie Jack ins Haus und wankte betrunken in sein Schlafzimmer. Sie liebten sich auf seiner Roßhaarmatratze. Als es vorbei war, massierte sie ihm den kranken Rücken.

»Du solltest es mal mit meinem Masseur probieren«, sagte sie.

»An dich kommt der aber nicht heran«, erwiderte Jack.

Spontan griff Marilyn zum Telefonhörer auf dem Nachttisch und wählte die Nummer von Ralph Roberts, einem Schauspieler, der sich nebenher als ihr persönlicher Masseur betätigte. Marilyn vertraute ihm viele intime Details ihres Privatlebens an, und er wußte, daß sie dieses Wochenende mit dem Präsidenten verbringen wollte. »Sie fragte mich nach dem Soleus, dem oberen Wadenmuskel«, berichtete Roberts, »den sie aus dem Buch von Mabel Ellsworth Todd kannte, und offensichtlich hatte sie gerade mit dem Präsidenten darüber gesprochen, der dafür bekannt war, daß er alle möglichen Zipperlein, Muskel- und Rückenbeschwerden hatte.«

»Ich habe mich gerade mit meinem Freund gestritten«, sagte Marilyn ins Telefon, »und er meint, ich hätte unrecht, was diese Muskeln betrifft. Ich reiche ihm mal den Hörer rüber.«

»Einen Moment später hörte ich schon die bekannte Stimme mit dem Bostoner Akzent. Ich klärte ihn über die Muskeln auf, und er dankte mir. Natürlich ließ ich mir nicht anmerken, daß ich wußte, wer er war, und er sagte es nicht.«

Noch im selben Frühling begannen Jacks Leute mit dem Entwurf einer Strategie für die nächste Präsidentschaftswahl. Ihre Hauptsorge galt der Finanzierung. Ende Mai organisierte die Demokratische Partei eine Sponsoren-Gala im Madison Square Garden aus Anlaß von Jacks 45. Geburtstag. Zum Aufgebot zählte die Crème des amerikanischen Showbusineß – Jack Benny, Maria Callas, Henry Fonda, Ella

Fitzgerald, Peggy Lee, Peter Lawford und – als Sahnehäubchen oben-
drauf – Marilyn Monroe.

Als Jackie erfuhr, daß Marilyn für Jack im Madison Square Garden
ein Geburtstagsständchen geben würde, beschloß sie, der Feier fern-
zubleiben, und fuhr statt dessen auf ihr Wochenendhaus in Glen Ora,
wo sie an der Schau der Loudon-Jagdpferde teilnahm.

Daher saß Jack, als die Lichter des Madison Square Garden verlo-
schen und die große Gala-Show begann, ohne Jackie in der Präsidentenloge. Er machte es sich bequem, legte die Füße aufs Geländer und
paffte ein Zigarillo. Seine Schwestern Pat und Eunice waren seine einzige weibliche Begleitung.

»Mr. President«, verkündete Peter Lawford auf der Bühne, »aus Anlaß Ihres Geburtstags hat sich diese liebreizende Lady nicht nur besonders schön gemacht, sondern sie ist ausnahmsweise auch einmal
pünktlich. Mr. President – Marilyn Monroe!«

Fünfzehntausend Zuschauer brachen in Jubel aus, aber Marilyn ließ
sich nicht blicken.

Sie saß in ihrer Garderobe hinter der Bühne und ertränkte ihr Lam-
penfieber in Alkohol. Eine gute Stunde später, nachdem alle anderen
Auftritte über die Bühne waren, machte Lawford eine neue Ankündigung: »Mr. President – *verspätet*, aber nicht *zu* spät: Marilyn Monroe!«

Wie gelähmt stand Marilyn in der Seitenkulisse, gezwängt in ein
hautenges Jean-Louis-Kleid, in das sie eingenäht worden war. Milt
Ebbins, der Partner von Peter Lawford, schob sie auf die Bühne.

»Als sie in diesem fleischfarbenen Kleid ohne etwas darunter auf die
Bühne kam, konnte man den Sex förmlich riechen«, meinte Hugh
Sidey von *Time*. »Ich glaube, Jack Kennedy war wie erschlagen – oder
etwas in der Art. Wir alle waren einfach sprachlos, als wir diese Frau
sahen.«

»Was für ein Arsch ... *was* für ein Arsch ...« flüsterte Jack.

»*Happy ... birthday ... to you*«, begann Marilyn mit ihrer verführerisch
gehauchten Stimme zu singen. »*Happy birthday to you ...*«

Nach dem siebenminütigen Auftritt kehrte Marilyn in ihre Garderobe zurück und brach wegen nervöser Erschöpfung zusammen. Ihre
Betreuerin Hazel Washington schnitt sie aus dem Kleid, badete sie und

half ihr in ein anderes Kleid. Dann begab sich Marilyn mit Jack und einem Trupp überglücklicher Demokraten in das Apartment von United-Artists-Präsident Arthur Krim auf der Park Avenue.

Auf dieser Party machte ein Fotograf einen Schnappschuß von Marilyn mit Jack und Bobby, die sich in eine Ecke abgesondert hatten. Ihre ernsten Mienen zeigen an, daß nicht alles in bester Ordnung war. Dennoch fuhr Marilyn nach der Party mit Jack in sein Apartment im Carlyle Hotel.

»Ein FBI-Agent teilte mir mit, daß sie sich über mehrere Stunden in der Suite aufhielten«, berichtete der Klatschkolumnist Earl Wilson. »Das war ihr letztes längeres Zusammensein.«

Von Anfang an war das Verhältnis mit Marilyn nur eine von vielen Gelegenheitsaffären für Jack. Nie umwarb er sie mit süßen Worten und sentimentalen Gesten, er behielt stets einen kühlen Kopf. Oft vergingen Monate ohne ein Wort von ihm. Er brauchte die Zeit des Abstands von Marilyn, um seine sexuellen Batterien aufzuladen.

»Wenn ich eine Frau erst habe«, bekannte Jack des öfteren, »bin ich nicht mehr interessiert – meistens jedenfalls.«

Doch für Marilyn bedeutete die Beziehung mit Jack eine ganze Menge mehr. An ihr blieb überhaupt nichts kühl. Als uneheliches Kind einer labilen Mutter, das etliche Waisenhäuser und Pflegeeltern hinter sich hatte, nahm sie alle ihre Beziehungen ernst. Mehr als jeder andere kam Jack der großen Sehnsucht entgegen, ihre Wunschphantasien auszuleben.

»Ich bin das kleine Waisenkind, das sich der freien Liebe mit dem Führer der Freien Welt hingibt«, sagte sie.

Einer ihrer Freunde, Harry Rosenfield, erinnerte sich, daß Marilyn sehr stolz darauf war, mit dem Mann geschlafen zu haben, den sie für die bedeutendste Persönlichkeit der Welt hielt. »Sie war so aufgeregt«, sagte Rosenfield, »daß man sie für einen Teenager halten konnte.«

Genau wie ein Teenager war Marilyn unfähig, sich zu beherrschen. Überall in Hollywood erzählte sie von ihrer Affäre mit dem Präsidenten. Und im Sommer 1962 sprach sich die Sache allmählich herum. Die Presse begann sich für die Gerüchte zu interessieren.

Nach Marilyns unvergeßlichem Auftritt im Madison Square Garden verselbständigten sich die Gerüchte. Jack bat William Haddad, einen seiner Leute, vormals Reporter bei der *New York Post*, dann Mitarbeiter beim Peace Corps, alle Artikel, die bei *Time* und *Newsweek* möglicherweise in Vorbereitung waren, zu unterdrücken.

»Gehen Sie zu den Redaktionen«, sagte Jack zu Haddad. »Erzählen Sie, daß Sie in meinem Auftrag kommen und daß an den Geschichten nichts dran ist.«

»Er hat mich belogen«, erklärte Haddad Jahre später dem Kennedy-Biographen Richard Reeves. »Er hat die Glaubwürdigkeit ausgenutzt, die ich bei meinen Bekannten besaß.«

»Marilyn begriff, daß die Affäre vorbei war, aber sie kam nicht darüber hinweg«, sagte Peter Lawford dem Autor C. David Heymann. »Sie fing an, diese peinlichen Briefe an Jack zu schreiben, und hörte nicht auf, ihn anzurufen. Sie drohte ihm, an die Öffentlichkeit zu gehen. Sie war so erbittert, daß sie einer Freundin erzählte, der Präsident wäre in der Liebe wie ein Halbwüchsiger. Schließlich schickte Jack seinen Bruder Bobby nach Kalifornien, um sie ruhigzustellen. Sie nahm es ziemlich schwer.«

Das Spiel der Seitensprünge

Für jenen Sommer hatten die Radziwills eine Villa in Ravello angemietet, einem malerischen süditalienischen Städtchen oberhalb der Kalksteinklippen von Amalfi. Als Jackie mit Caroline dort Anfang August eintraf, wurde sie vom Bürgermeister Lorenzo Mansi empfangen wie eine Königin.

»*Grazie, molto gentile*«, sagte Jackie, die in ihrem wundervollen, weißen Spitzenkleid mit den dazu passenden schwarzen Schuhen und Accessoires wie Tasche, Gürtel und Handschuhen in der Tat wie eine Königin aussah.

Nach der langen Reise aus Amerika wirkte sie ein wenig mitgenommen und müde. Aber sie war glücklich, wieder in Ravello zu sein, das sie vor über zehn Jahren als Studentin von Paris aus besucht hatte.

»Wir waren jung«, sagte sie, »und reisten ohne viel Geld in den Taschen. Wir blieben nur einen Tag in Ravello und sahen nicht viel, weil wir die Zeit mit Wäschewaschen und dem Ordnen der Kleider verbrachten, denn wir hatten nichts Frisches mehr anzuziehen.«

Jackies Schwager, Fürst Stanislas Radziwill, hatte die Villa Episcopio gemietet, einen gotischen Bau aus dem 16. Jahrhundert, in dem der letzte italienische König Vittorio Emmanuel III. mit seiner Gattin Elena gewohnt hatte. Die Villa besaß eine eindrucksvolle Bibliothek und ein wunderschönes, großes Schlafzimmer, das Jackie ihrer Tochter Caroline und den zwei Radziwill-Kindern Anthony und Christina überließ.

»Eines Nachts schauten wir zu den Kindern hinein«, erinnerte sich Mario d'Urso, ein prominenter Investment-Banker, »und sie schliefen schon – abgesehen von Caroline. Sie saß im Bett, bei eingeschaltetem Licht, und um sich herum hatte sie alle italienischen Illustrierten ausgebreitet, in denen sie mit ihrer Mutter abgebildet war.«

Zwei Tage nach Jackies Ankunft, am Freitag, dem 10. August, dem Tag des heiligen Lorenzo, breitete sich in der Stadt das Gerücht aus, daß die First Lady am Abend auf dem Klavier spielen würde. Innerhalb von Minuten hatte sich ganz Ravello – Frauen, Kinder, Touristen – auf dem Marktplatz nahe der Villa Episcopio versammelt. Dutzende von Radio- und Fernsehtechnikern erschienen, um die Klänge festzuhalten.

Gegen zwanzig Uhr dreißig hörte man dann die Melodien der neapolitanischen Lieder »*O Sole mio*« und »*Anema e Core*« von der Villa herüberschallen. Nach einer Weile verstummte die Musik, und die Bewohner von Ravello, die in andächtiger Stille gelauscht hatten, brachen in Beifall aus.

Am Sonntag legte Jackie ein dunkelorangefarbenes Kleid an und besuchte mit Caroline die Messe im Dom zu Ravello. Pater Francesco Camera hatte eine reichverzierte Gebetsbank aus dem 16. Jahrhundert mit roten Samtkissen für Jackie aufstellen lassen – eine Ehrung, die normalerweise dem Bischof von Amalfi vorbehalten war. Aber Jackie zog es vor, auf einer der gewöhnlichen Holzbänke Platz zu nehmen, neben dem Bürgermeister Mansi und einer zahnlosen alten Frau. Caroline blickte die Frau an und lachte.

»Buona Caroline«, sagte Jackie auf italienisch, *»preghiamo per papa«* (»Liebe Caroline, beten wir für Vater«).

Jeden Morgen um zehn Uhr verließ Jackie die Villa. In ihrem Gefolge waren siebzehn Personen – die drei Kinder und ihre zwei Kindermädchen, Stash und Lee Radziwill, der Journalist Benno Graziani und seine Frau Nicole, der Fotograf Robin Douglas Home, der Kolumnist der *New York Times* C. L. Sulzberger, drei Geheimdienstler und zwei italienischsprachige Bodyguards, die von der Abteilung Bekämpfung des Drogenhandels beim US-Finanzministerium ausgeliehen waren.

Jubelnde Zuschauer säumten die Straßen, um einen Blick auf *La Bella Jackie* zu erhaschen. Der Wagenkonvoi dröhnte vorbei, begleitet von den jaulenden Sirenen italienischer Polizeiautos und den Meldefahrern auf ihren Motorrädern.

In Amalfi bestieg die Gesellschaft ein Schnellboot und startete nach Conca dei Marini, einer Bucht, die zwischen steilen Klippen verborgen lag. Als sie dort waren, verschwand Jackie in einer Strandhütte und kam ein paar Minuten später in einem einteiligen Badeanzug zurück, dazu trug sie eine weiße Badekappe mit grünem Blumenmuster. Kaum war sie mit Caroline ins Wasser gewatet, hielt auch schon ein Schnellboot voller Fotografen auf sie zu. Zwei Patrouillenboote der Polizei fuhren los, um den Eindringlingen zu begegnen, und während Jackie und Caroline amüsiert zuschauten, spielte sich vor ihren Augen eine kleine Seeschlacht ab.

»He, ihr Fotografen, paßt auf!« rief die Polizei durch das Megaphon. »Wenn ihr näher kommt, wird euer Boot gerammt!«

Jackie sandte einen der Bodyguards aus, um mit den Paparazzi zu verhandeln. Sie schlossen einen Handel ab: Wenn die First Lady zehn Minuten lang für die Fotografen posierte, waren diese im Gegenzug bereit, danach den Rückzug anzutreten.

Zurück in der Villa Episcopio, legte Jackie eine Siesta ein. Dann, am frühen Abend, erschien George Griffin, ein amerikanischer Konsularbeamter aus Neapel, in seinem Fiat Spider Cabrio. Er überbrachte die mit Wachs versiegelte Präsidentenpost; Jackie riß die Briefe auf und las gierig den neuesten Klatsch von Jack.

Wie Jackie wußte, machte in Washington das Gerücht die Runde, Jack sei als junger Mann heimlich mit einer Frau namens Durie Malcolm verheiratet gewesen. Dieses Märchen entstammte einem im Privatdruck erschienenen Buch mit dem Titel *The Blauvelt Family Genealogy*, wurde von rechtsgerichteten und antikatholischen Kreisen verbreitet und konnte, wenn man dem nicht entgegentrat, Jacks Chancen für die Wiederwahl gefährden. Mittlerweile jedoch, so schien es, hatte Jack die Dinge im Griff. Sein Freund Ben Bradlee bereitete einen Artikel für *Newsweek* vor, in dem er nachwies, worum es sich bei dieser Geschichte handelte – um ein falsches Gerücht.

Am Abend wurde das Dinner bei Kerzenlicht auf der Terrasse der Villa Episcopio serviert. Die Radziwills luden oft ihre Freundin ein, die berühmte italienische Modedesignerin Fürstin Irene Galitzine. Einmal erschien sie mit Gianni Agnelli, dem Erben des Fiat-Vermögens, und seiner Frau, Fürstin Marella Caracciolo di Castagneto.

Gianni war ein Mann von rauher Schönheit mit glatt zurückgekämmtem Haar. Er hatte Jack und Jackie bereits 1955 an Bord der Jacht von Aristoteles Onassis getroffen. Der berüchtigte Playboy und überzeugte Hedonist Gianni war damals von Jackie unbeeindruckt geblieben und hatte ihr kaum Beachtung geschenkt. Aber auf der Terrasse der Villa Episcopio bemerkte er mit Erstaunen, wie sehr sie sich verändert hatte. Sie war braungebrannt und geschmeidig, ihr Haar war zu einem langen Zopf geflochten, der bis an die Hüfte reichte. Das blasse junge Wesen von damals war eine Persönlichkeit, eine Frau von Welt geworden.

Bald war Gianni Jackies ständiger Begleiter, und er bat Fürstin Irene, Jackie in ihre Küstenvilla auf Capri einladen zu dürfen.

»Ich sagte nein zu Gianni«, erinnerte sich die Fürstin. »All diese Geheimagenten und die Verwirrung. Aber er bestand darauf, und so kamen sie dann – Gianni, Jackie und der junge Mario d'Urso.« Sie setzte hinzu: »In den Clubs gab es Tanzpartys, die bis zwei oder drei Uhr morgens gingen ... Er hätte Jackie nicht in diese Nachtclubs bringen dürfen, wo man so leicht fotografiert werden konnte.«

Gianni versetzte die italienische Gesellschaft in Aufregung, als er

Jackie auf seine 27 Meter lange Jacht einlud. Sie wurde von den Paparazzi beim Sporttauchen mit Gianni fotografiert, auch beim Barfuß-Tanzen auf Deck – zur Musik einer fünfköpfigen Mandolinenband.

Wenn nun George Griffin, der amerikanische Konsularbeamte, am Abend mit seinem Fiat Spider vor der Villa Episcopio vorfuhr, sah er Jackie mit Gianni davonbrausen. »Ich war enttäuscht«, sagte er. »Sie war schließlich die Frau des Präsidenten. Selbst die abgebrühten Geheimdienstler wußten nicht weiter.«

Ebenso erging es der CIA und dem Staatssekretär George Ball, der gleichfalls mit der Angelegenheit befaßt wurde. »Ein CIA-Beamter erzählte mir belustigt, daß die Agentur den vertraulichen Auftrag aus Ravello erhalten habe, Jackies – wie nennt man das Ding? – Diaphragma zu beschaffen. Sie bekamen den Befehl, das Diaphragma mit dem nächsten Flugzeug nach Italien zu schicken.«

Schließlich wurde es Jack zu bunt, und er sandte Jackie ein Telegramm:

EIN BISSCHEN MEHR CAROLINE UND WENIGER AGNELLI

»Ich vermute stark, daß sich da ein Drama hinter den Kulissen abspielte, das zukünftige Biographen noch tiefer ergründen werden«, sagte Margaret Truman. »Jackie wehrte sich gegen Jacks Bevormundungsversuche – und machte ihm vielleicht deutlich, daß auch sie das Spiel der Seitensprünge beherrschte.«

Welterfahrene italienische Aristokraten mutmaßten, daß Jackie die Affäre mit Gianni dazu benutzte, um sich an Jack für dessen jahrelange Untreue zu rächen. Das mußte so sein, meinten sie, denn Jackie hätte den Klatsch leicht vermeiden können, sich aber offensichtlich dazu entschlossen, dies nicht zu tun.

Der Wendepunkt

»Ich erhielt Nachricht aus dem Weißen Haus, daß Präsident Kennedy mich zu sehen wünschte«, erinnerte sich der Dramatiker, Diplomat und Journalist Clare Booth Luce.

»Wir plauderten eine Weile, dann fragte er unvermittelt: ›Clare, woran denken Sie?‹

›Ein großer Mann besteht aus einem einzigen Satz,‹ erwiderte ich, ›und dieser wird durch ein aktives Verb bestimmt, das eine einmalige Handlung beschreibt. Es ist nicht einmal nötig, daß man den Namen des Mannes nennt, weil er schon durch diese Handlung charakterisiert ist.‹

Er hörte mir eine Weile zu, dann sagte er: ›Ich kann Ihnen nicht folgen, Clare.‹

›Nun, wir beide sind Amerikaner und Katholiken‹, fuhr ich fort, ›also sage ich Ihnen einen Satz, mit dem wir beide vertraut sind: *Er starb am Kreuz, um uns zu erretten.* Oder: *Er machte sich auf, die alte Welt zu suchen, und er entdeckte eine neue.* Oder: *Er einte die Staaten und befreite die Sklaven.* Oder: *Er führte uns aus der Weltwirtschaftskrise und half uns, einen Weltkrieg zu gewinnen.* Ich muß Ihnen nicht sagen, wie diese Männer hießen. Wenn Sie mich also noch einmal fragen, woran ich denke, dann ist es das: Ich frage mich, mit welchem Satz sich Ihr Name verbindet, wenn Ihre Amtszeit zu Ende ist. Ganz sicher wird er nicht lauten: *Er hat ein Agrargesetz verabschiedet.*‹

Plötzlich konnte der Präsident meine Gedanken lesen. ›Oh‹, sagte er, ›Sie reden über Kuba.‹«

Mitte Oktober 1962 wurden Jack Luftaufnahmen gezeigt, die das amerikanische Spionageflugzeug U-2 über Kuba gemacht hatte. Die Fotos bestätigten, daß die Sowjetunion dabei war, kernwaffenfähige Raketen auf Kuba zu stationieren, und das keine 150 Kilometer vor der amerikanischen Südküste.

Jack berief eine Krisensitzung ein. Auf dem Weg zum Cabinet Room blieb er stehen, um ein paar Worte mit Caroline zu wechseln, die fast fünf Jahre alt war.

»Hast du Süßigkeiten gegessen?« fragte er seine Tochter.

Sie antwortete nicht.

»Caroline, sag, hast du Süßigkeiten gegessen?«

Wieder keine Antwort.

»Antworte mir bitte: ja, nein oder vielleicht.«

Caroline floh in den Garten, und Jack trat in den Cabinet Room ein, um die schicksalhafte Sitzung zu eröffnen.

Er stand unter dem gewaltigen Druck seiner Berater, die zu einem präventiven Luftangriff auf Kuba und zur Zerstörung der Sowjetraketen drängten. Das Pentagon schätzte die Lage so ein, daß die Städte Miami, Atlanta, Houston, New Orleans und Washington im Wirkungsradius der Raketen lagen. Wenn er jetzt nicht handelte, würde er als ein Oberbefehlshaber in die Geschichte eingehen, der tatenlos zusah, während die Sowjets den Kalten Krieg gewannen.

Seit der Demütigung in der Schweinebucht hatte Jack auf eine günstige Gelegenheit gewartet, Fidel Castro zu erledigen. Nun lieferten ihm die Russen diese Gelegenheit. Er war überzeugt, daß es rechtens war, den kubanischen Führer in Grund und Boden zu bombardieren. Dennoch erlegte er sich zur allgemeinen Überraschung die größte Zurückhaltung auf und entschied sich für eine Seeblockade.

Obwohl Bobby während der dreizehn Tage anhaltenden Kuba-Krise an seiner Seite blieb, fällte Jack die wichtigsten Entscheidungen allein. Er trug ein Gedicht von Robert Graves bei sich, das seine Gefühle zum Ausdruck brachte.

> Stierkampfgegner Reih um Reih
> füllen die gewaltige Plaza de toros.
> Nur einer ist dort, der es weiß,
> der Mann, der den Stier bei den Hörnern packt.

»Kennedy war der Besonnenste im Raum«, bestätigte Vizepräsident Lyndon Johnson, »und er hatte den Daumen auf dem Roten Knopf.«

»Er wollte niemandem die Gelegenheit geben, sich irgendwann später hinzusetzen und zu schreiben, die Vereinigten Staaten hätten nicht alles getan, was in ihrer Macht stand, um den Frieden zu bewahren«, sagte Robert Kennedy.

»Seine Haltung war wohl teilweise auch durch ein gewachsenes Gefühl für seine Familie beeinflußt«, urteilte der Historiker Thomas Reeves. »Nach allem, was man hörte, hatte sich Jack verstärkt seinen Kindern zugewandt und nahm emotionalen Anteil an ihrer Entwicklung. Er freute sich an ihnen, sorgte sich um ihr Wohlbefinden und um ihre Zukunft.«

»Wenn es nicht um die Kinder ginge, wäre es so leicht, auf den Knopf zu drücken!« sagte Jack zu Dave Powers, während sie im Swimmingpool des Weißen Hauses plätscherten. »Nicht nur John und Caroline und nicht nur die Kinder in Amerika, sondern die Kinder in aller Welt müssen leiden und sterben, wenn ich eine solche Entscheidung fälle.«

Am selben Tag betrat Dave die Privatetage des Weißen Hauses, um eine Akte zu übergeben. »Als er in das schwachbeleuchtete Wohnzimmer eintrat«, berichtete Kenny O'Donnell, »hörte Dave Jack mit ruhiger Stimme sprechen, und er nahm an, der Präsident wäre allein und telefonierte mit irgend jemandem. Dann sah er ihn im Sessel sitzen, Caroline auf dem Schoß. Er las ihr aus einem Märchenbuch vor.

›Ich sah ihn da mit Caroline sitzen‹, erzählte mir Dave später, ›und ich dachte daran, daß er am Morgen im Swimmingpool mit mir über seine Sorge um die Kinder in aller Welt gesprochen hatte, und weißt du, da wurde mir ganz komisch zumute. Ich reichte ihm hastig die Akte und verschwand, so schnell ich konnte. Ich hatte einen riesigen Kloß im Hals.‹«

Andere bemerkten an Jack einen auffälligen Wandel im Umgang mit Jackie.

Am Vorabend seiner landesweit übertragenen Fernsehansprache zur Kuba-Krise rief Jack bei Jackie in Glen Ora an und bat sie, nach Washington zurückzukommen.

»Wir stehen sehr, sehr dicht vor einem Krieg«, sagte er.

Er wollte die nächsten Abende allein mit Jackie und seinen zwei Kindern verbringen.

»Ich erinnere mich an eine kurze Glosse etwa auf Seite 38 der *New York Times*«, berichtete Chuck Spalding. »Darin stand: ›Um vier Uhr nachmittags rief der Präsident nach Mrs. Kennedy, sie gingen hinaus und machten einen Spaziergang durch den Rosengarten.‹ Er teilte mit ihr die Schrecken dessen, was möglicherweise bevorstand. In einem früheren Stadium ihrer Ehe hätte er sie meines Erachtens nicht in diese Dinge einbezogen. Aber in seinem Kopf begann sich einiges zu ändern.«

Jack klärte Jackie über die Pläne des Pentagons auf, das Weiße Haus zu evakuieren und ihn in einem unterirdischen Bunker außerhalb Washingtons unterzubringen. Er konnte damit nicht warten, bis die Russen die erste Rakete starteten, denn wenn der Atomkrieg auf diese Weise eröffnet wurde, blieb lediglich eine Vorwarnfrist von achtzehn Minuten. Er bat Jackie, Washington sofort zu verlassen und sich in der Nähe des Atombunkers bereitzuhalten. Er würde bald nachkommen.

Aber sie weigerte sich. Sie wollte ihn nicht allein im Weißen Haus zurücklassen.

Jackie rief Stabschef J. B. West in seiner Wohnung an und bat ihn, sofort ins Weiße Haus zu kommen. »Aber benutzen Sie den Küchenaufzug, damit es niemand sieht«, sagte sie zu ihm.

»In zwanzig Minuten bin ich da«, erwiderte West.

Als Jackie ihn empfing, war sie ungeschminkt, sie trug eine bunte Pucci-Hose und Mokassins. »Danke, daß Sie gekommen sind, Mr. West. Da braut sich etwas zusammen, was sich zu einer großen Katastrophe auswachsen könnte. Das bedeutet, daß wir wahrscheinlich das Dinner und den Tanzabend für den Maharadscha von Jaipur und seine Frau am Dienstagabend absagen müssen.«

West warf einen Blick in Richtung des Ovalen Salons. Durch die geschlossenen Türen hörte er Männerstimmen.

»Würden Sie bitte die Absage für mich übernehmen?« sagte Jackie. »Das ist eine hochvertrauliche Angelegenheit, und ich habe Angst, daß Tish sich zu sehr aufregen, sich ereifern und verplappern wird – *Sie* kennen das ja –, und ich glaube, Sie können das diskreter erledigen.«

»Sicherlich«, sagte West.

»Als ich durch den Korridor zum Fahrstuhl ging«, erinnerte sich West, »kam Robert Kennedy aus dem Ovalen Salon. Er blickte kurz in unsere Richtung, ohne zu lächeln, und zog schnell die Tür hinter sich zu. Etwas sehr Ernstes ging dort vor sich, aber ich hatte keine Ahnung, was es war.«

»In den alten Zeiten«, sagte Außenminister Dean Rusk, »konnte man bei einer Konfrontation oder einem Krieg abends ins Bett gehen und morgens aufwachen. Man war noch da, und die Stadt war auch noch vorhanden.«

Jack war der erste Präsident der Geschichte, der direkt vor dem Abgrund des Weltuntergangs stand. Er und der sowjetische Parteichef Nikita Chrustschow waren dicht davor, die ganze Erde in die Luft zu jagen. Erstmals begriff Jack bis ins letzte die Konsequenzen seines Tuns. Die Kuba-Krise markierte einen Wendepunkt in seinem Leben – und in seiner Ehe mit Jackie.

»Während der Krise hatte sich eine deutlich spürbare Nähe zwischen Kennedy und seiner Frau hergestellt«, schrieb Richard Reeves in seinem Buch *President Kennedy: Profile in Power*. »In diesen zwei Wochen sagten sie etliche Termine ab, private wie öffentliche, und verbrachten viel Zeit miteinander und mit den Kindern.«

Als die Krise überstanden war und Chrustschow einen Rückzieher gemacht hatte, rief Jack bei Tiffany's an und bestellte kleine silberne Kalendertafeln des Oktobers 1962, auf denen die dreizehn Krisentage tiefer eingraviert waren als die anderen Tage. Er überreichte jedem der Männer, die ihm in der Gefahr zur Seite gestanden hatten, eine dieser Tafeln – und eine schenkte er Jackie.

»Im ersten Amtsjahr etwa behandelten sich Jack und Jackie wie Kollegen«, bemerkte Angie Duke. »Dann, nach der Kuba-Krise, wurde ihr Umgang miteinander feinfühliger. Jack wirkte zielstrebiger. Er hatte zu seiner Rolle gefunden. Er wußte jetzt, was es bedeutete, Macht auszuüben. Wenn Jackie über ihn sprach, wurde sie persönlicher. Etwa: ›Angie, der Präsident ist jetzt müde. Laß ihn in Ruhe, okay?‹ Sie schien besorgter um seine Person als früher. Ich konnte feststellen, daß sie enger zusammenarbeiteten. Und da ist noch etwas, was ich hinzufügen möchte. Jack hat sich weniger mit Frauen abgegeben.«

»Ihre Ehe besserte sich«, stellte George Smathers fest. »Als Präsident wird man kräftig in die Mangel genommen. Die Frau des Präsidenten möchte ihn gern davor schützen. Er merkt, daß sie zu ihm hält und daß sie beide im selben Boot sitzen. Sie müssen zusammenhalten und haben keine andere Wahl. So etwa ist es Jack und Jackie ergangen.

Jack liebte Jackie sehr, und auf seine Art blieb er ihr relativ treu. Er hat vielleicht nicht aufgehört, anderen Frauen hinterherzuschauen, aber eins weiß ich: Sie stand bei ihm immer an erster Stelle.«

Am Sonntag nach der Kuba-Krise lag Jack in Glen Ora in der Badewanne und sprach mit Dave Powers seine Termine ab. Dave saß auf dem Toilettensitz und machte sich Notizen, als plötzlich Jackie hereinplatzte.

Sie war reiten gewesen und hatte eine Peitsche in der Hand. Sie trug ein langes weißes Reithemd – und nichts sonst.

»Der nächste Termin ...« begann Dave und wurde mitten im Satz unterbrochen.

»Der nächste Termin ist gestrichen«, rief Jackie. »Sagen Sie alles ab!«

»Ich spürte so viel sexuelle Energie«, sagte David später, »als wäre Jackie in ihrer Lust auf Jack durch nichts mehr zu bremsen.«

14

In Blut erstickt

November 1962 – Dezember 1973

Let's Twist Again

Es schneite gerade, als Mary Pinchot Meyer, Ben Bradlees blonde Schwägerin, mit dem Auto vor dem Weißen Haus vorfuhr. Sie kurbelte die Scheibe herunter und reichte dem Wachmann die elegant gestaltete Einladungskarte. Neben ihr saß ihr Begleiter für den Abend – Blair Clark, der zweite Mann bei CBS-News.

Während sie auf das Zeichen zum Weiterfahren warteten, sah Mary das Foto von Langdon Marvin in der Wachstube hängen. Langdon war ein haltloser Alkoholiker geworden, und sein Foto hing dort neben denen anderer Leute, denen der Zutritt zum Weißen Haus versperrt war.

Die Verbannung Langdon Marvins, einst einer der eifrigsten Förderer des Präsidenten, war ein Ausdruck für grundlegende Veränderungen im Weißen Haus. Ende November 1962 nahmen die Kennedys entschlossen Kurs auf die Wiederwahl, Bobby durchstreifte das Weiße Haus wie ein strafender Engel und beseitigte alles, was nach Korruption und Fäulnis roch. Sam Giancana beklagte sich bei einem Gangsterkollegen, daß der Präsident ihm nicht mehr den gebührenden Respekt erwies: »Wir haben uns für ihn den Arsch aufgerissen und ihm die Wahl besorgt. Jetzt schickt er seinen Bruder los, um uns zu Tode zu hetzen.«

Gewiß erlaubte sich Jack von Zeit zu Zeit eine Schwäche, aber nackte junge Frauen, die sich unbekümmert im Swimmingpool des Weißen Hauses tummelten, gab es nicht mehr. Filmstars wie Marlene

289

Dietrich, die einmal im Präsidentenschlafzimmer ein- und ausgegangen war, wurden zur Rarität. Die Mitarbeiter mußten nicht mehr die Privaträume nach Haarnadeln und anderen verräterischen Beweisstücken durchsuchen, bevor Jackie von ihren Wochenendreisen zurückkehrte.

Mary Meyer jedoch blieb die feste Geliebte des Präsidenten.

Mary, Anfang Vierzig, war eine attraktive Frau von ätherischer Wesensart. Vor einigen Jahren war ihr Sohn bei einem Autounfall umgekommen, und das tragische Ereignis hatte zur Trennung von ihrem Ehemann Cord Meyer beigetragen, einem hohen Tier der CIA. Sie versuchte sich in der Kunst, experimentierte mit Drogen, nahm die Lebensgewohnheiten einer Bohemienne an und wurde zur Verehrerin des LSD-Gurus Timothy Leary.

Mit Jack war sie seit ihren Studentenjahren in Choate bekannt. Als er Senator war, hatten sie im Haus der Bradlees miteinander geflirtet, und seit Januar 1962 schliefen sie miteinander. Wie viele andere Frauen betrachtete auch Mary ihre Affäre mit dem Präsidenten als einen Triumph, mit dem sie sich schmücken konnte. Sie brüstete sich, mehr als einmal mit Jack im Schlafzimmer des Weißen Hauses Marihuana geraucht zu haben.

Aber es war nicht nur der Sex, den Jack bei Mary suchte. Sie waren alte Freunde, und Jack genoß das Gefühl der Vertrautheit, das zwischen ihnen bestand.

Mary überließ das Auto dem Parkplatzwächter und betrat mit Blair das Weiße Haus.

»Ich saß mit Jack und den anderen am Tisch, direkt an der Tanzfläche und nicht weit von der Musik, die Lester Lanin mit seiner jazzigen kleinen Gruppe lieferte«, sagte Blair, der mit Jack in Harvard gewesen war. »Jack meinte zu mir: ›Blair, sag zu Lester, er soll einen Twist spielen, und bring Teddy dazu, daß er tanzt.‹ Dann schüttete sich Jack vor Lachen darüber aus, wie Teddy twistete ... Er selbst konnte es nicht wegen seines Rückens.«

Mitten in der Party war Mary auf einmal verschwunden.

»Da ich als ihr Begleiter gekommen war, ging ich sie suchen«, sagte

Blair. »Nach etwa einer Stunde tauchte sie wieder auf. Es war Winter, draußen schneite es, ihr Kleid war durchnäßt und schmutzig. Ihr Haar war durcheinander und sah feucht aus. Ich rief: ›Mary! Wo zum Teufel hast du gesteckt?‹ Sie antwortete mir: ›Oh, ich hab mich nur ein bißchen aufgeregt und bin draußen vor dem Weißen Haus auf und ab gegangen.‹

Später erfuhr ich, daß der Präsident sie mit nach oben genommen und mit ihr gesprochen hatte. Das war die Nacht, in der Jack mit Mary Schluß machte.«

Doch nach diesem Schwarzweißmuster verlief die Geschichte nicht. Jack und Mary trafen sich weiterhin, wenn auch eher als Freunde denn als Liebende.

Wider die Natur

»Alles, was ich für das Kinderzimmer brauche ... ist ein Paar Vorhänge wie Johns Zimmer«, schrieb Jackie ein wenig ungrammatisch an J. B. West, den Stabschef des Weißen Hauses.
Im August erwarteten sie und Jack ihr drittes Kind, und auf ihre gewohnt penible Art erteilte sie West detaillierte Anweisungen, wie das zwischen Johns Kinderzimmer und dem Eßzimmer des Präsidenten gelegene »Kindereßzimmer« hergerichtet werden sollte.

Milchglasscheiben, durch die man noch etwas sehen kann – wie bei John – und einen weißen Läufer, keinen Teppichboden – ich denke, der im Kinderzimmer und in meinem Zimmer ist nicht besonders praktisch – ich würde eher einen groberen und schlichteren bei Sloane kaufen, den man in die Waschmaschine stecken kann – und darunter eine Gummimatte ...

Im Mai reiste Jackie mit Caroline und John Jr. nach Cape Cod, wo Jack das Anwesen Brambletyde gemietet hatte, ein Holzhaus auf Squaw Island, das nicht weit von Hyannis Port, dem Familiensitz der Kennedys, entfernt war. Zu diesem Zeitpunkt gab es zwanzig Kennedy-Enkel – allein acht stammten von Bobby und Ethel, die gerade ihr neuntes Kind erwarteten. Und was Jackie betraf, waren das mehr

Kennedys, als sie ertragen konnte. Sie überredete Jack, daß 1963 ihr letzter Sommer in Hyannis Port sein sollte. Im Jahr darauf würden sie ein Haus in Newport mieten.

Aber erst mußte sie eine weitere Schwangerschaft überstehen.

Am 7. August, um 11.37 vormittags, trat Jerry Behn, der Sicherheitsoffizier des Weißen Hauses, vor dem Oval Office an Evelyn Lincoln heran. »Es ist ein Anruf von Cape Cod gekommen.« Er beugte sich zu ihr hinüber und sprach mit gedämpfter Stimme, damit niemand mithörte. »Mrs. Kennedy ist auf dem Weg zum Otis Air Force Base Hospital.«

»Hat sie gesagt, daß der Präsident informiert werden soll?« fragte Evelyn Lincoln.

»Nein.«

Evelyn begriff, daß sich eine neue Katastrophe anbahnte. Bis zur Entbindung sollten noch fünf oder sechs Wochen vergehen, und stattfinden sollte sie im Walter Reed Hospital in Washington. Was wollte sie also in Otis, das an der Buzzards-Bay in der Nähe von Falmouth, Massachusetts, gelegen war?

Die Sekretärin rief im Kennedy-Haus auf Squaw Island an, wo sich ein Küchenangestellter meldete.

»Warum ist sie nach Otis gefahren?«

»Um das Baby zu kriegen, vermute ich«, sagte der Mann.

Während sie sprach, trat Jack ein. Evelyn warf einen verstohlenen Blick auf Jerry Behn, Jerry Behn blickte sie an. Dann wandte sie sich an den Präsidenten. »Jerry sagt mir gerade, daß Mrs. Kennedy auf dem Weg nach Otis ist.«

Jack war beunruhigt. Er rief Dr. Janet Travell an, seine Hausärztin, die sich oben am Kap um Jackie kümmerte. Während er auf ihren Rückruf mit den neuesten Informationen wartete, telefonierte er mit Larry Newman, einem alten Nachbarn in Hyannis Port.

»Ich möchte, daß du nach Otis fährst und dort am Empfang wartest, bis ich komme.«

»Ich fahre sofort los«, sagte Newman.

Dann rief er Godfrey McHugh an, seinen Verbindungsoffizier bei der Air Force. »Wie lange brauchen Sie, wenn ich jetzt einen Flug an-melde?«

»Dreißig Minuten«, erwiderte McHugh.

»Ich möchte sofort fliegen«, sagte Jack, »machen Sie eine Maschine fertig.«

Inzwischen war Dr. Travell am Apparat. Sie informierte Jack, daß sich Jackie in Otis einem Kaiserschnitt unterziehen müsse.

»Das genügt«, sagte Jack. »Wir fliegen nach Otis.«

Diesmal mußte ihm niemand sagen, daß er seinen »Arsch zum Bett seiner Frau« bewegen sollte.

Das Baby war fünfeinhalb Wochen zu früh geboren, wog 1850 Gramm und war so schwach, daß ein Kaplan zur Nottaufe gerufen werden mußte, während es im Druck-Inkubator lag. Es wurde Patrick Bouvier Kennedy genannt.

Als Jack im Otis Air Force Hospital eintraf, erwartete ihn Larry Newman. »Er trat auf mich zu und machte eine Bewegung, als wollte er mir den Arm um die Schulter legen, dann schüttelte er mir nur die Hand und sagte: ›Danke, daß du gekommen bist. Es hat mich sehr er-leichtert, zu wissen, daß du hier bist.‹«

»Ich hatte ihn nie so bewegt gesehen«, fuhr Newman fort, »und als er das sagte, war ich den Tränen nahe. Und ich weine nicht so schnell.«

Später fand Evelyn Lincoln den Präsidenten auf einem Kranken-hausbett sitzen und ins Leere starren. »Wie geht es dem kleinen Patrick?« fragte sie.

»Die Chance ist fifty-fifty«, erwiderte Jack.

»Mehr braucht ein Kennedy nicht«, sagte Evelyn. »Er wird es schaf-fen.«

Aber das winzige Baby hatte Atemschwierigkeiten. Es litt an einer Atemstörung, die bei Frühgeborenen auftreten konnte. Es wurde in die Kinderklinik von Boston geflogen.

Jack pendelte mit dem Hubschrauber zwischen Otis und Boston, wo er im weißen Arztkittel und mit weißer Kopfbedeckung den Über-lebenskampf seines Sohnes verfolgte.

Am 9. August, um drei Uhr morgens, trat ein Leibwächter in das

Zimmer ein, in dem der Präsident und Dave Powers ein wenig zu schlafen versuchten.

»Dave«, sagte der Leibwächter, »der Arzt hat mich informiert, daß sich der Zustand des Babys verschlechtert hat.«

Dave Powers weckte Jack, und sie gingen hinüber zu dem kleinen Patrick.

»Ich war bei ihm im Krankenhaus, als er Patricks Hand hielt und die Schwester sagte: ›Es ist vorbei‹«, berichtete Evelyn Lincoln. »Ihm traten die Tränen in die Augen. Ich hatte ihn nie vorher weinen sehen.«

»Er stand einfach da und weinte und weinte und weinte«, sagte Dave Powers.

Patrick hatte weniger als 39 Stunden gelebt, und alles, was Jack sagen konnte, war: »Es ist wider die Natur, daß die Eltern ihre Kinder begraben.«

Jackie war am Ende ihrer Kräfte. Aber sie sagte zu Jack, daß sie irgendwie weiterleben würden.

Jackie fügte hinzu: »Der einzige Schlag, den ich nicht ertragen könnte, wäre es, dich zu verlieren.«

»Das war schon ein Schlag für ihn«, sagte sein alter Torpedoboot-Kamerad Paul »Red« Fay. »Meine Verlobte und ich waren oben auf Squaw Island, und wir sprachen mit Jack. ›Es wäre so schön gewesen, ein zweiter Sohn‹, sagte er. Dann schwieg er. Schließlich sagte er: ›Doch jetzt kann ich die Sache nicht ändern, also bringen wir sie hinter uns.‹ Aber es war wirklich ein schwerer Schlag für ihn. Ich meine, es war ein großer Verlust.«

Jack lud den Künstler Bill Walton ein, das Wochenende bei ihnen zu verbringen. »Es waren nur sie beide und die Kinder da«, erzählte Walton dem Schriftsteller Ralph G. Martin. »Wahrscheinlich war es das vertrauteste Wochenende, das ich je mit ihnen verbracht habe. Wir saßen in seinem Büro, und er ging die Papiere auf dem Schreibtisch durch, meist Beileidsschreiben von den Regierungsoberhäuptern in aller Welt. Er las sie, reichte sie mir und meinte: ›Sieh mal, was der Papst schreibt‹, oder: ›Wie soll ich das hier nur beantworten?‹

Dann gingen wir schwimmen, und er nahm vorher sein Korsett ab, so eine monströse Vorrichtung für seinen Rücken, die nicht einmal die Leibwächter sehen sollten. Er wollte einfach nur im Wasser sein, nicht unbedingt schwimmen. Während wir da draußen waren, redete er sich alles von der Seele, was ihn belastete. Er sprach über alles: von Chrustschow bis Berlin.

Das Haus war voller Trauer an jenem Wochenende, und Caroline benahm sich sehr ungezogen, spielte ständig verrückt, und Jack war der einzige, der sie beruhigen konnte, indem er mit ihr redete.

Jack und Jackie waren sich nach Patricks Tod sehr nahe gekommen. Sie hängte sich bei ihm ein, und er hielt sie in den Armen – so etwas hatte sonst noch nie jemand an ihnen erlebt, weil sie sehr zurückhaltend waren.«

Geschichten aus dem alten Smyrna

»Es war das Wochenende, an dem Jackie ein Telegramm von Lee erhielt. Ihre Schwester lud sie zu einer Tour auf der Jacht von Onassis nach Griechenland ein«, berichtete Bill Walton weiter, »und sie diskutierte mit Jack darüber, ob sie fahren sollte. Jack fiel ein, daß gegen Onassis irgendein Verfahren lief, und instinktiv stellte er sich kategorisch gegen diese Reise.

Aber Jackie wollte nicht zurück nach Washington. Das Weiße Haus war kein richtiges Zuhause für sie. Damals kam es ihr eher wie ein Gefängnis vor. Sie wollte einfach nur weg. So entschieden sie sich an diesem Wochenende schließlich doch für ihre Reise.«

Jackie kannte die Jacht von Aristoteles Onassis bereits. 1955 hatte sie mit Jack einen Nachmittag an Bord der *Christina* verbracht und Cocktails mit Winston Churchill getrunken. Mit ihrer sechzigköpfigen Besatzung, zu der zwei Friseure und eine schwedische Masseuse zählten, suchte diese Luxusjacht ihresgleichen in der Welt. Sie hatte marmorverkleidete Badezimmer mit Armaturen aus massivem Gold, die Polster der Barhocker waren mit der Haut von Walhoden überzogen, ein Kamin bestand aus geschliffenem Lapislazuli, es gab Bilder von El Greco an Bord, ein zweimotoriges Wasserflugzeug und einen Swimmingpool, dessen Boden angehoben und in eine Tanzfläche verwandelt werden konnte. Bei ihrem ersten Besuch an Bord hatte Jackie die *Christina* vulgär gefunden.

Diesmal jedoch kam ihr diese aus dem Maß geratene Üppigkeit gerade recht. Die Kreuzfahrt würde ihr helfen, über die Schmerzen hinwegzukommen, die ihr der Verlust von Patrick noch immer bereitete. Jackie hatte das Kind in seinen drei Erdentagen nicht zu sehen bekommen, auch bei der Beerdigung war sie nicht an Jacks Seite gewesen. Als sie an Bord der *Christina* ging, um sich ihrer Schwester anzuschließen, war sie noch in tiefer Trauer.

Die Jacht hatte neun nach griechischen Inseln benannte Doppelkabinen für die Gäste, jede war in einem besonderen Stil ausgestattet. Jackie erhielt die Kabine »Ithaka«, in der vor ihr schon Lady Pamela Churchill, Greta Garbo und Maria Callas gewohnt hatten. Nachdem sie Millionen für die Renovierung und Neuausstattung des Weißen Hauses ausgegeben hatte, betrachtete sie sich als Expertin für Luxus. Sie wußte, was das alles kostete. Sie streichelte die massivgoldenen Wasserhähne ihrer Kabine. Sie griff zum Hörer und bat um eine Massage. Sie naschte Kaviar und spülte ihn, wie schon in Palm Beach, mit kräftigen Schlucken Wodka hinunter.

»Das Leben an Bord der *Christina* war entspannt, und die Gäste taten so ziemlich alles, wonach ihnen gelüstete«, schrieb Diana Dubois. »Meistens diente die Jacht dazu, auf kürzestem Wege von Hafen zu Hafen zu gelangen, wo dann die meiste Zeit mit Vergnügungen an Land verbracht wurde ... Die Kreuzfahrt folgte einem Kurs, den die Jacht schon viele Male genommen hatte: sie machte einen Abstecher nach Lesbos und Istanbul, dann kreuzte sie entlang der Küste des Peloponnes.«

Jackie ließ durchblicken, daß sie beim Landgang von Ari persönlich begleitet werden wollte. Ari erwies ihr diese Gunst mit Freuden, er zeigte ihr die Blaue Moschee von Istanbul und seine Privatinsel Skorpios.

Jackie war betört vom überquellenden Luxus, und sie war fasziniert von Ari, der sie an ihren sonnengegerbten Vater erinnerte. Sein Äußeres war abstoßend, seine Bildung bruchstückhaft, Kultur besaß er praktisch keine (er glaubte, die Impressionisten hießen deshalb so, weil sie die Leute mit ihren Bildern *beeindrucken* wollten). Aber Jackie entdeckte in ihm den bezaubernden Geschichtenerzähler. Er fesselte sie mit seinen Beschreibungen aus dem Leben im alten Smyrna, der Stadt seiner Geburt.

Jackie wußte, daß Lee in Ari verliebt war und beim Vatikan die Petition eingereicht hatte, ihre Ehe mit Stanislas Radziwill zu annullieren. Sie wollte den griechischen Großreeder unbedingt heiraten. Weniger klar war jedoch, ob sich Ari, der die Opernsängerin Maria Callas liebte, für eine Ehe mit Lee erwärmte.

Während also die *Christina* die Wogen des Mittelmeers durchpflügte, begann es Jackie zu dämmern, daß es ihrer Schwester gelingen konnte, Ari der Callas abspenstig zu machen und all diesen Luxus für sich zu gewinnen. Als eine Mrs. Onassis würde Lee eine noch reichere und königlichere Partie machen als Jackie, die schließlich früher oder später das Weiße Haus räumen mußte.

Sie entfaltete Ari gegenüber ihren gesamten Jackie-Charme.

Sie himmelte ihn mit ihren weit auseinanderstehenden, asymmetrischen Augen an. Sie würzte ihre Sätze mit teenagerhaften Ausdrücken wie *gosh*, *golly* und *gee*. Sie saß nachts mit ihm auf dem Achterdeck und flüsterte ihm unter dem Sternenhimmel süße Worte zu. Sie begleitete ihn zum Tee mit Königin Frederika. Sie tanzte mit ihm Bouzouki in Nachtclubs. Sie bummelte mit ihm durch die Straßen von Smyrna. Und sie schwamm mit ihm in warmen Lagunen, wenn die Jacht am Abend vor Anker ging.

Ein Paparazzo mit gutem Teleobjektiv erwischte Jackie im Bikini, und die schockierenden Fotos der Präsidentengattin gingen um die Welt.

»Auf Reisen mit Lee Radziwill, ihrer Schwester, zeigt sich Mrs. Kennedy den Fotografen in Posen und Lebenslagen, die sie sich in den Vereinigten Staaten niemals gestatten würde«, schrieb Merriman Smith, der geachtete, für das Weiße Haus zuständige UPI-Korrespondent. »Die Resultate sind zuweilen recht charmant, aber sie verweisen auf die Tatsache, daß Mrs. Kennedy, zumal wenn sie unbegleitet reist, fast nicht wiederzuerkennen ist ...«

Den anderen Passagieren an Bord der *Christina* konnte nicht verborgen bleiben, was sich zwischen Jackie und Ari tat. Jeden Morgen beim Frühstück kam es zu hitzigen Debatten zwischen Fürstin Irene Galitzine, Arkadi Gerney – einem alten Freund von Jackie seit ihrem Pariser Studentenjahr – und Franklin D. Roosevelt Jr., den Jack ihr als eine Art Anstandsherren mitgegeben hatte.

»Maria Callas war erstmals seit vier Jahren nicht mit an Bord«, berichtete Roosevelt. »Jackies Schwester war mit Stash Radziwill gekommen, aber der brach die Reise vorzeitig ab. Wir wirkten langsam wie ein Schiff voller Jet-Setter, und Präsident Kennedy wollte so etwas nicht.«

Jackie schien für das ganze Gerede taub zu sein. Sie schrieb ausführliche Briefe mit der Anrede: »Mein liebster Jack!« Einer von ihnen endete mit dem unaufrichtigen Wunsch: »Könntest du doch diese mediterrane Ruhe mit mir genießen!«

Jack meldete sich spätnachts per Telefon auf der Jacht, oft war Jackie nicht erreichbar. Er schickte ihr ein Telegramm und forderte sie auf zurückzukommen. Sie ignorierte es.

Am Ende der Kreuzfahrt wurde Jackie von Ari mit einem Brillant- und Rubinhalsband und so vielen anderen Wertsachen beschenkt, daß Lee meinte: »Ich halte das nicht aus.«

»Lee erzählte ihren Vertrauten später, daß sie ihrer Schwester nur etwas Gutes tun wollte, als sie ihr die Mitfahrt auf der *Christina* anbot«, schrieb die Autorin Diana Dubois, »und daß Jackie sich Onassis auf dieser Fahrt unter den Nagel riß ... daß Jackie ihr Onassis ausspannte, trieb einen tiefen Keil zwischen die beiden Frauen ...«

Jackie hatte den Kampf gegen ihre Schwester gewonnen, aber der Triumph war mit Schuldgefühlen vermischt. Sie hatte alles mit Onassis gemacht, nur nicht mit ihm geschlafen – und viele Leute glaubten fälschlicherweise, daß sie auch das getan hatte.

»Ich kann mir nicht vorstellen, daß Jackie auf der Kreuzfahrt eine Affäre mit Onassis hatte«, sagte Robin, die Frau von Angie Duke. »Die einzige Art, Onassis' Interesse wachzuhalten, bestand darin, daß man sein Verlangen anheizte und ihn damit fast zum Wahnsinn trieb. Man wäre nicht mit ihm ins Bett gegangen, denn wenn man das tat, war man wie alle anderen. Und Sie können mir glauben: Jackie war nicht wie alle anderen. Sie hat ihren Zauber nicht einfach preisgegeben.«

Ein echter Volltreffer

Während Jackie an Bord der *Christina* war, beauftragte Jack den Fotografen des *Look*-Magazins, Stanley Tretick, ins Weiße Haus zu kommen und Aufnahmen von John und Caroline zu machen.

»Mich hat dieser Auftrag überrascht«, bekannte Tretick. »Ich wußte, Jackie war dagegen, daß ich ihre Kinder für *Look* fotografierte. Sie betrachtete mich nicht als einen Künstler wie Avedon. Sie sah in mir nur einen Pressefotografen. Aber Jack nahm Anlauf auf die Präsidentschaftskampagne, und er sah das anders. Er kannte den Wert von *Look*.«

»Die Dinge sind immer etwas kompliziert, wenn Mrs. Kennedy hier ist«, sagte Jack zu Stanley Tretick. »Aber Mrs. Kennedy ist jetzt verreist. Es wäre also jetzt Gelegenheit, die Bilder von John und Caroline zu machen, um die Sie gebeten haben.«

Der Fototermin dauerte fünf Tage; als er vorbei war, machte Tretick große Abzüge und breitete sie auf dem Tisch des Cabinet Room aus.

»Ich war mit dem Präsidenten allein«, berichtete Tretick. »Ich teilte die Bilder in kleine Gruppen ein, er ging um den Tisch herum, nahm sie sich vor und schaute sie an. Er griff nach dem Foto, auf dem John unter dem Schreibtisch spielt, und sagte: ›Das ist ein echter Volltreffer, Stan.‹

Später brachte ich ihm das Vorausexemplar von *Look* ins Weiße Haus – mit diesem Foto auf dem Umschlag und dazu den Doppelseiten im Heft. Er schaute sie an und sagte zu mir: ›Gut, Stanley. Wollen Sie mit mir nach Dallas fliegen?‹

Ich antwortete: ›Tut mir leid, Mr. President, ich bin schon an einer anderen Story.‹ Das war ein Bericht über George Romney, den Gouverneur von Michigan.

Und der Präsident erwiderte: ›Oh, Stanley, in Dallas hätten Sie aber viel mehr Spaß.‹«

»Glücklich und vertraut wie nie zuvor«

So sehr Jack die Fotos seiner Kinder im Weißen Haus mochte, so sehr haßte er die Fotos seiner Frau im Bikini an Bord der *Christina*. Die Aufnahmen von der spärlich bekleideten Jackie waren ein politischer und persönlicher Skandal. Endlich einmal bekam Jack seine eigene bittere Medizin zu kosten.

Dennoch: Als Jackie nach Amerika zurückkam, braungebrannt und erschöpft, sagte Jack kein Wort. Statt dessen nutzte er die Gelegenheit, mit Jackies Schuldgefühlen zu spielen.

»Wirst du im nächsten Monat mit uns nach Texas fahren?«

»Aber sicher, Jack«, erwiderte sie. »Ich mache für dich Wahlkampf, wo immer du willst.«

Die Ärzte rieten ihr davon ab. Sie erklärten ihr, sie sei nach Patricks Tod noch nicht stark genug, um die Strapazen der Wahlkampftour durchzustehen.

Aber Jack bestand darauf. Bis zur Wahl blieb nur noch ein Jahr, seine Popularitätskurve war abgesackt, und er brauchte Texas für seinen Sieg. Sie mußte sich dort sehen lassen.

»Okay, Jack«, sagte sie. »Ich komme mit. Wie wird das Wetter dort unten sein?«

»Kühl«, sagte er. »Sie haben mir gesagt, es wird kühl.«

Also packte sie warme Sachen ein.

Am Morgen des 21. November kam Jack um halb acht aus seinem Schlafzimmer und stieß im privaten Korridor auf Kenneth, Jackies Friseur, der darauf wartete, eingelassen zu werden.

»John möchte zum Flughafen mitkommen«, sagte Jack zu Kenneth, »aber Miss Shaw [das Kindermädchen] will ihn nicht weglassen.«

»Vielleicht hat sie keine Lust, ihn so früh am Morgen anzuziehen«, sagte Kenneth.

»Sie haben wahrscheinlich recht. *Ich* werde ihn anziehen.«

Ein paar Minuten später kam er mit seinem ausgehfertigen Sohn zurück.

»Der Präsident hatte einen hellen, graublauen Anzug an«, erinnerte sich Kenneth. »Ich hatte ihn immer nur in dunklen Anzügen gesehen. Er sah braungebrannt und gesund aus und ein wenig schlanker – einfach hervorragend.«

Providencia »Provy« Parades, Jackies Zimmermädchen, sagte Kenneth Bescheid, daß Mrs. Kennedy ihn jetzt erwartete. Er wurde in ihr Schlafzimmer geführt und frisierte ihr Haar für die Reise nach Texas. Als er gerade letzte Hand anlegte, trat Jack ein.

»Bist du fertig?« fragte er sie. »Der Hubschrauber ist gekommen.«

»Man spürte nichts von der Spannung, die ich manches Mal zwischen ihnen erlebt hatte, wenn sie sich auf ihre Staatsbankette oder ähnliche Dinge vorbereiteten. Und ich weiß noch, daß ich dachte: *Sie sehen so glücklich miteinander aus, so glücklich und vertraut, wie ich sie nie zuvor erlebt habe.*«

»Das ist mein Mann – das ist sein Blut ...«

»Ich glaube, das ist hier ein Land von Verrückten«, sagte Jack.

Es war der 22. November, und Jack las die *Dallas Morning News*. Vor sich hatte er eine ganzseitige, schwarzumrandete Anzeige, die ihn dafür schmähte, daß er das Abkommen zum Stop von Atomtests unterzeichnet hatte. Er reichte Jackie die Zeitung.

»Die letzte Nacht wäre ideal gewesen für einen Präsidentenmord«, sagte er. Er ging im Hotelzimmer auf und ab und wartete auf den Autokonvoi, der ihn durch das Herz von Texas, durch Dallas fahren sollte. »Ich meine es wirklich. Es hat geregnet, es war dunkel, und wir mittendrin im Gedränge. Stell dir vor, ein Mann hätte einen Revolver in der Aktentasche. Er brauchte nur beides fallen zu lassen und in der Menge zu verschwinden ... Jackie, wenn jemand aus einem Fenster mit dem Gewehr auf mich schießen würde, könnte ihn niemand daran hindern. Warum soll ich mir also Sorgen machen?«

Texas war ein politisches Pulverfaß. Jack war auch deshalb gekommen, um einen erbitterten Disput zwischen den drei zerstrittenen Fraktionen der texanischen Demokraten zu schlichten, die jeweils von Vizepräsident Lyndon Johnson, Gouverneur John Connally und

Senator Ralph Yarborough angeführt wurden. Als Zeichen des Zusammenhalts hatten sich die drei Männer darauf geeinigt, den Präsidenten auf allen Fahrten durch ihren Bundesstaat zu begleiten.

Jackie ging ans Fenster und schaute prüfend in den Wolkenhimmel. Er sah düster und bedrohlich aus. Wahrscheinlich würde es Regen geben. Sie hoffte das. Sie hatte Stunden darauf verwendet, sich herzurichten, und sie wollte sich bei der dreiviertelstündigen Fahrt im offenen Wagen nicht die Frisur verderben.

»Ich möchte lieber ein geschlossenes Verdeck«, sagte sie.

Aber das Wetter klärte sich auf, die Sonne kam heraus, und es wurde heiß.

Jack und Jackie nahmen im Rücksitz des Leitfahrzeugs Platz, einem 1961er Lincoln Continental. Das Verdeck war entfernt worden, damit sich die Menge ihrem Präsidenten und der First Lady näher fühlte. Vorn saßen die zwei Sicherheitsbeamten Roy Kellerman und Bill Greer, der Chauffeur. Connally und seine Frau Nellie nahmen den Notsitz hinter dem Fahrer und vor den Kennedys ein. Der Präsidentenlimousine folgte ein Wagen mit Sicherheitsbeamten, diesem wiederum das Auto mit dem Vizepräsidenten und Mrs. Johnson sowie dem Senator Yarborough und seiner Gattin.

Die Zuschauer, die den Fahrtweg säumten, schrien: »Jack, Jackie, Jack, Jackie!«

»Auf sie schienen sie genauso wild zu sein wie auf ihn«, sagte Nellie Connally später. »Während wir dort entlang fuhren, schrien und brüllten die Leute, und man konnte Jack sagen hören: ›Nimm deine Brille ab.‹ Offenbar tat sie das, aber ein wenig später setzte sie die Sonnenbrille wieder auf, und er sagte wieder: ›Nimm deine Brille ab ... Wenn du in so einem Auto Parade fährst, und du läßt die Sonnenbrille auf, kannst du genausogut zu Hause bleiben.‹«

»Clint Hill [der Leibwächter der First Lady] schaute auf die Fenster«, schrieb der Historiker William Manchester. »Ebenso Yarborough, und ihm gefielen sie überhaupt nicht. Den Senator begeisterte die Menge am Straßenrand. Gleich nach dem Präsidenten war er der munterste Wahlkämpfer des ganzen Wagenkonvois. Aufgekratzt rief

302

er immer wieder: ›Hallo Leute!‹ Er suchte nach bekannten Gesichtern und entdeckte überraschend viele Freunde aus dem ländlichen Osten von Texas. Aber in den Fenstern der Büros zeigten sich keine Freunde. Von den Männern dort oben kam kein Jubel. Er spähte blinzelnd hoch und versuchte deren Gedanken zu erraten ... Jeder von denen konnte einen Blumentopf auf Kennedy werfen. *Gut, wenn der Präsident hier erst raus ist*, dachte er.«

Der Konvoi fuhr langsam auf eine dreigeteilte Unterführung zu.

»Dann sahen wir diesen Tunnel vor uns«, erinnerte sich Jackie. »Der Tunnel würde Kühlung bringen, dachte ich ... Die Sonne würde nicht so blenden.«

Jack hob die Hand, um einem Jungen zu winken.

Gewehrschüsse zerrissen den hellen, friedlichen Tag.

Ein 6,5-Millimetergeschoß traf Jack in den Nacken, ein wenig rechts von der Wirbelsäule, trat aus der Kehle aus und schlitzte den Knoten seiner Krawatte. Der Schuß war nicht tödlich.

Ein weiterer traf Connally in den Rücken.

»*No, no, no, no, no!*« kreischte Connally. »Die bringen uns alle um!«

Jackie drehte sich zu ihrem Mann um.

»Dann setzte sich Jack so aufgeräumt zurück«, erinnerte sich Jackie später. »Sein letzter Ausdruck war so aufgeräumt ... Sie kennen doch diesen wunderbaren Gesichtsausdruck an ihm, wenn man ihn nach einem von den zehn Millionen Einzelteilen einer Rakete fragte und er mit der Antwort herauskam. Er blickte verwundert, dann sackte er nach vorn. Er hob die Hand ...«

Jack hob die rechte Hand an sein zerzaustes Haar, als ein drittes Geschoß in seinen Hinterkopf einschlug. Blut und Gehirnpartikel sprühten hoch und bildeten eine rote Wolke über seinem Kopf.

»Ich habe sein Gehirn in den Händen«, schrie Jackie. »Mein Gott, was machen die? Mein Gott, sie haben Jack erschossen, sie haben meinen Mann erschossen ... Jack, Jack!«

Sie versuchte seine Schädeldecke niederzudrücken, um die Hirnmasse zurückzuhalten. Aber da war nichts mehr. Sie sprang auf und kletterte auf das Heck der Limousine. Später sagte sie zu Manchester, sie habe einen Teil vom Kopf ihres Mannes retten wollen.

»Der Wagen mit den Sicherheitsbeamten hinter uns war herangekommen, und Mrs. Kennedy kletterte zurück auf das Heck der Limousine«, berichtete Nellie Connally. »Als sie aus dem Auto kletterte – vielleicht hätten auch Sie versucht, aus dem Auto zu kommen. Man weiß es nicht, denn es ist so furchtbar, wenn man nicht weiß, woher und von wem das kam.«

»Clint Hill ... war der erste Mann im Wagen«, erzählte Jackie dem Journalisten Theodore H. White ein paar Tage nach dem Mord. »Wir lagen alle unten am Boden, ich sagte immer: ›Jack, Jack, Jack‹, und jemand schrie: ›Er ist tot, er ist tot!‹

Die ganze Fahrt zum Krankenhaus beugte ich mich über ihn und sagte: ›Jack, Jack, kannst du mich hören? Ich liebe dich, Jack ...‹

Als sie Jack ins Krankenhaus hineintrugen, legte Clint Hill seinen Mantel über Jacks Kopf ... Für mich war das keinen Moment abstoßend – nichts war abstoßend für mich – und ich rannte hinter diesem großen Notarzt, ich rannte mit dem Mantel, der Jack bedeckte, hinterher ...

Ich erinnere mich an diesen schmalen Korridor. Ich sagte: ›Ich werde ihn nicht verlassen. Ich werde ihn nicht verlassen.‹ Dann kam Doc Burkley [Konteradmiral der US-Navy George G. Burkley, Leibarzt des Präsidenten] auf mich zu und schüttelte sich vor Schluchzen. Er sagte: ›Mrs. Kennedy, Sie brauchen ein Beruhigungsmittel.‹ Ich sagte: ›Ich will da drin sein, wenn er stirbt.‹

Also verschaffte sich Burkley Zugang zum Operationssaal und sagte: ›Es ist ihr Vorrecht. Es ist ihr Vorrecht.‹ Und ich kam hinein.

Da drinnen waren etwa vierzig Leute. Doc Perry [Dr. Malcolm Perry, der operierende Arzt] wollte mich hinaushaben. Aber ich sagte: ›Das ist mein Mann – sein Blut, sein Gehirn ist alles an mir dran ...‹

Über Jack war ein Tuch gebreitet. Sein Fuß schaute hervor, weißer als das Tuch. Ich nahm seinen Fuß und küßte ihn. Dann zog ich das Tuch weg. Sein Mund war so schön, seine Augen waren offen. Sie suchten seine Hand unter dem Tuch, und ich hielt seine Hand die ganze Zeit, während der Pfarrer ihm die Letzte Ölung gab.«

Die Zeremonie

In Dallas wurde Lyndon Baines Johnson als neuer Präsident der Vereinigten Staaten vereidigt. Aber es war Jacqueline Bouvier Kennedy, die in den drei Tagen, die darauf folgten, das Land zusammenhielt.

Zurück in Washington, bat sie ihren Freund Bill Walton, ihren Schwager Sargent Shriver und Angie Duke um Unterstützung bei den Begräbnisvorbereitungen. Sie stellten eine Arbeitsgruppe im Westflügel des Weißen Hauses zusammen und entsandten Recherche-Teams in die Kongreß-Bibliothek, wo sie den genauen Ablauf der Trauerfeierlichkeiten von Abraham Lincoln ermitteln sollten. Die Bibliothek war geschlossen, und die Rechercheure mußten Taschenlampen benutzen, um die einschlägigen Passagen zu lesen.

Jackie wollte das Weiße Haus schwarz drapieren lassen wie damals, als man Lincoln dort aufgebahrt hatte. Jedes Detail der Lincoln-Beerdigung sollte nachgestellt werden – vom reiterlosen schwarzen Pferd und der von Pferden gezogenen Lafette bis zur Form von Lincolns Katafalk, auf dem der Sarg ruhen würde.

Von Anfang bis Ende traf Jackie alle Entscheidungen, es sollte die größte Bestattungszeremonie in der Geschichte der Vereinigten Staaten werden. Sie hatte sich ihren Wunsch erfüllt: Sie war der Allgemeine künstlerische Leiter des 20. Jahrhunderts. Aber der Preis dafür war das Leben ihres Mannes.

Sie wurde gefragt, wo Jack begraben werden sollte.

Kardinal Cushing sprach für die Kennedy-Familie und ihren irischen Freundeskreis – Kenny O'Donnell, Dave Powers und Larry O'Brien. Er schlug vor, daß Jack im Familiengrab der Kennedys in Boston bestattet werden sollte.

»Ja«, bekräftigte Jacks Schwester Eunice. »Wir werden alle bei Daddy in Boston liegen.«

Jackie wollte davon nichts hören. Jack gehörte nicht nach Boston, er gehörte der ganzen Nation. Er würde im Nationalfriedhof Arlington bestattet werden. Und eine Ewige Flamme würde es auch geben.

»Werden das die Leute nicht zu pompös finden?« fragte Sargent Shriver.

»Sollen sie doch«, erwiderte Jackie. Dann fügte sie hinzu: »Ich werde die Flamme selbst entzünden.«

Wer sollte Caroline und John die traurige Mitteilung überbringen? Janet Auchincloss stellte Jackie diese Frage im Bethesda Naval Hospital, während die Autopsie an Jack vorgenommen wurde.

»Jackie, wirst du es den Kindern sagen, oder willst du, daß ich es tue oder Miss Shaw?«

Wie dachte ihre Mutter darüber?

»Nun ... bei John hat es Zeit«, sagte Janet, »aber Caroline sollte es erfahren, bevor sie es von anderen hört.«

»Ja, Mummy«, erwiderte Jackie. »Was wird sie denken, wenn sie plötzlich ...«

Sie hielt inne und dachte einen Moment nach, dann fuhr sie fort: »Ich möchte es ihnen sagen, aber wenn sie es erfahren, bevor ich zurück bin, bitte Miss Shaw darum, nach eigenem Ermessen zu handeln.«

Janet nahm wie üblich die Dinge in die Hand. Sie rief Maude Shaw an. »Wie geht's den Kindern?« fragte sie.

Den Kindern gehe es besser als ihr selbst, erwiderte Miss Shaw wahrheitsgemäß. Sie mußte sich ständig beherrschen, um nicht in Gegenwart der Kinder in Tränen auszubrechen. Caroline stand vier Tage vor ihrem sechsten Geburtstag. John würde in zwei Tagen drei Jahre alt werden.

»Mrs. Kennedy möchte, daß Sie es Caroline sagen«, teilte ihr Janet mit.

»Bitte nicht!« schrie Maude Shaw auf. »Lassen Sie diesen Kelch an mir vorübergehen!«

»Sie müssen es tun«, beharrte Janet. »Es ist kein anderer da.«

»Ich kann dem Kind nicht das letzte Glück nehmen. Ich habe nicht das Herz – Ich kann ihr nicht die Kindheit zerstören.«

»Ich weiß, aber es muß sein.«

»Bitte, *bitte,* kann es nicht ein anderer tun?«

»Nein. Mrs. Kennedy ist zu verstört.«

Nach dem Gespräch brachte Maude John zu Bett, dann ging sie in Carolines Zimmer. Das kleine Mädchen liebte seine Kinderfrau. Maude hatte schon die neugeborene Caroline vom Krankenhaus in New York nach Hause gebracht, und sie hatte ihr anvertraut, daß der kleine Patrick, das Brüderchen, auf das sich Caroline so gefreut hatte, in den Himmel gekommen war.

»Auf deinen Vater ist geschossen worden«, sagte Maude zu Caroline. »Er kam ins Krankenhaus, aber die Doktoren konnten ihm nicht helfen.«

Caroline sagte nichts.

»Deshalb ist dein Vater fortgegangen, um nach dem kleinen Patrick zu sehen. Patrick war so einsam im Himmel. Er kannte dort niemanden. Jetzt hat er den besten Freund, den man nur haben kann.«

Caroline schwieg noch immer.

»Gott gibt jedem von uns eine Aufgabe«, sprach Maude weiter. »Gott hat deinen Vater zum Schutzengel für dich und deine Mutter ernannt, und sein Licht wird euch scheinen auf all euren Wegen. Sein Licht scheint auch jetzt, und er schaut dir zu, er hat dich lieb, und er wird dich immer lieb haben.«

Caroline warf sich aufs Bett, vergrub ihr Gesicht in den Kissen und weinte.

Jackie weigerte sich, abends Schlaftabletten zu nehmen. Für die Forderungen des kommenden Tages wollte sie einen klaren Kopf behalten. Aber sie trug ihren Gefühlen der tiefsten Verlassenheit auf eigene Art Rechnung. Auf dem Weg in ihr Schlafzimmer blieb sie stehen, und sie rief nach ihrem Stiefvater Hugh Auchincloss, den sie zusammen mit der Mutter ins Weiße Haus gebeten hatte.

»Onkel Hugh«, sagte sie, »ich will nicht allein schlafen.«

Hughdie nahm sie beim Arm, führte sie in ihr Schlafzimmer und blieb die ganze Nacht neben ihr.

Am nächsten Morgen, nach einer Messe für die Familie, kehrte Jackie in den Privattrakt zurück. Maude Shaw hatte Caroline und John in mattblaue Mäntel und rote Schnürschuhe gekleidet. Sie band Caroline eine schwarze Trauerschleife ins Haar.

Jackie trat mit blauem Briefpapier in das Kinderzimmer ein. »Du mußt Daddy einen Brief schreiben und ihm erzählen, wie sehr du ihn lieb hast«, sagte sie zu Caroline.

Als Caroline ihren Brief fertig hatte, half sie John, der ebenfalls auf seinem Briefpapier herumkritzelte.

Jackie nahm die drei Blätter – das ihre und die der Kinder – und steckte sie in Umschläge. Sie suchte die goldenen Manschettenknöpfe heraus, die sie Jack einmal geschenkt hatte, und ein Elfenbeinpetschaft mit dem Präsidentenwappen. Sie behielt diese Dinge in der Hand und ging die Treppe hinab in das Ostzimmer, wo Jack aufgebahrt war.

Zusammen mit Bobby kniete sie vor dem offenen Sarg nieder.

Bobby wurde von bohrenden Gefühlen des Schmerzes und der Schuld geplagt. Er war darüber informiert worden, daß Lee Harvey Oswald, Jacks Mörder, Verbindungen mit dem Kuba Fidel Castros hatte. Bobby war es gewesen, der dem Mordkomplott der CIA und der Mafia gegen Castro zugestimmt hatte. Und Bobby war es gewesen, der die Mafia-Bosse, besonders Giancana und seine Komplizen, gejagt und gedemütigt hatte. War Jack das Opfer von Castros Rache? War Jack von der Mafia ermordet worden? Trug er, Bob, eine persönliche Mitschuld am Tod seines Bruders? Er hatte keine Antwort auf diese Fragen, aber sie wollten ihm nicht aus dem Kopf gehen, während er am Sarg von Jack kniete.

Auch andere stellten sich diese Fragen. Denn in Dallas war Lee Harvey Oswald soeben vor laufenden Fernsehkameras von Jack Ruby erschossen worden, einem Nachtklubbesitzer mit Mafia-Kontakten. Im selben Moment, da Jackie in Washington vor der Leiche ihres Mannes kniete, wurde Oswald im Parkland General Hospital operiert, in das auch Jack am Vortag eingeliefert worden war.

Jackie bekannte gegenüber dem Autor William Manchester, daß sie immer nur dachte: *Das ist nicht Jack, das ist nicht Jack.*

Sie legte die drei Briefe, die Manschettenknöpfe und das Elfenbeinsiegel in den Sarg.

Bobby nahm seine Krawattennadel ab.

»Die soll er auch haben, meinst du nicht?« sagte er zu Jackie.

»Ja«, flüsterte sie.

Dann nahm Bobby ein weiteres Andenken heraus, einen silbernen Rosenkranz, und legte auch ihn in den Sarg.

Der Sarg wurde aus dem Ostzimmer herausbefördert und auf eine Geschützlafette gestellt.

»Mummy«, fragte John seine Mutter, »was machen die da?«

»Sie bringen Daddy hinaus.«

»Aber warum machen sie das so komisch – so langsam?«

»Weil sie so traurig sind.«

Hundert Millionen Amerikaner verfolgten an den Fernsehgeräten, wie die Lafette das Nordportal des Weißen Hauses verließ und sich auf der Pennsylvania Avenue Richtung Kapitol bewegte. Überall im Land sprangen die Fernsehbilder von einer Einstellung zur anderen, oft so schnell, daß die Zuschauer Mühe hatten, ihre Bedeutung zu erfassen. Da führte Jackie, verschleiert und in Schwarz gekleidet, zu Fuß die Begräbnisprozession an, die sich acht Querstraßen weit vom Weißen Haus bis zu St. Matthew's bewegte. Ihre Schwäger und Jacks Kabinettsmitglieder folgten ihr und gaben sich Mühe, bei dem langsamen Takt der gedämpften Trommelschläge nicht aus dem Schritt zu kommen ... dann die Staatsoberhäupter de Gaulle, Haile Selassie und Prinz Philip, die zu Ehren des ermordeten jungen Präsidenten einträchtig nebeneinander gingen ...

Unvermittelt wurde die Aufnahme mit den Schüssen Jack Rubys auf Oswald dazwischengeschoben ... Der NBC-Reporter Tom Petit, nur zwei Schritt weit vom Geschehen entfernt, rief atemlos: »Auf ihn wird geschossen! Auf Lee Oswald wird geschossen! Es herrschen Panik und Tumult! Wir sehen kaum etwas in diesem wüsten Durcheinander ...«

Aber woran sich jeder erinnern konnte, war Jackie. Sie stand da mit ihren Kindern, an jeder Hand eins, mit verweinten Augen, den Mund schmerzverzogen, und sah fast genauso aus wie vor sechs Jahren beim Tod ihres Vaters.

»Die Kameras waren auf die unbeweglich dastehende Witwe gerichtet«, schrieb Manchester, »und abgesehen von denen, die Zeitungsberichte lasen oder sich mit ihren Freunden austauschten, verfolgten fast die gesamten Vereinigten Staaten die Fernsehbilder. Fünfundneunzig Prozent der erwachsenen Bevölkerung sahen fern oder hörten die Radioberichte. Hinzuzählen muß man das gesamte Europa und die Teile Asiens, die periodisch in die Reichweite der Nachrichtensatelliten gelangten. Selbst die Sowjetunion hatte angekündigt, daß das staatliche Fernsehen die Zeremonie mitsamt der Trauermesse in St. Matthew's übertragen würde. Gegen Sonntagmittag war die gesamte zivilisierte Welt auf ein einziges Medienereignis konzentriert. Es existierte nichts als dieser eine, blendende Scheinwerferstrahl.«

Und der war auf Jackie gerichtet.

Ein Scherbenhaufen wird beseitigt

Vier Tage später wurde Jack in Arlington beigesetzt. Jackie erschien ohne Vorankündigung in Hyannis Port.

»Ich bin gekommen, um Großvater zu besuchen«, sagte sie zu Rose.

Jackie wirkte verstört, und Rose wollte ihr den Weg zur Treppe hinauf in Joes Zimmer verstellen.

»Nein, nein«, beruhigte Jackie ihre Schwiegermutter. »Ich bin nicht durcheinander ... bitte, bitte laß mich. Mir geht es gut. Ich möchte nur Großvater besuchen.«

Sie drückte sich an Rose vorbei und eilte die Treppe hinauf.

»Oh, Mrs. Dallas«, sagte sie zu Joes Pflegerin. »Ich möchte Großvater besuchen.«

Sie reichte Rita Dallas die zusammengefaltete US-Flagge, die über Jacks Sarg gebreitet worden war, und befahl ihr, sie später an Joe zu übergeben. Dann trat sie in sein Zimmer ein.

»Als sich Jacqueline schließlich Zugang zum Zimmer des Botschafters verschafft hatte«, schrieb ihr Cousin John H. Davis, »rannte sie an sein Bett, umarmte ihn und ließ den Kopf an seiner Schulter ruhen.

Der bejahrte Patriarch, gelähmt und sprechunfähig, versuchte seine Schwiegertochter zu begrüßen, konnte aber nur einen schwachen Schrei ausstoßen.

Dann löste sich Jacqueline von ihm, setzte sich auf die Bettkante und gab dem Botschafter einen vollständigen und detaillierten Bericht über alles, was zwischen der Abreise aus Washington nach Texas und der Beisetzung in Arlington geschehen war. Sie wollte, daß er die ganze Wahrheit aus ihrem Munde erfuhr. Als sie geendet hatte, nickte der Botschafter, schloß die Augen und sank zurück ins Kissen.«

Während sie sich noch auf Cape Cod aufhielt, rief Jackie bei Theodore »Teddy« White an, einem respektvollen Kennedy-Biographen, dessen Artikel häufig im *Life*-Magazin erschienen. Sie bat ihn um seinen sofortigen Besuch, weil sie dem Land etwas mitzuteilen habe, und Teddy White sollte das für sie in *Life* tun.

Als Teddy White durch peitschende Regengüsse von New York nach Hyannis Port raste, fragte er sich, warum Jackie es so eilig haben mochte. War sie verunsichert von all den Zeitungsberichten, in denen zu lesen war, daß Jack ermordet wurde, bevor er sein großes Versprechen erfüllen konnte? Fühlte sie sich schuldig, weil sie manches Mal ihrem untreuen Ehegatten den Tod gewünscht hatte? Oder suchte sie nur nach einem Weg, um Jack öffentlich Lebewohl zu sagen – ein letztes Lebewohl in Gegenwart von sechs Millionen *Life*-Lesern?

Jackie trug einen Kaschmirpullover und Hosen mit breitem Gürtel, als sie Teddy White empfing. Aus seinen Notizen geht hervor, daß sie erschöpft und bleich aussah. Sie habe ihn nach Hyannis Port gebeten, sagte sie zu ihm, weil sie sicherstellen wolle, daß Jack von der Geschichte nicht vergessen würde.

»Geschichte! ... Das ist das, was diese verbitterten alten Männer schreiben«, sagte Jackie.

»Sie wollte mir damit sagen: Bitte, Geschichte, sei nett zu John F. Kennedy«, schrieb Teddy White in sein Notizbuch.

»Aber da ist eine Sache, die ich sagen wollte«, fuhr Jackie fort. »... Ich schäme mich so für mich selbst ... Wenn Jack ein Zitat anführte, war es meistens etwas Klassisches ... nein, nein, nehmen Sie mich nicht in

Schutz ... Ich habe immer wieder zu Bobby gesagt: ›Ich muß mit jemandem reden. Ich muß jemanden sehen.‹ Ich will nur das Eine sagen – das ist fast wie eine fixe Idee –, immer muß ich an diese Zeile
aus einem Musical denken. Das ist wie ein Zwang.

... Nachts vorm Schlafengehen ... wir hatten ein altes Grammophon. Jack spielte so gern Platten – sein Rücken tat weh, der Fußboden war so kalt, wenn man aus dem Bett stieg ... ein Grammophon, das
zehn Jahre alt war – und das Lied, das er von allen am meisten liebte,
kam am Ende dieser Platte, auf der Rückseite von *Camelot*, dem traurigen Musical *Camelot*: ... ›*Don't let it be forgot, that once there was a spot, for
one brief shining moment, that was known as Camelot.*‹*

... Es wird nie wieder ein Camelot geben ...

Wissen Sie, wie ich Geschichte verstehe? ... Wenn etwas aufge-
schrieben wird, ist das etwa schon Geschichte? Nein, die Dinge, über
die man spricht! ... Eine Zeitlang dachte ich, Geschichte wäre das, was
verbitterte alte Männer niederschreiben. Aber Jack liebte so sehr die
Geschichte. ... Keiner wird jemals etwas über Jack wissen. Aber ... die
Geschichte machte Jack zu dem, was er war ... diesen einsamen, kranken kleinen Jungen ... Scharlach hatte er ... dieser kleine Junge, so oft
krank, im Bett hat er Bücher gelesen, Geschichte ... über die Ritter der
Tafelrunde ... und er liebte so diesen letzten Song.«

Jackie erholte sich nur langsam.

»Ich fühle mich wie ein verwundetes Tier«, sagte Jackie zu Nicole
Alphand, der Frau des französischen Botschafters in Washington. »Am
liebsten würde ich mich in einen Winkel verkriechen.«

»In den Wochen nach dem Kennedy-Mord verbrachten Tony und
ich zusammen mit Jackie ein paar sehr aufwühlende Wochenenden in
Atoka, dem Landhaus der Kennedys in Middleburg, Virginia«, berichtete Ben Bradlee, »und wir versuchten vergeblich, das Gespräch auf
andere Themen oder Leute zu bringen. Alles war noch zu frisch und
gegenwärtig für sie, und wir bewiesen uns nur, daß wir außer der ab-

---

* *Sinngemäß: »Vergessen wir es nicht, es gab mal einen Ort in einer Zeit aus Glanz und
Licht, der war bekannt als Camelot.« Musical von Frederick Loewe und Alan Gay Lerner aus
dem Jahre 1960*

wesenden vierten Person nicht viel miteinander gemein hatten. Nur vier Wochen nach dem Mord und nach dem letzten dieser drei Wochenenden erhielten wir einen traurigen Brief von der Witwe des Präsidenten.«

20. Dezember.
Liebe Tony, lieber Ben!
Ihr habt etwas auf dem Land gesagt, was mich sehr getroffen hat – daß Ihr hofft, ich würde wieder heiraten.

Ihr wart uns viele Male so nahe. Da ist etwas, was ich Euch sagen muß. Ich betrachte mein Leben als beendet, und ich werde die restliche Zeit mit Warten verbringen, daß es endgültig vorbei ist.

Mit Liebe
Jackie

Elf Tage nach der Trauerfeier räumte Jackie das Weiße Haus und zog in ein elegantes Stadthaus in Georgetown, das ihr der Diplomat und Millionär Averell Harriman zur Verfügung gestellt hatte. Gekleidet in Schwarz, empfing sie weiterhin ihre Besucher – Ministerialbeamte, ausländische Würdenträger, die Reichen, die Mächtigen, die Berühmten.

Als Witwe eines Präsidenten, der sein Leben geopfert hatte, wurde von ihr ein würdevoller, geradezu klösterlicher Lebenswandel erwartet. Sie konnte es sich nicht erlauben, abends auszugehen, nicht einmal ins Ballett oder ins Konzert.

Ihr Leben betrachtete sie als einen Scherbenhaufen. Man glaubte, daß sie keine finanziellen Probleme hätte, daß Jack für sie gesorgt habe. Die Wahrheit sah anders aus: Jack hatte ihr ein Vermögen hinterlassen, das auf 1 890 464 Dollar geschätzt wurde, auf etwa zehn Millionen nach heutigem Wert. Die Zinsen für diese Summe erbrachten nicht viel für eine Frau mit ihren Ansprüchen. Wieder einmal war sie nicht *wirklich* reich.

Sie hatte immer Schutz und Anlehnung bei älteren Männern gesucht. Aber plötzlich fand sie sich allein. Bobby bemühte sich, diese Rolle für sie zu spielen, aber am Ende zeigte sich, daß er sie genauso nötig brauchte wie sie ihn. Andere Männer wagten sich nicht in ihre

313

Nähe. Sie war keine Frau mehr, sie war ein nationales Denkmal geworden.

»Eins laß dir gesagt sein«, versicherte sie Charlie Bartlett. »Die werden mich niemals als gebeugte alte Witwe vorführen, wie sie es mit Woodrow Wilsons Witwe gemacht haben. Diesen Gefallen werde ich ihnen nicht tun.«

Kurz nach Ablauf des Trauerjahrs kehrte sie Washington den Rücken und kaufte in der New Yorker Fifth Avenue ein Apartment, direkt gegenüber dem großen See im Central Park. Sie freute sich darüber, daß das Gebäude von Rosario Candela stammte, dem führenden Architekten der zwanziger und dreißiger Jahre. Schon vor der Scheidung ihrer Eltern hatte sie in einem Haus von Candela gewohnt, und die vertrauten Details seiner Architektur erweckten in ihr heimische Gefühle.

Noch eine Zeitlang nach ihrem Umzug nach New York fiel es ihr schwer, mit Leuten zusammenzukommen, die sie an Jack erinnerten. Wenn Freunde die Jahre im Weißen Haus erwähnten, unterbrach sie sie ohne Ausnahme und sagte, was auch ich einmal von ihr zu hören bekam: »Bitte reden wir nicht von der Vergangenheit. Ich muß weiterleben als die, die ich bin. Ich möchte das Vergangene nicht aufrühren.«

Nachdem eine angemessene Zeit verstrichen war, zeigte sie sich wieder in Begleitung von Männern in der Öffentlichkeit – mit Freunden wie dem Regisseur Mike Nichols, mit dem Künstlerischen Direktor von Tiffany's, John Lorin, und dem Journalisten Pete Hammil. Als dann 1968 auch Bobby ermordet wurde, geriet sie in Panik und suchte nach Sicherheit für sich und ihre Kinder – in der Ehe mit Aristoteles Onassis. Dieser Schritt schockierte die ganze Welt und schien zumindest für einige Zeit ihren Ruf zu zerstören. Über Nacht war aus der heiligen Jackie eine Jackie O. geworden.

Aber Jackie hatte einen untrüglichen Sinn für ihre Star-Qualitäten und für die Wahrung ihrer Fassade. Sie hüllte sich weiterhin in ihren Zaubermantel von Camelot und arbeitete schwer daran, die Millionen für den Bau der von I. M. Pei entworfenen und am Stadtrand von Boston errichteten John-F.-Kennedy-Bibliothek aufzubringen. Sie lud

Freunde ein, die eng mit Jack zusammengearbeitet hatten, damit sie mit den Kindern über ihren Vater sprachen. Zu den Eingeladenen gehörten Arthur Schlesinger Jr., Theodore Sorensen und Robert McNamara. Diese privaten Seminare für Caroline und John setzte sie über Jahre fort.

Im Jahr 1973, zehn Jahre nach Jacks Ermordung, lud Jackie Pierre Salinger, JFKs Pressesprecher, zu einem Flug nach Skorpios ein, der griechischen Insel, die Onassis gehörte.

»Machen Sie sich Notizen, bevor Sie kommen«, sagte sie zu ihm.

»Ihr müßt wissen«, klärte er Jackies Kinder nach seiner Ankunft auf, »euer Vater war ein ganz besonderer Mensch. Er hatte viele Facetten, und keiner kannte ihn ganz. Der Mensch, der ihn am besten kannte, war eure Mutter.«

Anmerkungen

1 Die Frau des Jahrhunderts

Die Schilderung von Jacqueline Kennedy Onassis im Herbst und Winter 1981 beruht hauptsächlich auf eigenen Beobachtungen und Notizen des Autors und auf Gesprächen mit Jackies Freunden, von denen einige darum baten, ungenannt zu bleiben. Ausführliche, dokumentierte Interviews wurden auch mit folgenden Familienangehörigen und Freunden Jackies geführt: Hugh D. »Yusha« Auchincloss III., Nina »Nini« Auchincloss Straight, Peter Duchin, Solange Herter (die Jackie als ihre »beste Freundin« betrachtete), George Plimpton, Oleg Cassini, Gloria Emerson, Ellen »Puffin« Gates D'Oench (Jackies Klassenkameradin in Vassar), Pete Hamill, Ken McCormick (Kollege von Jackie bei Doubleday), Abraham Ribicoff (einer der ersten Politiker, die Jacks Bewerbung um die Präsidentschaft anregten), Lois »Casey« Ribicoff, Pierre Salinger, Samuel Pisar und Aaron Shikler (der Maler, der Jackie im Weißen Haus porträtierte).

Vertrauliche Gespräche wurden mit Jackies Freunden über ihr Privatleben geführt, unter anderem über ihr Face-Lifting bei einem Chirurgen in der Park Avenue, ihre regelmäßigen Kosmetik-Termine beim Nardi Salon und ihre gemischten Gefühle, was die jährlichen Christmas-Partys in ihrem Apartment betraf. In jedem dieser Fälle stützte sich der Autor auf zwei oder mehrere übereinstimmende Quellen.

Die Beschreibung des Apartments in der Fifth Avenue beruht vor allem auf den persönlichen Notizen des Autors, die er bei zwei Besuchen aus unterschiedlichen Anlässen anfertigte. Weitere Einzelheiten zur Einrichtung der Wohnung wurden von einer Reihe von Jackies Freunden beigesteuert, die sämtlich um Diskretion baten.

Die architektonischen Informationen zum Haus 1040 Fifth Avenue, in dem sich Jackies Apartment befand, stammen von Paul Goldberger, früher Architekturkritiker der *New York Times*, gegenwärtig leitender Kulturkorrespondent derselben Zeitung, und von Christopher Gray, Architekturhistoriker.

Interviews wurden auch geführt mit Brigit Gerney, der Frau von Arkadi Gerney, mit S. Carey Welsh, Sonny Metha, Grace Mirabella, Sylvia Whitehouse Blake und Charles Whitehouse.

Der Autor zitiert aus einem an ihn gerichteten, handgeschriebenen Brief Jackies vom 22. Mai 1981.

Die Berichte über den kalifornischen Jura-Absolventen, der Caroline nachspionierte, und über Mark David Chapmans »Hitliste« stammen aus Zeitungsberichten in der *New York Post* (25. Juni 1981) und der *New York Times* (22. Dezember).

Für dieses Kapitel benutzte Bücher: Billy Baldwin: *Jackie Kennedy Onassis. A Memoir*, erschienen in Auszügen in McCall's, Dezember 1974, sowie David Lester: *Jackie Kennedy Onassis. A Portrait of Her Private Years* (Birch Lane, 1994).

Der Autor zitiert auch das Gedicht von Stephen Spender: »I Think Continually of Those Who Were Truly Great« aus: *Collected Poems*, 1928-1953 (Random House, 1955)

2 Das Rehkitz im Walde

Die Schilderung der Jahre in Merrywood und des Auslandsstudienjahrs in Frankreich beruht auf Gesprächen mit Dutzenden Familienmitgliedern und Freunden, viele von ihnen wurden mehrfach befragt. Zu den Quellen zählen Hugh Auchincloss III., Nina Auchincloss Straight, der Romancier Louis Auchincloss, Ellen D'Oench, John »Demi« Gates (einer von Jackies frühen Verehrern), Phillip Geyelin (früher bei der *Washington Post*) und seine Frau Cecilia, Charles Bartlett, Martha Bartlett, Patricia Roche Wood, Taylor Chewning (langjähriger Bewohner von Newport), Thomas Guinzburg, Solange Herter, Aileen Bowdoin Train, George Plimpton, Peter Duchin, Cass Canfield Jr. und Nelson Aldrich.

Die Beschreibung der romantischen Eskapaden mit John Marquand jr. geht hauptsächlich auf Gespräche zurück, die der Autor mit Marquands Freunden führte: George Plimpton, Peter Duchin, Cass Canfield Jr. und Thomas Guinzburg. Weitere Hinweise in diesem Kapitel lieferten Brigit Gurney, Nina Straight und verschiedene Quellen, die anonym bleiben wollten. Der Roman von Gore Vidal: *Palimpsest. A Memoir* (Random House, 1995), enthält eine kurze Passage über Jackies intime Beziehung mit Marquand.

Die Beschreibung von Merrywood, des Auchincloss-Anwesens außerhalb von Washington D. C., basiert vornehmlich auf Notizen, die der Autor bei seinem Besuch im September 1995 anfertigte. Der Autor stützte sich außerdem auf *Historic Landmarks Survey*, herausgegeben vom Virginia's Fairfax County, und eine Reihe von Gesprächen, unter anderem mit Allan und Diane Kay, den gegenwärtigen Eigentümern von Merrywood.

Die Beschreibung des Zimmers von Jackie wurde zusammengestellt aus Hinweisen von Familienangehörigen, aus Familienfotos und den persönlichen Eindrücken des Autors.

Zusätzliche Gespräche wurden geführt mit Betty Jones, Brigit Gerney, Sylvia Whitehouse Blake, Elon Marquand, Timothy Marquand, Aileen Train, Blair Fuller, Peter Matheisson, John Train, Susan Martin, Gloria Jones, Wilfred Sheed, Ellen Adler, Mary Bailey Gimbell und Dr. William Cahan.

Die Schriftstellerin Marie Brenner machte mir freundlicherweise einige Aufsätze zugänglich, die Jackie für den Wettbewerb »Prix de Paris« bei *Vogue*, 1950, einreichte. Ms. Brenner entdeckte sie im Archiv von *Vogue*, als sie nach einem eigenen Artikel suchte, den sie nach Jackies Tod für das Magazin verfaßt hatte. Diese Dokumente sind nie zuvor veröffentlicht worden.

Die Briefe, die Jackie 1950 aus Paris schickte, sind dem Autor von Hugh Auchincloss III. zur Verfügung gestellt worden.

Die wichtigsten für dieses Kapitel genutzten Buchveröffentlichungen sind: Nelson W. Aldrich Jr.: *Old Money. The Mythology of America's Upper Class* (Alfred A. Knopf, 1988), Joseph Alsop: *I've Seen the Best of It* (Norton, 1992), George Carpozzi: *The Hidden Side of Jacqueline Kennedy* (Pyramid Books, 1967), Nigel Hamilton: *Reckless Youth* (Random House, 1992), Ralph G. Martin: *A Hero for Our Time: An Intimate Story of the Kennedy Years* (Macmillan,

319

1983), Anthony Summer: *Official and Confidential. The Life of Edgar J. Hoover* (Putnam, 1993), J. C. Suares und J. Spencer Beck: *Uncommon Grace. Reminiscences and Photographs of Jackie Bouvier Kennedy Onassis* (Thomasson-Grant, 1994), Mary Van Rensselaer Thayer: *Jackie Bouvier Kennedy. A Warm, Personal Story of the First Lady* (Doubleday, 1961), Evan Thomas: *The Very Best Men. Four Who Dared. The Early Years of the CIA* (Simon & Schuster, 1995).

Folgende Zeitschriftenbeiträge wurden genutzt: Michael Lewis: »The Rich: How They're Different ... Than They Used to Be«, in: *The New York Times Magazine* (19. November 1995), Camille Paglia: »A Horse, a Flame, a Rose«, in: *The Guardian* (9. Juni 1994), David Sheff: Interview mit Gore Vidal, in: *Playboy* (Dezember 1987).

Der Song »Civilization« (»Bongo, Bongo, Bongo«) wurde von Bob Hilliard und Carl Sigman geschrieben.

Die Klimadaten für den Frühling 1951 in der Region Virginia stammen vom National Weather Service Forecast Office in Sterling, Virginia.

3 Die Dinge des Lebens

Der Bericht über Jackies Reise nach New York, wo sie ihren Vater und die *Vogue*-Redakteure besuchte, fußt auf Gesprächen mit: Hugh Auchincloss III., Beverly Corbin (gegenwärtiger Bewohner des Apartments von John Vernou Bouvier III. in der East 74th Street), Franklin d'Olier (Jack Bouviers Schwager), Jane Hutchinson Ogle (frühere Prix-de-Paris-Gewinnerin der *Vogue*), Carol Phillips (Autorin bei *Vogue*, 1951), Mrs. Iva Patcevitch (Gattin des *Vogue*-Verlegers, 1951), Kate Rand Lloyd (Autorin bei *Vogue*, 1951, und frühere Gewinnerin des Prix de Paris) und Dr. Michael Sheehy (gegenwärtig Präsident und ärztlicher Direktor in Silver Hill, einem exklusiven Sanatorium in New Canaan, Connecticut).

Informationen über Jackies Anstellung bei *Vogue* lieferten auch ehemalige *Vogue*-Mitarbeiter, unter ihnen Susan Oberstein, Despina Messinesi, Catherine de Montezemolo, Babs Simpson, Mary Jane Poole, Grace Mirabella und Susan Train.

Der Autor machte auch Gebrauch von einem bisher unveröffentlichten Brief Jackies vom Mai 1951 an Mary E. Campbell, die Personalchefin von

Condé Nast, und einem weiteren Brief Jackies vom 10. Oktober 1950 an die Redaktion von *Vogue*. Beide Briefe wurden ihm von Marie Brenner zur Verfügung gestellt.

Zu Jackies Beiträgen für den Prix de Paris siehe Kapitel 2.

Die wichtigsten für dieses Kapitel genutzten Quellen sind: Stephen Birmingham: *Jacqueline Bouvier Kennedy Onassis* (Grosset & Dunlap, 1978), John H. Davis: *The Bouviers* (Farrar, Straus & Giroux, 1969), derselbe: *The Kennedys. Dynasty and Disaster* (S. P. I. Books, 1992), David Halberstam: *The Fifties* (Villard Books, 1993), C. David Heymann: *A Woman Named Jackie. An Intimate Biograph of Jacqueline Bouvier Kennedy Onassis* (Lyle Stuart, 1989), Kathleen Bouvier: *To Jack With Love. Black Jack Bouvier. A Remembrance* (Kensington, 1979), und Ralph G. Martin: *A Hero for Our Time sowie Seeds of Destruction. Joe Kennedy and His Sons* (G. P. Putnam's Sons, 1995).

Ein ganzseitiges Foto von den »Misses Bouvier« erschien der Vogue vom 1. März 1951. Igor Cassinis Schilderung von Jackie als »Debütantin des Jahres« erschien unter seinem Pseudonym Cholly Knickerbocker in: *New York Journal-America*.

4 »So wundervolle Menschen!«

Die Schilderung von Jackies ersten Begegnungen mit John F. Kennedy, ihrer kurzen Anstellung bei *Vogue* und ihrer Reise nach Europa basiert auf mehreren Dutzend Interviews, unter anderem mit Hugh Auchincloss III., Charlie Bartlett, Martha Bartlett, Taylor Chewning, Gloria Emerson, Phillip und Cecilia Geyelin, Mrs. William McCormick »Deeda« Blair, William Blair, Mrs. Minnie Farrell Cassat Hickman, Barbara Lafferty (Schwester von Loretta »Hickey« Sumers), Aubin Sumers (Schwägerin von Loretta Sumers), Robert Mossbacher, Kate Rand Lloyd, Carol Phillips, Jane Hutchinson Ogle, Mrs. Iva Patcevitch, Susan Oberstein, Despina Messinesi, Catherine di Montezemolo, Babs Simpson, Mary Jane Poole, Grace Mirabella, Susan Train, Nina Auchincloss Straight, Sharman Douglas, Garry Fishgall (Autor des Buches: *Against Type. The Biography of Burt Lancaster*) und Patricia Roche Wood.

Genutzte Veröffentlichungen: Joan und Clay Blair: *The Search for J. F. K.*

ssssss.l

(Berkley, 1976), Jacqueline und Lee Bouvier: *One Special Summer* (Delacorte Press, 1974), Kathleen Bouvier: *To Jack With Love*, Davis: *The Kennedys und The Bouviers*, Halberstam: *The Fifties*, Hamilton: *Reckless Youth*, Heymann: *A Woman Named Jackie*, Martin: *Seeds of Destruction* und *A Hero for Our Time*, Arthur Schlesinger jr.: *A Thousand Days. John F. Kennedy in the White House* (Houghton Mifflin, 1965).

Dave Powers, ein Mitglied des Kennedy-Stabs, der als Sonderberater des Präsidenten diente, wird im *Life*-Magazin vom August 1995 mit einem Satz zitiert, den Jack einmal über seine erste Begegnung mit Jackie äußerte: »Ich habe noch nie so jemanden wie sie getroffen. Sie ist anders als alle Mädchen, die ich kenne.«

Jackies Briefe an Mary Campbell siehe Kapitel 3.

Die Beschreibung des Lebens an Bord der *Queen Elizabeth* stützte der Autor auf Informationsbroschüren der Cunard-Linie aus dem Archiv der Universität Liverpool sowie auf die Passagierliste erster Klasse von der Überfahrt, an der Jackie und ihre Schwester teilnahmen. John Maxtone Graham, der Autor von *The Only Way to Cross*, eines Buches über die große Zeit der *Queen Elizabeth*, wurde ebenfalls konsultiert.

Das politisch-kulturelle Klima jener Zeit beschreibt der Autor unter Zuhilfenahme von Zeitschriftenbeiträgen, dazu zählen unter anderen: Charles Bartletts Artikel über Joseph McCarthy und Senator Estes Kefauver in der *Chattanooga Times* vom 30. April 1951 und ein neunseitiger Foto-Essay von Irving Penn über 73 bekannte Washingtoner Persönlichkeiten (15. August 1951). Berichte über die Entlassung von General Douglas MacArthur durch Präsident Truman erschienen außerdem in *The New York Times* (13. Mai 1951) und in der *Washington Post* (11. Mai 1953).

5 Rendezvous mit dem Tod

Die Informationen über Jacks Gesundheitszustand stammen von seinen Freunden und Ärzten, die zumeist anonym bleiben wollten. Außerdem wurden befragt: Abraham Ribicoff, George Smathers, Gloria Emerson, Jack Anderson, mehrere medizinische Sachverständige – unter ihnen Dr. Richard Mahler (Addison-Spezialist im New York Hospital), Dr. George Thorn (führender Addison-Experte der fünfziger Jahre, der damals von Jacks Ärzten konsultiert wurde), Dr. John Baxter und Dr. James B. Turrell (University of California, San Francisco), Dr. Marvin Siperstein (der Jack nach dem Attentat von Dallas im Parkland Hospital Steroide in hoher Dosierung verabreichte) und Dr. John Bilezikian vom Columbia Presbyterian Medical Center in New York.

Die Beschreibung der Reise nach Vietnam basiert auf mehreren Gesprächen mit Edmund Gullion, 1951 amerikanischer Geschäftsträger in Vietnam.

Das undatierte Telegramm von General Matthew Ridgway an den Kongreßabgeordneten John Kennedy wird hier erstmals veröffentlicht. Es wurde von der John F. Kennedy Library zur Verfügung gestellt.

Wichtige Publikationen zu diesem Kapitel sind Blair: *The Search for J. F. K.*, Davis: *The Bouviers*, Doris Kearns Goodwin: *The Fitzgeralds and the Kennedys. An American Saga* (Simon & Schuster, 1987), Hamilton: *Reckless Youth*, Heymann: *A Woman Named Jackie*, Peter Collier und David Horowitz: *The Kennedys. An American Drama* (Summit Books, 1984), Herbert S. Parmet: *Jack. The Struggles of John F. Kennedy* (Dial Press, 1980), Schlesinger: *A Thousand Days, Robert Shaplen: A Forest of Tigers* (Alfred A. Knopf, 1956) und Theodore C. Sorensen: *Kennedy* (Harper & Row, 1965).

Der Autor nutzte Mitschriften von Radio- und Fernsehsendungen, darunter eine Ansprache Kennedys vom 14. November 1951 im Mutual Broadcasting Network und dessen Auftritt vom 3. Dezember 1951 in der NBC-Sendung *Meet the Press*.

Zitiert wird das Gedicht »I Have a Rendezvous with Death« von Alan Seeger.

6 »From this Moment On«

Das Material für dieses Kapitel, das Jackies Verlobung mit John Husted beschreibt, stammt aus Gesprächen mit John Husted, Hugh Auchincloss III., Louis Auchincloss, Martha Bartlett, Charles Bartlett, Robin Chandler Duke, Betty Beale, Glorias Emerson, Sidney Epstein (der Lokalredakteur des *Washington Times-Herald*, der Jackie 1951 als Reporterin einstellte), John Gates, Phillip und Cecilia Geyelin, Solange Herter, Ormande de Kay (ein früher Verehrer Jackies), Wendy Burden Morgan, Nina Auchincloss Straight, Lisa

Wright (Pressesekretärin des Abgeordneten Rasco Bartlett, der 1996 JFKs altes Büro im Raum 322 des Cannon Bürogebäudes belegte).

Die Szene, in der Jackie in Jacks Büro auf Florence Pritchett Smith trifft, entstammt einer Befragung verschiedener anonymer Quellen, die sich auf Schilderungen von Florence Smith stützten.

Die Szene, in der Jackie von ihrer Mutter geohrfeigt wird, stützt sich auf die Befragung von Louis Auchincloss und anderer Familienmitglieder, die ungenannt bleiben wollten.

Die Beschreibung des Sulgrave Club, wo die Dancing Class stattfand, basiert auf den persönlichen Notizen des Autors nach einem Besuch des Clubs im Jahr 1994 sowie auf einen Beitrag von Maxine Cheshire »Very Interesting People« am 18. Juni 1967 in der *Washington Post* und auf den Beitrag »Dancing Class Leaves Broken Hearts« vom 26. November 1967 in der *Washington Post*.

Daß der Flitter von Jackies Augen-Make-up auf Jacks Schulter rieselte, wird von Gloria Emerson bezeugt.

Wichtige Veröffentlichungen: Louis Auchincloss: *Sybil* (Greenwood Press, 1951), Jackie und Lee Bouvier: *One Special Summer*, Heymann: *A Woman Named Jackie*, Kitty Kelley: *Jackie Oh!* (Lyle Stuart, 1978) und Evelyn Lincoln: *My Twelve Years with John F. Kennedy* (David McKay, 1965).

Jackies Beiträge mit Befragungen und Fotos wurden am 10. Februar und am 3. März 1952 im *Washington Times Herald* veröffentlicht.

Die Verlobungsanzeige von Jacqueline Bouvier und John Husted erschien am 21. Januar 1952 in der *New York Times*.

Text und Musik des Songs »From This Moment On« (1950) stammten von Cole Porter.

Die Wetterdaten für den 17. Mai 1952 wurden vom National Weather Service Forecast Office in Sterling, Virginia, bereitgestellt.

7 Aus dem Schatten treten

Die Schilderung der Beziehung zwischen Jack und Jackie entstammt Gesprächen mit Hugh Auchincloss III., Lauren Bacall (Teilnehmerin des Londoner Balls, auf dem auch Jackie anwesend war), Steven Bogart, Letitia Baldridge (Jackies Freundin aus Vassar, später ihre persönliche Sekretärin im

Weißen Haus), Art Buchwald, Morton Downey Jr. (Sohn von Morton Downey, der zu Joseph Kennedys engsten Freunden gehörte), Anne Downey, Clay Felker, Gloria Emerson, Sidney Epstein, Frank Waldrop, John Gates, John Husted, Henry Porter (Londoner Redakteur von *Vanity Fair*, der über das Viertel informierte, in dem Jackie während der Krönungsfeierlichkeiten von Elizabeth II. wohnte), George Smathers, Paul Fay, Evelyn Lincoln, Cass Canfield Jr., Phillip und Cecilia Geyelin, Hélène Arpels, Charles Spalding, Pat Roche Wood, Nina Auchincloss Straight und Aileen Bowdoin Train (Jackies Reisegefährtin nach London und Paris im Jahr 1953).

Jackies Begegnung mit Joseph P. Kennedy in Hyannis Port wurde dem Autor von Morton Downey jr. beschrieben, der eine ausführliche Schilderung von Morton Downey, einem von Joe Kennedys besten Freunden, erhalten hatte.

Die Beschreibung von Hialeah Park um 1950 basiert auf einem Gespräch mit Joe Hirsch, heute leitender Kolumnist im *Daily Racing Form*, Miami.

Der Abschnitt »Alle Männer sind so« basiert auf einer Vielzahl von Befragungen durch den Autor und seine Mitarbeiter mit John Gates, die sich über mehr als ein Jahr erstreckten.

An veröffentlichten Quellen wurden genutzt: Birmingham: *Jacqueline Bouvier Kennedy Onassis*, Collier und Horowitz: *The Kennedys*, John Crittenden: *Hialeah Park. A Racing Legend* (Pickering Press, 1989), Goodwin: *The Fitzgeralds and the Kennedys*, Sam and Chuck Giancana: *Double Cross. The Explosive, Inside Story of the Mobster Who Controlled America* (Warner Books, 1992), Ronald Goldfarb: *Perfect Villains, Imperfect Heroes* (Random House, 1995), Hamilton: *Reckless Youth*, Kelley: *Jackie Oh!*, Rose Kennedy: *Times to Remember* (Doubleday, 1974), Robert Lacey: *Majesty. Elizabeth II and the House of Windsor* (Harcourt Brace Janovich, 1977), Martin: *A Hero for Our Time und Seeds of Destruction*, Herbert S. Parmet: *Jack. The Struggles of John F. Kennedy*, Kenneth O'Donnell, Dave Powers und Joe McCarthy: *»Johnny, We Hardly Knew Ye.«* *Memories of John Fitzgerald Kennedy* (Little, Brown, 1970) und Thayer: *Jacqueline Bouvier Kennedy*.

Jackies namentlich gezeichnete Berichte über die Krönung der Königin Elisabeth II. erschienen im *Washington Times-Herald*: »Crowds of Americans Fill ›Bright and Pretty‹ London« am 2. Juni 1953, »Nobility and Film Folk Strut at Perle Mesta's Clambake« am 9. Juni 1953.

Der Beitrag von Alistair Forbes: »Camelot Confidential«, veröffentlicht am 13. Juni 1975 im *Times Literary Supplement* und am 5. November 1952 in der *New York Times*, fand ebenfalls Verwendung.

8 Bis daß der Tod euch scheidet

Die Schilderung der Ereignisse vor, während und nach der Hochzeit basiert auf Gesprächen mit Hélène Arpels (Freundin von Rose Kennedy), Hugh Auchincloss III., James Auchincloss (Jackies Halbbruder), Betty Beale (Klatschkolumnistin in Washington), Marion »Oatsie« Charles [Leiter] (Kennedys beste Freundin aus der Washingtoner Oberschicht), Taylor Chewning, Phillip und Cecilia Geyelin, Sylvia Whitehouse Blake, Evelyn Lincoln, Chauncey Parker (Familienfreund Jackies), Ellen D'Oench, George Smathers, Paul Fay, Charles Spalding, James Reed und Nina Auchincloss Straight.

Informationen zur Hochzeitsreise steuerten Augenzeugen bei, unter anderen Hal Boucher, der Fotograf der San Ysidro Ranch, und Carol Crowley, damals Verkäuferin in der San Ysidro Pharmacy.

Veröffentlichte Quellen sind: Birmingham: *Jacqueline Bouvier Kennedy Onassis*, Diana Dubois: *In Her Sister's Shadow. An Intimate Biography of Lee Radziwill* (Litte, Brown, 1995), Collier und Horowitz: *The Kennedys*, Heymann: *A Woman Named Jackie*, Davis: *The Bouviers und The Kennedys*, Charles Higham: *The Life and Times of Rose Fitzgerald Kennedy* (Pocket Books, 1995), Kelley: *Jackie Oh!*, Lawrence Leamer: *The Kennedy Women. The Saga of an American Family* (Villard Books, 1994), Martin: *Seeds of Destruction*, Joan Meyers (ed.): *John Fitzgerald Kennedy ... As We Remember Him* (Atheneum Press, 1965).

Joseph P. Kennedys Verhalten gegenüber den Auchinclosses und auf der Hammersmith Farm wurde aus verschiedenen Quellen rekonstruiert, darunter eine Passage aus dem Originalmanuskript von Paul Fay: *The Pleasure of His Company* (Harper & Row, 1966), die auf Jackies Betreiben gestrichen wurde. Das Originalmanuskript ist zugänglich in den *Myrick Land Papers* der Boston University's Mugar Memorial Library.

9 Was Jackie wußte

Informationen über die ersten Ehemonate und Kennedys Rückenoperationen wurden beigesteuert von Hélène Arpels, Charles Bartlett, Kenneth Battelle (Jackies Friseur), Evelyn Lincoln, Father John Flannagan, Marion Charles, Ellen D'Oench, Robin Chandler Duke, Gloria Emerson, Nigel Hamilton (Autor von *JFK. Reckless Youth*), Solange Herter, Paul Fay, J. C. Irondelle (1955 Rezeptionsmanager im Hotel du Cap), Priscilla Johnson McMillan (vormals wissenschaftliche Mitarbeiterin in Kennedys Senatsbüro), Catherine Van Older (Leiterin der Physiotherapie im Rusk Institute), Myer Feldman, J. Paul Molloy (Berater im Senats-Handelsausschuß und häufiger Gast im Carroll Arms), Chauncey Parker, George Smathers, Evan Thomas (Herausgeber von *Profiles in Courage*), Dr. Attila Toth (Experte für venerisch bedingte Infertilität im New York Hospital).

Weiteres Material über Kennedys Rückenoperation stammt aus dem Aufsatz »Management of Adrenocortical Insufficiency During Surgery«, der zur Publikation in *American Medical Association Archives of Surgery* (28. Juli 1955) freigegeben wurde. Die Autoren sind James A. Nichols, M. D., Charles L. Burstein, M. D., Charles J. Umberger, Ph. D. und Philip D. Wilson, M. D. Der Abschnitt »Case 3 – Example of a Patient with Adrenal Insufficiency Due to Addison's Disease Requiring Elective Surgery« wird von Medizinern und Kennedy-Forschern mittlerweile als Beschreibung der Kennedy-Operation von 1954 identifiziert.

Der Bericht über den Transport Kennedys vom New York Hospital for Special Surgery nach Palm Beach fußt vorwiegend auf »NBS White Paper, The Age of Kennedy: The Early Years«, ausgestrahlt am 29. Mai 1966.

Die Beschreibung des F-Street-Club basiert auf Gesprächen mit William Merriam, dem Neffen des ursprünglichen Eigentümers, mit Richard Howland, Vorstandsmitglied und Miteigentümer des Clubs, und Sandra McElwaine, Journalistin in Washington.

Bill Thompsons Eskapaden mit einer unbekannten Frau im Zug nach Florida und die lockeren Zustände im Carroll Arms wurden von Freunden und Geschäftspartnern Thompsons geschildert, die sämtlich ungenannt bleiben wollten.

Publizierte Quellen: Bill Adler (ed.): *The Uncommon Wisdom of Jackie Ken-*

nedy Onassis. A Portrait in her Own Words (Citadel Press, 1994), Collier und Horowitz: *The Kennedys*, Davis: *The Kennedys*, Dubois: *In Her Sister's Shadow*, Goodwin: *The Fitzgeralds and the Kennedys*, Heymann: *A Woman Named Jackie*, Kelley: *Jackie Oh!*, Arthur Krock: *Memoirs. Sixty Years on the Firing Line* (Funk & Wagnalls, 1968), Leamer: *The Kennedy Women*, Martin: *A Hero for Our Time*, Hamilton: *Reckless Youth*, Lincoln: *My Twelve Years mit John F. Kennedy*, Parmet: *Jack. The Struggles of John F. Kennedy*, Richard Reeves: *President Kennedy. Profile of Power* (Simon & Schuster, 1993).

Der Brief von Theodore Sorensen an Jackie entstammt der John F. Kennedy Library: Presidential Papers, Box 503.

Der Text von »No Other Love« aus *Me and Juliet* (1953) wurde von Oscar Hammerstein II. verfaßt, die Melodie stammt von Richard Rogers.

10 Am Tiefpunkt

Die Beschreibung der Wahlniederlage bei der Nominierung des Vizepräsidenten, der Ehekrise und der Rolle von Joseph Kennedy als Eheretter beruht auf Gesprächen mit Morton Downey jr., Ann Downey, Alistair Forbes (Freund von Lee Radziwill), Nigel Hamilton, Letitia Baldridge, Wendy Morgan, Timothy Horan, Evelyn Lincoln, Marion Javits, Grace Warnecke, Phillip und Cecilia Geyelin, Solange Herter, Ronald Kessler (Autor von *Sins of the Father*), Laurie Macdonald (Tochter von Torbert Macdonald, eines Studienkollegen von Kennedy), George Smathers, Myer Feldman, Dr. Hanna Meiland (Gynäkologin in New York), Charles Spalding und Nina Auchincloss Straight.

Der Pulitzerpreisträger und Washingtoner Journalist Jack Anderson führte freundlicherweise eine Reihe von Gesprächen im Auftrag des Autors.

Die Beschreibung des Wetters am Tag der Beerdigung des totgeborenen Kindes fußt auf Angaben von Carl Sawyer, Klimatologe in Rhode Island.

Veröffentlichte Quellen: Carpozzi: *The Hidden Side of Jacqueline Kennedy*, Collier and Horowitz: *The Kennedys*, Dubois: *In Her Sister's Shadow*, Goodwin: *The Fitzgeralds and the Kennedys*, Heymann: *A Woman Named Jackie*, Higham: *The Life and Times of Rose Fitzgerald Kennedy*, Kelley: *Jackie Oh!*, Rose Kennedy: *Times to Remember*, Ronald Kessler: *Sins of the Father. Joseph P. Ken-*

nedy and the Dynasty He Founded (Warner Books, 1996), Leamer: *The Kennedy Women*, Lincoln: *My Twelve Years with John F. Kennedy*, Martin: *A Hero for Our Time*.

John Kennedys Paßantrag befindet sich in der John F. Kennedy Library, *John F. Kennedy Personal Papers*, Box 6, »Souvenirs 1941–1958: Passport Application File«.

Die *Washington Post* vom 25. August 1956 brachte auf der Titelseite einen Bericht über den vergeblichen Versuch Robert Kennedys, nach Jackies Fehlgeburt Kontakt mit Jack herzustellen.

Eine Beschreibung des Restaurants Le Pavillon wird von Alvin Kerr in »Specialités de la Maison« (*Gourmet*, Februar 1967) gegeben.

11 Der Hauptgewinn

Die Beschreibung der Präsidentschaftskampagne bedient sich vieler Quellen, unter anderen: Jack Anderson, Charles Bartlett, Lillian Brown (Kennedys Maskenbildnerin bei TV-Auftritten), Myer Feldman, Janet Des Rosiers Fontaine, Phillip und Cecilia Geyelin, Sam Giancana (Neffe und Namensvetter des Chicagoer Mafia-Bosses), Albert Hadley (Mitarbeiter von Mrs. Henry »Sister« Parish), Solange Herter, Jacques Lowe (Fotojournalist), Priscilla Johnson McMillan, Joseph Shimon (Kollege von Sam Giancana), Theodore C. Sorensen und Nina Auchincloss Straight.

Die Journalistin Liz Smith führte im Auftrag des Autors ein Gespräch mit Judith Campbell Exner und vermittelte dem Autor wertvolle redaktionelle Hinweise.

Die Episode, in der Kennedy vor seinem Rededuell mit Nixon durch Langdon Marvin eine Frau zugeführt wird, beruht auf Angaben von Jack Anderson, der über den Vorfall mit Langdon Marvin sprach.

Die Beschreibung der Amphetamin-Injektionen durch Max Jacobson vor dem Rededuell Kennedy-Nixon fußt teilweise auf: Richard Reeves, *President Kennedy: Profile of Power*. Die anderen Quellen wollten ungenannt bleiben.

Die Darstellung, daß Lee Radziwill mit Kennedy geschlafen hat, entstammt einer Reihe von Gesprächen des Autors mit Nina Auchincloss Straight. Zudem bezieht sich Gore Vidal in *Palimpsest* (S. 19) darauf, wo ihm

Michael Canfield berichtet: »Manchmal ist Lee wohl ein bißchen zu weit gegangen, denke ich. Zum Beispiel, als sie mit Jack in Südfrankreich ins Bett gegangen ist, in meinem Nachbarzimmer, und dann noch damit geprahlt hat.« Vidal selbst schreibt in *Palimpsest* (S. 311): »Da Lee mit Jack geschlafen hatte, war es ein Erfordernis der Symmetrie, daß Jackie mit Bobby dasselbe tat.«

Die wichtigsten veröffentlichten Quellen: Kathleen Bouvier: *To Jack With Love*, Ben Bradlee: *A Good Life: Newspapering and Other Adventures* (Simon & Schuster, 1995), David: *The Kennedys*, Judith Exner: *My Story* (Grove Press, 1977), Giancana: *Double Cross*, Heymann: *A Woman Named Jackie*, Kitty Kelley: *His Way. The Unauthorized Biography of Frank Sinatra* (Bantam, 1986), O'Donnell, Powers und McCarthy: »*Johnny, We Hardly Knew Ye*«, Maude Shaw: *White House Nanny. My Years with Caroline and John, Jr.* (New American Library, 1965), Sorensen: *Kennedy*.

Die Worte Kennedys auf dem 51. Jahrestag der Mississippi Valley Historical Association vom 25. April 1958 sind zugänglich in der Kennedy Library.

Die Schilderung des ersten Rededuells zwischen Kennedy und Nixon fußt zum Teil auf Christopher Matthew: *Kennedy & Nixon. The Rivalry That Shaped Postwar America* (Simon & Schuster, 1996).

12 Die Zirkuskönigin

Das Material zum Amtsantritt, zur Reise nach Paris und Wien und zum Schlaganfall von Joseph Kennedy stammt aus Dutzenden von Gesprächen mit Familienmitgliedern, Freunden und Gesinnungsgenossen, unter ihnen Nina Auchincloss Straight, Hélène Arpels, Letitia Baldridge, George Ball, Charles Bartlett, Phillip und Cecilia Geyelin, Alistair Forbes, Kenneth Battelle, Betty Beale, Oleg Cassini, Taylor Chewning, Ellen D'Oench, Angier Biddle Duke, Robin Chandler Duke, Myer Feldman, Pierre Salinger, Janet Des Rosiers Fontaine, Solange Herter, George Smathers, Albert Hadley, Janet Jeghelian, Evelyn Lincoln, George Plimpton und Dave Powers.

Der Besuch von Dr. Max Jacobson in Jackies Suite am Quai d'Orsay wurde von einem Mitglied des Stabs von Jackie berichtet, das nicht genannt werden wollte.

Die Darstellung der Beziehung zwischen Joseph P. Kennedy und Ann Gargan nach seinem Schlaganfall beruht auf Hinweisen von Janet Jeghelian, seiner Physiotherapeutin.

Der Autor zitiert auch aus einem Gespräch von Jack C. Davis mit Sister Parish, das am 3. Februar 1966 stattfand.

John Fairchild, Verleger von *Women's Wear Daily*, vermittelte dem Autor wertvolle Einblicke in Jackies Stilauffassungen während ihrer Jahre im Weißen Haus.

Albert Hadley von Parish-Hadley Associates machte dem Autor freundlicherweise die Unterlagen zugänglich, in denen Sister Parishs Umgestaltung des Weißen Hauses dokumentiert ist. Darunter befindet sich ein undatiertes Schreiben:»Vorgeschlagene Änderungen für das Weiße Haus, nach dem ›Bericht von Henry du Pont, Vorsitzender‹, dem Künstlerischen Komitee und Mrs. John F. Kennedy«, ein Schreiben vom 18. Mai 1961 »Betreffend Geschenke an das Weiße Haus«, ein Brief vom 28. Juni 1961 an Sister Parish von Jayne Wrightsman, Mitglied des Künstlerischen Komitees, Briefe von Jackie an Sister Parish vom 16. und 17. Juli 1961 und ein vertrauliches Schreiben von Letitia Baldridge »Notizen für Mrs. Kennedy über ein Treffen mit Mary Jayne McCaffree im Weißen Haus am 23. November«, das vom 24. November 1960 datiert ist.

Letitia Baldridges Brief an Janet Des Rosiers, damals Sekretärin des amerikanischen Botschafters in Paris, in dem sie um die Weiterleitung der bei Givenchy bestellten Kleider bittet, stammt vom 19. September 1961 und wurde dem Autor dankenswerterweise von Janet Des Rosiers Fontaine zur Verfügung gestellt.

Jackies Einladung an Ellen D'Oench zum Lunch der Senatorengattinnen ist vom 6. April 1961 datiert und wurde dem Autor freundlicherweise von Ellen D'Oench zugänglich gemacht.

Der Brief von Henry du Pont an Jackie, in dem er darum bittet, daß die »Baltimore-Kommode« wieder zwischen die Fenster gestellt wird, und David Stockwells Bericht, daß Jackie den Antiquitätenfachmann du Pont warten ließ, entstammen der Dissertation von Elaine Rice: *Furnishing Camelot. The Restoration of the White House Interiors 1961–1963 and the Role of H. F. du Pont*, die im Herbst 1993 bei der Universität Delaware eingereicht wurde und die Elaine Rice dem Autor freundlicherweise zur Verfügung stellte.

Die wichtigsten veröffentlichten Quellen sind: Oleg Cassini: *One Thousand Days of Magic* (St. Martin's Press, 1995) und *In My Own Fashion* (Pocket Books, 1987), Heymann: *A Woman Named Jackie*, Kelley: *Jackie Oh!*, Kessler: *Sins of the Father*, Leamer: *The Kennedy Women*, Martin: *A Hero for Our Time* und *Seeds of Destruction*, O'Donnell, Powers und McCarthy: *»Johnny, We Hardly Knew Ye«*, Richard Reeves: »John F. Kennedy, 1961–1963«, in: *Character Above All. Ten Presidents from FDR to George Bush* (Simon & Schuster, 1995), Thomas Reeves: *A Question of Character. A Life of John F. Kennedy* (Prima Publishing 1992), James Reston: *The Artillery of the Press. Its Influence on American Foreign Policy* (Harper & Row, 1967), Margaret Truman: *First Ladies. An Intimate Group Portrait of the White House Wives* (Random House, 1995), J. B. West: *Upstairs at the White House* (Coward, McCann and Geoghegan, 1973).

Der Bericht über Kennedys Forderung an Jackie, ausschließlich amerikanische Kleider zu tragen, erschien in *Women's Wear Daily* (1. September 1960). Ein Brief Jackies an die Redaktion über ihre Mode-Auffassungen wurde in anderer Formulierung, aber vollinhaltlich am 23. November 1960 abgedruckt.

Jackies Feststellung, das Weiße Haus sehe aus wie das Moskauer Lubjanka-Gefängnis, entstammt Mary Van Rensselaer Thayer: »Jacqueline Kennedy's Years in the White House«, in: *McCall's*, Januar 1968.

13 Am Rand des Abgrunds

Die Schilderung des Jahrs 1962 mit Kennedys Beziehung zu Judith Campbell und Marilyn Monroe, mit Jackies Beziehung zu Gianni Agnelli, den Auswirkungen der Kuba-Krise auf die Ehe des Präsidentenpaars verwertet eine große Zahl von Interviews, darunter mit George Ball (Stellvertretender Außenminister in der Kennedy-Regierung), Angier Biddle Duke, Taylor Chewning, George Smathers, Charles Bartlett, Kenneth Battelle, Paul Fay, Mario d'Urso, George Griffen (Amerikanischer Konsulatsmitarbeiter in Italien 1962), Alan Friedman (Autor von *Agnelli. Fiat and the Network of Italian Power*, New American Library, 1988), Curtis Bill Pepper, Courtney Evans, Cartha Deloach (dritter Mann des FBI unter Hoover), Donald Spoto (Autor von *Marilyn Monroe. The Biography*, Harper Paperbacks, 1993).

Die Autorin Sally Bedell Smith stellte dem Autor dankenswerterweise vertrauliches Material für dieses Kapitel zur Verfügung.

Die Szene mit Jackie, Dave Powers und dem Präsidenten in Glen Ora wurde von William Johnson, dem Chefarchivar der Kennedy Library, an Stephen Corsaro berichtet, der für Nigel Hamiltons Buch *Reckless Youth* Recherchen anstellte.

Die wichtigsten veröffentlichten Quellen: Alan Friedman: *Agnelli. Fiat and the Network of Italian Power* (New American Library, 1988), Kelley: *His Way*, Leamer: *The Kennedy Women*, Martin: *Seeds of Destruction*, Richard Reeves: *President Kennedy*, Thomas Reeves: *A Question of Character*, Donald Spoto: *Marilyn Monroe. The Biography* (Harper Paperbacks, 1993), Anthony Summers: *Goddess. The Secret Lives of Marilyn Monroe* (Onyx, 1986), Truman: *First Ladies*, West: *Upstairs at the White House*.

Weitere Beschreibungen des Aufenthalts in Ravello entnahm der Autor der italienischen Tageszeitung *Corriere della Sera* (8. August 1962) und dem Magazin *Gente* (24. August 1962).

14 In Blut erstickt

Der Bericht über das letzte Jahr von Jack und Jackie beruht auf Gesprächen mit Anne Truitt (enge Freundin von Mary Meyer), Jack Anderson, Charles Bartlett, George Ball, Angier Biddle Duke, Robin Chandler Duke, Charles Spalding, Phillip und Cecilia Geyelin, Kenneth Battelle, Blair Clark (Harvard-Freund von Kennedy), Paul Fay, Evelyn Lincoln, Brigit Gerney, Nigel Hamilton, Mario d'Urso, Douglas Burden, Stanley Tetrick, Theodore H. White, William Manchester, Taylor Chewning, Peter Duchin, Gloria Emerson, Ellen D'Oench, Diane Dubois (Autorin der Biographie von Lee Radziwill) und Nina Auchincloss Straight.

Der Autor dankt für die unschätzbaren Hinweise von Anne Truitt, einem Muster an Diskretion, was die Beziehung zwischen Kennedy und Mary Meyer betraf.

Die wichtigsten Veröffentlichungen umfassen: Bradlee: *A Good Life*, Davis: *The Kennedys*, Dubois: *In Her Sister's Shadow*, Heymann: *A Woman Named Jackie*, Lincoln: *My Twelve Years mit John F. Kennedy*, William Manchester:

The Death of a President (Harper & Row, 1967), Martin: *A Hero for Our Time* und *Seeds of Destruction*, Frank Ragano: *Mob Lawyer* (Scribner's, 1994), West: *Upstairs at the White House*.

»The Camelot Documents« von Theodore White (1963–1964) wurden dem Autor von der Kennedy Library zur Verfügung gestellt.

Für Einblicke in Jackies Leben in New York dankt der Autor Pierre Salinger, Abraham Ribicoff, George Plimpton und vielen anderen Freunden von Jackie, die um Diskretion baten.

Die folgenden Personen erklärten sich dankenswerterweise zu Gesprächsaufzeichnungen bereit:

Eller Adler
Patrick Ahern
Nelson Aldrich
Dr. Patricia Allen
Cicely Angelton
Durie Appleton
Hugh D. Auchincloss III.
James Auchincloss
Louis Auchincloss
Wayne Auterman

Lauren Bacall
Dr. Michael Baden
Letitia Baldrige
George Ball
Charles Bartlett
David Bartlett
Martha Bartlett
Kenneth Battelle
Dr. John Baxter
Betty Beale
Warren Bechtel
Marilyn Bender
Michael Beschloss
Dr. John Bilezikian
William Blair
Sylvia Whitehouse Blake

Steven Bogart
Clarence A. Boonstra
Arnaud De Borchgrave
Hal Boucher
Lillian Brown
Art Buchwald
Wendy Burden
Douglas Burden
Horace Busby

Dr. William Cahan
Cass Canfield Jr.
Jim Cannon
Ann Cassidy
Oleg Cassini
Marion Charles
David Chavchavadze
David Chesnoff
Taylor Chewning
Steven Citron
Janice Clapoff
Blair Clark
Judith R. Cohen
Robert Colacello
Shirley Connell
Elise Constable
John Cooney

Bev Corbin

Stephen Corsaro

Patricia Coughlan

B. B. Crespi

John Crittenden

Carol Crowley

Bernard Crystal

Helen Dalrymple

Peter Davis

Lorraine Davis

John Davis

Mary de Limur

Catherine di Montezemolo

Ormande De Kay

Cartha Deloach

Ovid Demaris

Theodore Desloge

Ellen D'Oench

Franklin D'Olier

Anne Downey

Morton Downey, Jr.

Diana DuBois

Peter Duchin

Angier Biddle Duke

Robin Chandler Duke

Mario d'Urso

Mel Elfin

Gloria Emerson

Sidney Epstein

Courtney Evans

John Fairchild

Paul »Red« Fay

Meyer »Mike« Feldman

Clay Felker

Richard Finn

Stanley Fisher

Gary Fishgall

Francis Fitzgerald

Pater John Flannagan

Janet Des Rosiers Fontaine

Alistair Forbes

Marian Fourestier

Alan Friedman

Blair Fuller

Lynn Garafola

John Gates

Jeoffrey Gates

Brigit Gerney

Phillip Geyelin

Cecilia Geyelin

Sam Giancana

Mary Bailey Gimbell

Lucianne Goldberg

Paul Goldberger

Ronald Goldfarb

Barak Goodman

Allen Goodridge

John Maxtone Graham

Christopher Gray

George Griffen

Sydney Gruson

Tom Guinzburg

Todd Gustavson

William Haddad

Albert Hadley

Pete Hammil

Nigel Hamilton

W. Bradford Hatry

Ed Hayes

Bonnie Hedges

Dr. William Heimdahl

Isaac Herschkopf

Seymour Hersh

Solange Herter

Minnie Hickman

Joseph Hirsch

William Hitchcock

William Holt

Walter Hopps

Timothy Horan

Anne Marie Houston

Richard Howland

John G. W. Husted

J. C. Irondelle

Marion Javits

Janet Jeghelian

Betty Jones

Gloria Jones

Helen Kaplan

Allan Kay

Diane Kay

Peter Keating

Kitty Kelley

Robert Kennedy Jr.

Ronald Kessler

Jennifer King

Mary Louise King

Phillis Kirk

Rochelle Knoler

Barbara Lafferty

Dr. Michael Lavyne

Patrick Lawlor

Lawrence Leamer

Timothy Leary

Evelyn Lincoln

Dan Link

Karen Litchtman

Louise Lorrah

Kate Rand Lloyd

Jacques Lowe

Robert Maheu

Dr. Richard Malher

Elon Marquand

James Marquand

Timothy Marquand

Susan Martin

Ralph G. Martin

Peter Matheisson

Sandra McElwaine

Mary McFadden

Mary McGrory

Priscilla Johnson McMillan

Marianne Means

Kay Meehan

Dr. Hanne Meiland

William Merriam

Despina Messinesi

Sonny Metha

David Michaelis

Melody Miller

James Mintz

Grace Mirabella

Betty Monkman

James Morely

Wendy Morgan

Robert Mossbacher

Edna Murray

Gay Mutino

Barbara Newman

Kenneth Noland

John B. Oakes

Susan Oberstein

Jane Hutchinson Ogle

Mel O'Rourke

Ann Owen

Christina Oxenberg

Chauncey Parker

Mrs. Iva Patcevitch

June Payne

Beverly Pepper

Curtis Bill Pepper

Dr. Ethel Person

Dr. Frank Petito

Carol Phillips

Rifield Phyllis

Nick Pileggi

Samuel Pisar

Warren Platt

George Plimpton

Mary Jane Poole

Henry Porter

Dave Powers

Consuelo Quiroz

Theron Raines

James Reed

Richard Reeves

Abraham Ribicoff

Lois Ribicoff

Elaine Rice

Donald Ritchie

Frank J. Sackton

Pierre Salinger

Peggy Reeves Sanday

Susan Sandler

Marianne Schelsinger

Julie Schieffelin

Charlie Schieppes

Carlotta Schuster

William Seibert

Wilfred Sheed

Dr. Michael Sheehy

Mimi Sheraton

Aaron Shikler

Joseph Shimon

Babs Simpson

Dr. Marvin Siperstein

Sara Slavin

George Smathers

Amanda Smith

Liz Smith

Sally Bedell Smith

Walter Sohier

Theodore Sorensen

Charles Spalding

Donald Spoto

Wendy Stark
Jean Stein
Mae Stone
Nina Auchincloss Straight
Chris Strong
Arthur Stryker
Aubin Sumers

Phillip Talbot
Virginia Thaw
Connie Bradley Thayer
Evans Thomas
Michael Thomas
Jason Thomas
Helen Thomas
Dr. George Thorn
Dr. Atilla Toth
Robert Towbin
Aileen Russell Train
John Train
Susan Train
Stanley Tretick

Anne Truitt
Dr. James Turrell

Craig Unger

William vanden Heuval

Frank Waldrop
Grace Warnecke
William Warner
Estha Weiner
S. Cary Welsh
Tom Werblin
Richard Whalen
Charles Whitehouse
Cherie J. Whitney
Tom Wicker
Gerry Wilson
David Wise
Robert Wolders
Patricia Wood
Lisa Wright
Phyllis Wright

Bibliographie

Adler, Bill, ed. *The Uncommon Wisdom of Jacqueline Kennedy Onassis: A Portrait in Her Own Words*. New York: Citadel Press, 1994.

Aikman, Lonnelle. *The Living White House*. Washington, D. C.: White House Historical Association, 1987.

Aldrich, Nelson W. Jr. *Old Money: The Mythology of America's Upper Class*. New York: Alfred A. Knopf, 1988.

Baldridge, Letitia. *Of Diamonds & Diplomats*. New York: Ballantine Books, 1968.

Beale, Betty. *Power at Play: A Memoir of Parties, Politicians and the Presidents in My Bedroom*. Washington, D. C.: Regnery Gateway, 1993.

Beschloss, Michael. *At the Highest Levels: The Inside Story of The End of The Cold War*. Boston: Back Bay Books, 1993.

Ders.*The Crisis Years: Kennedy and Khrushchev, 1960–1963*. New York: Edward Burlingame Books, 1991.

Birmingham, Stephen. *Jacqueline Bouvier Kennedy Onassis*. New York: Grosset & Dunlap, 1969.

Bishop, Jim. *A Day in the Life of President Kennedy*. New York: Random House, 1964.

Blair, Joan, and Clay Blair Jr. *The Search for J. F. K.* New York: Berkley, 1976.

Bouvier, Jacqueline, and Lee Bouvier. *One Special Summer*. New York: Delacorte Press, 1974.

Bradlee, Benjamin C. *A Good Life: Newspapering and Other Adventures*. New York: Simon & Schuster, 1995.

Ders. *Conversations with Kennedy*. New York: Norton, 1975.

Brook, Stephen, ed. *The Penguin Book of Infidelities*. Harmondsworth, England: Viking, 1994.

Carpozi, George Jr. *The Hidden Side of Jacqueline Kennedy*. New York: Pyramid Books, 1967.

Cassini, Oleg. *A Thousand Days of Magic: Dressing Jacqueline Kennedy for The White House*. New York: Rizzoli International Publications, 1995.

Ders. *In My Own Fashion: An Autobiography*. New York: Pocket Books, 1987.

Chaflin, Edward B., ed. *JFK Wants to Know; Memos from The President's Office, 1961–1963*. New York: William Morrow and Company, 1991.

Clifford, Clark, with Richard Holbrooke. *Counsel to The President: A Memoir*. New York: Random House, 1991.

Collier, Peter, and David Horowitz. *The Kennedys: An American Drama*. New York: Summit Books, 1984.

Curtis, Charlotte. *First Lady*. New York: Pyramid Books, 1962.

Dallas, Rita, with Jeanira Ratcliffe. *The Kennedy Case: The Intimate Memoirs of the Head Nurse to Joseph P. Kennedy During the Last 8 Years of his Life*. New York: G. P. Putnam's Sons, 1973.

Damore, Leo. *The Cape Cod Years of John Fitzgerald Kennedy*. Englewood Cliffs, NJ: Prentice-Hall, 1967.

David, Lester. *Jacqueline Kennedy Onassis: A Portrait of Her Private Years*. New York: Birch Lane Press, 1994.

Davis, John H. *The Bouviers: Portrait of an American Family*. New York: Farrar, Straus & Giroux, 1969.

Ders. *The Kennedys: Dynasty and Disaster*. New York: McGraw-Hill,   1984.

Exner, Judith, with Ovid Demaris. *Judith Exner: My Story*. New York: Grove Press, 1977.

Dickerson, Nancy. *Among Those Present: A Reporter's View of Twenty-Five Years in Washington*. New York: Random House, 1976.

Dubois, Diana. *In Her Sister's Shadow: An Intimate Biography of Lee Radziwill*. Boston: Little, Brown, 1995.

Dunleavy, Stephen, and Peter Brennen. *Those Wild, Wild Kennedy Boys!* New York: Pinnacle Books, 1976.

Ellis, John Tracy. *American Catholicism*. Chicago: University of Chicago Press, 1956.

Fay, Paul B. *The Pleasure of His Company*. New York: Harper & Row, 1966.

Friedman, Alan. *Agnelli: Fiat and the Network of Italian Power*. New York: New American Library, 1988.

Gabler, Neal. *Winchell: Gossip, Power and the Culture of Celebrity*. New York: Alfred A. Knopf, 1994.

Galbraith, John Kenneth. *Ambassador's Journal: A Personal Account of the Kennedy Years*. Boston: Houghton Mifflin Company, 1969.

Gallagher, Mary Barelli. *My Life With Jacqueline Kennedy*. New York: David McKay Company, 1969.

Galloway, John, ed. *The Kennedys & Vietnam*. New York: Facts on File, 1971.

Gereau, Gerald R., ed., *The Capitol: A Pictorial History of the Capitol and of the Congress*. Washington, D. C.: U. S. Government Printing Office, 1981.

Giancana, Sam, and Chuck Giancana. *Double Cross: The Explosive, Inside Story of the Mobster Who Controlled America*. New York: Warner Books, 1992.

Gibson, Barbara. *Life with Rose Kennedy: An Intimate Acconnt*. New York: Warner Books, 1986.

Goldfarb, Ronald. *Perfect Villains, Imperfect Heroes: Robert F. Kennedy's War Against Organized Crime*. New York: Random House, 1995.

Goodwin, Richard N. *Remembering America: A Voice From The Sixties*. Boston: Little, Brown, 1988.

Goodwin, Doris Kearns. *The Fitzgeralds and the Kennedys: An American Saga*. New York: Simon & Schuster, 1987.

Halberstam, David. *The Fifties*. New York: Villard books, 1993.

Hall, Gordon L., and Ann Pinchot. *Jacqueline Kennedy: A Biography*. New York: Frederick Fell, 1964.

Hamilton, Nigel. *J. F. K. Reckless Youth*. New York: Random House, 1992.

Heller, Deane, and David Heller. *Jacqueline Kennedy: The Warmly Human Life Story of the Woman All Americans Have Taken to Their Heart*. Derby, CT: Monarch Books, 1963.

Hennessey, James. *American Catholics*. New York: Oxford University Press, 1981.

Heymann, C. David. *A Woman Named Jackie: An Intimate Biography of Jacqueline Bouvier Kennedy Onassis*. New York: Lyle Stuart, 1989.

Higham, Charles. *The Life and Times of Rose Fitzgerald Kennedy*. New York: Pocket Books, 1995.

Kelley, Kitty. *His Way: The Unauthorized Biography of Frank Sinatra*. Toronto: Bantam, 1986.

Dies. *Jackie Oh!* Secaucus, NJ: Lyle Stuart, 1978.

Kennedy, Robert F. *Thirteen Days: A Memoir of the Cuban Missile Crisis*. New York: W. W Norton, 1969.

Kennedy, Rose. *Times to Remember*. Garden City, NY: Doubleday, 1974.

Kennedy, John F. *Profiles in Courage*. New York: Harper & Brothers, 1955.

Kessler, Ronald. *Inside the White House*. New York: Pocket Books, 1995.

Ders. *Sins of the Father: Joseph P. Kennedy and the Dynasty He Founded*. New York: Warner Books, 1996.

Krock, Arthur. *Memoirs: Sixty Years on the Firing Line*. New York: Funk & Wagnalls, 1968.

Kunhardt, Philip B. Jr., ed. *Life in Camelot: the Kennedy Years*. Boston: Little, Brown, 1988.

Lacey, Robert. Majesty: *Elizabeth II and the House of Windsor*. New York: Harcourt Brace Jovanovich, 1977.

Lawford, Patricia Seaton, with Ted Schwarz. *The Peter Lawford Story: Life with the Kennedys, Monroe and the Rat Pack*. New York: Carroll & Graff, 1988.

Leamer, Lawrence. *The Kennedy Women: The Saga of an American Family*. New York: Villard Books, 1994.

Leary, Timothy. *Flasbacks: A Personal and Cultural History of an Era, an Autobiography*. New York: G. P. Putnam's Sons, 1983.

Lincoln, Evelyn. *My Twelve Years with John F. Kennedy*. New York: David McKay Company, 1965.

Manchester, William. *The Death of a President: November 20–November 25, 1963*. New York: Harper & Row, 1967.

Martin, Ralph G. *A Hero for Our Time: An Intimate Story of the Kennedy Years*. New York: Macmillan, 1983.

Ders. *Seeds of Destruction: Joe Kennedy and His Sons*. New York: G. P. Putnam's Sons, 1995.

Matthews, Christopher. *Kennedy & Nixon: The Rivalry That Shaped Postwar America*. New York: Simon & Schuster, 1996.

Menendez, Albert J. *John F. Kennedy: Catholic and Humanist*. Buffalo, NY: Prometheus Books, n.d.

Meyers, John, ed., *John Fitzgerald Kennedy ... As We Remember Him*. New York: Atheneum, 1965.

O'Donnell, Kenneth P., David F. Powers, and Joe McCarthy. *»Johnny, We Handly Knew Ye.«: Memories of John Fitzgerald Kennedy*. Boston: Little, Brown, 1970.

Parmet, Herbert S. *Jack: The Struggles of John F. Kennedy*. New York: Dial Press, 1980.

Pieper, Jeanne. *The Catholic Woman: Difficult Choices in a Modern World*. Los Angeles: Lowell House, 1993.

Rachlin, Harvey. *The Kennedys: A Chronological History 1823–Present*. New York: Pharos, 1986.

Reedy, George. *From the Ward to the White House: The Irish in American Politics*. New York: Charles Scribner's Sons, 1991.

Reeves, Richard. *President Kennedy: Profile of Power*. New York: Simon & Schuster, 1993.

Reeves, Thomas. *A Question of Character: A Life of John F. Kennedy*. Rocklin, California: Prima Publishing, 1992.

Reston, James. *The Artillery of the Press: Its Influence on American Foreign Policy*. New York: Harper & Row, 1967.

Rice, Elaine M. »Furnishing Camelot: The Restoration of the White House Interiors 1961–1963, and the Role of H. F. du Pont.« Master's thesis, Winterthur Program in Early American Culture, University of Delaware, fall, 1993.

Salinger, Pierre. *P. S.: A Memoir*. New York: St. Martin's Press, 1995.

Ders. *With Kennedy*. New York: Doubleday, 1966.

Saunders, Frank. *Torn Lace Curtain*. New York: Holt, Rinehart and Winston, 1982.

Schlesinger, Arthur Jr. *A Thousand Days: John F. Kennedy in The White House*. Boston: Houghton Mifflin, 1965.

Seale, William. *The President's House: A History*. vol. I. Washington, D. C.: White House Historical Association, 1986.

Ders. *The President's House: A History*. vol. II. Washington, D. C.: White House Historical Association, 1986.

Seligman, Daniel. *A Question of Intelligencc: The IQ Debate in America*. New York: Birch Lane Press, 1992.

Shaw, Mark. *The John F. Kennedys: A Family Album*. New York: Farrar, Straus, 1964.

Shaw, Maude. *White House Nannie: My Years with Caroline and John Kennedy, Jr.* New York: New American Library, 1966.

Sidney, Hugh. *John F. Kennedy, President*. New York: Atheneum, 1963.

Sorensen, Theodore C. *Kennedy*. New York: Harper & Row, 1965.

Straight, N. A. *Ariabella: The First*. New York: Random House, 1967.

Spoto, Donald. *Marilyn: The Biography*. New York: HarperPaperbacks,   1993.

Summers, Anthony. *Conspiracy: The Definitive Book on the J. F. K. Assassination*. New York: Paragon House, 1989.

Ders. *Goddess: The Secret Lives of Marilyn Monroe*. New York: Onyx, 1985.

Tapert, Annette, and Diana Edkins. *The Power of Style: The Women Who Defined the Art of Living Well*. New York: Crown Publishers, 1994.

Thayer, Mary Van Rensselaer. *Jacqueline Bouvier Kennedy*. New York: Doubleday, 1961.

Thomas, Evan. *The Very Best Men: Four Who Dared: The Early Years of the CIA*. New York: Simon & Schuster, 1995.

Thomas, Helen. *Dateline: White House: A Warm and Revealing Account of America's Presidents and their Families, from the Kennedys to the Fords*. New York: Macmillan Publishing, 1975.

Travell, Janet. *Office Hours: Day and Night*. Cleveland, OH: New American Library, 1968.

Truman, Margaret. *First Ladies: An Intimate Group Portrait of White House Wives*. New York: Random House, 1995.

West, J. B., with Mary Lynn Kotz. *Upstairs at the White House: My Life with the First Ladies*. New York: Coward, McCann and Geoghegan, 1973.

Whalen, Richard J. *The Founding Father: The Story of Joseph P. Kennedy*. Washington, D. C.: Regnery Gateway, 1993.

White, Theodore H. *America in Search of Itself: The Making of the President, 1956–1980*. New York: Harper & Row, 1982.

Ders. *The Making of The President, 1960: A Narrative History of American Politics in Action*. New York: Atheneum Publishers, 1961.

Wills, Gary. *The Kennedy Imprisonment: A Meditation on Power*. Boston: Atlantic Monthly Press, 1981.

Wilson, Robert A., ed. *Character Above All: Ten Presidents from FDR to George Bush*. New York: Simon & Schuster, 1995.

Wilson, Edmund. *The Sixties*. New York: Farrar, Straus, Giroux, 1993.

Zhisui, Li. *The Private Life of Chairman Mao*. New York: Random House, 1994.

Personenregister

Inhalt